A astúcia cria o mundo

Lewis Hyde

A astúcia cria o mundo

Trickster: trapaça, mito e arte

Tradução de
Francisco R. S. Innocêncio

Revisão de tradução de
Marina Vargas

1ª edição

Rio de Janeiro
2017

Copyright © Lewis Hyde 2008

Publicado mediante acordo com Canongate Books Ltd, 14 High Street, Edinburg EH1 1TE.

Copyright da tradução © Editora Civilização Brasileira, 2017

CIP-BRASIL. CATALOGAÇÃO NA PUBLICAÇÃO
SINDICATO NACIONAL DOS EDITORES DE LIVROS, RJ

H992a Hyde, Lewis
A astúcia cria o mundo: trickster: trapaça, mito e arte/ Lewis Hyde; tradução de Francisco R. S. Innocêncio; revisão de tradução de Marina Vargas. – 1ª ed. – Rio de Janeiro: Civilização Brasileira, 2017.
546 p.; 23 cm.

Tradução de: *Trickster makes this world*
Inclui bibliografia e índice
ISBN: 978-85-200-0943-7

1. Filosofia. 2. Mitologia. 3. Artes. I. Título.

16-38766
CDD: 398.2
CDU: 398.2913

EDITORA AFILIADA

Todos os direitos reservados. É proibido reproduzir, armazenar ou transmitir partes deste livro, através de quaisquer meios, sem prévia autorização por escrito.

Texto revisado segundo o novo Acordo Ortográfico da Língua Portuguesa.

Direitos desta tradução adquiridos pela
EDITORA CIVILIZAÇÃO BRASILEIRA
Um selo da
EDITORA JOSÉ OLYMPIO LTDA.
Rua Argentina, 171 – Rio de Janeiro, RJ – 20921-380 –
Tel.: (21) 2585-2000

Seja um leitor preferencial Record.
Cadastre-se em www.record.com.br e receba informações sobre nossos lançamentos e nossas promoções.

Atendimento e venda direta ao leitor:
mdireto@record.com.br ou (21) 2585-2002

Impresso no Brasil
2017

Para Mathew,
que entrou sorrateiramente em casa ao alvorecer.

"E no lar de sua mãe, Hermes (...)
meteu-se obliquamente pelo buraco da fechadura,
como a névoa em uma brisa de outono."

Sumário

Introdução   11

PARTE I – A ARMADILHA DA NATUREZA

1. Esquivando-se da armadilha do apetite   33
2. "Este é o meu método, Coiote, não o seu"   63
3. A primeira mentira   85

INTERLÚDIO

A terra dos mortos   125

PARTE II – ACASO DE MÃO DUPLA

4. Um ataque de acidentes   139
5. O deus das encruzilhadas   157
6. O golpe de sorte   185

PARTE III – TRABALHO SUJO

7. Pudor sem voz e voz sem pudor	223
8. Matéria fora de lugar	253

PARTE IV – A ARMADILHA DA CULTURA

9. Hermes escapa da armadilha	295
10. Frederick Douglass e o chapéu de Exu	327
11. Arte trickster e as obras de *artus*	365

CONCLUSÃO

12. Profecia	409
Ofertório	453

Apêndice I – O hino homérico a Hermes	455
Apêndice II – Trickster e gênero	477
Apêndice III – O Macaco e os Pêssegos da Imortalidade	491
Bibliografia	505
Agradecimentos	523
Índice	527

Introdução

> "Cada geração ocupa-se em interpretar
> o trickster outra vez..."
>
> Paul Radin[1]

> "Interpretamos sempre como seres transitórios."
>
> Frank Kermode[2]

Uma vez, durante o inverno, depois de terminar a universidade, estava viajando de carona pelo norte de Winslow, no Arizona. Pouco depois do pôr do sol, três índios navajos em um velho Chevy verde me deram carona. Do motorista me lembro bem, pois tinha os cabelos tão longos quanto os meus e havia perdido a parte superior da orelha direita. Ele e os amigos trabalhavam em uma construção perto da divisa com o Novo México e voltavam para casa, em Tuba City, para passar o fim de semana. Duas ou três vezes, na luz desvanecente, deparamo-nos com coiotes atravessando a estrada ou esgueirando-se entre os arbustos próximos. Começou, então, uma discussão, em parte reverente, em parte zombeteira, sobre esses animais e sua habilidade de enxergar no escuro, o que me levou em seguida a ouvir o que apenas mais tarde compreendi ser uma história muito antiga.[3]

Há muito tempo, disse o motorista, o Coiote andava à toa quando, ao chegar ao cume de uma colina, viu um homem tirar os olhos das órbitas e atirá-los no alto de um choupo. Lá permaneciam até que o homem gritasse: "Olhos, voltem!" Então os olhos retornavam para a sua cabeça. O Coiote queria muito aprender esse truque e implorou repetidamente, até que o homem o ensinou. "Mas tenha cuidado, Coiote", disse o homem. "Não faça isso mais de quatro vezes em um mesmo dia." "É claro que não. Por que eu faria isso?", disse o Coiote. (Os outros índios no carro riram, mas não o motorista.)

Quando o homem partiu, o Coiote arrancou os olhos e lançou-os no alto do choupo. Então ele pôde enxergar a quilômetros de distância, por sobre as colinas mais baixas, ver para onde seguia o curso do rio, distinguir as formas das coisas. Quando já havia feito isso quatro vezes, pensou: "As regras daquele homem são feitas para a terra dele. Não creio que se apliquem aqui. Esta é a minha terra." Pela quinta vez, atirou os olhos na árvore e pela quinta vez gritou: "Olhos, voltem!" Mas eles não voltaram. O pobre Coiote vagou aos tropeços pelo bosque, chocando-se com as árvores e chorando. Não sabia o que fazer, então deitou-se para dormir. Não havia se passado muito tempo quando alguns camundongos se aproximaram e, pensando que o Coiote estivesse morto, começaram a tosquiar seu pelo para fazer um ninho. Sentindo os camundongos em ação, o Coiote deixou a boca aberta até que conseguiu apanhar um deles pela cauda.

"Olhe para aquela árvore, irmão Camundongo", disse o Coiote, falando pela lateral da boca. "Está vendo meus olhos lá no alto?" "Sim", respondeu o ratinho. "Estão inchados por causa do sol. Estão gotejando um pouco. Há várias moscas sobre eles." O camundongo se ofereceu para recuperar os olhos, mas o Coiote não confiava nele. "Dê-me um dos seus", falou. O rato concordou e o Coiote colocou a bolinha preta no fundo da órbita ocular. Conseguia enxergar um pouco agora, mas tinha de posicionar a cabeça em um ângulo bizarro para manter o olho no lugar. Afastou-se cambaleando pelo bosque de choupos e encontrou o Búfalo. "O que aconteceu, Coiote?", perguntou ele. O Búfalo compadeceu-se dele ao ouvir a história e ofereceu-lhe um dos seus olhos. O Coiote aceitou e espremeu-o para dentro da cavidade ocular esquerda. Parte do olho ficou projetada para

INTRODUÇÃO

fora. Isso fazia com que o Coiote tivesse de se inclinar para um dos lados. Então ele seguiu seu caminho.

O motorista por fim me deixou em um hotelzinho barato ("Quartos com aquecimento!") na periferia de Tuba City. A despedida foi breve; eu queria ter contado uma história minha ou ter contribuído para a gasolina, embora na verdade estivesse com a língua travada e pouco dinheiro. Não consegui ver pé nem cabeça na história do Coiote e me perguntava nervosamente se não teria sido de alguma maneira dirigida a mim. Era estranha e onírica. Não se parecia com nada que eu tivesse lido na universidade. Ninguém permuta partes do corpo nos clássicos transcendentalistas que eu lera no meu último ano, por exemplo. É bem verdade que em *Walden* Henry David Thoreau gosta de se colocar acima de tudo, mas ele nunca tem problemas com os olhos; há aquela coisa de "olhos translúcidos" em Ralph Waldo Emerson, mas é um momento culminante do individualismo americano, não um problema a ser resolvido por animais prestativos. Anos mais tarde, comecei a encontrar algum sentido na história do Coiote, mas na época senti apenas que um mundo oculto havia se revelado de maneira fugaz e que essa revelação estava de algum modo ligada à situação em que a história me foi contada – o carro deslocando-se veloz no anoitecer invernal, a breve intimidade de estranhos na estrada e coiotes que mal se podiam ver diante dos faróis do carro.

Não consigo me recordar da cena sem sentir uma pequena onda de prazer, uma sensação crescente de possibilidade, de horizontes que se dissolvem à medida que o pé pressiona o acelerador. Experimento essa sensação sempre que inicio uma viagem. Uma ou duas vezes por ano, há décadas, faço uma viagem de trem entre Boston e Nova York e invariavelmente, à medida que aquele monte de ferro e carga ganha velocidade, minha imaginação se agita. Tantas coisas parecem possíveis no início de uma jornada, tantas coisas parecem cheias de significado. As pequenas cidades passando

A ASTÚCIA CRIA O MUNDO

rapidamente, o tempo não gasto à frente, garças meditando no capim pantanoso, um pombo mumificado debaixo de uma ponte, os automóveis à espera diante da cancela metálica ("cruzamento/cruzamento"), a pequena decoração na qual algum pedreiro do século XIX trabalhou no topo da parede de uma fábrica, agora abandonada, desaparecendo no horizonte. Cada coisa parece ainda mais assertiva por sua rápida chegada e rápida partida. De um trem em movimento não vejo a tessitura opaca do real, tenho a visão mais extensa da lançadeira enquanto, repetidas vezes, os fios da urdidura se levantam rapidamente. Sempre pego a caneta e começo a escrever, como se a paisagem estivesse em um estado de espírito frenético e volúvel e eu fosse designado para ser seu afortunado escriba. Convenço-me de que bem ali, diante de mim, está o perfeito enunciado sobre como as coisas são.

Isso é uma ilusão de viajante. O que escrevo nos trens nunca resulta em muita coisa. Talvez Jack Kerouac, cheirando benzedrina, pudesse escrever um esboço primeiro e único de uma sentada só, mas eu não. No último livro que escreveu, Italo Calvino reflete sobre Hermes e Mercúrio, os antigos e perspicazes deuses da Europa (aqueles com asas nos calçados, cujas estátuas ainda adornam as estações de trem), e confessa que sempre viu a velocidade deles com o anseio invejoso de um artesão mais metódico. "Sou um Saturno que sonha em ser um Mercúrio, e tudo o que escrevo reflete esses dois impulsos", diz.[4] Saturno é o trabalhador vagaroso, aquele que consegue montar uma coleção de moedas e escrever em todos os envelopes com uma caligrafia cuidadosa, o que reescreve um parágrafo onze vezes até conseguir o ritmo certo. Saturno consegue concluir um livro de quatrocentas páginas. Mas tende a ficar deprimido se isso for a única coisa que ele fizer; precisa de *insights* mercuriais regulares que lhe proporcionem algo aprazível com que trabalhar.

Pouca coisa neste livro foi escrita em um trem portanto, mas ele está repleto de "Saturno sonhando em ser Mercúrio". É, entre

INTRODUÇÃO

outras coisas, uma descrição e uma invocação do tipo de imaginação que desperta no início de uma jornada. Trata da figura do trickster* – Coiote, Hermes, Mercúrio e outros –, e todos os tricksters têm "o pé na estrada". São os senhores do intermédio. Um trickster não vive no círculo familiar; não mora nos salões de justiça, nas tendas dos soldados, nas cabanas dos xamãs, nos monastérios. Passa por todos esses lugares quando há um momento de silêncio e alegra cada um deles com travessuras, mas não é seu espírito guia. Ele é o espírito das passagens que dão para fora e das encruzilhadas nos limites da cidade (aquelas onde um pequeno mercado floresce). É o espírito da estrada ao anoitecer, que corre de uma cidade a outra e não pertence a nenhuma delas. Há estranhos nessa estrada, e ladrões, e sob os arbustos uma besta furtiva, cujo estômago não ouviu falar das cartas de salvo-conduto. Os viajantes costumavam sinalizar essas estradas com marcos, cada um acrescentando uma pedra à pilha ao passar. O nome Hermes um dia significou "aquele do monte de pedras",[5] o que nos informa que a pilha de pedras é mais do que uma demarcação na trilha – é um altar às forças que governam esses espaços de grandes incertezas e à inteligência necessária para superá-las. Os caroneiros que chegam em segurança ao lar prestaram, em algum lugar do percurso, homenagem a Hermes.

---

* A palavra trickster tornou-se universalmente aceita, na literatura antropológica, para designar um tipo de herói cultural ou civilizador que se manifesta em diversas culturas, algumas das quais veremos neste livro. Em sentido literal, o vocábulo trickster pode ser traduzido como "trapaceiro", "impostor" ou "malandro". No entanto, nenhuma dessas acepções expressa corretamente o caráter ambíguo e transgressor do herói trickster. Segundo o antropólogo Renato da Silva Queiroz, "o termo trickster, adotado originalmente para indicar um restrito número de 'heróis trapaceiros' presentes no repertório mítico de grupos indígenas norte-americanos, designa hoje, na literatura antropológica, uma pluralidade de personagens semelhantes, de que se tem notícia em diferentes culturas. Trata-se, a rigor, de tipos ímpares, cada qual com feições próprias, animados por narrativas que os conduzem através de sinuosos caminhos" (Renato da Silva Queiroz, "O herói-trapaceiro", *Tempo Social*, Revista de Sociologia da USP, v. 1, nº 1). (*N. do T.*)

A ASTÚCIA CRIA O MUNDO

A estrada que o trickster percorre é uma via espiritual tanto quanto uma via de fato. Ele é o iniciado que consegue transitar entre o céu e a terra, e entre os vivos e os mortos. Como tal, é algumas vezes o mensageiro dos deuses e outras o condutor das almas, levando os mortos para o submundo ou abrindo a tumba para libertá-los quando precisam caminhar entre nós. Em certas ocasiões acontece de o caminho entre o céu e a terra não estar aberto, motivo pelo qual o trickster viaja não como mensageiro, mas como ladrão, aquele que rouba dos deuses as boas coisas de que os humanos precisam se quiserem sobreviver neste mundo. O ardiloso Prometeu roubando o fogo é o mais célebre exemplo ocidental, mas o resgate de um bem necessário do céu é um tema encontrado no mundo inteiro. Ao longo da costa do Pacífico Norte, por exemplo, o trickster Corvo é um ladrão de água e da luz do dia; nas ilhas do Japão, foi um trickster quem resgatou as artes da agricultura do cativeiro celestial. (É nas fortalezas bem-guardadas que essas figuras são particularmente tricksters, pois têm de ser mestres na arte de enganar se pretendem prosseguir.)*

Em resumo, o trickster é um cruzador de fronteiras. Todo grupo tem suas delimitações, seu senso de dentro e fora, e o trickster está sempre lá, nos portões da cidade e da vida, certificando-se de que haja comércio. Também frequenta as fronteiras internas por meio das quais os grupos articulam sua vida social. Estabelecemos

---

* Muitos, incluindo eu mesmo, consideram as conotações de trickster muito limitadas para a abrangência das atividades atribuídas a esse personagem. Alguns tentaram mudar o nome (um escritor usa trickster-transformador-herói cultural,[6] que é adequado, mas um tanto extenso). Outros aderem a nomes locais, reclamando que o termo genérico trickster é uma invenção da antropologia do século XIX e não se ajusta bem a seus objetos nativos.[7] Isso é verdadeiro em parte; termos nativos sem dúvida conferem um sentimento mais pleno à complexidade sagrada do trickster. Mas sua astúcia não foi inventada pelos etnógrafos. Hermes é chamado de *mechaniôta* na Grécia homérica, o que pode ser traduzido muito bem por trickster ou "trapaceiro".[8] O trickster Legba, da África Ocidental, é também chamado de *Aflakete*, que significa "enganei você".[9] O personagem dos índios winnebagos é chamado de *Wakdjunkaga*, que significa "o enganador".[10] A trapaça apareceu muito antes da antropologia.

INTRODUÇÃO

diferenças constantemente – certo e errado, sagrado e profano, limpo e sujo, macho e fêmea, jovem e velho, vivo e morto –, mas em todos os casos o trickster cruza a linha e confunde as distinções. O trickster é o idiota criativo, portanto, o tolo sábio, o bebê de cabelos grisalhos, o travesti, o que profere profanidades sagradas. Quando a concepção de comportamento honrado de alguém o deixa incapaz de agir, o trickster aparecerá para sugerir uma ação amoral, algo certo/errado que porá a vida novamente em marcha. O trickster é a corporificação mítica da ambiguidade e da ambivalência, da dubiedade e da duplicidade, da contradição e do paradoxo.

Que o trickster é um cruzador de fronteiras é o conceito-padrão, mas no decorrer da elaboração deste livro me dei conta de que isso precisa ser modificado em um importante aspecto, pois há também casos em que o trickster "cria" uma fronteira, ou traz à superfície uma distinção antes oculta. Em várias mitologias, por exemplo, os deuses viviam na terra até que algum feito do trickster fez com que subissem aos céus. O trickster é, assim, o responsável pela grande distância entre o céu e a terra; quando se torna o mensageiro dos deuses, é como se fosse recrutado para resolver um problema que ele mesmo criou.[11] Em um caso como esse, a criação de uma fronteira e o seu cruzamento estão relacionados um com o outro, e o melhor modo de descrever o trickster é dizer simplesmente que a fronteira é o local onde ele será encontrado – às vezes traçando a linha, às vezes cruzando-a, às vezes apagando-a ou deslocando-a, mas sempre ali, o deus dos limiares em todas as suas formas.

Venho me referindo ao trickster como "ele" porque todas as figuras discutidas com regularidade são masculinas. Não faltam mulheres astuciosas neste mundo, é claro, ou mulheres mitológicas que se tornam lendárias por suas trapaças, mas poucas têm a elaborada carreira de ardis dos tricksters. Há várias razões pelas quais isso pode ocorrer. A mais óbvia é que todos os tricksters canônicos atuam em mitologias patriarcais, e ao que parece os principais atores

A ASTÚCIA CRIA O MUNDO

do patriarcado, mesmo os marginais, são masculinos. Sendo assim, podemos nos perguntar se não acharíamos tricksters femininas ao examinar situações nas quais as mulheres têm uma substancial parcela de poder. Essa busca produz frutos, mas não muitos. Uma das únicas tricksters femininas bem-desenvolvidas na tradição dos nativos americanos, um Coiote fêmea, pode ser encontrada entre dois grupos de índios *pueblos* (os hopi e os tewa), ambos matrilineares e matrilocais. Esse Coiote fêmea, porém, opera com um Coiote macho, mais tradicional, e a parte principal das histórias pertence a ele. Além disso, há muitas outras tribos matrilineares e matrilocais na América do Norte, e em todas elas o trickster é masculino.[12]

Outra linha de investigação pode começar ao se observar o curioso fato de que os tricksters são movidos pela luxúria, mas sua sexualidade hiperativa quase nunca resulta em descendentes, o que implica que as histórias tratam de criatividade não procriativa, portanto são atribuídas ao sexo que não dá à luz. Nessa mesma linha, as consequências da sexualidade viajante e oportunista do trickster são claramente mais sérias para as mulheres do que para os homens (e, de fato, a luxúria *não é* uma das características do Coiote fêmea).*

Nos capítulos que se seguem, muito mais será acrescentado a essa descrição inicial de figuras tricksters – sobre como o apetite determina suas andanças, por exemplo; sobre sua falta de vergonha e sua grande atração pela sujeira.[13] Mas esses temas por si sós não me interessam tanto quanto sua combinação com a derradeira coisa que deve ser dita para completar um retrato inicial: apesar do comportamento disruptivo, os tricksters são regularmente saudados como os criadores da cultura. Imagina-se que não apenas tenham roubado certos bens essenciais do céu e os tenham dado aos humanos, mas que tenham ido além e ajudado a forjar este mundo de modo a torná-lo um lugar acolhedor para a vida humana. Em uma

---

* Aprofundo essas breves observações em um apêndice que trata de gênero, no fim do livro.

INTRODUÇÃO

história de criação dos nativos norte-americanos, o Grande Espírito fala ao Coiote sobre a chegada dos seres humanos: "A Nova Gente nada saberá quando chegar, nem como se vestir, nem como cantar, nem como atirar uma flecha. Você vai lhes mostrar como fazer todas essas coisas. Abata o búfalo para eles e mostre-lhes como pescar salmão."[14] Na tradição grega, Hermes não apenas obtém o fogo, mas inventa e divulga um método, uma *techne*, para fazer fogo, e quando rouba o gado dos deuses ao mesmo tempo presenteia a raça humana com os animais domésticos cuja carne o fogo vai cozer. Todo um complexo de instituições culturais em torno de matar e comer gado deriva do ladrão e mentiroso Hermes.

As artes da caça e do preparo da carne – tais coisas pertencem ao princípio dos tempos, quando o trickster se envolveu pela primeira vez na formação deste mundo. Mas ele não deixou a cena. O trickster como o herói cultural está sempre presente; seus atos aparentemente antissociais continuam a manter o nosso mundo cheio de vida e a conferir-lhe a flexibilidade necessária para perseverar. As especificidades do que isso significa emergirão nos capítulos por vir; menciono isso aqui para expandir a noção do que este livro trata. Não quero apenas descrever a imaginação que aparece no mito do trickster, quero discutir um paradoxo que o mito propõe: de que as origens, a vitalidade e a durabilidade das culturas requerem que haja espaço para figuras cuja função é expor e desorganizar as próprias coisas nas quais as culturas se baseiam. Espero fornecer algum entendimento de como isso pode se dar, de como a vida social pode depender de tratar personagens antissociais como parte do sagrado.

Qualquer discussão sobre essa velha mitologia logo levanta a questão sobre onde os tricksters surgem no mundo moderno.* Uma

---

* Quanto aos tricksters pré-modernos ou tradicionais, as notas a esta introdução contêm uma lista deles, que aparecerão mais adiante neste livro.[15]

A ASTÚCIA CRIA O MUNDO

primeira resposta é que eles aparecem onde sempre o fizeram: nas narrativas invernais dos nativos norte-americanos, no teatro de rua chinês, nos festivais hindus que celebram Krishna, no ladrão de manteiga, nas cerimônias divinatórias da África Ocidental. Tricksters africanos viajaram para o Ocidente com o tráfico de escravos e ainda podem ser encontrados nas histórias dos afro-americanos, no blues, no vodu haitiano e assim por diante. Fui a um adivinho iorubá em Oakland, na Califórnia, e vi os dezessete coquinhos reservados ao trickster Exu.

Uma segunda resposta inverte a primeira. Fora desses contextos tão tradicionais não há tricksters modernos porque o trickster só ganha vida no terreno complexo do politeísmo. Se o mundo espiritual é dominado por um só deus todo-poderoso, antagonizado por uma única corporificação do mal, então o antigo trickster desaparece. Aqui vale a pena fazer uma pausa para explicar que o Diabo e o trickster não são a mesma coisa, embora tenham sido confundidos com frequência.* Os que os confundem o fazem porque deixaram de perceber a grande ambivalência do trickster. O Diabo é um agente do mal, mas o trickster é *a*moral, não *i*moral. Ele personifica e representa aquela grande parte da nossa experiência na qual o bem e o mal estão irremediavelmente entrelaçados. Representa a paradoxal categoria da amoralidade sagrada. Não se ouve comumente dizer do Diabo cristão o que

---

* Na Nigéria, no fim dos anos 1920, etnógrafos encontraram seus informantes contando histórias do trickster iorubá Exu como se tratassem "do Diabo", pois foi isso que os missionários os ensinaram a fazer. (Traduções da Bíblia para iorubá usam o nome "Exu" para o "Diabo".)[16] A mesma coisa aconteceu no vizinho Daomé, onde os cristãos estavam certos de ter encontrado Satã disfarçado como o trickster Legba, e recontaram a história de Adão e Eva com Legba escalado para o papel da serpente.[17]
Na América, quando Paul Radin trabalhou entre os winnebago (*c.* 1908-1918), encontrou membros do "novo culto semicristão do peiote" convencidos de que o trickster winnebago Wakdjunkaga era o Diabo.[18] Comentando uma história em que o trickster engana um bando de pássaros, um informante contou a Radin: "Nós, os winnebago, somos os pássaros, e Wakdjunkaga é Satã."[19] No século XIII, uma confusão similar surgiu em torno do trickster escandinavo Loki.

INTRODUÇÃO

o antropólogo Paul Radin afirma sobre o trickster dos nativos norte-americanos:

> O trickster é ao mesmo tempo criador e destruidor, doador e negador, aquele que ludibria os outros e que é sempre ludibriado (...) Não reconhece o bem nem o mal, embora seja responsável por ambos. Não tem valores morais ou sociais (...) entretanto, por meio de suas ações, todos os valores passam a existir.[20]

Pode-se argumentar que o desaparecimento de uma figura aparentemente tão confusa marca um avanço na consciência espiritual da raça humana, uma melhor afinação do julgamento moral; mas o oposto também pode ser defendido – que o desaparecimento da figura do trickster, ou a impensada confusão dele com o Diabo, serve apenas para colocar as ambiguidades da vida em segundo plano. Podemos muito bem aspirar a que nossas ações não carreguem uma ambiguidade moral, mas fingir que é esse o caso, quando na verdade não é, não conduz a uma maior clareza sobre o certo e o errado; é mais provável que leve a uma crueldade inconsciente mascarada pela retidão exagerada.[21]

Mas, para voltar à questão de onde os tricksters podem ser encontrados no mundo moderno, apresentei duas respostas até o momento: são encontrados onde sempre estiveram; não são encontrados, se por "moderno" nos referimos a um mundo no qual o politeísmo desapareceu. Ambas são respostas um tanto limitadas, contudo. "O que é um deus?", pergunta Ezra Pound, e em seguida responde: "Um deus é um eterno estado de espírito."[22] Se o trickster ganha vida em plena estrada, se corporifica a ambiguidade, se "rouba o fogo" para inventar novas tecnologias, se brinca com todas as fronteiras, tanto internas quanto externas, e assim por diante, então ainda deve estar entre nós, pois nada disso desapareceu do mundo. Suas funções, como os ossos de Osíris, podem ter se dispersado, mas não foram destruídas. O problema é descobrir onde seu corpo recomposto pode voltar à vida, ou onde isso já pode ter acontecido.

Na América do Norte, um provável candidato a protagonista de um mito do trickster renascido é o vigarista, especialmente como aparece na literatura ou em filmes (a maioria dos vigaristas reais não tem o alcance dos imaginários, e encontra fins tristes). Alguns até argumentaram que o vigarista é um herói americano dissimulado. Nós nos divertimos quando ele chega à cidade, ainda que algumas pessoas tenham as contas bancárias esvaziadas, porque ele personifica coisas a respeito dos Estados Unidos que de fato são verdadeiras, mas não podem ser declaradas abertamente (como, por exemplo, até que ponto o capitalismo permite que roubemos de nossos vizinhos ou até que ponto instituições como a bolsa de valores exigem o mesmo tipo de confiança de que os trapaceiros criminosos necessitam).[23]

Se o vigarista é um dos pais fundadores não reconhecidos dos Estados Unidos, então, em vez de dizer que não há tricksters modernos, poderíamos argumentar o oposto: o trickster está por toda parte. Viajar para um lugar após o outro no mundo antigo não era apenas incomum, era com frequência considerado um sintoma de distúrbio mental (se uma história começava com "Fulano perambulava sem destino", os ouvintes sabiam imediatamente que havia problemas à vista), mas hoje todo mundo viaja. Se com "América" nos referimos à terra dos andarilhos sem raízes e do livre mercado; uma terra não dos nativos, mas dos imigrantes; a terra sem pudores onde qualquer um pode dizer o que quiser a qualquer momento; a terra das oportunidades e, portanto, dos oportunistas; a terra onde os indivíduos são autorizados e até encorajados a agir sem considerar a comunidade; então o trickster não desapareceu. A "América" é sua apoteose; ele é pandêmico.

Esse, na verdade, foi o diagnóstico de muitos nativos norte--americanos quando os brancos europeus entraram em cena. Ali

INTRODUÇÃO

estavam uma raça e um modo de vida que tratavam como centrais muitas coisas que para os aborígines pertenciam à periferia. Certamente o trickster estava por perto. Na língua *cheyenne* anterior ao contato com os colonizadores, a palavra para trickster ou "trapaceiro" também significava "homem branco" (creio que é porque trickster é às vezes "homem velho", e os velhos têm cabelos brancos), uma coincidência linguística que parecia não ser de forma nenhuma acidental depois que os europeus chegaram.[24] De fato, enquanto pesquisava para este livro, descobri uma história de Coiote *cheyenne*, registrada em 1899, que começa com "o homem branco andava por aí..." e prossegue contando o caso dos olhos, a história que eu ouvira tantos anos antes no anoitecer do Arizona, substituindo "homem branco" por "Coiote" do começo ao fim.[25] De repente, estava mais convencido do que nunca de que a história se dirigira a mim; era eu, afinal, quem estava pedindo carona a esmo pelo campo, agindo de acordo com minhas próprias regras, gastando o combustível de outros homens. Estava recebendo um pequeno conselho.

Os navajos têm bons motivos para contar histórias do Coiote. No nível mais simples, as histórias são divertidas, fazem as pessoas rirem e o tempo passar. Além disso, ensinam às pessoas como se comportar. O Coiote não deve fazer as coisas mais do que quatro vezes; deve ter humildade; deve ter o devido respeito pelo próprio corpo. Parte da diversão deriva da rejeição autoindulgente desses comandos, é claro, pois há um prazer indireto em vê-lo quebrar as regras e um fantasiar potencialmente proveitoso, também, pois os ouvintes são convidados, ainda que apenas na imaginação, a explorar o território que jaz além das restrições locais (o que o Coiote vê do alto da árvore?).

De acordo com o folclorista Barre Toelken, que viveu entre os navajos durante muitos anos, há muitas outras camadas de significado por baixo desses. Mais importante, as histórias de Coiote navajo são usadas em rituais de cura. São um tipo de remédio. O "malabarismo com os olhos" não é apenas uma crítica ao egotismo do Coiote; sua narrativa também desempenha um papel em qualquer ritual de cura destinado a sanar doenças dos olhos. (Teria eu alguma "doença dos olhos" depois de quatro anos na universidade? Talvez fosse hora de dar um tempo nos livros?) Como entretenimento, a história fomenta uma fantasia de divertida desordem; como remédio, une as coisas novamente depois que a desordem deixou uma ferida. De fato, contar a história sem esses motivos morais ou medicinais vai contra ela de alguma forma, e contra a comunidade (de modo que o contador seria suspeito de tomar parte em feitiçaria).[26]

Tudo isso deixa claro que há limites à ideia de que o trickster esteja por toda parte no mundo moderno. É verdade que esse tem sido ocasionalmente o diagnóstico aborígine dos brancos que demonstram tanto orgulho por terem criado uma civilização móvel, individualista e aquisitiva. Contudo, uma vez que se tenha noção dos usos complexos dos contos do Coiote, pode-se perceber que a maioria dos ladrões e vagabundos modernos carece de um importante elemento do mundo dos tricksters, o contexto sagrado. Se não há contexto ritual, não há trickster. Se seus companheiros – todas as outras forças espirituais em cujos domínios fixos ele pratica suas travessuras – não estão mais entre nós, então ele não está mais entre nós. Hermes não pode ser devidamente imaginado sem o mais sério Apolo, cujo gado ele rouba, ou a inconsolável Deméter, cuja filha ele resgata do submundo. O deus das estradas precisa dos territórios mais demarcados para que suas errâncias tenham significado. Se *todos* viajam, o resultado não é a apoteose do trickster, e sim outra forma de seu desaparecimento. Aqui voltamos, por caminhos indiretos, ao ponto anterior: o trickster pertence ao politeísmo ou, na ausência deste, necessita pelo menos de uma relação com outras forças, com pessoas, instituições e tradições que consigam lidar com a estranha atitude dúbia de insistir que suas fronteiras

INTRODUÇÃO

sejam respeitadas e de ao mesmo tempo reconhecer que, em longo prazo, seu vigor depende de que essas fronteiras sejam regularmente perturbadas.

A maioria dos viajantes, mentirosos, ladrões e personalidades desavergonhadas do século XX não é em absoluto um trickster, então. Suas disrupções não são sutis ou elevadas a um nível alto o suficiente. O trickster não é um mentiroso e um ladrão banal.* Quando mente e rouba não é exatamente para escapar de alguma coisa ou ficar rico, mas para perturbar as categorias estabelecidas da verdade e da propriedade e, ao fazê-lo, abrir caminho para possíveis novos mundos. Quando Pablo Picasso diz que "a arte é uma mentira que conta a verdade", estamos mais próximos do velho espírito do trickster. Picasso pretendia reformular e reanimar o mundo em que nasceu. Ele levou este mundo a sério; depois o desfez; depois deu-lhe nova forma.

Neste livro, em todo caso, é principalmente para as expressões da arte que me volto na esperança de descobrir onde essa imaginação disruptiva sobrevive entre nós. Um punhado de artistas desempenha papéis centrais na minha narrativa – Picasso é um deles, mas também Marcel Duchamp, John Cage, Allen Ginsberg, Maxine Hong Kingston e muitos outros. (Também dedico um capítulo ao escravo americano Frederick Douglass, cuja arte era a oratória e cujo campo de ação era a política.) Meu argumento não é, no entanto, de que qualquer uma dessas figuras seja um trickster. O termo trickster é suficientemente abstrato, e já está distanciado de corporificações particulares como Hermes e o Coiote. Indivíduos reais são sempre mais complicados do que os arquétipos, e mais complicados do que suas versões locais, também. Ralph Ellison

---

* As pessoas me sugerem com frequência que os políticos desonestos são os tricksters modernos, mas sou cético quanto a isso. Não apenas porque seus fins são geralmente mundanos e mesquinhos demais, mas porque o trickster pertence à periferia, não ao centro. Se o trickster em algum momento ganha poder, deixa de ser trickster. O político traiçoeiro é um escroque, não um herói cultural.

A ASTÚCIA CRIA O MUNDO

certa vez redigiu uma resposta irritada à tentativa de um amigo de enquadrar o *Homem invisível* no padrão sugerido pelos tricksters da África Ocidental e seus descendentes americanos, como o Coelho Quincas.* "Arquétipos, como impostos", escreveu Ellison, "parecem destinados a estar sempre conosco, e o mesmo vale para a literatura, espera-se; mas entre ambos é necessário que exista o ser humano vivendo em uma urdidura específica de tempo, lugar e circunstância (...) Arquétipos são atemporais, os romances são assombrados pelo tempo."[27] Essa é a voz do específico (o éctipo) reclamando do genérico, a evidência sarapintada dirigindo-se ao refinamento teórico. "Não mergulhe meu romance nessa tina de ácido arquetípico."

Minha opinião, em todo caso, não é a de que os artistas sobre os quais escrevo sejam tricksters, mas de que há momentos em que o exercício da arte e esse mito coincidem. Trabalho por justaposição, apondo as histórias de trickster a casos específicos da imaginação em atividade, na esperança de que um ilumine o outro. Se o método funciona, não é por ter descoberto a verdadeira história por trás de uma determinada obra de arte, mas, mais simplesmente, porque as coincidências são frutíferas, fazendo-nos pensar e ver outra vez. Esses objetivos estão de acordo com o espírito do trickster, pois ele é o arquétipo que ataca todos os arquétipos. É o personagem mítico que ameaça deitar por terra o mito. É um "eterno estado de espírito" que desconfia de todas as coisas eternas, arrastando--as para fora de seu reduto celestial para ver como se saem aqui embaixo, neste mundo assombrado pelo tempo.

---

* A história do Coelho Brer foi adaptada para o cinema de animação pelos estúdios de Walt Disney em 1946. No Brasil, o filme recebeu o título de *A canção do sul* e, por causa da adaptação para os quadrinhos publicada pela Editora Abril, o personagem passou a ser conhecido como o Coelho Quincas. (*N. do T.*)

INTRODUÇÃO

Notas

1. Radin, p. 168.
2. Kermode, p. 165.
3. Há mais de uma dúzia de versões da história do atirador de olhos, desde o Pacífico Norte até o nordeste das Woodlands e a América do Sul. Ver Thompson, p. 299. Usei a versão cheyenne para refrescar minha memória; ver Kroeber, p. 168 (citado em Thompson, p. 63).
4. Italo Calvino, *Six Memos for the Next Millennium* (Cambridge: Harvard University Press, 1988), p. 52. [Edição brasileira: *Seis propostas para o próximo milênio*. São Paulo: Companhia das Letras, 1990.]
5. Ver Jacqueline Chittenden, "The Master of Animals", *Hesperia* XVI (1947): 89-114, especialmente p. 94 e seguintes.
6. Ricketts, "The Structure and Religious Significance...".
7. O etnólogo do século XIX Daniel Brinton comumente recebe os créditos por ter introduzido o termo trickster em seu livro *The Myths of the New World*. O livro de Brinton teve três edições. Em nenhuma delas encontrei a palavra trickster, embora sua descrição do Manabozho algonquin se encaixe no padrão (Brinton, 1ª ed., 1868, p. 162). Eu acredito que a introdução de Franz Boas, escrita em 1898, para *Traditions of the Thompson River Indians*, de James Teit, é onde o termo aparece pela primeira vez em antropologia (Boas, *Introduction*, p. 4).
8. *Hino a Hermes*, verso 436.
9. Pelton, pp. 80, 87.
10. Radin, p. 132.
11. Ver Pelton, p. 78.
12. Ver Ballinger. Para mais detalhes, ver Apêndice sobre gênero.
13. Para outros ensaios nos quais se define o trickster, ver: Douglas Hill; Hynes, "Mapping the Characteristics of Mythic Tricksters"; Turner, "Myth and Symbol", pp. 580-81; e Sullivan *et al.*
14. Lopez, p. 3. A história é um mito de criação okanagon.
15. A lista de figuras que têm sido chamadas de trickster é vasta. Este livro concentra-se em um pequeno número de casos representativos.

A ASTÚCIA CRIA O MUNDO

Da Europa, o nórdico Loki e o grego Hermes (com uma reverência a Prometeu, o ladrão do fogo, e várias reverências a Odisseu); dos mitos dos nativos norte-americanos, o Coiote, o Corvo e o trickster winnebago (Wakdjunkaga); da Índia, Krishna – ou melhor, o Krishna não sanscrítico, que quando criança e adolescente é um ladrão de manteiga e de corações; da África Ocidental, Exu e Legba (ambos os quais vieram para os continentes americanos com o comércio negreiro); e finalmente o Rei Macaco da China. Tricksters afro-americanos incluem o Coelho Quincas e o Macaco Significante. Outros são mencionados de passagem – o japonês Susa-nö-o, por exemplo, e Mercúrio, o descendente romano de Hermes, que mais tarde se tornou Mercurius, na doutrina alquímica.

Uma lista resumida dos tricksters nos nativos norte-americanos incluiria: para os algonquins do Nordeste, Glooscap; para os iroqueses, Flint e Sapling; para as Woodlands Centrais, Manabozho ou Wiskajak; nas planícies, no planalto e na Califórnia, o Coiote; no Pacífico Norte, a Marta e o Gaio-Azul somam-se ao Corvo (ver Thompson, p. 294). O trickster Coelho é encontrado no Sudeste; suas histórias se misturam com as do Coelho Quincas afro-americano, mas estes últimos parecem ter-se originado na África, não na América (ver o ensaio de Alan Dudes "African Tales Among the North American Indians"). Outros tricksters bem conhecidos incluem Ananse, na África Ocidental (ver Pelton); Maui, nas ilhas do Pacífico (ver Luomala); e Till Eulenspiegel, na Europa (ver Oppenheimer). Sobre tricksters irlandeses, ver Harrison e Doan. Sobre os da América do Sul, ver Basso e Sullivan.

Uma lista completa de tricksters ao redor do mundo seria praticamente interminável. Se tricksters são figuras que cruzam fronteiras, então haverá algum representante onde quer que humanos inventem fronteiras, o que equivale a dizer em todos os lugares. Para os que desejam uma lista ainda mais longa, um bom lugar para começar é a entrada *trickster* na *Encyclopedia of Religion* (Nova York: MacMillan, 1987). Ver também a tese de Ricketts sobre os personagens norte-americanos, de 1964, e *Mythical Trickster Figures*, organizado por Hynes e Doty.

INTRODUÇÃO

Minha lista não deveria se encerrar sem a observação de que considero Prometeu um trickster, porém com duas ressalvas. Em primeiro lugar, ele e o irmão Epimeteu se diferenciaram (eles são opostos: Prometeu é "previdente" e Epimeteu, "pós-vidente"). Na história da religião é frequente que um personagem precoce, ambivalente e indiferenciado se divida, ao longo do tempo, em duas figuras, uma boa e a outra má, uma sábia e a outra tola, uma alta e a outra baixa. Mas tricksters resistem a essas distinções. Separar as meadas é afastar-se dessa mitologia.

Poderíamos tratar Prometeu como um trickster se sempre o uníssemos ao irmão, e na história central de Prometeu é o que acontece: *juntos*, os dois irmãos são responsáveis pelo bem e pelo mal que se seguem ao roubo do fogo. Mas, novamente, *são* dois, e esse momento é o único em que os vemos juntos. Prometeu é mais comumente imaginado agindo só; seu irmão não tem papel, por exemplo, na tragédia *Prometeu acorrentado*, de Ésquilo.

O que me leva à segunda razão pela qual considero Prometeu um quase trickster: ele sofre demais! Zeus acorrenta-o a uma rocha e encarrega uma águia de comer seu fígado por toda a eternidade. A história termina com o herói sofrendo uma dor inexorável. O trickster, em contraste, é o perfeito sobrevivente, sempre escorregadio, sempre capaz de inverter uma situação e se libertar com desenvoltura, sempre disposto a abandonar um projeto ou uma postura do ego se o perigo se torna muito grande. O Coelho Quincas nos cativa porque nunca é apanhado. Tricksters algumas vezes sofrem, mas esse nunca é o fim da história; o fim é leveza e velocidade. Prometeu é sério demais.

16. Herskovits, *Journal of American Folklore*, p. 455n; Frobenius I, p. 229; Ogundipe I, pp. 4, 177.
17. Herskovits e Herskovits, *Dahomean Narrative*, p. 151; Pelton, p. 87.
18. Radin, p. 112.
19. Radin, p. 149; ver também Radin, pp. 111-12, 147-51.
20. Radin, p. xxiii.
21. Sobre trickster e ambiguidade moral, ver Diamond.
22. Ezra Pound, *Selected Prose 1909-1965* (Nova York: New Directions, 1973), p. 47.

A ASTÚCIA CRIA O MUNDO

23. Sobre o vigarista como herói norte-americano dissimulado, ver especialmente Lindberg, mas também Halttunen e Wadlington.
24. Sobre povos nativos pensando nos europeus como tricksters: os cheyenne chamando o Coiote de "homem branco" é um exemplo; há outro da África Ocidental, onde um contador de histórias uma vez disse a Melville Herskovits que Exu havia compartilhado sua astúcia mais com os brancos do que com os negros. Ver Herskovits, *Journal of American Folklore*, p. 455n.
25. Kroeber, p. 165.
26. Sobre a relação entre contar histórias, cura e magia entre os navajos, ver Toelken, "Life and Death *in* the Navajo Coyote Tales".
27. Ellison, *Shadow and Act*, pp. 46, 57.

PARTE I A armadilha da natureza

1. Esquivando-se da armadilha do apetite

Os peixes miúdos
Abrem seus olhos negros
Na rede da Lei.

Bashô[1]

O ladrão de iscas

No mito do trickster, a inteligência criativa deriva do apetite. Ele começa com um ser cuja maior preocupação é conseguir comida e termina com o mesmo ser dotado de maior agilidade mental, perito em conceber e desmascarar ardis, especialista em ocultar os próprios rastros e em não se deixar iludir pelos recursos usados por outros para camuflar os deles. O trickster começa faminto, mas logo se torna mestre no tipo de logro criativo que, de acordo com uma longa tradição, é um pré-requisito da arte. Aristóteles escreveu que Homero foi o primeiro "a ensinar ao restante de nós a arte de fabricar mentiras da maneira correta".[2] Homero faz as mentiras parecerem tão reais que elas penetram no mundo e caminham entre nós. Odisseu anda no meio de nós até os dias atuais, e ele parece ter sido um autorretrato de Homero, pois também é mestre na arte de mentir, uma arte que aprendeu com o avô, Autólico, que por sua vez a aprendeu com o pai, Hermes.[3] E Hermes, em uma antiga história da qual logo trataremos, inventou a mentira quando era uma criança faminta com um desejo ardente de carne.

Mas estou tornando linear uma narrativa que dá voltas e reviravoltas e pondo a carroça na frente dos bois. Devemos começar pelo princípio, com o trickster aprendendo a manter a barriga cheia.

Histórias de tricksters, mesmo quando têm significados culturais muito mais complicados, preservam um conjunto de imagens de dias quando o que importava, acima de tudo, era a caça. Em determinado momento dos antigos contos nórdicos, o desordeiro Loki deixou os outros deuses tão enfurecidos que teve de fugir e se esconder. Nas montanhas, construiu uma casa com portas em todos os lados, para que pudesse vigiar os quatro horizontes. Para se distrair durante o dia, transformava-se em salmão, nadando nas correntes montanhosas, saltando as quedas d'água. Sentado diante do fogo certa manhã, tentando imaginar como os outros poderiam capturá-lo, pega um fio de linho e o entrelaça em uma malha, do modo como as redes de pesca têm sido feitas desde então. Bem naquele momento, os outros se aproximam. Loki atira a rede no fogo, transforma-se em salmão e se afasta a nado. Mas os deuses encontram as cinzas da sua rede e, com base no seu formato, deduzem o feitio da ferramenta que precisam fazer. Desse modo, Loki é finalmente capturado.[4]

Isso nos fornece um belo simbolismo dos talentos ambíguos do trickster, Loki imaginando a primeira rede de pesca e em seguida sendo apanhado nela. Além disso, o artifício em questão é uma invenção central do trickster. Nas histórias de criação dos nativos norte-americanos, quando o Coiote ensina os humanos a pescar salmão, constrói a primeira barragem de pesca com toras e ramos.[5] Na costa do Pacífico Norte, o Corvo trickster criou o primeiro anzol;[6] ensinou a aranha a tecer sua teia; e os humanos a fazerem redes.[7] A história da astúcia na Grécia remonta a origens similares. "Truque" é *dólos* no grego homérico, e o mais antigo uso conhecido do termo refere-se a um truque bastante específico: pôr uma isca no anzol para pegar um peixe.[8]

ESQUIVANDO-SE DA ARMADILHA DO APETITE

De leste a oeste e de norte a sul, esse é o truque mais antigo que se conhece. Nenhum trickster jamais recebeu crédito por ter inventado um descascador de batatas, um medidor de gás, um catecismo ou um diapasão, mas é ele quem inventa a armadilha para pesca.

> O Coiote andava à toa na margem de um grande rio quando sentiu muita fome. Construiu uma armadilha com varetas de álamo e ramos de salgueiro e colocou-a na água. "Salmão", gritou. "Entre nesta armadilha." Logo um grande salmão apareceu e nadou para dentro da armadilha e em seguida deixou-se cair pesadamente na margem, onde o Coiote o matou com um porrete. "Encontrarei um bom lugar à sombra para assá-lo na grelha", pensou o Coiote.[9]

O trickster com frequência depende de sua presa para ajudá-lo a acionar as armadilhas que cria. Nesse fragmento de uma narrativa da tribo nez perce, do nordeste de Idaho, a armadilha para pescar salmão feita pelo Coiote tira vantagem de forças que os próprios peixes proporcionam. O salmão nada corrente acima para pro-criar; o apetite sexual ou o instinto conferem-lhe uma trajetória particular e o Coiote aproveita-se dela. Mesmo quando se usa um anzol com isca, a fome da vítima é o fator decisivo. A minhoca fica apenas ali; o peixe apanha a si mesmo. De forma semelhante, em uma história dos crow das planícies ocidentais, o Coiote encurrala dois búfalos fazendo com que fujam em debandada contra o sol, de forma que não consigam ver para onde estão indo, e depois conduzindo-os para um precipício. A celeridade dos grandes her-bívoros é parte de suas defesas naturais contra os predadores; o Coiote (ou os nativos norte-americanos que abatiam os búfalos dessa forma) tira vantagem dessa defesa instintiva direcionando as bestas contra o sol e rumo a um precipício, de modo que a ce-leridade acaba se voltando contra ele. Na invenção de armadilhas, o trickster é um perito no apetite e no instinto.[10]

A ASTÚCIA CRIA O MUNDO

E no entanto, como indica a história de Loki, o trickster também pode ser enredado no próprio ardil. O trickster é ao mesmo tempo herói cultural e tolo, predador ardiloso e presa estúpida. Faminto, o trickster algumas vezes elabora estratagemas para apanhar sua refeição; faminto, às vezes perde a sagacidade por completo. Uma história apache do Texas, na qual o Coelho aplica uma série de truques no Coiote, termina da seguinte maneira:

> O Coelho chega a uma plantação de melões. No meio do campo havia um boneco de goma. O Coelho golpeou-o com a pata e ficou preso. Prendeu o outro pé, depois uma das mãos, em seguida a outra e por fim a cabeça. Foi assim que o Coiote o encontrou.
>
> "O que você está fazendo aí desse jeito?", perguntou o Coiote.
>
> "O fazendeiro que é dono deste canteiro de melões ficou bravo porque eu não quis comer melões com ele. Ele me prendeu aqui e disse que logo mais ia me obrigar a comer galinhas com ele. Eu disse a ele que não faria isso."
>
> "Você é um tolo. Ficarei no seu lugar."
>
> O Coiote então libertou o Coelho e se prendeu na armadilha de goma. Quando o dono dos melões apareceu e viu o Coiote, atirou até enchê-lo de buracos.[11]

O Coiote não se deixa capturar apenas em armadilhas de goma; em outras histórias, uma variedade de animais – geralmente primos astutos, como a Raposa, o Coelho ou a Aranha – o fazem de bobo e roubam sua carne.

Assim, o trickster é habilidoso com armadilhas, mas não a ponto de evitá-las. Para mim, portanto, o mito contém uma história sobre a criação incremental de uma inteligência ligada à caça. O Coiote consegue imaginar a armadilha de pesca precisamente porque ele mesmo já foi um peixe, por assim dizer. Nada faz frente à astúcia do que mais astúcia. A inteligência do Coiote é afiada exatamente porque ele conheceu outras inteligências, assim como o matuto do campo pode se tornar um cosmopolita se aparecerem vigaristas suficientes para instruí-lo.

Algumas ideias recentes sobre a teoria da evolução repercutem essas afirmativas. Em *Evolution of the Brain and Intelligence* [Evolução do cérebro e da inteligência], Harry Jerison apresenta uma surpreendente tabela comparando a inteligência relativa dos comedores de carne à dos herbívoros que são suas presas.[12] Tomando a proporção entre o cérebro e o tamanho do corpo como um indicador grosseiro, Jerison conclui que, se compararmos herbívoros e carnívoros em qualquer momento determinado da história, os predadores sempre têm o cérebro ligeiramente mais desenvolvido do que as presas. Mas essa relação nunca é estável; há um leve aumento gradual da inteligência de ambos os lados. Se mapearmos a proporção corpo/cérebro em uma escala de 1 a 10, na era arcaica os herbívoros atingem 2 e os carnívoros, 4; 30 milhões de anos mais tarde, os herbívoros chegaram a 4, mas os carnívoros subiram para 6; mais 30 milhões de anos e os herbívoros atingem 6, enquanto os carnívoros, 8; finalmente, quando os herbívoros ascendem a 9, os carnívoros alcançaram 10. O caçador é sempre ligeiramente mais esperto, mas a caça está sempre se aprimorando. Na teoria evolucionista, a tensão entre predador e presa é um dos grandes mecanismos que levaram ao desenvolvimento da inteligência, cada lado sucessiva e incessantemente reagindo ao outro.

Se esse mito contém uma história sobre o incremento progressivo da inteligência, para onde ele conduz? O que acontece depois que os carnívoros atingem o 10 na escala?

Há uma grande quantidade de manifestações folclóricas sobre coiotes no oeste americano. Segundo uma das histórias, nos tempos antigos os criadores de ovelhas tentaram se livrar dos lobos e coiotes desovando carcaças de animais envenenadas com estricnina. Os lobos, dizem, morreram em grande número, mas os coiotes aprenderam a evitar essas armadilhas. Outra história conta que

A ASTÚCIA CRIA O MUNDO

quando os caçadores montam armadilhas metálicas, apanham ratos almiscarados, martas, raposas e gambás, mas coiotes apenas raramente. Os coiotes desenvolvem o próprio relacionamento com as armadilhas; como um naturalista escreveu, "é difícil escapar à conclusão de que os coiotes (...) têm senso de humor. De que outra maneira explicar, por exemplo, a conhecida predisposição de coiotes experientes para desenterrar armadilhas, virá-las para baixo e urinar ou defecar sobre elas?".[13]

Com essa imagem, avançamos para um terceiro relacionamento entre *tricksters* e armadilhas. Quando um coiote defeca sobre uma delas, ele não é predador nem presa, mas uma terceira coisa. Um fragmento de uma história dos tlingit nativos do Alasca vai nos ajudar a nomear essa coisa:

> [O Corvo] chegou a um local onde muitas pessoas estavam acampadas pescando (...) Entrou em uma casa e perguntou o que usavam como isca. Responderam: "Gordura". Então ele disse: "Deixe-me vê-los colocar a quantidade suficiente para servir de isca", e observou atentamente como manejavam os anzóis e posicionavam as iscas. Da próxima vez que foram pescar, o Corvo partiu de um determinado local e mergulhou sob as águas para apanhar a isca. Os pescadores sentiram as mordidas e puxaram a linha rapidamente, mas nada havia nos anzóis.[14]

O Corvo acabou se metendo em encrenca por causa dessa pequena trapaça (os pescadores roubam seu bico e ele tem de tramar um elaborado contragolpe para tê-lo de volta), mas por enquanto o que nos interessa é apenas que, na relação entre o peixe e o pescador, o trickster se posiciona à parte e assume um terceiro papel.

Um motivo similar aparece na África com o trickster zulu conhecido como Thlókunyana. Thlókunyana é concebido como um homem pequeno, "do tamanho de uma doninha", e de fato um de seus outros nomes também se refere a uma determinada

ESQUIVANDO-SE DA ARMADILHA DO APETITE

doninha avermelhada com a ponta da cauda preta. Um contador de histórias zulu descreve esse animal como

> mais esperto do que todos os outros, pois sua astúcia é grande. Se uma armadilha é montada para apanhar um gato selvagem, [a doninha] vai imediatamente até ela e leva embora o rato que foi depositado ali para o gato: ela o pega primeiro; e quando o gato chega, o rato já foi comido pela doninha.[15]

Se um caçador consegue aprisionar essa doninha traiçoeira, ele terá má sorte. Uma espécie de maldição ou influência mágica permanece na armadilha que apanhou a doninha e essa influência interfere para sempre no poder da arapuca; ela não servirá mais.[16]

O Coiote, de fato e no folclore, o Corvo e Thlókunyana, na mitologia – em cada um desses casos, o trickster toma consciência da isca e torna-se, portanto, muito mais difícil de capturar. O Coiote que evita uma carcaça envenenada com estricnina é, talvez, o caso mais simples; não é envenenado, mas também não consegue nada para comer. O Corvo e Thlókunyana são mais sagazes nesse aspecto; são tricksters ladrões de isca, que separam a armadilha da carne e se alimentam desta. Cada um desses contos contém em si um relacionamento predador/presa – o peixe e o pescador, por exemplo –, mas o ladrão de iscas não entra diretamente nesse jogo alimentar de opostos. Parasita ou epizoário, alimenta-se sem se envolver diretamente no conflito entre caçador e caça. Dessa posição, o ladrão de iscas se torna uma espécie de crítico das regras usuais do jogo alimentar e, assim, subverte-as, de modo que as armadilhas que encontra são inúteis. Que orgulho de caçador poderia permanecer inabalado depois de ler a crítica do Coiote?

Em todas essas histórias, o trickster deve fazer mais do que apenas se alimentar; deve fazê-lo sem ser comido. A inteligência do trickster nasce do apetite em dois sentidos; ela ao mesmo tempo procura saciar a fome e subverter toda fome que não seja a sua. Este

A ASTÚCIA CRIA O MUNDO

último é um tema importante. Na narrativa de criação okanagon, o Grande Espírito, após dizer ao Coiote que ele deve mostrar à Nova Gente como pescar o salmão, prossegue afirmando: "Tenho um importante trabalho para você (...) Há muitas criaturas ruins sobre a terra. Você terá de matá-las, caso contrário devorarão a Nova Gente. Quando você o fizer, a Nova Gente vai honrá-lo (...) Eles vão reverenciá-lo por matar os monstros comedores de gente e por ensinar-lhes (...) todos os meios de viver."[17] Na América do Norte, o trickster interveio para derrotar os monstros que se alimentavam de humanos.

O mito diz, então, que há grandes forças devoradoras neste mundo e que a inteligência do trickster se originou não apenas para que ele se alimentasse, mas para suplantar os outros predadores. Tipicamente, esse encontro se dá por oposição – a presa superando a inteligência do predador. O ladrão de iscas sugere uma estratégia diferente, não opositora. Aqui o trickster se alimenta onde predador e presa se encontram, mas, em vez de entrar na partida sob as regras deles, joga com as próprias regras. Talvez, então, outra força por trás da astúcia do trickster seja o desejo de se manter à parte de todo o jogo alimentar, ou pelo menos ver quão longe consegue ir e ainda assim encher a barriga (pois, caso parasse inteiramente de comer, não seria mais um trickster).

Comendo os órgãos do apetite

> "Que deus exige uma oferenda de cada homem,
> mulher e criança três vezes ao dia?"
>
> Enigma iorubá[18]

Não são muitas as histórias que se propõem a explicar as origens do apetite, mas uma delas pode ser encontrada no princípio do ciclo tsimshian do Corvo, na costa do Pacífico Norte. Um desejo

ESQUIVANDO-SE DA ARMADILHA DO APETITE

de fugir da armadilha do apetite, e uma certa limitação desse desejo, confere ordem a "O Corvo se torna voraz".[19]

Aparentemente o mundo inteiro foi um dia coberto pelas trevas. Nas Ilhas da Rainha Carlota (hoje Haida Gwaii), havia uma cidade onde viviam os animais. Um chefe animal e a mulher moravam lá com o único filho, a quem amavam muito. O pai tentava proteger o filho de todos os perigos. Construiu para o menino uma cama acima da sua, na parte dos fundos da grande casa. Banhava-o regularmente e o garoto cresceu e se tornou um rapaz.

Quando já estava bem grande, ficou doente e, em pouco tempo, morreu. Os pais choraram e choraram. O chefe animal convidou toda a tribo para ir à sua casa. Quando estavam reunidos, ordenou que o corpo do jovem fosse levado até eles. "Tirem os intestinos", disse. Os empregados dispuseram o corpo do rapaz, removeram os intestinos, queimaram-nos nos fundos da casa e depositaram o corpo sobre a cama que o pai havia construído para o filho. Sob o cadáver do filho morto, o chefe e a mulher choravam todas as manhãs, e a tribo chorava com eles.

Certa manhã, antes do nascer do sol, quando a mulher do chefe foi chorar sob o corpo do filho, olhou para cima e viu um jovem, brilhante como o fogo, deitado onde o corpo do filho estivera. Gritou pelo marido, que subiu a escada e perguntou: "É você, meu filho amado? É você?" "Sim, sou eu", respondeu o jovem cintilante, e o coração dos pais se encheu de alegria.

Quando a tribo chegou para consolar o chefe e a mulher, ficaram surpresos ao ver o rapaz luminescente. Ele lhes falou. "O céu ficou muito aborrecido com o seu pranto constante, então me mandou para trazer conforto às suas mentes." Todos ficaram muito felizes porque o príncipe viveria entre eles novamente; os pais o amaram mais do que nunca.

O chefe tinha dois escravos domésticos – um homem miserável e sua mulher. Os escravos chamavam-se Boca de Cada Lado. Todas as manhãs levavam todo tipo de comida para dentro de casa. Sempre que voltavam de uma caçada, traziam um grande pedaço de carne de baleia, atiravam-no ao fogo e o comiam.

O jovem luminoso comia muito pouco. Os dias se passavam. Mastigava um pouco de gordura, mas não a engolia. A mãe tentava fazê-lo comer, mas ele recusava tudo e vivia sem se alimentar. A mulher do chefe ficava muito angustiada; temia que o filho morresse novamente. Um dia, quando o jovem luminescente saiu para uma caminhada, o chefe subiu a escada até o leito do jovem. Lá estava o cadáver de seu filho! Todavia, amava aquele novo filho.

Algum tempo depois, enquanto o chefe e a mulher estavam fora, os dois escravos domésticos chegaram trazendo uma grande fatia de carne de baleia. Atiraram a gordura no fogo e comeram. O jovem luminoso foi até eles e perguntou: "O que os faz sentir tanta fome?" Os escravos responderam: "Temos fome porque comemos cascas de ferida das nossas canelas." "Vocês gostam do que comem?", perguntou o jovem reluzente. "Ah, sim, meu querido", respondeu o escravo.

"Então vou provar as cascas de que vocês falaram", respondeu o príncipe. "Não, meu querido! Não queira ser como nós!", gritou a escrava. "Só vou provar e cuspir fora novamente", explicou o príncipe. O escravo cortou um pedacinho de carne de baleia e pôs nele uma pequena casca de ferida. A escrava ralhou com ele: "Ah, homem mau! O que está fazendo com o pobre príncipe?"

O príncipe brilhante pegou o pedaço de carne com casca de ferida, provou-o e cuspiu fora novamente. Depois voltou para a cama.

Quando o chefe e a mulher retornaram, o príncipe disse para a mãe: "Mãe, estou com muita fome." "Oh, meu querido, isso é verdade, é verdade?" Ordenou que os escravos servissem comida farta para o amado filho. O jovem comeu tudo. Tão logo terminou, ficou novamente esfomeado. Os escravos deram-lhe mais e mais para comer, e ele devorou tudo. Comeu durante dias. Logo todas

ESQUIVANDO-SE DA ARMADILHA DO APETITE

as provisões da casa do pai se acabaram. O príncipe, então, foi de casa em casa na aldeia e devorou todos os estoques de comida, pois havia provado as cascas de ferida de Boca de Cada Lado.

Logo as reservas de comida de toda a tribo estavam quase esgotadas. O grande chefe sentia tristeza e vergonha por causa do filho. Reuniu a tribo e disse: "Mandarei meu filho embora antes que ele coma toda a nossa comida." A tribo concordou com essa decisão; o chefe chamou o filho e, sentando-se com ele nos fundos da casa, disse-lhe: "Meu querido filho, devo mandá-lo cruzar o oceano até o continente." Entregou ao rapaz uma pequena pedra redonda, um manto de corvo e uma bexiga de leão-marinho curtida cheia de frutas silvestres. "Quando vestir este manto negro você se transformará no Corvo e voará", disse-lhe o chefe. "Quando se cansar de voar, deixe esta pedra redonda cair no mar e encontrará um lugar para repousar. Quando chegar ao continente, disperse os vários tipos de fruta silvestre pela terra; e espalhe as ovas de salmão em todos os rios e córregos, e também as ovas de truta, para que nunca lhe falte comida enquanto viver no mundo." O filho vestiu o manto de corvo e voou para o leste.

Essa é a história da origem do Corvo e de sua fome. Nas passagens seguintes desse ciclo, o Corvo cria o mundo como o conhecemos: põe os peixes nos rios e espalha os frutos pela terra. Quando chega a este mundo, descobre que não há luz, mas, lembrando-se de que havia luz no céu de onde veio, vai até lá e a rouba para que este mundo não fique na escuridão.

Para refletir sobre a história da fome do Corvo, note-se primeiro que o príncipe radiante no conto não é exatamente o filho do chefe (o cadáver, afinal, permanece onde estava); ele é uma espécie de emissário do céu, enviado para ocupar o lugar do jovem como um antídoto para a dor. A ilha onde os pais do jovem moram situa-se entre o céu e a terra; o Corvo viaja do céu para o mundo onde fica a tribo dos animais e depois migra daquele mundo para este, onde

A ASTÚCIA CRIA O MUNDO

o apetite não tem fim e tampouco têm fim as frutas e os peixes. Em resumo, como em muitos contos de trickster, o Corvo tsimshian é um intermediário, um mediador. Há três esferas de existência na história e o Corvo transita entre elas.

Do ponto de vista da morada final do Corvo – este mundo de fome e comida –, o pai que ama o filho está fadado ao fracasso na tentativa de mantê-lo a salvo de todo perigo. Neste mundo, as pessoas morrem; os animais morrem. Desejar o contrário é desejar uma perfeição imutável, um paraíso, um ideal. Ao perceber isso, talvez possamos agora relacionar três enigmas na história: Por que o pai manda queimar os intestinos do filho? Por que os escravos desse chamam Boca de Cada Lado? O que são aquelas cascas de ferida da canela?

Para começar, comer e morrer fazem parte do mundo da mudança (assim como a sua supressão faria parte da perfeição imutável), então digamos que os intestinos sejam um símbolo do nosso mundo mutável e que o nome deles seja Boca de Cada Lado. Os escravos são, portanto, o canal alimentar, aquele servo do corpo que traz todo tipo de comida para o nosso lar dia após dia. A história se constrói em torno da questão de se os intestinos conseguirão ou não dominar o rapaz. O pai espera que não, por isso ordena que os servos os removam e os atirem ao fogo quando o rapaz morre, uma bela imagem para o ato de livrar-se do apetite. Se pudesse viver, um rapaz sem intestinos conseguiria se libertar da fome, das amarras, da doença e da morte. Em todo caso, a dor e o sacrifício dos pais invocam um estranho ser "ideal", que brilha como o fogo e não come, como se tivesse sido eviscerado.

As cascas de ferida da canela parecem a imagem mais misteriosa aqui. No extremo norte, o Corvo é às vezes chamado de "o trapaceiro de patas escamosas";[20] talvez, aos olhos dos nativos, quando um corvo esfrega o bico nas patas ele pareça estar comendo a si próprio, o Faminto provando as próprias crostas. Para interpretar a imagem de forma mais figurativa, vamos primeiro lembrar

ESQUIVANDO-SE DA ARMADILHA DO APETITE

como as crostas se formam e qual é a sua função. Cascas de ferida indicam algum tipo de rude contato com o mundo. Seguem-se aos ferimentos e são a cura para eles. Quando nos curamos, elas caem; desse modo, são um tipo de excremento corpóreo. São também uma espécie de frutificação, pele produzindo pele a partir de si própria, um estranho fruto, para dizer a verdade, mas que é realmente comido nesse caso.

Se partirmos da ideia de "rude contato", talvez as crostas das canelas na história, como as calosidades das mãos, representem o trabalho, o esforço por meio do qual os humanos devem ganhar o sustento (trata-se de escravos coletores de comida, afinal, cujas canelas têm cascas de ferida). É uma ideia disseminada nessa mitologia a de que houve um tempo em que nós, humanos, não tínhamos de trabalhar para obter nossa comida (toda manhã havia uma tigela de mingau de bolotas de carvalho quente do lado de fora da tenda), mas então apareceu o trickster, fez alguma besteira e agora nós precisamos trabalhar. Portanto, talvez "comer cascas de ferida das canelas" signifique entrar no mundo da escassez e do trabalho.

Como cicatrizes estão relacionadas a feridas, elas também podem indicar que o Corvo nasceu da vulnerabilidade. Mas que ferimento está presente nessa narrativa? Lembremos que o pai espera proteger o filho de todas as ameaças e que suas esperanças são duas vezes destruídas, uma quando o rapaz morre e outra quando as cascas de ferida transformam seu espírito em uma criatura vergonhosamente faminta. Suspeito que a segunda derrota decorre da reação do pai à primeira. Ele manda que seus empregados removessem os intestinos do rapaz e em seguida os escravos – que são de certo modo como os intestinos – aparecem, feridos e cheios de crostas. O Corvo não é o jovem idealizado pelo pai que escapou deste mundo; ele é, na verdade, uma besta faminta e insaciável que está nesse mundo justamente porque o idealismo do pai o feriu, e ele provou o fruto dessa ferida.

A ASTÚCIA CRIA O MUNDO

Por fim, se as cascas de ferida são uma espécie de excremento, talvez a história signifique que o Corvo ganha vida quando o corpo se livra de seus despojos. (O Corvo, na verdade, come excremento, e a mitologia é farta em episódios escatológicos.) Mas "excremento" pode ser uma palavra precisa demais aqui, pois nesse caso aquilo de que o corpo se livra se torna comida. Talvez o Corvo ganhe vida quando os despojos se transformam em frutos, ou melhor, quando os despojos de alguém se tornam sua comida (são as próprias cascas de ferida que os escravos comem). Há uma circularidade no ato de comer aqui que sugere que, em certo sentido, devorar é se autodevorar, ou que todos os que comem neste mundo devem ser, em algum momento, comidos. Neste mundo, tudo o que se alimenta será um dia alimento para outras bocas; esta é a lei do apetite ou – como diríamos hoje – da interdependência ecológica. Se estou correto em imaginar que os intestinos removidos reaparecem como os escravos, então nessa história, no "princípio das coisas", encontramos o Corvo provando o fruto das próprias tripas feridas e, com esse ato de se autodevorar, pondo em marcha este mundo de fome sem fim.

Aqui devemos observar que há alguma história natural entrelaçada nessa narrativa. Quando caçadores matam um animal na floresta, eles costumam eviscerá-lo no local, depois levam a carcaça para casa. Mais tarde, corvos virão para comer as vísceras (e coiotes e lobos aparecerão em seguida, atraídos pelos corvos). Diz-se que o Corvo contou aos índios atabascas que eles conseguiriam capturar veados se deixassem as tripas para que eles comessem toda vez que uma caça fosse abatida; em outros lugares, as entranhas do animal morto são deixadas como um presente para o Coiote. Cada um desses casos apresenta uma imagem do apetite devorando os órgãos do apetite.[21]

Uma coisa aproxima essas várias interpretações: em cada uma delas, o Corvo desce a este mundo. "O Corvo se torna voraz" é uma história de decaimento. No céu há seres que não comem; aqui embaixo, neste mundo de estômagos e peixes, há mortais que comem constantemente. O trickster Corvo é uma mistura, o rapaz luminoso somado ao apetite, um ser de poder considerável incapaz de saciar a própria fome. O trickster cria o mundo, dá a ele a luz solar, os peixes e os frutos, mas cria-o "como ele é", um mundo de constante necessidade, trabalho, limitação e morte.

Como disse no início, não há muitas histórias como essa, na qual aprendemos algo sobre a gênese do apetite, mas as histórias de trickster, na maioria das tradições, estão cheias de exemplos da fome desses personagens e de suas consequências. Para citar um caso, em uma história de nativos norte-americanos (colville), o Coiote fez um novo par de chifres para o Velho Búfalo e, em sinal de gratidão, o Búfalo oferece ao Coiote uma búfala mágica e um pequeno conselho:

> "Nunca mate esta fêmea, Coiote. Quando estiver com fome, corte um pedacinho da gordura dela com a sua faca de pedra. Esfregue cinzas na ferida. O corte vai sarar. Fazendo isso, você terá carne para sempre."
>
> O Coiote prometeu que era isso o que ia fazer. Levou a búfala com ele para além das montanhas. Sempre que estava com fome, cortava um pouco de gordura depois curava a ferida com cinzas, como o Búfalo ensinara. Mas depois de algum tempo ele se cansou da gordura. Queria provar o tutano dos ossos e um pouco de fígado fresco. Nessa altura, ele já havia cruzado as planícies e retornado à sua própria terra.
>
> "O que o búfalo disse só vale na terra dele", disse o Coiote para si mesmo. "Aqui o chefe sou eu. As palavras do Búfalo não significam nada. Ele jamais saberá."
>
> O Coiote levou a jovem búfala até a beira do riacho. "Você parece ter as patas um pouco doloridas", disse. "Fique aqui, descanse e alimente-se por algum tempo."
>
> O Coiote a matou de súbito enquanto ela pastava. Quando tirou o couro dela, corvos e pegas apareceram. O Coiote tentou espantá-los, porém mais apareceram. E mais e mais, até que comeram toda a carne...[22]

A ASTÚCIA CRIA O MUNDO

O Coiote acaba de mãos vazias e é claro que a búfala mágica está morta e não há nada que ele possa fazer. O enredo é típico: o trickster recebe algo valioso com uma condição relativa ao seu uso, o tempo passa e logo a fome o leva a violar essa condição. Como consequência, a plenitude das coisas diminui inexoravelmente. A fome devora o ideal, e o trickster sofre. Parece haver apenas duas opções: comida limitada ou apetite limitado. O Coiote, incapaz de escolher a segunda, faz com que a primeira lhe seja imposta. Essa é uma trama comum na mitologia dos tricksters.

Mas essa mitologia parece ir sempre em duas direções ao mesmo tempo, portanto às vezes encontramos igualmente o enredo oposto, um no qual a limitação do apetite é imposta ao trickster. Tenho em mente em particular o ciclo do trickster contado pelos índios winnebago do Wisconsin. Vários episódios desse ciclo remetem a uma espécie de "O Corvo se torna voraz" ao contrário.* No início do ciclo winnebago, o trickster é representado com um grande pênis enrolado em uma caixa às suas costas e os intestinos envolvendo seu corpo, uma imagem apropriada para alguém dominado pelo apetite.[23] No decorrer da história, porém, esses órgãos bizarros são reduzidos e rearranjados até que o trickster se assemelhe mais ou menos a um ser humano.[24]

No episódio que diz respeito aos intestinos, o trickster caça alguns patos e os coloca para assar. Planeja tirar uma soneca enquanto as aves cozinham, mas, antes de se deitar, dirige-se ao ânus: "Agora você, meu irmão mais novo, deve manter vigilância para mim enquanto durmo. Se notar a presença de qualquer ser, expulse-o."[25] Tão logo o trickster pega no sono, algumas pequenas raposas,

---

* Esse ciclo de narrativas foi impresso pela primeira vez em uma obra das primeiras e mais importantes obras sobre esses personagens: *The Trickster: A Study in American Indian Mythology* [O trickster: um estudo sobre a mitologia indígena norte-americana], de Paul Radin (1956). Radin era um antropólogo com doutorado pela Universidade Columbia em 1910. Viveu e trabalhou com os winnebago do Wisconsin durante muitos anos e suas análises situam o mito do trickster desse povo em seu debate cultural com grande elegância.

ESQUIVANDO-SE DA ARMADILHA DO APETITE

sentindo o aroma da carne, chegam para roubá-la; o ânus peida nelas, mas os animais não lhe dão atenção e comem até se fartar. Quando o trickster acorda, descobre que a carne desapareceu e grita:

> "Ai de mim! Ai de mim! Eles frustraram o meu apetite, aqueles tipos cobiçosos! E você também [diz ao ânus], seu objeto desprezível, o que dizer do seu comportamento? Eu não lhe disse para vigiar esta fogueira? Você vai se lembrar disto! Como punição pelo seu desleixo, vou queimar sua boca para que não consiga mais usá-la!"
>
> Em seguida, pegou um pedaço de madeira em chamas e queimou a boca do ânus. Estava, obviamente, queimando a si mesmo e, enquanto ateava fogo, exclamou: "Ai! Ai! Isso é demais! Fiz minha pele arder. Não é por coisas desse tipo que me chamam de Trickster?..."
>
> Então ele se foi. Enquanto caminhava pela estrada, teve certeza de que alguém devia ter passado por ali antes, pois estava no que parecia ser uma trilha. De fato, subitamente, topou com um pedaço de gordura que devia ter vindo de algum corpo. "Alguém andou carregando um animal que matou", pensou. Então, apanhou um pedaço de gordura e comeu-o. Tinha um sabor delicioso. "Ora, ora, que delícia é comer isto!"
>
> Enquanto prosseguia, porém, para sua grande surpresa, descobriu que era uma parte de si próprio, um pedaço dos seus intestinos. Depois de queimar o ânus, seus intestinos haviam se contraído e caído, pedaço por pedaço, e esses pedaços eram as coisas que ele estava comendo. "Ora, ora! É correto, de fato, que eu seja conhecido como O Tolo, Trickster!..." Então amarrou os intestinos de volta no lugar. Um grande pedaço, porém, fora perdido.[26]

Dessa forma, os intestinos do trickster se tornaram normais.* Quanto ao pênis, também tem um tamanho um pouco exagerado

---

* O trickster come o próprio intestino. Não faz isso intencionalmente, mas ainda assim trata-se de um tipo de autoimolação. Quando Carl Jung disse que o trickster "é um precursor do salvador",[27] tinha em mente essa questão da agonia inconsciente.

A ASTÚCIA CRIA O MUNDO

no início da história. Ele tem problemas com o órgão sexual levantando o cobertor como se fosse o pau de uma barraca,[28] mas pode introduzi-lo como uma cobra por baixo d'água para copular com a filha de um chefe que se banha no rio. Porém, em uma das últimas passagens do ciclo, ele ouve uma voz zombando do estranho aspecto do pênis. Fica constrangido pela forma esquisita do seu corpo e começa a se reconfigurar, colocando o pênis e os testículos onde se localizam no corpo humano. Ao mesmo tempo, zanga-se com a voz zombeteira, que se revela vinda de um esquilo. Quando o animal foge para dentro do oco de uma árvore, o trickster envia o seu pênis em busca dele.

> Então, expôs o pênis e com ele sondou o oco da árvore. Não conseguiu, no entanto, atingir o fundo do buraco. Tirou um pouco mais do pênis e sondou novamente, mas foi de novo incapaz de alcançar o fim do orifício. Então foi expondo o órgão progressivamente e enfiando-o ainda mais fundo, sem sucesso. Finalmente, tirou o que ainda restava, esvaziando totalmente a caixa, e introduziu cada vez mais, embora ainda assim não conseguisse chegar ao fundo do buraco. Por fim, sentou-se sobre um toco e enfiou o mais que podia, mas ainda era incapaz de alcançar o fundo. "Ora!", disse, com impaciência, e subitamente recolheu o pênis. Para seu horror, restava apenas um pequeno pedaço do órgão. "Caramba, que grande dano ele me causou! Sua coisa desprezível, vou lhe dar o troco!"
>
> Então, chutou o toco até reduzi-lo a pedaços. Lá encontrou o esquilo e o esmagou, e, para seu horror, descobriu também o pênis todo roído. "Oh, céus, de que órgão maravilhoso ele me privou! Mas por que estou dizendo isso? Farei dos pedaços coisas para os humanos usufruírem."*[29]

---

* Isso poderia ser interpretado como uma estranha versão da *vagina dentata*[30] (que ocasionalmente aparece em histórias de trickster). Nesse caso, em vez de interpretar a vagina com dentes como uma imagem horripilante de castração, poderíamos tomá-la como uma imagem da conversão do desejo mutilante em um desejo mais apropriado. Os dentes não devoram o órgão sexual, moldam-no.

ESQUIVANDO-SE DA ARMADILHA DO APETITE

O trickster transforma os pedaços do pênis em legumes, verduras e grãos – batata, alcachofra, arroz, feijão e assim por diante.[31] Em muitas narrativas, quando o trickster perde o intestino, ele também se torna plantas que os homens podem comer. Isto é, quando os órgãos do apetite do trickster são diminuídos, eles se transformam em alimentos, os objetos do apetite humano. Esses alimentos são uma faca de dois gumes, gerando a fome ao mesmo tempo que a satisfazem. Para saciar nossa voracidade, temos que comer os órgãos da voracidade, mas voracidade torna a aparecer. Se os alimentos que nos nutrem são dádivas do trickster, comê-los é tornar-se como o trickster, como aquele Corvo que nunca se sacia e que devoraria todas as provisões de sua aldeia natal, caso não fosse banido para este mundo.

O ponto em comum aqui é que um trickster será menos dominado pela libido e pela fome se os órgãos do apetite tiverem sido reduzidos. Nesse caso, o trickster simplesmente sofre a perda; é algo que acontece a ele. Pode se beneficiar disso, mas o benefício é acidental, não fruto de sua astúcia ou vontade. Mas talvez o acidente conduza à astúcia. Quer dizer, assim como o trickster pode adquirir a habilidade com armadilhas por ter ficado preso em uma delas, o sofrimento pelo qual passa em consequência dos apetites incontidos pode levar a alguma consciência em relação a eles. Digo isso porque, como quer que se imagine a ligação, há histórias de trickster nas quais a limitação do apetite é intencional, e não acidental. Na verdade, já vimos um momento assim: na história do Corvo, quando ordena que os intestinos do filho sejam queimados, o pai procura conscientemente provocar a mudança que o trickster winnebago sofre por estupidez.

Se nos voltarmos para a tradição homérica grega, encontraremos um padrão semelhante, embora elaborado de maneira um tanto diferente. O *Hino homérico a Hermes* descreve os dias que

A ASTÚCIA CRIA O MUNDO

se seguiram ao nascimento de Hermes.* Ele é o filho ilegítimo de Zeus com uma ninfa chamada Maia. No começo da história, o bebê recém-nascido perambula para fora da caverna da mãe, esbarra em uma tartaruga e, da carapaça, cria a primeira lira. Depois de tocar uma canção sobre si próprio no instrumento, Hermes o põe de lado. "Sua mente vagava para outros assuntos. Pois Hermes ansiava por comer carne."[32] Ele parte para roubar o gado do rebanho do meio-irmão, Apolo.

Em muitas histórias do Coiote, a expressão "ansiava por comer carne" conduz, quer queira quer não, a algum tipo de desastre. E a franca declaração de desejo carnívoro no *Hino homérico* deixa claro que esse trickster grego é um primo do Coiote, assim como uma declaração feita mais tarde por Apolo, quando finalmente apanha o irmão ladrão. "Você será um grande estorvo para os pastores solitários nos bosques montanhosos quando ficar sequioso de carne e se deparar com suas vacas ou carneiros lanudos."[33]

Portanto, o *Hino* nos mostra que Hermes é um ladrão de carne como o Coiote, e, considerando sua natureza transgressora, não nos surpreenderemos se ele quebrar as regras e comer o gado que rouba. Mas o enredo dessa história em particular difere em um detalhe significativo. A cena crucial ocorre depois que Hermes conduz o gado roubado para um celeiro perto do rio Alfeu. Após acender uma fogueira em uma vala, Hermes arrasta duas das vacas para fora do celeiro e as abate.

> Ele cortou a abundante carne marmorizada e a distribuiu por espetos de madeira; assou toda ela – os músculos e o lombo valioso e a barriga de sangue escuro – e depositou os espetos sobre o solo...

---

* Os *Hinos homéricos* são um conjunto de poemas, cada um dedicado a um deus específico (Deméter, Dioniso, Apolo etc.), escritos no estilo da *Ilíada* e da *Odisseia*. O *Hino a Hermes* provavelmente foi escrito por volta de 420 a.C., embora o material nele contido seja de grande antiguidade. Minha tradução para o inglês desse hino aparece no primeiro apêndice no fim do livro.

ESQUIVANDO-SE DA ARMADILHA DO APETITE

Em seguida retirou com prazer os nacos gotejantes de carne dos espetos, espalhou-os sobre uma pedra e dividiu-os em doze porções distribuídas por lotes, fazendo com que cada um fosse exatamente igual ao outro.*

E o glorioso Hermes ansiava por comer aquela carne sacrificial. O doce aroma o enfraqueceu, ainda que fosse um deus; e no entanto, por mais que a boca salivasse, o coração orgulhoso não o deixava comer. Mais tarde pegou a gordura e toda a carne e armazenou-as naquele amplo celeiro, pendurando-as no alto como uma lembrança de seu roubo juvenil. Feito isso, reuniu gravetos secos e deixou que o fogo devorasse, inteiramente, os cascos das reses e também as cabeças.

E quando terminou, o deus jogou as sandálias no Alfeu de poços profundos. Extinguiu as brasas e espalhou areia sobre as cinzas negras. E então a noite transcorreu sob a brilhante luz da lua.[34]

Eis aqui, portanto, um trickster ladrão de carne que não a come (em um sacrifício grego usual, a propósito, aqueles que conduziam o ritual *comiam;* Hermes faz algo incomum).[35] A seguir tratarei mais detidamente das razões pelas quais o "coração orgulhoso" dele prevalece, mas por enquanto é suficiente dizer que Hermes reprime um desejo em favor de outro. Parece que a condição de Hermes não está clara no começo do *Hino*: Ele é um deus olímpico ou um bastardo saído da caverna de uma mãe solteira? Como ele mesmo diz à mãe após retornar de sua noite de crime:

"Estou disposto a fazer o que for necessário para que você e eu nunca passemos fome. Você está errada em insistir que vivamos em um lugar como este. Por que deveríamos ser os únicos deuses que jamais aproveitam os frutos dos sacrifícios e das súplicas? É melhor vivermos para sempre na companhia dos outros imortais – ricos, deslumbrantes, desfrutando de uma fartura de grãos – do que ficarmos para sempre sozinhos em uma caverna penumbrosa."[36]

---

* Há uma pequena brincadeira aqui. Os deuses olímpicos são doze, e Hermes é um deles, ou antes gostaria de ser. Nessa passagem ele se incluiu no sacrifício, de modo a fazer valer seus direitos. Age como um político nomeando a si mesmo para um alto cargo, apoiando a nomeação e contando os votos – tudo isso em segredo.

A ASTÚCIA CRIA O MUNDO

Se o trickster no ciclo do Corvo desce do céu para o mundo da pesca e do trabalho, aqui encontramos um trickster aparentado que deseja percorrer o mesmo caminho em sentido oposto. Ao decidir não comer a carne, Hermes está se preparando para viver no Olimpo. Comer carne é ficar confinado ao reino mortal, e Hermes tem objetivos mais ambiciosos. Não quer ser um menino da caverna, prefere ser um príncipe resplandecente. Tem fome do alimento dos deuses, "os frutos dos sacrifícios e das súplicas", não da carne em si. Ao se recusar a comê-la, é como se estivesse sacrificando seus intestinos juntamente com a carne ou, para usar o imaginário do *Hino*, renegando as glândulas salivares em favor do orgulho do coração. Contra as leis, roubou uma vaca e a matou, como fez o Coiote, mas tendo violado esse limite, impõe outro em seu lugar. Ou melhor, o que traduzi como seu "coração" o impõe. A palavra grega em questão é *thymos*, geralmente traduzida como "coração", "alma" ou "alento"; também pode significar "mente", pois os gregos homéricos localizavam a inteligência no peito e na voz que fala, não no cérebro silencioso.[37] Nessa história, portanto, vemos a inteligência de um ladrão de carne impor uma limitação ao apetite e, ao fazê-lo, evitar a morte, anzol oculto na carne.

O sacrifício da carne

Diz-se com frequência que quando Hermes abate o gado ele está inventando a arte do sacrifício.* Não estou certo de que o próprio *Hino* ofereça evidências suficientes para essa afirmação. Ele de fato

---

* Jean-Pierre Vernant, em *The Cuisine of Sacrifice* [A culinária do sacrifício]: "Ele institui o primeiro sacrifício."[38] T.W. Allen, em *The Homeric Hymns*: Hermes "estabeleceu o ritual do sacrifício".[39] Walter Otto, em *The Homeric Gods* [Os deuses homéricos]: "Ele é (...) tido como o protótipo para o oferecimento de sacrifícios."[40] Walter Burkert, em *Greek Religion* [Religião grega]: "Ele inventa o fogo, os espetos e o sacrifício."[41] (E veja-se o ensaio de Burkert "Sacrificio-sacrilegio: il trickster fondatore" [Sacrifício-sacrilégio: o trickster fundador].) Para dois autores que discordam dessa tese, ver o primeiro capítulo de *Hermès passe* [O passo de Hermes], de Laurence Kahn, e o capítulo sobre Hermes em *The Politics of Olympus* [A política do Olimpo], de Jenny Strauss Clay.

diz claramente que Hermes inventou a lira e a flauta doce; diz que "é responsável pelos espetos e pela fogueira"; mas guarda silêncio quanto a quem inventou o sacrifício. Não obstante, se colocamos o *Hino* no contexto de outras narrativas de tricksters, a alegação se torna mais plausível. Na África Ocidental, como veremos no capítulo 5, o trickster iorubá Exu é "o pai do sacrifício", tendo convencido os seres humanos a oferecer carne aos deuses em troca de revelações sobre a vontade dos céus. Outro exemplo, aquele que nos ajudará a ver Hermes em seu contexto, aparece na história do outro trickster grego, Prometeu. Tanto Prometeu quanto Hermes concebem truques engenhosos para mudar sua relação com a carne, mas Hermes revela-se o mais hábil dos dois, pois Prometeu é um tanto lento em compreender onde os perigos do apetite de fato residem.

Conforme contam os antigos, Prometeu e Zeus entram em conflito perto do fim da Era de Ouro.[42] Prometeu havia criado as pessoas a partir da argila; a julgar pelos eventos que se seguiram, parece provável que ele pretendia aumentar a sorte deles no mundo. Na Era de Ouro, os homens não envelheciam depressa nem morriam em sofrimento, mas ainda assim eram mortais, e talvez Prometeu desejasse para eles a imortalidade. Em todo caso, ele e Zeus se envolveram em uma disputa que se concentrava em quais partes de um boi abatido os deuses comeriam e quais alimentariam as bocas humanas. Prometeu dividiu o boi em duas partes e, como Zeus seria o primeiro a escolher, ele as camuflou: a melhor parte (a carne comestível) tornou pouco atraente cobrindo-a com o estômago do animal (os gregos não comiam a barriga, as tripas);[43] a parte inferior (os ossos não comestíveis), cobriu de gordura para fazê-la parecer carne apetitosa.

Mas Zeus não se deixou enganar; ele podia ver sob a superfície do jogo de aparências prometeico. Mas ainda assim não escolheu a "melhor" parte, optou pelos ossos. Hesíodo escreve: "Zeus, cuja sabedoria é infindável, viu (...) a astúcia e em seu coração previu

A ASTÚCIA CRIA O MUNDO

males contra os mortais (...) Com ambas as mãos tomou a alva gordura..." Então, Hesíodo acrescenta o dado que nos interessa aqui: "Por isso as tribos humanas sobre a terra queimam alvos ossos aos deuses imortais sobre altares fragrantes."[44] A malandragem de Prometeu levou, assim, ao primeiro sacrifício.

Levou a muito mais coisas, também, as quais devem ser brevemente mencionadas. Os "males" que Zeus "previu contra os mortais" assumiram diversas formas: ele ocultou o fogo deles e, depois que Prometeu o roubou de volta, enviou Pandora com uma espécie de presente maligno. Para Hesíodo, primeiro dos misóginos, foi Pandora quem realmente deu fim ao clube só para homens da Era de Ouro, pois com ela vieram a reprodução sexual, as doenças, a insanidade, os vícios e a labuta. Depois de Prometeu, os humanos tiveram o fogo e a carne; também passaram a envelhecer rapidamente e a morrer em sofrimento.

Se examinarmos com atenção a maneira como Prometeu divide o boi abatido, veremos que ele na verdade é um trickster estúpido nesse caso, abandonado por sua lendária previdência. Não diferente do Coiote, que se deixa dominar demais pela fome para escapar a ela, Prometeu deixa de perceber o verdadeiro significado das porções que dispõe com tanto cuidado. Para compreender esse significado, para ver o que Zeus aparentemente vê, é importante saber que, para os gregos, os ossos representam a imortalidade.[45] São a essência imorredoura, que não se decompõe (eram, por exemplo, o que se preservava quando os gregos cremavam um cadáver). Inversamente, em toda a literatura grega antiga, o estômago representa o apetite sôfrego, desavergonhado, inexorável, subjugante. Segundo essa tradição, a barriga é sempre denominada "odiosa", "maligna", "desprezível", "mortífera" e assim por diante. Em determinado ponto da *Odisseia*, Odisseu exclama: "Há algo mais canino [ou desavergonhado] do que este odioso estômago? Ele sempre nos incita, obriga-nos a não o esquecer, mesmo no auge de nossos tormentos e de nossas angústias."[46]

O simbolismo sugere, portanto, que aqueles que comem a carne do ventre têm de tomar a mesma coisa como seu quinhão do mundo. Quando Zeus deixa para os mortais aquela "melhor" parte prometeica, eles forçosamente se tornam aquilo que comeram; sacos de carne, barrigas que precisam ser enchidas repetidamente com carne simplesmente para adiar uma morte inexorável.[47] Prometeu tenta ser um astuto codificador de imagens, mas Zeus é um leitor mais sagaz, e o truque da carne sai pela culatra.

A história do sacrifício prometeico, então, não é uma narrativa na qual um trickster faminto sacrifica o apetite ou o intestino, mas sim uma na qual, como resultado de uma trapaça tola, os seres humanos acabam com uma fome interminável como seu quinhão. Assim como no conto do Corvo que come as crostas de ferida das canelas, essa é uma história de origem do apetite, e também de queda. Depois de Prometeu, os humanos caem no ardil da própria fome, uma armadilha na qual rapidamente envelhecem e morrem. Prometeu não sofre esse destino humano, nem se torna um devorador insaciável como o Corvo, mas Zeus acorrenta-o a um rochedo, onde uma águia devora eternamente seu fígado – a cada noite o fígado volta a crescer, a cada dia a águia devora-o novamente. A seu modo, portanto, Prometeu sofre de uma fome irremitente, assim como os humanos – e o Corvo.

Com essa trapaça prometeica em mente, vamos agora voltar à questão a respeito de o trickster inventar ou não o sacrifício. Para respondê-la, é útil saber que, na cultura da qual vêm Prometeu e Hermes, *o sacrifício é uma partilha ritual*.[48] Isso equivale a dizer que as porções que eram distribuídas em um sacrifício grego representavam as "porções" mais abstratas das partes envolvidas, suas funções políticas e espirituais. Os ossos, por exemplo, são a porção concreta dos deuses, mas também representam a porção espiritual, a imortalidade. Ou – outro exemplo – os sacerdotes cozinhavam e comiam as vísceras de um animal sacrificado; era

A ASTÚCIA CRIA O MUNDO

ao mesmo tempo o seu quinhão de fato e um símbolo do lugar que ocupavam na comunidade. A maneira como os gregos dividiam um animal traçava um mapa do modo como a comunidade se dividia. Quando se via alguém comendo o quarto traseiro de um boi, podia-se presumir que se tratava de um alto magistrado da cidade.

Nesse sistema, quando as pessoas imaginam o primeiro sacrifício, também estão imaginando uma partilha original. E se os primórdios correspondem a uma *alteração* na partilha,* como parece ser o caso tanto de Hermes quanto de Prometeu, então o sacrifício terá provavelmente sido inventado como uma trapaça ou um logro, pois uma mudança assim geralmente implica o menos poderoso tomando uma parcela do mais poderoso (nesse caso, por exemplo, Prometeu espera roubar poder dos deuses). Seja qual for o trickster que realiza essa trapaça, ele não inventa o sacrifício, portanto; *primeiro*, cria a trapaça da redistribuição, algum truque de prestidigitação por meio do qual o quarto traseiro de um boi acaba no prato de um escravo. No caso de Prometeu, o tiro sai pela culatra (os humanos ficam com a carne, mas seu quinhão na vida se torna mais amargo); no caso de Hermes, o truque funciona (ele recusa a carne e seu quinhão melhora). Em ambos os casos, porém, há uma mudança na partilha e emerge uma forma de sacrifício que celebra tanto o truque quanto sua consequência, a nova ordem das coisas.

Podemos agora dar uma forma geral a esse material sobre o sacrifício do apetite e ligá-la à discussão anterior sobre as armadilhas. Um trickster é com frequência concebido como uma espécie de "deus faminto". A imagem pode ser interpretada de duas maneiras: tricksters são deuses que se tornaram comedores

---

* Tenho consciência de que não pode haver uma mudança se estamos falando dos primórdios, mas nesse caso estamos no tempo mítico, e no tempo mítico as primeiras coisas não precisam vir primeiro.

vorazes, tomados por intestinos; ou então são seres cheios de apetite que se tornam um pouco mais divinos por meio de alguma diminuição dos órgãos de apetite. As histórias que vimos têm uma hierarquia: nos níveis mais baixos, o trickster é dominado pelo apetite (o Coiote tem de comer a búfala inteira); nos níveis mais elevados, ele está livre do apetite (o príncipe reluzente anoréxico) ou tem um apetite por alimentos mais etéreos (a fumaça do sacrifício). Além disso, o trickster percorre o caminho entre o alto e o baixo (decaindo rumo à fome no fim das histórias do Corvo e de Prometeu; ascendendo e contendo a fome no *Hino a Hermes* e na abertura da história do Corvo). Nesse percurso entre o alto e o baixo também encontramos o sacrifício. Em sua forma mais simples, parece não intencional (o pênis devorado, os intestinos perdidos das muitas histórias do Coiote); outras vezes, há uma ação consciente (os intestinos queimados na história do Corvo, o orgulho restritivo de Hermes).

Agora voltemos à ideia de que a inteligência do trickster nasce da tensão entre predadores e presas. Por trás das trapaças do trickster está o desejo de comer e não ser comido, de satisfazer o apetite sem ser seu objeto. Se o trickster é inicialmente dominado pelo apetite, e se essa compulsão o conduz a armadilhas, então podemos interpretar o sacrifício intencional como uma tentativa de alterar o apetite – comer sem a compulsão ou as suas consequências. No caso dos gregos, os alimentos identificados com as forças divinas satisfazem um apetite livre da costumeira e odiosa bagagem: a velhice, a doença e a morte. Essas histórias imaginam uma libertação definitiva do jogo alimentar na qual, além da fronteira das relações predador/presa, comensais imortais se banqueteiam com alimentos celestiais e nunca se tornam eles mesmos uma refeição para os vermes ou para o tempo.

Como venho sugerindo, nessas narrativas de sacrifício há um anzol oculto na porção de carne: a própria mortalidade. Prometeu não o vê, e a Era de Ouro termina com os humanos fisgados pela carne,

A ASTÚCIA CRIA O MUNDO

e mortais. Hermes o evita. Ele muda o jogo alimentar ao inventar um rito sacrificial no qual renuncia à carne e, mais importante, ao *desejo* por carne. Figurativamente, para se esquivar da armadilha do apetite, ele sacrifica o órgão desse apetite, seu odioso estômago. Portanto, embora o *Hino* não contenha nenhuma declaração direta a esse respeito, creio que é correto dizer que Hermes inventa a arte do sacrifício e que o faz a partir de uma luta contra o apetite.

Além disso, quando se abstém de comer ele está não apenas sacrificando o apetite, mas também está ficando "atento à isca". Coiotes que evitam carcaças envenenadas refreiam a fome e não são mortos. Hermes faz a mesma coisa, se comer a carne significa tornar-se mortal. Mas para aqueles que têm barrigas reais, essa abstenção é apenas uma solução parcial. Ninguém acha que coiotes que evitam a estricnina desistem de comer, e mesmo Hermes deixa claro que não come o gado porque espera *mais tarde* gozar dos frutos dos sacrifícios e das súplicas. (São comidas mais etéreas, mas comida mesmo assim; quando Hermes imagina o céu, ele não imagina a inexistência de fome, ele imagina deuses que comem.) Digamos, então, que o Hermes atento-à-isca é também um ladrão de iscas. O Corvo, lembremos, concebe um meio de comer a gordura e evitar o anzol. Hermes rouba o gado e, dedicando a fumaça do sacrifício a si mesmo, consome apenas a porção que não lhe fará mal. Dizer que Hermes gozará dos "frutos dos sacrifícios e das súplicas" é uma maneira elevada de dizer que encontramos outro trickster que devora a gordura e deixa um anzol vazio para trás.

Notas

1. Esse haicai é geralmente intitulado *Sobre o retrato do Mestre Camarão*. Ver *Basho and His Interpreters*, ed. Makoto Ueda (Stanford: Stanford University Press, 1991), p. 353, e Blyth, *Haiku I*, p. 21. Esta versão provém de Lewis Hyde.

ESQUIVANDO-SE DA ARMADILHA DO APETITE

2. Aristóteles, *Poética*, 1460.
3. Autólico: *Odyssey*, XIX: 432.
4. Young, pp. 84-85.
5. Lopez, p. 73.
6. Ricketts, "The Structure and Religious Significance...", p. 139.
7. Ricketts, "The Structure and Religious Significance...", p. 142.
8. Ver Norman O. Brown, *Hermes the Thief*, pp. 21-23, e Detienne, *Cunning Intelligence*, pp. 27-28. "O mais antigo uso conhecido" aparece em um dos símiles sem preparação de Homero: "como um pescador sobre uma rocha saliente (...) lança sua isca [*dólos*] como uma cilada para os pequeninos peixes, assim também..." (*Odisseia*, XII: 252).
9. Lopez, p. 73.
10. Lopez, pp. 127-28.
11. Lopez, p. 113.
12. Jerison, p. 313.
13. Leydet, p. 65; ver também Leydet, pp. 95, 108 e segs., 126-27, 147; e Snyder, p. 68.
14. Swanton, p. 8; ver também Thompson, p. 306.
15. Callaway, p. 3.
16. Callaway, p. 4 e 4n.
17. Lopez, p. 3.
18. Walker, *Nigerian Folk Tales*, p. 4.
19. Recontado de uma versão de Boas, "Tsimshian Mythology", pp. 58-60.
20. Nelson, p. 279.
21. Ricketts, "The Structure and Religious Significance...", p. 163.
22. Lopez, p. 41.
23. Radin, p. 142.
24. Radin, p. 59.
25. Radin, p. 16.
26. Radin, pp. 17-18.
27. Jung *in* Radin, p. 203.
28. Radin, pp. 18-19.
29. Radin, pp. 38-39.

A ASTÚCIA CRIA O MUNDO

30. Ver, por exemplo, Lopez, pp. 53 e segs.
31. Ver, por exemplo, Lopez, p. 89.
32. *Hino a Hermes*, versos 62-64.
33. *Hino a Hermes*, versos 286-88.
34. *Hino a Hermes*, versos 120-41.
35. Em *Homo Necans*, Walter Burkert oferece uma descrição de "um sacrifício grego comum" (pp. 3-7, 12). Ele diz, entre outras coisas, que os órgãos internos do animal sacrificado "são rapidamente assados no fogo do altar e comidos imediatamente. Assim, o círculo interno de participantes ativos se reúne em uma refeição comunal..." Ver também Camp, *The Athenian Agora*, p. 97.
36. *Hino a Hermes*, versos 166-72.
37. Onians, pp. 13-14.
38. Vernant *in* Detienne, *Cuisine of Sacrifice*, p. 165.
39. Allen *et al.*, *The Homeric Hymns*, p. 268.
40. Otto, *The Homeric Gods*, p. 122.
41. Burkert, *Greek Religion*, p. 157.
42. Para contar a história de Prometeu, recorri à *Teogonia*, de Hesíodo, versos 507-616, e a *Os trabalhos e os dias*, versos 27-105, 112-15. Também a Detienne, *Cuisine of Sacrifice*, pp. 24, 43, 253; Graves, pp. 144-45; Norman O. Brown, *Hermes the Thief*, p. 58; e *Prometeu acorrentado*, de Ésquilo.
43. Detienne, *Cunning Intelligence*, p. 58.
44. Hesíodo, *Teogonia*, versos 550 e segs. (Ver *Hesiod, The Homeric Hymns and Homerica*, p. 19.)
45. Detienne, *Cuisine of Sacrifice*, pp. 40-41.
46. *Odisseia*, VII: 216-21.
47. Detienne, *Cuisine of Sacrifice*, pp. 60-61.
48. Detienne, *Cuisine of Sacrifice*, pp. 10, 13, 99, 102-5; ver também Nagy, *Greek Mythology and Poetics*, pp. 269-75.

2. "Este é o meu método, Coiote, não o seu"

O anfitrião desajeitado

Dizer simplesmente que o trickster vive na estrada não fornece todas as nuances envolvidas no caso, pois a impressão que com frequência se tem é de que o trickster viaja por aí *aleatoriamente*, e as estradas o levam de um lugar a outro. Eis como o Rei Macaco chinês é descrito em dado momento: "Um dia viajava para o leste; e no dia seguinte caminhava para o oeste (...) Não tinha itinerário definido."[1] Em momentos de transição nas histórias dos nativos norte-americanos tipicamente se lê: "Enquanto continuava as caminhadas a esmo..."[2] Talvez o essencial quando se afirma que o trickster tem o pé na estrada seja dizer que seu "contexto é sem contexto", para usar a expressão maravilhosa de George W.S. Trow. Estar em uma determinada vila ou cidade é encontrar-se situado; estar na estrada é estar entre situações e, portanto, não orientado das maneiras como as situações nos orientam.

Em todo caso, o trickster às vezes se perde por completo, e é então que percebemos com mais clareza o destino aleatório do seu viajar. Em uma história largamente conhecida na América do Norte, o Coiote enfia a cabeça no crânio vazio de um alce e não consegue mais tirá-la.

> O Coiote começou a chorar porque não sabia o que fazer. Não enxergava para onde estava indo. Gritou... e tentou arrancar o crânio, mas foi inútil. Finalmente, saiu andando sem rumo.

A pata do Coiote esbarrou em alguma coisa. "Quem é você?", ele perguntou.

"Sou uma cerejeira."

"Ótimo. Devo estar perto do rio."

O Coiote prosseguiu de modo vagaroso, tateando à frente com a pata. Se pudesse encontrar o rio, saberia que direção tomar.

Esbarrou em algo novamente. "Quem é você?"

"Sou um álamo", respondeu a árvore.

"Devo estar muito perto do rio agora."

Novamente sentiu alguma coisa com a pata. "Quem é você?"

"Sou um salgueiro."

"Eu tinha razão! Devo estar bem ao lado do rio."

O Coiote agora caminhava com muito cuidado, mas continuava a esbarrar nas coisas. Finalmente, tropeçou e caiu no rio, e a correnteza o levou para longe.[3]

A ideia da caminhada às cegas se repete no ciclo trickster winnebago. Nele, o trickster havia cometido uma série de atos ferozmente antissociais, terminando por matar acidentalmente um grupo de crianças durante um acesso de fome. O pai das crianças caça o trickster por todo lugar; e ele acaba por escapar apenas correndo para "o lugar onde o sol se levanta, o fim do mundo" e se atirando no mar. "Como não (...) sabia onde ficava a praia, nadou por aí sem destino."[4] Logo, se depara com alguns peixes. Várias espécies são mencionadas, a última das quais – o bacalhau – consegue orientá-lo, e ele vai dar à praia. Então, "novamente preambula sem destino pelo mundo".[5]

Logo encontra uma planta que lhe diz: "Aquele que me mastigar cagará!" O trickster não acredita, come a planta e acaba por produzir tamanho monte de fezes que tem de subir em uma árvore. Então ele cai da árvore e é cegado pela própria imundície.

Começou a correr. Nada conseguia ver. Enquanto corria, chocou-se contra uma árvore. [Ele] gritou de dor. Estendeu a mão, apalpou a árvore e perguntou:

"ESTE É O MEU MÉTODO, COIOTE, NÃO O SEU"

"Árvore, que tipo de árvore é você? Conte-me algo a seu respeito!"

E a árvore respondeu: "Que tipo de árvore você acha que eu sou? Sou um carvalho. Sou o carvalho bifurcado que se erguia no meio do vale."[6]

Como na história anterior, o trickster esbarra em uma árvore após a outra até achar a água e conseguir se lavar.

As árvores e os peixes nessas histórias têm o que eu gostaria de chamar de "conhecimento das espécies". São o oposto do errante sem destino. Ordenam-se no espaço como uma espécie é ordenada pelas suas necessidades. Algumas espécies de peixes nadam perto da praia, outras não; há árvores, como o salgueiro, que crescem apenas à beira d'água e outras que podem crescer a distâncias cada vez maiores da água. Essas histórias, portanto, parecem propositadamente opor o caminhar aleatório do trickster a seres que são tudo menos aleatórios, que se situam no espaço por sua natureza.

Agora vamos comparar essas narrativas a uma das mais famosas histórias dos nativos norte-americanos, "O anfitrião desajeitado", na qual o trickster, faminto como sempre, visita sem aviso um amigo animal – urso, martim-pescador, rato-almiscarado ou narceja – que caça e prepara a comida à sua maneira especial. Eis um episódio da versão okanagon (na qual, a propósito, a toupeira é mulher do coiote):

Certa vez, não havia comida na tenda do Coiote. Ele (...) foi visitar seu irmão Martim-Pescador.

"Martim-Pescador, o que você tem para comer?", perguntou o Coiote. "Estou com muita fome."

O Martim-Pescador não gostou desse modo rude de falar, mas mandou chamar o filho e disse-lhe para apanhar três ramos de salgueiro.

A ASTÚCIA CRIA O MUNDO

O garoto Martim-Pescador saiu, colheu os ramos e retornou. O Martim-Pescador aqueceu-os sobre o fogo até que enrijecessem. Depois tirou-os, torceu-os para cima e amarrou-os no cinto.

Voou para o alto da tenda e de lá até o rio, e então mergulhou através de um buraco no gelo. Quando saiu de lá, havia um peixe preso a cada um dos espetos de salgueiro.

O Coiote comeu até sua barriga ficar cheia, mas guardou um pouco de peixe para a mulher e os filhos que estavam em casa.

"Você tem de ir me visitar amanhã", disse o Coiote.

"Não creio que eu vá", disse o Martim-Pescador.

"Oh, você tem de ir. Faremos uma bela refeição, você vai gostar. Vá me visitar amanhã."

O Martim-Pescador não queria ir, mas disse que o faria.

No dia seguinte, quando o Martim-Pescador apareceu, o Coiote mandou que o filho fosse buscar três ramos de salgueiro. Quando o garoto Coiote voltou, o pai colocou os gravetos na fogueira até que endurecessem. Então os curvou e fixou-os ao cinto. Depois rastejou até o alto da tenda.

"O que você está fazendo aí em cima?", perguntou sua mulher.

"Ora, você sabe que já fiz isso antes. Estou apanhando comida para nosso irmão, o Martim-Pescador."

O Coiote saltou do alto da tenda para o rio, mas errou o buraco, quebrou o pescoço e morreu.

O Martim-Pescador estivera assistindo o tempo todo. Ele caminhou até onde o Coiote jazia, apanhou os três espetos do cinto e saltou para dentro do buraco no gelo. Logo apareceu com muitos peixes. Depois passou quatro vezes por cima do Coiote e ele voltou à vida.

"Este é o meu método, não o seu", disse o Martim-Pescador. "Não imito os outros como você faz."

O Coiote apanhou os peixes, levou-os para a tenda e mostrou--os à Toupeira e aos filhos.

"Vejam estes grandes peixes. Eu os apanhei como o Martim-Pescador faz. Ele tem medo do meu poder. Disse-me para não fazer isso novamente. Sabe que a minha magia é forte."

A Toupeira cozinhou os peixes.[7]

"ESTE É O MEU MÉTODO, COIOTE, NÃO O SEU"

Duas coisas – as histórias que acabei de citar sobre o "conhecimento das espécies" e o fato de que um dos nomes do trickster é "imitador" – levam-me a interpretar "O anfitrião desajeitado" como a história de um animal que não tem, como diz o Martim-Pescador, "um método". O Martim-Pescador, a Narceja, o Furão, o Urso, o Rato-Almiscarado – cada um desses animais tem um modo de ser no mundo; cada um tem sua natureza. Especificamente, cada um tem seu método para caçar e, ao menos nessas histórias, nunca passa fome, porque tem esse método. O Coiote, por outro lado, parece não ter método, nem natureza, nem conhecimento. Tem a habilidade de copiar os outros, mas não uma habilidade própria.

Essa falta tem várias consequências. Por um lado, significa, como Carl Jung expressou, que o trickster é "mais estúpido do que os animais".[8] Os animais pelo menos têm um conhecimento inato, um modo de ser; o trickster não. Os animais sabem que não devem comer daquela planta que faz com que defequem montanhas; os animais sabem em que direção fica o rio; os animais sabem obter alimentos específicos. O trickster nada sabe e por isso acaba faminto, cambaleando a esmo e coberto pela própria imundície.*

Parece uma posição perigosa para um animal, estar despido de instintos. Que utilidade poderia haver em ter perdido uma aptidão inata para estar no mundo? Que vantagem concebível poderia residir em um modo de ser desprovido de método?

A primeira resposta pode ser que qualquer um que não tenha um método próprio, mas seja um imitador competente, terá, no fim das contas, um repertório de métodos. Se podemos imitar a aranha e fazer uma teia, imitar o castor e fazer uma barragem, imitar o bico da garça e fazer uma lança, imitar o tatu e vestir uma armadura, imitar o leopardo e usar uma camuflagem, imitar a erva venenosa

---

* E também, é preciso dizer, terrivelmente dependente de outros, embora "dependente" talvez não seja a palavra correta: o trickster pode ser um anfitrião atrapalhado por ser um parasita tão esperto.

A ASTÚCIA CRIA O MUNDO

e produzir armas químicas, imitar a raposa e caçar ao sabor do vento, então nos tornamos caçadores mais versáteis, melhores. E embora em "O anfitrião desajeitado" o trickster fracasse como imitador, em outros momentos a imitação constitui sua força.

Talvez não ter um método próprio também signifique que a criatura pode se adaptar a um mundo em constante mudança. Espécies adaptadas a um hábitat natural estão sempre em risco se esse hábitat se modificar. Uma das razões para os observadores nativos terem escolhido o coiote, o animal, para ser Coiote, o trickster, é que o primeiro de fato exibe uma grande maleabilidade de comportamento e é, portanto, um sobrevivente consumado em um mundo inconstante. Por um lado, o jovem coiote, como os jovens humanos, permanece dependente dos pais por um longo tempo. Um naturalista escreve que tal neotenia, como é chamada, "é uma característica de todas as espécies que não herdaram um repertório fixo de comportamento, mas precisam *aprender* a sobreviver (...) O coiote neotênico (...) enfrenta a mudança aprendendo novas reações e é, portanto, capaz de desenvolver um estilo de vida inteiramente novo".[9] Como se para ilustrar isso, outro naturalista, François Leydet, conta-nos que, nos primeiros dias do oeste norte--americano, os coiotes eram animais muito mais sociais; caçavam em bandos, como fazem os lobos. Mas hoje

> grandes agrupamentos de coiotes raramente são vistos (...) A perseguição forçou o coiote a adotar hábitos mais solitários e, uma vez que subsiste basicamente de pequenas presas que consegue pegar sem ajuda, tem sido capaz de fazê-lo. Isso permitiu que ele sobrevivesse em regiões onde o grande lobo cinzento foi exterminado: caçador de grandes presas, o *Canis lupus* não estava disposto a abandonar ou não pôde abandonar a organização em alcateias que o deixava altamente vulnerável ao homem.[10]

Observando coiotes caçarem em bandos, o lobo do século XVIII poderia muito bem ter-lhes dito: "Este é o meu método, não o de

"ESTE É O MEU MÉTODO, COIOTE, NÃO O SEU"

vocês." Mas duzentos anos mais tarde, o lobo, aprisionado no seu "método", está ameaçado, enquanto coiotes comem poodles com *pedigree* em Beverly Hills.

Portanto, essa é uma vantagem que um ser, especialmente um predador, pode ter se não estiver aprisionado a um método próprio, mas tiver em vez disso a habilidade de copiar vários métodos. Podemos inverter o conceito, também, e encontrar situações nas quais um ser que é caçado possa se beneficiar de não ter método, de não ter conhecimento instintivo. Para dar início a essa linha de pensamento, deixem-me começar com uma pergunta: Os animais mentem?

A resposta é sim e não. Animais claramente se comunicam uns com os outros. Pássaros piam nas árvores, baleias cantam nos oceanos, o veado dá o seu grito rouco de alerta ou – para citar o famoso exemplo – as abelhas dançam para informar à colmeia a que distância estão as flores e em que direção. Além disso, na maioria dos casos esses animais estão dizendo a "verdade" quando se comunicam entre si. Abelhas não mentem. Sua "linguagem" é restringida pelo instinto; nenhuma abelha entra na colmeia e diz "As flores estão a oeste" quando na realidade estão a nordeste. O veado não dá o alarme quando não há motivo para se alarmar.

Dito isso, porém, não é difícil pensar em complicações e exceções. Certamente há animais enganadores. Há insetos que evoluíram para se parecerem com gravetos ou folhas secas; há flores que devoram insetos atraindo-os com falsos chamarizes. Nos pântanos da Louisiana, pode-se encontrar a notável tartaruga aligator, que tem como uma de suas características uma "língua chamariz", um apêndice esbranquiçado e curto, assemelhado a uma minhoca, que estende para fora da boca até que algum peixe desavisado venha inspecioná-lo para ver se é comestível. O gambá acuado se finge de morto, assim como o pangolim. No caso clássico, quando a raposa ameaça a tetraz mãe, esta finge estar com uma das asas quebradas para assim afastar a raposa do ninho. Pequenos pássaros que se

A ASTÚCIA CRIA O MUNDO

alimentam no chão em florestas pluviais emitem um pio de alerta quando há perigo por perto, mas uma das espécies pode dar um falso alerta para ter o solo só para si por algum tempo.

Portanto, animais às vezes mentem. Mas há um aspecto no qual esses animais mentirosos são exatamente como os que não mentem: ambos são compelidos pelo instinto. O animal mentiroso não é capaz de mentir de maneira criativa; ele não consegue variar o seu repertório. A tetraz mãe nunca se finge de morta e o gambá nunca finge ter uma pata quebrada.

Essa restrição torna os animais mentirosos vulneráveis a qualquer predador que se dê conta do artifício. Aqui voltamos à primeira parte deste capítulo, pois qualquer animal dominado pelo instinto é vulnerável ao que chamo de "peritos em instinto". Assim como há as armadilhas do apetite, há também as armadilhas do instinto, ardis que exploram os métodos inatos de um animal, incluindo aqueles com os quais, de outra forma, enganaria os inimigos (como quando o Coiote usa a velocidade do Búfalo contra ele). Em resumo, um animal dotado de um logro instintivo leva vantagem sobre um animal que não o tem, mas essa vantagem se perde quando se depara com um predador que sabe como identificar o logro. Então fica encurralado, preso na armadilha da própria defesa.

Portanto, temos uma segunda razão por que pode ser útil não ter nenhum método, nenhuma natureza, nenhuma resposta instintiva fixa. Por não ter um método próprio, o trickster pode adotar muitos métodos. Por não ter um método, depende de outros cujas maneiras explora, mas não está restrito a essas maneiras e, portanto, em outro sentido, é mais independente. Por não ter um método, está livre da armadilha do instinto, é ao mesmo tempo "mais estúpido do que os animais" e mais versátil do que todos eles. Tropeça a esmo, coberto pela própria imundície, mas pelo mesmo motivo se alimenta na casa do Martim-Pescador, e na do Urso, e na do Rato-Almiscarado, e na da Abelha. Além disso, se alguém tenta capturá-lo em uma armadilha com a intenção de levá-lo para casa como jantar, o trickster pode contar com uma série de logros e escapar. A Abelha e o Urso, que não sabem contar uma mentira, são mais fáceis de capturar do que a Tetraz, com sua única lorota famosa. Mas a Tetraz é mais fácil de capturar do que o trickster, cujas fabulações nunca têm fim.

Na verdade, temos agora de acrescentar a mentira criativa à nossa lista de invenções do trickster. Tricksters descobrem fabulações criativas, simulações e embustes, a divertida construção de mundos imaginários. É o trickster quem inventa a inverdade gratuita. No norte da Califórnia, no mito de origem maidu, há vários criadores que colaboram para construir o mundo, incluindo um benéfico Criador da Terra e um Coiote atrapalhado. Em dado momento, o Coiote ri exatamente quando o Criador da Terra havia alertado para não o fazer. Chamado a se explicar, o Coiote diz: "Ah, não, não fui eu quem riu." Essa foi a primeira mentira.[11]

Traços distintivos da mente trickster

Um peixe nada por seu vasto mundo aquoso e subitamente o trickster bloqueia a passagem, tornando seu mundo menos vasto, menos fluido. Se o peixe for ele próprio cheio de astúcia, se tiver a esperteza para escapar da armadilha, vai fazê-lo encontrando uma brecha na trama de vime, um rasgão na rede, uma abertura que o inimigo não notou. De qualquer forma, temos uma primeira marca da sagacidade do trickster: ele bloqueia uma passagem para capturar a presa ou encontra um buraco para se esquivar do inimigo. Pode aproveitar uma oportunidade ou obstruí-la.

Digo "oportunidade" porque há uma velha ligação entre essa palavra e a passagem livre que uma armadilha de pesca bloqueia. Em *The Origins of European Thought* [As origens do pensamento europeu], Richard Onians explica que "oportunidade" vem

A ASTÚCIA CRIA O MUNDO

do latim *porta*, que é uma "entrada" ou "passagem através" de algo.[12] A palavra está associada a portas e vias de acesso (portal, portão, pórtico), e *opportunus*, então, é aquilo que oferece uma abertura ou o que se apresenta diante de uma abertura, pronto a atravessá-la. Para os romanos, uma *porta fenestella* era uma abertura especial que permitia que a Fortuna entrasse. A raiz grega é *poros*, que é um conduto para navios, mas também qualquer conduto, incluindo aquele que atravessa a pele, isto é, o poro. *Poroi* são todas as passagens que permitem aos fluidos circularem para dentro ou para fora do corpo. Um poro, um portal, um vão de entrada, uma brecha no tempo, uma abertura na tela, uma frouxidão na trama – tudo isso são oportunidades no sentido antigo. Cada ser no mundo deve encontrar o conjunto de oportunidades apropriado a sua natureza. O caminho do gigante é com frequência bloqueado, mas as paisagens bacterianas são quase inteiramente *poroi*. O espinheiro é um campo aberto para o Coelho Quincas. A escuridão é uma oportunidade para a coruja e o morcego, a água é uma oportunidade para o peixe – até que alguma rede de pesca bloqueie o caminho.

Mas deixemos de lado essas questões etimológicas e voltemos à destreza oportunística do trickster. Um bom exemplo segue-se imediatamente a "O Corvo se torna voraz" no ciclo do Corvo tsimshian. Lembremo-nos de que antes de o Corvo desenvolver seu apetite o mundo era coberto pela escuridão e que, quando chega a este mundo para distribuir os peixes e os frutos comestíveis, ele encontra as pessoas aflitas por causa da noite interminável. Ele também fica aflito – afinal, como vai se alimentar se está sempre escuro? Lembrando-se de que havia luz no céu de onde veio, o Corvo resolve voltar para roubá-la.

Vestindo a pele de corvo, ele voa para o alto até encontrar a abertura no céu. Entrando por ela, remove a pele de corvo e vai se sentar à beira de uma fonte perto da casa do chefe do céu. Lá espera até que a filha do chefe apareça para buscar água, quando

"ESTE É O MEU MÉTODO, COIOTE, NÃO O SEU"

então o Corvo se transforma em uma folha de cedro; a garota o engole quando bebe a água. Fica grávida e dá à luz uma criança. A família fica maravilhada; banham o menino regularmente e logo ele cresce o suficiente para engatinhar pela cabana. Mas chora o tempo todo. Enquanto engatinha, grita: "Hama, hama!", e o grande chefe fica preocupado. Chama os sábios para ajudá-lo a acalmar a criança. Um deles entende que a criança quer a caixa que está pendurada na parede da cabana do chefe, a caixa onde fica guardada a luz do dia. Eles a colocam no chão ao lado da fogueira e a criança para de chorar. Ela arrasta a caixa-da-luz-do-dia pela casa durante vários dias, ocasionalmente carregando-a até a porta. Um dia, quando as pessoas estão distraídas, põe a caixa nos ombros e sai correndo para o buraco no céu. Os membros da família saem em seu encalço, mas, antes que consigam apanhá-lo, ele veste a pele de corvo e voa para a terra. Lá quebra a caixa e então, graças ao Corvo ladrão, temos a luz do dia neste mundo.[13]

Talvez todo roubo seja um roubo de oportunidade, no sentido de que onde algo está protegido um ladrão precisa de uma brecha ou de um poro na guarda, através do qual entrar e retirar os bens. O buraco no céu que emoldura essa parte do ciclo tsimshian do Corvo é apenas um de vários poros semelhantes que o Corvo encontra ou cria. Para começar, introduz-se na família encontrando, por assim dizer, uma mulher porosa e um modo de penetrar nela. Como uma criança que não para de chorar ele subverte as defesas do grupo (assim como vigaristas às vezes usam os filhos para sensibilizar o alvo). Todas as boas pessoas ficam vulneráveis à criança indefesa e infeliz. Se o Corvo tivesse chegado à cabana munido de armas e exigindo a caixa-da-luz-do-dia aos gritos, teria de travar uma luta. Mas como um bebê indefeso ele não apenas é bem recebido e banhado, mas também conquista o prêmio. O trickster, portanto, é um ser à procura de porosidades. Mantém um olhar atento a oportunidades que ocorrem naturalmente e as cria *ad hoc* quando não ocorrem por conta própria.

A ASTÚCIA CRIA O MUNDO

Agora vamos inverter o quadro e voltar ao trickster como criador de armadilhas. O oportunismo é parte da sua astúcia, assim como o bloqueio de oportunidades, e para bloquear uma oportunidade é preciso criar o impenetrável ou não poroso, uma rede tão fina que não há como passar através dela. A história natural provê muitos exemplos dessa inteligência bloqueadora de poros em ação. Um dos meus favoritos é o método que as baleias jubarte usam para capturar os pequeninos peixes dos quais se alimentam. Quando a jubarte encontra um cardume de arenques, mergulha fundo e em seguida nada em um lento círculo, soltando ar durante todo o tempo, de modo que um cone de borbulhas sobe pela água. Os arenques no cardume percebem equivocadamente essa "rede de borbulhas" como uma barreira através da qual não podem nadar. Depois de confinar o cardume, a baleia sobe pelo centro da rede de bolhas com a boca aberta, enchendo-a de peixes.

O polvo usa um truque semelhante, só que com finalidade defensiva. Quando ameaçado por um predador, ele escurece a água com um jato de tinta, transformando a transparência em um meio turvo, impenetrável, não poroso. Em ambos os casos, é claro, a impenetrabilidade é uma ilusão. A escuridão ao redor do polvo é apenas uma noite artificial; os arenques são encurralados não pelas borbulhas, mas pelas próprias defesas e limitações perceptivas. Ainda assim, em cada um dos casos, o artifício é suficiente.

O próprio trickster joga com o poroso e o não poroso em diversas narrativas que se concentram em túneis e animais entocados. Recordemos que o trickster zulu Thlókunyana é um pequeno ser associado à doninha.[14] Em uma das histórias, ele se muda para a residência do leopardo, engana a mãe leopardo e come os filhotes. Sabendo que acabará sendo descoberto, Thlókunyana constrói uma rota de fuga, um longo túnel com uma saída distante e oculta. Quando a mãe leopardo finalmente se dá conta do que aconteceu aos filhotes, Thlókunyana desaparece no buraco. A mãe leopardo o segue, achando que a cavidade tem apenas uma entrada e que

Thlókunyana será, portanto, facilmente encurralado. Mas antes que a mãe leopardo compreenda o que está acontecendo, o astuto Thlókunyana já passou pela saída secreta, deu meia-volta e fixou estacas pontiagudas em torno de ambas as entradas; quando a desconcertada leopardo fêmea emerge, é morta. Em uma versão norte-americana desse "truque do túnel" muito comum, o Coiote atrai o inimigo para uma passagem subterrânea, depois acende fogueiras de ambos os lados, prendendo a vítima e assando o jantar ao mesmo tempo.[15]

O truque inicial em todas essas histórias é ter cavado uma toca em primeiro lugar. O coelho com uma toca tem um poro na terra, uma oportunidade criada por ele mesmo para escapar da raposa. Mas o animal com uma toca de uma só entrada corre o risco de ser encurralado no próprio buraco; portanto, o truque seguinte é cavar uma segunda entrada, ou uma terceira, ou uma quarta. Os gregos consideravam a raposa o epítome da astúcia animal e imaginavam que sua morada tivesse sete entradas.[16] Mas não importa quantas entradas existam, ainda estamos na terra do oportunismo, da porosidade sempre crescente. O terceiro truque, então, é bloquear as entradas quando necessário, transformando poros em barreiras. Assim como o *poros* grego é uma passagem, um orifício na pele, *aporos* é um lugar intransponível, algo através do qual não se pode enxergar. O que Thlókunyana e o Coiote fazem é transformar uma rota de fuga em uma armadilha, um buraco em uma cilada, um *poros* em um *aporos*, um meio desobstruído em uma aporia.

Em retórica e lógica, "aporia" – a palavra deriva de *aporos* – significa uma contradição ou paradoxo irreconciliável. Experimentar uma aporia é estar preso em um túnel com uma fogueira de cada lado, se deixar confundir por nuvens de tinta ou se deixar cercar por uma rede de borbulhas. Não importa quantas vezes você dê meia-volta, ainda estará enredado. A aporia é a armadilha da perplexidade, inventada por um ser cuja fome fez com que ele ou ela se tornasse mais astuto do que aqueles que apenas acreditam se deslocar linearmente através de um mundo transparente.

Um dos traços característicos da mente do trickster, portanto, é que ele explora e frustra as oportunidades. Para passarmos a um aspecto relacionado, porém distinto – a destreza do trickster no que diz respeito a dar meia-volta ou ir no sentido contrário –, vamos tomar um exemplo um pouco mais complicado da armadilha da perplexidade. Quando o bebê Hermes rouba cinquenta reses do irmão Apolo, ele recorre a vários artifícios inteligentes para ocultar o roubo. Antes de mais nada, faz com que o gado caminhe para trás, de modo que as pegadas deem a impressão de que os animais estão caminhando rumo ao pasto do qual foram furtados. Em seguida, Hermes faz para si um par de sandálias engenhosas, atando aos pés feixes de ramos de murta e tamargueira, com folhas e tudo. Seus rastros ficam, assim, difíceis de decifrar; eles parecem apontar em todas as direções; não fornecem uma orientação. Hermes também caminha em zigue-zague e talvez, sendo quem é, voa um pouco entre uma passada e outra, de forma que a largura dos passos pareça estranha. Mais tarde, Hermes atira as sandálias em um rio e espalha areia sobre as cinzas da sua fogueira sacrificial. (É isso que os viajantes fazem para ocultar os acampamentos; eles enterram a fogueira de cada noite para se deslocar sem deixar rastros em sua jornada.)[17]

Em resumo, Hermes torna todos os indícios do roubo difíceis de encontrar e ainda mais difíceis de interpretar. Apaga os rastros, obviamente, e aqueles que não consegue apagar ele confunde com o que eu gostaria de chamar de "polaridade embaralhada". As sandálias de Hermes não têm "dedos e calcanhar" e, portanto, parecem apontar para ambos os lados ao mesmo tempo, da mesma maneira que o gado quando se desloca de trás para a frente. O folclore sobre as raposas diz que esse animal, quando perseguido por cães, às vezes corre uma determinada distância e depois recua sobre os próprios passos; quando os cães chegam ao local onde a raposa deu meia-volta, ficam aturdidos e andam sem rumo latindo uns para os outros.

Com os rastros do gado e as sandálias, Hermes, de maneira semelhante, embaralha e apaga a polaridade. É como se, perdido na floresta, você pegasse uma bússola e a agulha girasse ao acaso em vez de apontar para o norte. Você não conseguiria, nesse caso, orientar-se para encontrar o caminho; não conseguiria ir adiante. Desse modo, a polaridade embaralhada torna o mundo intransponível e é uma espécie de aporia. Ela bloqueia todas as passagens ao destruir a orientação que o ato de passar requer. Quando Apolo encontra os rastros que Hermes e o gado deixaram, ele fica paralisado na própria trilha, incapaz de se mover:

> E quando o Grande Arqueiro decifrou as pegadas dos animais, gritou: "Ora, ora! Isso é notável, o que estou vendo. Estes claramente são rastros do gado de chifres longos, mas todos apontam para trás, na direção do campo de narcisos silvestres! E estes outros não são rastros de um homem ou de uma mulher, nem de um lobo cinzento, de um urso ou de um leão. E não creio que o centauro de crina felpuda deixe tais pegadas. Que pés ligeiros deram essas longas passadas? As marcas deste lado da trilha são estranhas, mas aquelas do outro lado são mais estranhas ainda!"[18]

Essa é a fala de um homem perplexo, apanhado em um conjunto de reveses astuciosos.

Uma cena como essa, com um dos personagens seguindo os rastros do outro, aponta novamente para a discussão anterior sobre a esperteza que nasce da tensão entre os predadores e suas presas. O animal capaz de decifrar rastros tem uma ferramenta inestimável em seu repertório de caça, assim como o animal capaz de camuflar seus rastros tem uma ferramenta de defesa. Além disso, identificar rastros é um ato interpretativo antigo e elementar. A

A ASTÚCIA CRIA O MUNDO

partir de um ramo quebrado, da profundidade de uma pegada, do cheiro de urina, de um chumaço de pelo enroscado em um espinho, o caçador infere a presença de um animal em particular, sua direção e velocidade, seu tamanho, seus hábitos. A partir de sinais potencialmente obscuros, o caçador especula sobre significados mais amplos. Histórias sobre tricksters e rastros são, portanto, histórias sobre leitura e escrita. A narrativa de Hermes e Apolo, em particular, opõe um codificador habilidoso a um igualmente habilidoso decodificador, um escritor cauteloso a um leitor sagaz. O escritor faz com que seus rastros mintam na esperança de confundir o leitor; o leitor tenta obter um segundo ou terceiro nível de significação a fim de compreender o que realmente aconteceu.

Há um certo humor embutido nessa cena, pois normalmente Apolo é o deus que sabe ler sinais. Sempre que um pássaro cai das nuvens, é Apolo quem o percebe e quem em seguida anuncia o significado oculto para todos os leitores menos dotados. Apolo conhece a mente de Zeus; tem dons proféticos; tem o próprio oráculo em Delfos, que lhe proporciona um belo pequeno provento. Em qualquer outra narrativa ele certamente seria capaz de decifrar um conjunto de pegadas traiçoeiras, mas o hino em questão pertence a Hermes, e ele parece estar inventando algo que seu irmão mais velho nunca viu. Os rastros que ele deixa têm múltiplos significados, significados mascarados e contextuais, ambiguidade, uma primeira pista de algo que se manifestará no próximo capítulo: a ideia de que o *Hino a Hermes* é um mito de criação para a mente que é mestre dos sinais.

Aproveitar e bloquear uma oportunidade, confundir a polaridade, camuflar rastros – essas são algumas das marcas da inteligência do trickster. A última delas conduz ao item final dessa lista preliminar: se o trickster consegue disfarçar seus rastros, certamente consegue se disfarçar. Consegue codificar a própria imagem, distorcê-la, ocultá-la. Em particular, o trickster é conhecido por

"ESTE É O MEU MÉTODO, COIOTE, NÃO O SEU"

trocar de pele. Afirmo isso em dois sentidos: às vezes o trickster altera a aparência da própria pele; outras vezes realmente substitui uma pele por outra.

O segundo recurso pode ser mais difícil de imaginar, por isso vamos começar com um exemplo da história natural. Como a mitologia sugere, venho deduzindo cada um dos truques do trickster das relações predador/presa. Para ilustrar a troca de pele, tomemos um caso no qual a presa são os humanos e o predador é um micróbio, o *Trypanosoma brucei*, o protozoário que causa a doença do sono africana. Essa criatura vermiforme mata milhares de pessoas todos os anos na África. Ele penetra na corrente sanguínea por meio da picada da mosca tsé-tsé e em seguida começa a se multiplicar. Uma vez que o invasor é detectado, o sistema imunológico da vítima contra-ataca com a única arma de que dispõe: produz anticorpos específicos para a configuração da pele do intruso, ou melhor, sua cobertura proteica exterior. Mas esse tripanossoma consegue mudar sua pele em milhares de configurações diferentes, e o sistema imunológico nunca consegue acompanhá-lo. Cada vez que produz um anticorpo específico para qualquer uma das peles, o *brucei* se despe dessa pele e lança mão de outra de seu enorme guarda-roupas. O *brucei* é como um vigarista em um baile de máscaras; ele não se prende a nenhuma máscara, face ou persona em particular, mas altera cada uma delas de maneira fluida sempre que a situação o exige.[19]

Há muitos animais assim, com pele cambiável ou pluridermes. O linguado, como o camaleão, ludibria os inimigos mimetizando o solo marinho: quando nada em mares com fundo de seixos, exibe um dorso seixoso; quando nada em mares de fundo arenoso, ostenta um dorso semelhante à areia. Na tradição grega, a criatura mais renomada por sua pele astuciosa é o polvo, que assume tanto a forma quanto a cor das pedras às quais se agarra, depois estende os tentáculos desse disfarce mineral a fim de capturar e devorar a presa.[20]

A ASTÚCIA CRIA O MUNDO

Para os gregos, a versatilidade de mudar de pele era uma virtude. O poeta elegíaco Teógnis louva o polvo por sua flexibilidade. É melhor mudar de posição do que permanecer de forma inflexível e lutar, diz Teógnis.

> Apresente um aspecto diferente de si a cada um dos seus amigos (...) Siga o exemplo do polvo com seus numerosos tentáculos que assumem a aparência da pedra à qual se agarra. Prenda-se a uma delas um dia e, no dia seguinte, mude de cor. A inteligência é mais valiosa que a inflexibilidade.[21]

A palavra de Teógnis para "inflexibilidade" é *atropia*, ou, se pudéssemos aportuguesá-la, uma espécie de não tropismo. O sufixo "-trópico" significa "voltar-se para/ir na direção de" (a planta fototrópica volta-se para acompanhar a luz); assim, o ser não trópico não se volta na direção de nada, é inflexível, fixo em sua pele e bem diferente do polvo.

Mencionei essas linhas de Teógnis porque elas fornecem uma clara ligação entre a mudança de pele e outro modo pelo qual a astúcia do trickster tem sido representada. O trickster é politrópico, o que no sentido mais simples quer dizer que ele "se volta para muitas direções" (embora a palavra grega *polutropos* também possa ser traduzida por "astuto", "versátil" e "muito viajado"). Há três, e apenas três, personagens da literatura grega que são considerados politrópicos: Hermes, Odisseu e o ardiloso general ateniense e efebo socrático Alcibíades. Odisseu é chamado de homem politrópico na primeira linha da *Odisseia*; Hermes é a criança politrópica no *Hino homérico*.*[22] Quanto a Alcibíades, as *Vidas*, de Plutarco, narram a ocasião em que os espartanos

---

* Hermes se torna Mercurius ou Mercúrio em Roma e na Idade Média. Carl Jung salienta que em textos alquímicos "Mercúrio, seguindo a tradição de Hermes, é multifacetado, mutável e enganador. [Gerhardt] Dorn fala '[d]aquele inconstante Mercúrio' e outros chamam-no pluriderme (que muda de pele, volúvel)".[23]

"ESTE É O MEU MÉTODO, COIOTE, NÃO O SEU"

enviaram ordens para que ele fosse morto. Alcibíades descobriu o complô e escapou:

> Recorreu a Tissafernes (...) por segurança, e logo se tornou o primeiro e o mais importante sob a proteção daquele nobre. Pois sua versatilidade [*polutropon*] e sua inteligência insuperável eram motivo de admiração do bárbaro, que tampouco era um homem franco, e sim malicioso e apreciador das más companhias. E de fato não havia temperamento capaz de resistir a Alcibíades, nem natureza que pudesse escapar-lhe, tão cheio de graça era no cotidiano e nas conversas. Até mesmo aqueles que o temiam e odiavam sentiam um raro e cativante encanto em sua companhia e presença.[24]

Assim é o trickster e assim é o homem politrópico, esperto como um polvo, colorindo-se para se adaptar ao seu entorno, assumindo uma nova face para cada homem e mulher que encontra, encantador, irresistível e nada confiável. (Ele dá um bom político, especialmente em uma democracia, na qual a existência de muitos eleitores exige muitas faces.)

Para os antigos, a habilidade de mudar de pele não era meramente uma questão de disfarce, porque com frequência se considerava que a pele revelava o íntimo. Em algumas tradições, quando uma pessoa queria deixar claro que assumia seus atos, quando desejava dizer "meu verdadeiro eu fez isso", ela dizia "minha pele fez isso".[25] Ser capaz de *trocar* de pele, portanto, traz à tona verdadeiros quebra-cabeças quanto à identidade, o tipo de quebra-cabeça que o sistema imunológico enfrenta quando tenta identificar um tripanossoma. Se Odisseu pode representar tantos papéis, se pode criar um personagem, como disse certa vez Atena, "como se fosse [sua] própria pele resistente", então quem é o verdadeiro Odisseu?[26] Se o trickster escandinavo Loki pode assumir a forma de um pássaro, de uma pulga, de um cavalo e do fogo, então quem é o verdadeiro Loki? Se o Corvo pode se despir de seu

A ASTÚCIA CRIA O MUNDO

manto negro e tornar-se uma folha de cedro, quem é o verdadeiro Corvo? É nosso hábito imaginar uma verdadeira personalidade por trás de imagens extraordinárias, mas às vezes é difícil saber se essa personalidade está realmente ali ou se é apenas produto da nossa imaginação.

Tomemos o herói do romance *O vigarista*, de Herman Melville, por exemplo. Ao longo desse livro complicado, um vigarista aparece com uma série de máscaras e papéis, nunca como ele próprio. Nesse caso, podemos dizer corretamente que ele tem uma personalidade? E se tem, como podemos descrevê-la com alguma, bem, segurança? O herói de Melville veste tantas máscaras coerentes que muitos leitores o consideram um pouco diabólico, e consequentemente leem a novela como uma alegoria: o Vigarista é o Diabo. Suspeito de que o próprio Melville se inclinasse para essa leitura algumas vezes, mas o romance não a permite de maneira definitiva. Podemos, quase com a mesma facilidade, demonstrar o contrário – que o Vigarista é um salvador que apenas parece sombrio porque deve agir em um mundo decaído – e, uma vez feito isso, se ele pode ser o Diabo ou o Cristo, devemos provavelmente admitir que seu "verdadeiro eu" está irremediavelmente oculto, ou não existe.

Alguns classicistas argumentam que um problema semelhante desafia o leitor que tem esperança de encontrar o verdadeiro Odisseu. Pietro Pucci sustenta que, como Odisseu está sempre manipulando a realidade, disfarçando seu corpo e contando mentiras sobre seu passado, ele "se despe do seu 'verdadeiro' eu e assume posturas indistintas e intermediárias, nas quais ao mesmo tempo será e não será ele mesmo, fiel ao seu temperamento e desleal a ele".[27] Se tivermos a pretensão de identificar um Odisseu real por trás das fabulações, devemos ao menos ter consciência de que a presunção é nossa, argumenta Pucci, concluindo que "as cenas de disfarce [por si próprias] são o que cria a ilusão de seu 'verdadeiro eu'".

"ESTE É O MEU MÉTODO, COIOTE, NÃO O SEU"

Esses são casos difíceis; identificar o "eu" de um predador animal como o *Trypanosoma brucei* pode ser um pouco mais fácil porque todos os seus disfarces servem a um único propósito: ajudá-lo a se alimentar do hospedeiro. O verdadeiro eu está na alimentação. O polvo real tem uma barriga sempre presente por baixo da pele cambiante. Mas nem todos aqueles que mudam de forma têm objetivos tão unitários e identificáveis. Se encontramos um trickster que conseguiu se desvincular do apetite, como podemos ter certeza do que realmente motiva suas reversões? Assim que começamos a pensar que o Vigarista de Melville é governado unicamente pela ganância, nós o vemos distribuindo moedas de ouro.[28] Com alguns personagens politrópicos é possível que não exista verdadeiro eu por trás das máscaras cambiantes, ou que esse verdadeiro eu resida exatamente ali, nas superfícies mutáveis, e não sob elas. É possível que existam seres que não têm uma identidade própria, apenas as muitas identidades das peles cambiantes e dos contextos mutáveis.

Notas

1. *Journey to the West* I, p. 134.
2. Radin, p. 21.
3. Lopez, pp. 135-36. Essa é uma versão gros ventre da história. As tribos gros ventre são originárias das Woodlands Orientais; desde o início do século XIX, seu lar tem sido o norte de Montana.
4. Radin, p. 11.
5. Radin, p. 13.
6. Radin, p. 27.
7. Lopez, pp. 30-32; veja também Thompson, p. 72. A história do "Anfitrião atrapalhado" é discutida em detalhes por Franz Boas em *Tsimshian Mythology*, pp. 694-702. A história aparece em várias espécies, cada uma das quais – como as árvores e os peixes – tem uma área de distribuição definida. Ricketts oferece uma interpretação variante, que discuto no capítulo 12.

A ASTÚCIA CRIA O MUNDO

8. Jung *in* Radin, p. 203.
9. Citado em Bright, p. 55.
10. Leydet, p. 71.
11. Thompson, p. 27.
12. Onians, pp. 343-48.
13. Boas, *Tsimshian Mythology*, pp. 60-62; citado em Thompson, pp. 22-24.
14. Callaway, pp. 24-27.
15. Radin, pp. 30-31; Lopez, p. 34-35.
16. Detienne, *Cunning Intelligence*, p. 35.
17. *Hino a Hermes*, versos 73-86, 139-41, 348-60.
18. *Hino a Hermes*, versos 217-26.
19. *The New York Times*, 19 de março de 1991.
20. Detienne, *Cunning Intelligence*, pp. 38 e segs.
21. Teógnis citado em Detienne, *Cunning Intelligence*, p. 39.
22. *Hino a Hermes*, verso 14.
23. Jung, *Alchemical Studies*, p. 217.
24. *Plutarc's Lives*, traduzido para o inglês por Bernadotte Perrin, Loeb Classical Library (Cambridge: Harvard University Press, 1914), pp. 67-69.
25. Nagy, *Greek Mythology and Poetics*, pp. 264-65.
26. *Odisseia*, XII:256-86.
27. Pucci, p. 16.
28. Melville, p. 156.

3. A primeira mentira

Um indício de roubo juvenil

Enquanto escrevo estas páginas, uma mãe cardeal que fez o ninho perto da minha casa está enlouquecendo de tanto bicar a própria imagem refletida na janela do meu escritório. Está convencida de que há outro pássaro ali, um intruso, uma ameaça a seu ninho, seus ovos, seu território. Se eu puxar a cortina, ou mesmo encostar um livro na vidraça, o reflexo desaparece e o pássaro se acalma. Mas em alguns dias me esqueço de executar esse pequeno favor entre espécies e agora o vidro está coberto de manchas gordurosas das pontas de suas asas, como um manuscrito a duas pinceladas, um testemunho criptográfico da obstinada persistência de seu cérebro limitado.

Uma história que chamaremos de "As ameixas refletidas" foi um dia contada por todo o continente norte-americano. Eis a versão do ciclo trickster winnebago:

> O trickster olhou casualmente para a água e, para sua grande surpresa, viu muitas ameixas submersas. Ele as observou com muito cuidado, depois mergulhou para apanhar algumas. Mas apenas pedrinhas foi o que trouxe nas mãos. Novamente mergulhou. Mas dessa vez chocou-se com uma pedra no fundo e ficou inconsciente. Depois de algum tempo, flutuou até a superfície e começou gradualmente a recuperar os sentidos. Boiava na água, de costas, quando recobrou a consciência e, ao abrir os olhos,

viu sobre a margem muitas ameixas. O que ele vira na água era apenas um reflexo. Então se deu conta do que tinha feito. "Oh, minha nossa, que sujeito estúpido devo ser! Deveria ter percebido que era isso. Acabei causando grande dor a mim mesmo."[1]

No ciclo winnebago, imediatamente depois desse acontecimento, o trickster engana algumas mães guaxinins, convencendo-as a deixar os filhotes sozinhos para que possa comê-los. Para fazer com que as guaxinins deixem a prole, o trickster conta-lhes onde as ameixas estão: "Não há como vocês errarem o local... pois há tantas ameixas lá... Se, no fim da tarde, enquanto o sol se põe, virem o céu vermelho, saberão que são as ameixas que estão causando isso. Não voltem, pois por certo as encontrarão."[2] Como sublinha Paul Radin, a brincadeira aqui é que para os winnebago "um céu vermelho é o símbolo estereotípico da morte. Era isso que deveria significar para as tolas mães, pois seus filhos estão prestes a ser mortos".[3] O trickster está zombando delas, oferecendo-lhes uma pista simbólica sobre o que está para acontecer; elas, porém, entendem a linguagem dele em sentido literal, e sofrem as consequências, assim como o próprio trickster interpretou as ameixas refletidas de maneira literal e sofreu em razão disso. Como com frequência é o caso, vemos o trickster ser simultaneamente estúpido e esperto – em um minuto confundindo um reflexo com a coisa real, e no minuto seguinte caçoando de outros, obtusos demais para compreender uma imagem com suas sobreposições de sentido.

Quer seja correto dizer que a sequência de eventos dessa história descreve o trickster aprendendo algo, quer não, é certo, acredito, afirmar que ela retrata um personagem vivendo na extremidade da consciência reflexiva. O trickster personifica o reflexo que ganha vida; nele vemos tanto a necessidade da consciência reflexiva (sem a qual ele sofre) quanto a recompensa para essa consciência (com a qual ele explora o mundo). Ademais, temos uma narrativa em que a experiência mental (o trickster jogando com uma imagem) substitui a experiência física (o trickster de fato pulando na água, batendo com a cabeça). Vemos o trickster despertando para a vida simbólica ou tomando consciência de sua imaginação e seus poderes.

Como, na história da consciência de um indivíduo, esse despertar acontece? Ainda mais difícil: Como, na história da espécie, a própria imaginação surgiu? Como a mente adquiriu pela primeira vez a habilidade de formar imagens e como então passou a *refletir* sobre essas imagens? No caso do trickster, como o embuste mental substituiu o embuste personificado? O que aconteceu entre o tolo homem sincero que toma ameixas refletidas de maneira literal e o dissimulado que fala em "céu vermelho" quando o que quer dizer é "estou prestes a comer seus filhos"?

Não podemos fazer essas perguntas sem uma pausa para diferenciar algumas coisas que venho embaralhando. Ao descrever as características da astúcia do trickster venho misturando a história natural com fenômenos mentais e culturais. Uma coisa é o tripanossoma mudar de pele; outra coisa é o Corvo se transformar em uma folha flutuando na água de uma fonte; outra ainda é o fato de os contadores de histórias terem imaginado o Corvo em primeiro lugar, ou um de nós o reimaginar. Antes de desatar esses nós, porém, devemos lembrar que a própria mitologia nos pede para confundi-los. As histórias do Coiote remetem a coiotes para nos ensinar sobre a mente; as próprias histórias se voltam para a relação entre predador e presa para explicar o nascimento da astúcia. Esses mitos sugerem que misturar história natural e fenômenos mentais não é uma fusão impensável; pelo contrário, é uma descrição acurada de como as coisas são. Aprender sobre a inteligência com o Coiote ladrão de carne é saber que somos pensadores dotados de um corpo. Se o cérebro tem astúcia, ele a tem como consequência do apetite; o sangue que alimenta a mente obtém seu açúcar das vísceras.

Entretanto, a astúcia dos animais não é como a astúcia de Alcibíades. O polvo, o linguado, o tripanossoma – cada uma

A ASTÚCIA CRIA O MUNDO

dessas criaturas tem seu truque, mas nenhuma delas reflete sobre seus recursos. A tartaruga aligator tem aquela língua engenhosa, mas é uma tartaruga de um truque só, incapaz de conceber novos engodos para novos trouxas. Como vimos, mesmo quando essas criaturas mentem, seus logros carecem da plasticidade dos ardis humanos. O polvo não tem escolha nesse caso; se por algum estranho motivo fosse útil tornar-se escarlate sobre uma pedra cinzenta, ele não poderia fazê-lo. O polvo está preso aos próprios reflexos, de acordo com os quais pedras cinzentas evocam peles cinzentas. E o sistema de *feedback* que produz esses reflexos não está localizado na mente do polvo, mas na lenta e obtusa carnificina da evolução.

Dito isso, vamos nos perguntar novamente como, na história da astúcia, a língua enganadora dá lugar à mente que imagina engodos.

Como nas investigações sobre a origem da linguagem, talvez não haja uma maneira satisfatória de responder a essas questões. Nos primeiros esboços deste capítulo, pesquisei alguns dos caminhos por meio dos quais os biólogos evolucionistas tentaram respondê-las, mas sempre tive a sensação de que mistérios estavam sendo deslocados de uma área para outra, em vez de serem resolvidos. A estranheza e a maravilha da imaginação reflexiva parecem fugir ao alcance da narrativa biológica. Suspeito que ainda fujam ao alcance de todas as narrativas. Ainda assim, com humildade antes de mais nada, é difícil resistir à especulação.

Várias passagens da própria mitologia trickster parecem-me sugerir uma história de origem para a imaginação. "As ameixas refletidas", como vimos, sugere que a dor causada pela falta de inteligência do trickster impele-o rumo à reflexão. A isso acrescentemos uma sequência de eventos sugestiva extraída do *Hino a Hermes*. Lembremo-nos do que acontece quando Hermes termina seu sacrifício:

A PRIMEIRA MENTIRA

> E o glorioso Hermes ansiava por comer a carne sacrificial. O doce aroma o enfraquecia, por mais que fosse imortal; e no entanto, por mais que a boca salivasse, o coração orgulhoso não o deixou comê--la. Mais tarde ele armazenou a gordura e a carne no amplo celeiro, pendurando-as no alto como um troféu [*sêma*] do seu roubo juvenil.[4]

Hermes, portanto, pega parte da carne sacrificial e a pendura no celeiro para exibir o que fez. O *Hino* chama essa carne de *sêma*, que em grego homérico significa marco, signo ou troféu. Para refletir um pouco sobre o que está acontecendo nessa cena, temos primeiro que definir quem ele deseja que veja esse signo. Para que plateia Hermes o afixou? Uma resposta provável é Apolo. Afinal, mais tarde Hermes parece provocar um confronto com esse deus, e talvez, agora que seu roubo foi levado a cabo, ele estivesse começando a chamar atenção para si.

Isso faz algum sentido, mas na verdade Apolo nunca nota o troféu, e quando deixa-o no celeiro Hermes ainda está envolto em segredo (na mesma cena ele atira os calçados usados em sua artimanha no rio e oculta os vestígios da fogueira).[5] Parece mais provável, então, que Hermes esteja exibindo esse *sêma* para si mesmo. Ele é a criança, afinal, que faz um sacrifício na mais completa solidão de forma a direcionar uma parte crucial dele para si mesmo. Há um forte traço autorreflexivo nesse *Hino*; o deus está criando um mundo para si. Como o que escrevemos em nossos diários, alguns troféus são direcionados antes de mais nada e acima de tudo aos seus criadores. Hermes, nesse caso, pode estar criando uma imagem para a própria reflexão. Voltarei a esse ponto em breve, mas, para conferir-lhe todo o seu peso, vamos voltar à pergunta sobre o que o troféu significa.

O próprio *Hino* nos mostra o primeiro modo de entendê-lo: é um símbolo do "roubo juvenil" de Hermes. Tem algo a ver com a infância e com a apropriação astuciosa. Além do mais, se essa cena descreve a invenção do sacrifício, se o sacrifício é o ritual da

A ASTÚCIA CRIA O MUNDO

partilha e se a invenção de Hermes é corretamente interpretada como uma *mudança* na partilha, uma mudança das regras, então a carne no celeiro é um símbolo de tudo isso também. É um signo da mudança na ordem das coisas, uma nova dobra no código segundo o qual as porções devem ser distribuídas.

Finalmente, não vamos esquecer que o contexto imediato desse *sêma* é o momento crucial em que Hermes deseja mas não come a carne do sacrifício. Isso parece decisivo: não haveria carne da qual fazer um troféu se Hermes a tivesse comido; portanto, o troféu deve carregar consigo o sentido de "carne não comida" e com ele a lembrança do apetite refreado, do estômago renegado em favor de outra coisa. Nessa linha, é útil saber que no grego homérico a palavra *sêma* pertence a um grupo de vocábulos relacionados, um grupamento semântico que inclui a palavra para "mente" (*nóos*) e verbos que têm a ver com notar, reconhecer, interpretar, codificar e decodificar. *Nóos* e *sêma* estão unidas; não se pode ter uma sem a outra. Não se pode ter um símbolo sem a faculdade mental para codificar e decodificar seus significados.[6]

Minha sugestão, portanto, é que este *"sêma* de seu roubo juvenil" marca o deslocamento da vida material (a carne que realmente se come) para a vida simbólica ou mental (a carne usada para simbolizar outra coisa). Marca essa transição e a representa. Além disso, ao assinalar a passagem de carne-para-a-barriga para carne-para-a-mente, marca também o despertar de *nóos*, a mente que cria e reflete sobre os signos. Esse *nóos* não é um cérebro de linguado com reflexos inatos, mas a mente de um mamífero sem um "método" – um animal que pode se afastar dos objetos do desejo e imaginá-los. A cena é uma pequena história de origem da *nóos* na qual Hermes, dando-se conta da armadilha, imagina mas não come a porção mortal.

Essa narrativa trickster também nos mostra várias coisas sobre como essa mente codificadora (imaginativa, significante) passa a existir. Primeiro, sugere que a *nóos* desperta com a contenção do apetite. Não obtemos um *sêma* até termos o "não" da carne-

-não-comida. Deve-se salientar que esse "não" restritivo vem do próprio Hermes, e não de uma autoridade externa. Não se trata de uma narrativa psicanalítica na qual a aquisição da linguagem pela criança coincide com seu crescente senso da repressão dos pais. Aqui temos a ligação entre o domínio dos símbolos e um "não" proibitivo, mas quando o coração de Hermes diz aquele "não" para sua boca salivante, a repressão é autoimposta e o estado de espírito é de duplicidade ávida, em vez de perda e culpa.

Essa duplicidade ávida, aliás, é a segunda coisa sobre a mente codificadora que o *Hino* assinala. Afinal, roubada de Apolo e em seguida usada em uma espécie de jogo de ilusionismo hermético para mudar o caráter do sacrifício ritual, essa carne-não-comida aparece como consequência de uma série de sagazes subterfúgios. Nessa história, apenas um ladrão poderia ter efetuado as mudanças em questão; é em virtude da duplicidade desse ladrão que a carne assume seu duplo, ou melhor, seus múltiplos significados. Em *Tratado geral de semiótica*, Umberto Eco tem o seguinte a dizer sobre o que faz de alguma coisa um "signo":

> A semiótica tem muito a ver com o que quer que possa ser assumido como signo. É signo tudo quanto possa ser assumido como um substituto significante de outra coisa qualquer (...) Nesse sentido, a semiótica é, em princípio, a disciplina que estuda tudo *quanto possa ser usado para mentir.*
>
> Se algo não pode ser usado para mentir, então não pode também ser usado para dizer a verdade: de fato, não pode ser usado para dizer nada.*[7]

O anzol com uma isca, o "primeiro truque" que vimos logo no início, pode constituir um bom exemplo de signo nesse sentido. A minhoca sem um anzol cravado nela, uma minhoca que o peixe pode

---

* O trecho citado corresponde à tradução de Antônio de Pádua Danesi e Gilson César Cardoso de Souza para a edição brasileira (São Paulo, Perspectiva, 2004). (*N. do T.*)

A ASTÚCIA CRIA O MUNDO

comer em segurança, não tem, de acordo com o modo de pensar de Eco, significação nenhuma, mas a minhoca que diz "sou inofensiva", quando na verdade esconde um anzol, conta uma mentira e, em razão dessa mentira, minhocas passam a significar (e os peixes, se forem espertos, começarão a interpretar antes de comer). Só quando há uma possível Minhoca Mentirosa podemos começar a falar em uma Minhoca Autêntica, e só então a Minhoca se torna um signo.

Vamos voltar a questões relativas à mentira, mas primeiro quero vincular a definição de Eco para "signo" às substituições envolvidas no roubo, e à duplicidade que produz a carne-não--comida. Para começar, preciso discorrer um pouco sobre o que o gado de Apolo significa e como passou a ter esse significado. O classicista Jean-Pierre Vernant nos conta que o gado do pasto não ceifado era um tanto incomum antes que Hermes o roubasse: as reses não eram selvagens nem domésticas; não se reproduziam sexualmente (e, portanto, tinham um número fixo); eram pacíficas, belas e imortais. Hermes, diz Vernant, "leva essas vacas do mundo divino (...) para o mundo dos homens, onde adquirem status de animais domesticados"[8] e onde se tornam parte "do mundo como ele é"; a partir daí, passam a viver em estábulos, a se reproduzir sexualmente e são abatidas para alimentar a humanidade.

Eco está argumentando, parece-me, que o que Vernant toma como o significado inicial do gado – a imortalidade e tudo mais – existe apenas retroativamente. Se o sentido não pode existir sem a possibilidade de substituição, então enquanto não puder ser removido do pasto não ceifado, o gado nada pode significar. De modo inverso, o momento em que pode ser abatido e comido é o momento em que o estado anterior adquire significação. A carne significa uma coisa sobre os cascos, outra na fogueira e outra ainda pendurada no celeiro. Hermes, o Ladrão, desloca a carne de uma situação para outra e, por meio dessas substituições, ela passa a ter significação; torna-se um signo capaz de "dizer" algo. Especialmente em um caso como esse, em que há uma regra contra

A PRIMEIRA MENTIRA

o deslocamento do gado, não pode haver significação sem a duplicidade do trickster, e a mente de um ladrão é a mais plenamente capaz de codificar e decodificar.

Isto posto, deixem-me voltar à ideia de que *nóos* também nasce do comedimento. Geralmente pensamos no comedimento como uma virtude e quando o *Hino* menciona o "coração orgulhoso" de Hermes, é difícil deixar de lado a ideia de que algo bom está acontecendo – esse jovem está amadurecendo, assumindo o controle sobre os impulsos e assim por diante. Esse é obviamente o caso em um aspecto, mas não devemos nos esquecer de que a duplicidade envolve todo o empreendimento. Ninguém imagina que Hermes esteja prestes a tomar jeito e se tornar um banqueiro apolíneo. Esse jovem deus está reprimindo o apetite do momento em favor de um apetite posterior. Recordemos o que ele diz à mãe:

> "Por que deveríamos ser os únicos deuses que jamais aproveitam os frutos dos sacrifícios e das súplicas? É melhor vivermos para sempre na companhia dos outros imortais – ricos, deslumbrantes, desfrutando de uma fartura de grãos – do que ficarmos para sempre sozinhos em uma caverna penumbrosa."[9]

Em resumo, estamos vendo o apetite adiado ou deslocado, em vez de uma completa restrição ou negação dele. Como argumentei anteriormente, Hermes não abre mão de comer; ao dedicar a fumaça do sacrifício a si, abstém-se da porção mortal para se banquetear de uma porção que não lhe fará mal.

Talvez seja útil neste ponto resumir o terreno que percorremos e formular algumas conclusões. Terminei o capítulo anterior apresentando diversas maneiras por meio das quais a astúcia do trickster foi imaginada. Ele sabe como passar através de poros e como bloqueá-los; confunde as polaridades dando meia-volta e retornando pelo mesmo caminho de onde veio; encobre seus rastros e

A ASTÚCIA CRIA O MUNDO

distorce os sentidos; e é politrópico, trocando de pele ou mudando de forma quando a situação o exige. A história natural oferece maravilhosos exemplos de cada um desses casos. Observamos essa astúcia na baleia jubarte produzindo sua rede de borbulhas, na raposa dando meia-volta para confundir os cães, no polvo que se mescla a uma determinada rocha.

Ainda assim essas imagens não são capazes de captar o pleno sabor do que entendemos por astúcia. Estamos falando aqui de um tipo de mente, e a mente tem uma plasticidade que não costuma ser encontrada no mundo animal. Odisseu e o polvo são ambos politrópicos, mas Odisseu é mais. Como um polvo, Odisseu pode vestir um manto cor de pedra caso precise, mas o polvo não pode, como Odisseu, vestir-se como um mendigo no meio da realeza. O polvo não pondera sobre sua coloração. Odisseu e aqueles que o imaginam, por outro lado, são dotados de *nóos*, a mente que consegue formar uma imagem ou representação de algum tipo e "fazê-la flutuar", por conta própria, para ser considerada, moldada ou modificada antes de ser descartada ou posta em prática. A história de Hermes pendurando seu signo-carne no alto do celeiro sugere uma resposta para a pergunta de como essa mente veio a existir. A duplicidade e postergação do apetite são fundamentais para o seu surgimento, com a implicação de que a significação evoluiu para auxiliar esse animal a escapar à armadilha do apetite ou, pelo menos, ter mais sucesso em refreá-la.

Como quer que a mudança do logro irrefletido para o refletido tenha ocorrido, uma vez que ele surgiu devemos reler os casos extraídos da história natural como histórias *ad hoc* sobre cognição e cultura. Agora, somando-se à raposa com sua toca de sete buracos, temos todas as formas de oportunismo mental e social, da mente capaz de perceber furos em uma argumentação até dos batedores de carteiras que rondam as estações de trem. Agora, além do polvo que jorra tinta, temos a mente que consegue ocultar suas pretensões em nuvens de retórica ou alargar mitologias obtusas para preservar as barreiras de casta e classe. Além da raposa que volta no rastro

A PRIMEIRA MENTIRA

do próprio cheiro para confundir os cães, temos os paradoxos e as ideologias dos lógicos que camuflam as próprias contradições. Em acréscimo aos animais que disfarçam seus rastros e aos predadores que enxergam através do disfarce, temos a mente codificadora e decodificadora e todas as artes da interpretação. Além das bestas politrópicas da natureza, temos a própria imaginação – a idealizadora dos tropos – e o mundo da arte e do artifício, do bardo que tece um conto cativante ao agente de contrainformação que vaza uma história de primeira página para desorientar um inimigo.

Em resumo, a astúcia do trickster agora assume formas mentais, sociais, culturais e até espirituais. Mas o faz com uma determinada limitação. Anteriormente, sugeri que caso o trickster se libertasse de todo apetite, ele não seria mais um trickster. Em certo sentido, isso é uma questão de definição; a mitologia que estamos examinando é constantemente gustativa, sexual e escatológica. Parece exigir, então, que associemos a astúcia inventiva do trickster às necessidades corporais. Com isso em mente, quero voltar a um tópico do qual nos aproximamos várias vezes, a ideia de que o trickster inventa a arte da mentira, pois nessa mitologia essa invenção surge precisamente onde o artifício e a fome estão atados um ao outro.

"Meros estômagos"

> "A mulher ao meu lado reclinou-se para trás e fechou os olhos, e em seguida assim fizeram todos os outros, enquanto eu cantava para eles no que certamente era uma língua antiga e sagrada."
>
> *Tobias Wolff,* The Liar[10]

Hermes tem um dia de vida quando rouba o gado de Apolo, e a esse primeiro roubo faz se seguir espertamente sua primeira mentira. Primeiro roubo, primeira mentira: a mesma sequência de eventos

A ASTÚCIA CRIA O MUNDO

não faz parte da infância de cada um de nós? Quando eu tinha 5 ou 6 anos, morando na Inglaterra, roubei uma nota de cinco libras de um hóspede *au pair* dos meus pais. Escondi esse tesouro em um pequenino buraco no tronco de um abeto perto do tanque de peixes. A nota de cinco libras, na Inglaterra do início dos anos 1950, era grande como um lenço e devia ser pintada com tintas ricamente coloridas, pois agora, quando conjuro meu tesouro a emergir das profundezas da memória, ele me aparece com realces de esmeralda e rubi. (Se não querem que as crianças roubem dinheiro, por que o fazem tão atraente?) Houve consternação na casa quando esse roubo foi descoberto e a suspeita naturalmente recaiu sobre meu irmão e eu. Como da vez em que ateei fogo à minha lixeira, neguei tudo. Resisti o máximo que pude, mas minha mãe deve ter-me persuadido, pois lembro-me de tê-la conduzido até o esconderijo. Acho que solucionei a tensão inventando uma história sobre *outro* garoto, que nos visitara recentemente, cujo crime engenhoso eu tivera a sorte de testemunhar. Minha mãe deixou passar a improbabilidade e eu a guiei, com um toque de orgulho, até o esconderijo secreto. O buraco no qual eu pusera a nota suponho que fosse o lar de algum passarinho; a narrativa da memória do meu roubo termina com as cores de pedras preciosas emergindo do húmus e das fibras daquele ninho.

Histórias como essa tangenciam a mitologia do trickster; talvez toda a infância o faça. Quem entre nós, no início da meninice, não roubou comida ou dinheiro alguma vez e depois mentiu sobre o roubo? Quando o fizemos, o que isso significava? Interpretando mitologicamente, como poderíamos entender nossas primeiras transgressões?

Por um lado, esses crimes jogam com a possibilidade da separação dos mais velhos. Ao menos por um breve período, existem dois mundos, o mundo real do furto e o mundo imaginário da mentira. Para uma criança real, se a memória não me falha, essa duplicidade vem acompanhada de alguma angústia. Há a ameaça da punição e do enfurecimento, é claro, mas, além disso, a ideia de separarmo-nos de nossos pais é um risco, porque o mundo deles é o nosso único mundo, e dependemos dele. Com ou sem essa angústia, a primeira mentira é um ato de imaginação particularmente ponderado. É uma ficção motivada, e uma investigação sobre esse artifício. Podemos não duvidar de fato da realidade do mundo de nossos pais, mas, ainda assim, uma mentira é uma espécie de experimentação da sua solidez, um mundo artificial enviado para ver se consegue se integrar e sobreviver. Se conseguir, a autoridade do "real" pode ser ligeiramente abalada, e a primeira mentira pode trazer uma consciência inicial do artifício.

Permitam-me aqui refinar uma questão anterior a respeito da mentira. Comecei com a ideia de Umberto Eco de que um signo é algo que pode ser tomado como substituto para outra coisa, e usei as reses de Apolo como exemplo: Hermes as transfere de um lugar para outro e, por meio dessas substituições, elas começam a significar, primeiro uma coisa depois outra. A ideia era que a duplicidade do trickster é uma precondição da significação, uma questão que especifiquei com o comentário de que nesse caso há uma regra contra o deslocamento do gado. Sem essa especificação, temos o caso geral, que é mais simples: a "substituição" é a condição prévia da significação, quer o roubo esteja envolvido quer não. Um exemplo vai aclarar esse ponto e, por contraste, ajudar a mostrar por que, nessa mitologia, temos o caso especial no qual o roubo e a mentira são de fato uma parte necessária da criação do significado.

Em dado momento da *Odisseia*, Odisseu recebe uma tarefa:[11] deve pegar um remo e viajar terra adentro até que alguém confunda o objeto como uma pá de joeirar.[12] Uma pá de joeirar é uma espécie de ferramenta usada para lançar grãos no ar, de modo que o vento leve embora as cascas; ela se parece muito com um remo. Há um aspecto complicado nessa tarefa da *Odisseia*, que tem a ver com fazer reparações a um insulto cometido contra o deus do mar, mas o que interessa aqui é a questão mais simples de tomar uma coisa por outra ou, melhor dizendo, a ideia de que uma só coisa possa ter dois significados em lugares distintos. O mesmo objeto é um "remo" no litoral e uma "pá de joeirar" em uma cidade nas colinas. Assim, vemos como o Odisseu-Viajante está conectado ao Odisseu-Orador-Ardiloso, pois apenas a pessoa que viajou (de fato ou na mente) pode perceber que o significado de um objeto (ou de uma palavra) está ligado a sua localização ou a seu contexto. Homens e mulheres que jamais deixaram a vila podem não saber disso. Apenas a mente politrópica e "muito viajada" pode saber tal coisa.

O remo começa a significar tão logo assume o lugar da pá de joeirar, uma substituição possível porque Odisseu pode levá-lo de um lugar para outro. É como se nada fosse significante até se tornar portátil; devemos ser capazes de deslocá-lo, de fato ou em nossas mentes, de um contexto para outro. Esse movimento não necessita de roubo nem de mentira no caso do remo de Odisseu, mas o gado de Apolo é outra história. Como argumentei anteriormente, o significado que o gado tem no pasto não ceifado – imortalidade, assexualidade e assim por diante – existe apenas retroativamente. Ele nada pode significar até ser tirado do pasto. O momento em que as reses surgem em outro contexto, abatidas, é o instante no qual seu estado anterior adquire sua significação. De forma que, mais uma vez, estamos diante da questão de que *nessa mitologia* o roubo é o começo do significado. Para dizê-lo de outra forma, a proibição do roubo é uma tentativa de aprisionar o significado, de impedir sua multiplicação, de preservar uma "essência", o "natural", o "real". Não há proibição relativa a carregar um remo terra adentro, de modo que qualquer viajante pode multiplicar seus significados. Há uma proibição no que se refere a deslocar o gado de Apolo; só um ladrão pode fazê-lo significar.

Tanto a mentira quanto o roubo multiplicam os significados em oposição à natureza, por assim dizer. Uma mentira é uma espécie de imitação mental de um roubo (quando mente sobre o gado, Hermes faz com as palavras o que fez com as próprias vacas). O primeiro roubo e a primeira mentira de uma criança são cruciais na história do intelecto, portanto, pois com eles a criança não está apenas no mundo da significação, da fantasia, da fabulação e da ficção; ela está nesse mundo como uma criadora independente, começando a produzir significado nos próprios termos, não se sujeitando às proibições que a precederam, exatamente como, com o roubo e as mentiras, Hermes começa a criar um cosmos nos próprios termos. Tal é o peso mitológico da primeira mentira. Eu mesmo fui um fracasso como ladrão e mentiroso mítico, é claro; nunca transformei aquelas cinco libras em um mundo concebido por mim; com minha confissão debandei de volta para uma infância inventada pelos meus pais. Se bem que, pensando bem, nunca confessei completamente. Nesse ponto também contei uma mentira, uma lorota secundária que incluía um segundo garotinho. Eu ainda o vejo, parado ao lado do pinheiro com uma espada de madeira que o jardineiro me ajudou a fazer.

Estou à procura do significado mitológico da primeira mentira que o trickster conta. Se abordarmos a questão por outro ângulo – a relação do trickster com a verdade –, seremos capazes de relacionar suas mentiras com nosso tópico inicial, o apetite. No início da *Teogonia*, de Hesíodo, as Musas descem do monte Hélicon e falam com o poeta. Ele está com amigos, pastoreando um rebanho de ovelhas, e as Musas dirigem-se a eles com desprezo – "Pastores que vivem nos campos, vis objetos de infâmia, meros estômagos!" – e prosseguem destacando como são diferentes aqueles que vivem nas altas montanhas: "Sabemos dizer muitas mentiras que se parecem com fatos genuínos, mas também podemos, sempre que o desejamos, proclamar a verdade."[13]

As Musas acreditam que é improvável que os seres humanos digam a verdade porque são "meros estômagos", guiados por seus apetites. Essa é uma antiga presunção, bem ilustrada por várias passagens da *Odisseia*. Ao visitar a corte faécia, por exemplo, Odisseu diz que a barriga faz com que ele se esqueça da sua história e pede para ser alimentado.[14] Ele não diz diretamente que *vai mentir* caso não seja alimentado, ele diz que "vai esquecer", mas isso equivale à mesma coisa, pois a raiz de "esquecer" é *leth-*, e contar a verdade é ser *a-lethes*. "Se quiserem que eu diga a verdade", diz Odisseu, "é melhor tratarem da minha barriga desavergonhada."[15]

De modo similar, quando as Musas de Hesíodo dizem estar "dispostas" a dizer a verdade, o verso provavelmente ecoa Eumeu, o criador de porcos da *Odisseia*, que afirma que os andarilhos famintos "não se dispõem" a contar coisas verdadeiras.[16] A observação aparece no fim do épico, quando Odisseu retorna a Ítaca disfarçado de mendigo. O primeiro homem que ele encontra é esse criador de porcos, que lhe conta que viajantes aparecem com frequência em Ítaca fingindo ter notícias do rei perdido, Odisseu. Conforme explica o porqueiro, "homens errantes contam mentiras para conseguir abrigo por uma noite e roupas limpas; a verdade não lhes interessa".[17]

É claro que Odisseu é na verdade o rei regressado, e não para de fornecer pistas a esse respeito. Chega a dizer, em dado momento: "Seu senhor está agora ao alcance da mão",[18] mas o criador de porcos não acredita nele. Pede que Odisseu aja com seriedade e conte-lhe a história "verdadeira", e Odisseu brinda-o com uma mentira. "Minha terra natal é o vasto litoral de Creta", diz, e desfia uma história cheia dos detalhes concretos e específicos ("ele havia perdido a ponta superior da orelha direita") de que os mentirosos se valem para fazer com que imposturas se pareçam com a verdade. Conclui afirmando que ouviu dizer que Odisseu em breve retornaria, diante do que Eumeu retruca: "Por que você mente...? Não precisa mentir para ser bem-vindo aqui."[19] O criador de porcos rejeita como uma invenção a única parte da história que é verdadeira. (As mentiras recorrentes que Odisseu conta no fim da

A PRIMEIRA MENTIRA

Odisseia são chamadas "mentiras cretenses", porque ele costuma começá-las dizendo: "Minha terra natal... é Creta." Os cretenses eram tidos como preguiçosos e mentirosos por natureza,[20] portanto Odisseu está lançando uma luz sobre as próprias falácias, embora – como veremos – apenas um dos ouvintes a veja.)

A questão geral aqui é que, no mundo homérico, viajantes e poetas orais itinerantes supostamente ajustavam suas narrativas para que se adequassem aos gostos e às crenças de uma plateia local. Às vezes, na *Odisseia*, as pessoas dizem que um andarilho sempre mentirá porque tem estômago; outras vezes, dizem que mentirá até estar alimentado. De qualquer forma, temos novamente a ligação que as Musas alegam existir entre mentir e ser um mortal que precisa comer. De modo inverso (como vimos ao falar sobre sacrifício), um ser imortal é, por definição, aquele que está livre do estômago odioso; as Musas creem que verdades imortais não podem ser proferidas, exceto por aqueles que estão similarmente livres.

O classicista Gregory Nagy sugere que a defesa das Musas de uma verdade liberta do estômago pode ser mais bem compreendida quando situada na história da Grécia arcaica.[21] Antes do século VIII a.C., as cidades gregas eram bastante isoladas umas das outras; depois o isolamento diminuiu. Antes disso, cada cidade tinha os próprios deuses e as próprias tradições poéticas, com frequência radicalmente distintas umas das outras. Depois, a Grécia foi marcada por um crescente pan-helenismo – uma "onda de intercomunicação entre as cidades"[22] –, e com ele um abrandamento da diversidade de tradições e crenças.

Esses dois períodos trazem consigo dois tipos de poetas. Por um lado, quando as localidades diferem radicalmente entre si, entende-se que um poeta viajante vá variar o repertório quando se desloca de um lugar para outro. Se o verdadeiro e o falso variam conforme o poeta vagueia, então ele também será volúvel.[23] Por outro lado, o bardo pan-helênico almejava recitar, diz Nagy, "aos helênicos como um todo – a ouvintes das várias Cidades-Estado que se reuniam em eventos como os festivais pan-helênicos –, e o que recita *permanece inalterado enquanto ele viaja* de cidade em cidade".[24]

Odisseu corresponde ao modelo anterior, o poeta que ajusta a canção ao cenário. Quando não tem certeza de sua posição, ele diz às pessoas o que elas querem ouvir. Mente até para a mulher quando a encontra pela primeira vez entre os pretendentes, "fazendo com que muitas imposturas... se pareçam com a verdade", até que lágrimas escorrem pelo rosto dela.[25] Por contraste, podemos tomar o próprio Hesíodo como modelo do outro tipo de poeta; seus poemas são dirigidos a plateias pan-helênicas e tentam incorporar valores comuns a todos os gregos.[26]

Assim, Nagy argumenta que os versos que abrem a *Teogonia* "podem ser interpretados como um manifesto da poesia pan-helênica, uma vez que o poeta Hesíodo está para se libertar da condição de mero 'estômago' – aqueles que devem a sobrevivência ao público local, com suas tradições locais: essas tradições são todas *pseúdea*, 'falsidades', diante das *alethéa*, 'coisas verdadeiras', que as Musas concedem especialmente para Hesíodo".[27] Nessa *Teogonia*, "as muitas teogonias locais das várias Cidades-Estados serão suplantadas por um grande arranjo olímpico".[28]

A tensão em torno da qual essa história se constrói – verdades locais variáveis *versus* verdades globais invariáveis – não é exclusividade da Grécia antiga, claro. A história certamente se repetiu por todo o mundo, sempre que viagens e contatos impuseram a contestação de crenças a pessoas que antes se sentiam seguras em seu isolamento. Para ilustrar com uma tensão extraída deste projeto, um personagem cheio de truques da mitologia nativa norte-americana é chamado de Corvo na costa do Pacífico Norte, Marta ou Gaio-Azul mais ao sul; nas planícies, no planalto e na Califórnia, é o Coiote; no sudeste, é o Coelho; nas Woodlands centrais é Manabozho ou Wiskajak; os iroqueses chamam-no Flint e Sapling; Glooscap é seu nome entre os algonquins do nordeste.[29] Além disso, ele não é o mesmo em cada lugar. O Coiote nunca rouba gordura de baleia do anzol de um pescador. O Corvo rejuvenesce os sogros em uma história eyak do delta do rio Copper, no Alasca; essa história não é contada em nenhum outro lugar do continente.[30] Em uma narrativa ingalik do baixo Yukon, o Corvo se torna o *senhor* da terra dos mortos, um detalhe que não aparece em nenhum outro ponto do continente.[31]

Qualquer teórico que se manifeste para dizer que uma figura chamada trickster unifica todas essas é um pouco como Hesíodo, criando uma narrativa pan-americana a partir de muitas histórias locais. Tampouco são apenas os estudiosos modernos que trabalham seletivamente com os contos, ressaltando passagens que se enquadram no padrão e omitindo as que não se enquadram. Culturas orais sempre o fizeram. Homero o fez. Nativos norte-americanos fizeram isso durante séculos (grupos no alto Yukon reformularam histórias litorâneas do Corvo de acordo com os próprios propósitos, para citar apenas um exemplo).[32] Onde quer que viajantes transportem histórias de um lugar para outro haverá reimaginação, traduções, apropriações e impurezas. Apenas as novas versões não serão descritas com essas palavras; habilmente contadas, serão conhecidas como "a verdade".

Nessa linha, Nagy observa que o estabelecimento de uma teogonia pan-helênica deve ter acarretado a extinção de muitas teogonias locais, e será útil, por um momento, imaginar a condição do que as Musas reivindicam como "a verdade" do ponto de vista de uma daquelas "verdades locais" contestadas ou suprimidas. Se você achasse que Deméter era a Rainha dos Deuses, o que acharia de vê-la subordinada a Zeus (especialmente pelo misógino Hesíodo)? Se o Corvo fosse o seu herói cultural, como você se sentiria ao vê-lo subordinado a um personagem chamado Castor-Esperto?[33] De uma posição local, a afirmação de que as Musas da montanha dizem "a verdade" pode parecer a falsidade máxima e a alegação de que elas são livres do jugo do estômago, apenas um disfarce habilidoso, um truque retórico por meio do qual se faz com que mentiras pareçam coisas autênticas. Desse ponto de vista, a afirmação de Hesíodo de que a maneira como ele retrata o mundo vem de seres que não padecem da fome é um recurso inteligente que o poeta usa para mascarar a própria inverdade.

Além disso, do ponto de vista de uma "verdade local" contestada, o que significa estar livre do estômago? Pode ser que os que alegam ter tal liberdade apenas estejam bem-alimentados. O estômago é menos exigente quando há comida farta, afinal, e uma pessoa não é fustigada pela fome quando está regularmente faminta. Estou afirmando simplesmente que é mais fácil controlar o apetite quando se controla os estoques de comida. Segundo um velho rumor, o autocontrole é inato nas classes dominantes; o mais provável, nesse caso, é que os aristocratas pareçam controlar suas necessidades porque, na verdade, não têm nenhuma necessidade.

Em resumo, a resposta ao desprezo das Musas pelos pastores famintos seria que os saciados são os que distorcem a verdade para atender aos próprios fins. Os bem-nutridos se valem da impostura de sua situação e a apresentam como uma verdade eterna. Afirmam que seus poetas criam uma ponte até os deuses "que passa ao largo do sacrifício prometeico, uma ponte que não passa pelo estômago" (como um estudioso diz de Hesíodo).[34] Na mitologia do trickster, quando essas alegações são feitas, alguns "meros" porém famintos estômagos enxergam através do artifício e dizem, se não a verdade, ao menos uma falsidade suficientemente astuta para mudar a maneira como a comida é distribuída. Ou então perpetram roubos e contam mentiras que não apenas alimentam o estômago (essa é a parte fácil), mas também perturbam os marcos fronteiriços por meio dos quais o verdadeiro e o falso se diferenciam.

A PRIMEIRA MENTIRA

"Belas coisas inverídicas"

"A poesia mais verdadeira é a mais dissimulada."

Shakespeare[35]

A falsidade assombrosa que põe a própria verdade em dúvida é a que me interessa aqui, não a simples afirmação contrafatual ("não fiz", quando de fato fiz). Qualquer um cujas mentiras meramente contradigam a verdade ainda participa de um jogo cujas regras o precederam; apenas inverte a situação, oferecendo não A em lugar de A. O problema é criar uma "mentira" que cancele a oposição e assim contenha a possibilidade de novos mundos. Voltemos ao *Hino a Hermes* como exemplo, um caso de mentira que turva a linha que separa o verdadeiro e o falso.

Lembremo-nos de que a sucessão de crimes de Hermes começa porque ele "ansiava por comer carne". No início, portanto, ele é um mero estômago, um agente da astúcia dos famintos, e embora não coma, ainda assim mais tarde mentirá, como fazem os estômagos. Quando da primeira de suas falsidades, nós o encontramos de volta à caverna da mãe, aconchegado no berço como se não tivesse passado a noite fora, roubando. Lá Apolo, que estivera procurando por toda parte suas vacas desaparecidas, encontra o ladrão e ameaça atirá-lo no submundo a não ser que ele confesse o crime. Hermes, encolhendo-se nos cobertores, nega toda a culpa:

Por que grita como um tirano, Apolo? Veio até aqui à procura das vacas do seu pasto? Não as vi. Não ouvi uma palavra sobre elas. Ninguém me contou absolutamente nada. Não posso lhe dar nenhuma informação, nem poderia reclamar a recompensa por tal informação.

Pareço-me com um condutor de gado? Um homem grande e forte? Esse não é o meu tipo de trabalho. Estou interessado em outras coisas: trato de dormir acima de tudo, e de sugar o leite dos seios da minha mãe, e de ter um cobertor sobre os meus ombros, e de tomar banhos quentes.

Aconselho-o a não falar assim em público; os deuses imortais achariam isso realmente estranho, uma criança com um dia de vida levando animais do campo para dentro de seu quintal. Você fala sem pensar. Nasci ontem; meus pés estão sensíveis e o chão que pisam é áspero.

Ainda assim, se insiste, estou disposto a fazer um grande juramento pela cabeça do meu pai e declarar solenemente que não roubei suas vacas e que não vi outra pessoa roubá-las – seja lá o que 'vacas' possam ser, pois, para lhe dizer a verdade, apenas sei da existência delas por ouvir falar.[36]

O franco deus do sol e da ordem fica momentaneamente fascinado e esquece a raiva: "O laborioso Apolo riu suavemente, então, e disse a Hermes: 'Meu querido garoto, que impostor de coração astuto você é!'"[37] Essa é a primeira das duas risadas olímpicas no *Hino*, cada uma das quais oferece a Hermes uma oportunidade de mudar o mundo no qual nasceu. Nesse caso, o riso de Apolo marca o momento em que ele primeiro afrouxa o domínio sobre o gado; a risada dissolve a cólera justificada e um toque de desprendimento se introduz.

Com esse humor, a primeira mentira do trickster difere do modo como anteriormente imaginei uma criança mentindo sobre um roubo. O trickster não fica angustiado quando engana alguém. Com frequência depende dos outros, sem dúvida, mas essa dependência raramente o constrange. Não teme separar-se dos mais velhos e por isso pode contar mentiras com criativo desembaraço, graça, jocosidade, reafirmando assim os prazeres da fabulação. Krishna ou Hermes, Coiote ou Corvo – quando diz a primeira mentira cada um deles é a criança *eterna* que não pode ser ameaçada de maneira significativa, portanto pode entregar-se ao puro e divertido deleite de usar a ficção para desafiar a dura realidade.

Mas, retornando à ideia de que as mentiras do trickster de algum modo põem em dúvida a verdade, deixe-me justapor as lorotas de Hermes às que Krishna conta em uma situação similar. Na narrativa típica de Krishna quando criança, sua mãe, Yasoda, tem de sair de casa e pede ao filho para que não roube a manteiga que têm enquanto ela está fora. Tão logo a mãe sai, Krishna vai até a despensa, quebra os potes cheios de manteiga e come-a aos bocados. Quando Yasoda retorna, encontra o filho no chão, a face escura lambuzada de branco cremoso. Às reprimendas da mãe, Krishna tem muitas respostas inteligentes. Ele diz, por exemplo: "Não estava roubando manteiga; havia formigas nos potes e eu estava apenas tentando tirá-las." Ou diz que a aparente desobediência dele é, na verdade, culpa *dela*: "Estes braceletes pequeninos que você me deu esfolam meus pulsos; tentei aliviar as feridas passando manteiga nelas." Para os nossos propósitos, porém, a resposta mais significativa é esta: "Não roubei a manteiga, mamãe. Como poderia roubá-la? Tudo na casa não pertence a nós?" Nesse momento, Yasoda, como Apolo, ri, fascinada pelo filho astuto e desavergonhado.[38]

Nossas concepções sobre propriedade e roubo dependem de um conjunto de pressupostos sobre como o mundo é dividido. As mentiras e os roubos do trickster desafiam essas premissas e, ao fazê-lo, revelam seus artifícios e sugerem alternativas. Um dos tricksters do oeste africano, Legba, foi bem descrito a esse respeito como "um mediador" que age "por meio de uma mentira que é de fato uma verdade, um engodo que é na realidade uma revelação".[39] É assim que Krishna age também. Quando é o ladrão de corações, por exemplo, perturba todos aqueles que foram tolos o bastante para pensar que seu coração era propriedade deles mesmos, e não propriedade do deus. Como o ladrão da manteiga, Krishna desordena as categorias que a mãe havia estabelecido para mantê-lo afastado daquele alimento dos alimentos. É nesse sentido que suas mentiras subvertem o que parecia uma verdade tão clara poucos momentos antes. De repente, as antigas verdades estão à disposição. Quem deu aquele gado a Apolo em primeiro

A ASTÚCIA CRIA O MUNDO

lugar, afinal? Quem exatamente decide como o sacrifício deve ser distribuído? Quem era o dono original da manteiga que Yasoda guarda com tanto cuidado? Quem deu toda a Pensilvânia para William Penn?*

Para que as mentiras do trickster provoquem dúvidas nesse sentido, ele deve arrastar os adversários para seu território misterioso. É um lugar governado pelo fascínio irresistível da criança muito jovem. É um espaço dos viajantes, onde tudo está em trânsito, livre de qualquer localização clara. Lá os cidadãos conduzem os animais de trás para a frente e falam uma língua estranhamente invertida. A mentira de Krishna pertence a uma classe de afirmações que se revertem para subverter o próprio contexto. A fala dele é astuciosa ou desonesta porque mina a situação da qual toma seu sentido. Na filosofia grega, foi Parmênides quem declarou que "os cretenses são sempre mentirosos", mas a piada é que Parmênides era, ele próprio, cretense, de modo que a sentença, mais a pessoa que a profere, criam um desnorteamento, uma aporia, um mar turvo.

A mesma piada está implícita nas mentiras cretenses que Odisseu conta, embora, como disse antes, apenas um de seus interlocutores entenda isso. Depois que Odisseu é deixado na costa de Ítaca, Atena aparece para ele, disfarçada de pastor. Ela pergunta quem ele é, e o prudente Odisseu finge ter outra identidade, inventando uma história para explicar por que teria sido deixado sozinho naquela praia: matara um homem mau, mas tivera de fugir; os companheiros de navio o abandonaram e assim por diante. A história começa com as palavras "Na distante Creta..." e Atena se diverte. O sorriso dela é o gesto facial daqueles que consciente-

---

* William Penn, um dos inspiradores da Constituição dos Estados Unidos, fundou a província (e futuro estado) da Pensilvânia. Penn instalou-se de início com os *quakers* no assentamento de Nova Jersey, posteriormente pressionando o rei inglês para estender suas posses. Depois de obter a concessão real, proclamou-se o "absoluto proprietário" do território da nova província, tornando-se um dos maiores detentores de terras do mundo de então. (*N. do T.*)

mente ocupam o espaço das mentiras do trickster, pois a própria mente se diverte com essas inversões.[40]

O sorriso de Atena, então (como o de Apolo e o de Yasoda), deve também indicar que estamos na presença daquela consciência chamada de *nóos*. A sequência das mentiras cretenses aponta para essa conclusão. Não muito tempo depois da conversa com Atena, Odisseu lida com o néscio pretendente a quem deve derrotar para reconquistar seu reino. Mente para esse homem, também, mas o sujeito não tem a menor ideia do que está acontecendo, um aspecto que Homero reforça por meio do nome do homem: Antínoo. Esse indivíduo é completamente incapaz de ouvir a complexidade das palavras de Odisseu, e paga pela própria surdez com a vida. Apenas *nóos* fornece a estabilidade mental necessária para navegar nas águas da profunda ambiguidade. Antínoo não passa de um pequeno peixe nesses mares.

O roubo e a mentira que dão início à viagem rumo ao interior desse território turvo dão ao trickster a chance de reformular a verdade nos próprios termos. Outro trecho do *Hino a Hermes* ilustrará como isso pode funcionar. À medida que leio a história, Hermes, nascido em uma caverna, fruto de um relacionamento secreto, sai para mudar sua posição na vida. Com essa finalidade, não apenas rouba o gado e mente para todos; uma vez que conquistou a atenção deles, faz uma espécie de conciliação com Apolo. No momento apropriado, apela para o encantamento. Pegando sua lira e entoando uma linda melodia, começa a "abrandar aquele arqueiro inflexível de mira longa" e não se passa muito tempo até que "o luminoso Apolo sorriu de deleite quando o doce palpitar daquele maravilhoso instrumento se infiltrou em seu coração e uma terna nostalgia se apoderou de sua alma de ouvidos atentos".[41] Hermes canta a Apolo uma teogonia, "a história dos deuses (...) de como cada um surgiu (...) e de como cada um passou a ter o que agora lhe pertence".[42] Suspeito que

A ASTÚCIA CRIA O MUNDO

devemos imaginar isso como uma teogonia criada pelo próprio Hermes, um remodelamento de velhas histórias, como Hesíodo deve ter remodelado velhas histórias. Além disso, suspeito que essa nova teogonia hermética inclui tanto Hermes quanto Apolo no elenco de personagens e, com isso, faça ao mesmo tempo uma autopromoção e uma bajulação. No fim, Apolo está irremediavelmente encantado, e nesse momento Hermes lhe dá a lira. Em retribuição, Apolo "depositou seu açoite resplandecente nas mãos de Hermes, sagrando-o Guardião dos Rebanhos".[43] Desse momento em diante, esse recém-chegado vai "zelar (...) pelas fileiras do gado de chifres recurvos".[44]

No fim do *Hino*, portanto, Hermes se torna Guardião dos Rebanhos e, em cenas que não citei, muito mais: é admitido no Panteão, é reconhecido como filho de Zeus, recebe uma parcela de poderes proféticos, torna-se o mensageiro dos deuses, o guia para o Hades e assim por diante. Nada disso teria acontecido se ele tivesse confessado a culpa quando Apolo o abordou pela primeira vez. Pelo contrário, uma confissão verdadeira teria sido uma aceitação do *statu quo* e tê-lo-ia confinado neste para sempre. Proferidas na fronteira entre o que é e o que não é o caso, porém, suas mentiras desestabilizaram e moveram essa fronteira. O roubo e a mentira não eram suas únicas ferramentas, sem dúvida (ele é um sedutor e um encantador, também), mas o roubo e a mentira são os cruciais primeiros passos.

Além do mais, uma vez que é ordenado o Guardião dos Rebanhos, a declaração de inocência de Hermes se parece menos com uma mentira, pois quando o guardião de algo toma posse desse algo não se pode chamá-lo propriamente de ladrão. Hermes poderia seguir o exemplo de Krishna e dizer: "Não roubei o gado; não sou o guardião dele? Não carrego o açoite do condutor do rebanho?" Tal é o fruto dessa jornada rumo ao paradoxo e à confusão que a primeira mentira inicia. Ela perturba a polaridade entre o verdadeiro e o falso para emergir mais tarde com uma nova pola-

A PRIMEIRA MENTIRA

ridade, talvez ("Hermes é realmente o Guardião dos Rebanhos"), mas uma estabelecida por diferentes marcos de fronteira (o açoite do condutor do rebanho mudou de mãos).

Aqui gostaria de recuar um pouco a fim de expandir esse ponto e relacioná-lo às questões do apetite. Todas as culturas têm vocabulários particulares que são organizados de acordo com padrões paradigmáticos, em redes de significação localmente compreendidas. Entramos em uma dessas redes quando ouvimos "O Corvo se torna voraz". Os tsimshian têm todos esses termos e personagens – intestinos, ovas de salmão, o chefe dos animais, a luz do sol, as Ilhas da Rainha Carlota, escravos, bexigas de leão-marinho e assim por diante –, que estão unidos de acordo com os costumes locais. Não há história que mencione queimar o cérebro de um jovem morto, apenas os intestinos; o antigo Corvo não voa rumo às ilhas, apenas para fora delas. Os termos são costurados de determinadas maneiras, não de outras. A democracia capitalista norte-americana tem suas redes também, é claro. Perda de peso, alimentos naturais, Valley Forge,* energia atômica, a família, o livre mercado, pão branco: qualquer cidadão pode criar uma narrativa partindo dessas coisas que fará sentido para qualquer outro cidadão. A história conta sempre que George Washington não mentiu; o cigarro sempre tem um sabor natural.

Tipicamente, essas redes de significação são construídas em torno de conjuntos de opostos: gordo e magro, escravos e homens livres, por exemplo, ou – de maneira mais categórica – verdadeiro e falso, natural e artificial, real e ilusório, limpo e sujo. O que os tricksters às vezes fazem é desarranjar esses pares e, assim, desarranjar a própria rede.

---

* Valley Forge, Pensilvânia, foi o local onde se estabeleceu a base do Exército Continental Americano durante a guerra de independência dos Estados Unidos. (*N. do T.*)

A ASTÚCIA CRIA O MUNDO

Anteriormente, mostrei como qualquer animal que é presa de uma armadilha munida de isca prospera ao desenvolver a habilidade de ver além da isca. As histórias sugerem uma espécie de incrementação crescente da astúcia, que termina com uma criatura esperta o bastante para retardar a fome e roubar a isca. Agora, vemos uma astúcia similar em termos das polaridades que organizam redes de significação. No início do *Hino homérico*, por exemplo, Hermes está em um dos polos desse conjunto de opostos: é não olímpico, não legítimo, não objeto de sacrifício. Ele poderia ter-se acomodado a essa posição ou à simples contrariedade (roubar comida por toda a eternidade). Mas não faz nenhuma das duas coisas. Ele abandona o que Theodore Roethke chama de "a fatigante dança dos opostos" e encontra uma terceira opção. Assim como o ladrão de iscas transforma a própria relação predador/presa em sua maneira de obter alimentos, o mestre trapaceiro (ladrão, enganador) transforma a própria rede de significação no local de suas operações. Quando ele faz isso, a rede perde o encanto, a mágica. Depois que Thlókunyana rouba a isca de uma armadilha, a armadilha deixa de capturar a caça. Depois que Hermes conta a mentira que faz Apolo rir e toca sua lira encantadora, a severidade de Apolo não tem mais serventia. O senso de meu e seu de Yasoda é subvertido quando Krishna a faz sorrir.

Uma vez que a rede perde o encanto, os seus termos perdem o deles; subitamente, parecem contingentes e abertos à revisão. Para os epipredadores que atuam com os próprios significantes em vez de com as coisas que eles supostamente significam, a linguagem não é um meio que nos ajuda a enxergar o verdadeiro, o real, o natural. A linguagem é uma ferramenta montada por criaturas "sem método", na tentativa de criar um mundo que satisfaça suas necessidades; é uma ferramenta que essas mesmas criaturas podem desarmar, caso se tornem presas dela.[45]

É nessa linha de pensamento que entendo a observação de Platão no sentido de que Hermes inventou a linguagem. Em *Crátilo*, ele discute a origem de certas palavras, especialmente os nomes dos deuses. Em determinado momento, ele diz: "Eu deveria imaginar que o nome Hermes tem a ver com linguagem e significa que ele é o intérprete [*hermeneus*], ou mensageiro, ou ladrão, ou mentiroso, ou negociador; toda essa sorte de coisas tem muito a ver com a linguagem..." Ele prossegue propondo que duas palavras gregas que significam "contar" e "inventar" foram combinadas para formar "o nome do deus que inventou a linguagem e o discurso", porque Hermes é "o inventor de contos e discursos."[46]

A ideia de que Hermes inventou a linguagem parece de acordo com a sugestão anterior de que a duplicidade é a precondição da significação. Ao discutir o troféu que Hermes cria para honrar seu crime juvenil, enfatizei a combinação de roubo, apetite e comedimento que foi usada nessa criação e lancei mão da "carne-não-comida" roubada para assinalar o aparecimento simultâneo dos signos e da mente dúplice que os cria. Platão parte de uma intuição similar: sem a sagacidade para enganar, admite, não se teria a sagacidade para inventar a linguagem, em primeiro lugar.

A noção de que o trickster inventa a linguagem aparece mais de uma vez nessa mitologia, ainda que com considerável variação. Às vezes ele cria múltiplas linguagens para substituir uma única língua primitiva; às vezes, inventa a "escrita interior" da memória ou a "linguagem interior" do autoconhecimento; às vezes, inventa a escrita pictórica ou hieroglífica; e em outras, como em Platão, é o criador da própria linguagem.[47] Sobre um trickster das florestas do norte do Canadá, por exemplo, afirma-se que teria existido antes da fala humana e, em tempos ancestrais, "transferido as palavras" dos animais para os seres humanos.[48] Uma alegação um tanto mais modesta é a mais comum de todas: o que os tricksters fazem com bastante regularidade é criar conversa animada onde antes havia silêncio ou onde a fala havia sido proibida. O trickster fala com frescor onde a linguagem foi vedada, morreu ou perdeu o encanto. Aqui mais uma vez a intuição de Platão – de que o engano e a fala

A ASTÚCIA CRIA O MUNDO

inventiva estão ligados – se sustenta, pois geralmente a linguagem morre porque a prática cultural a restringiu, e por vezes é necessário que um dúplice desavergonhado fuja das regras e dê motivo para as pessoas soltarem a língua novamente.[49]

Mas neste ponto quero fazer uma pausa: uma discussão completa sobre a fala e sua ausência pertence a um capítulo posterior. Organizei esta primeira parte do livro em torno das questões do apetite e agora que cheguei à linguagem propriamente dita e a suas redes de significação, estamos no limite da narrativa da fome. Há um salto quântico entre as "armadilhas do apetite" e as "armadilhas da cultura" que as pessoas tecem com a linguagem; uma investigação sobre as segundas pertence às sessões que se seguirão.

Dito isso, porém, não nos esqueçamos de que o apetite nos trouxe até aqui. Viajamos da invenção da armadilha de pesca à invenção da linguagem, da tartaruga aligator atraindo trouxas com sua língua pálida ao melodioso Hermes fisgando Apolo com mentiras fascinantes. O objetivo de tudo isso foi mostrar que a mitologia das figuras trickster é, em uma primeira leitura, a história da inteligência surgindo do apetite. Para recordar grande parte da argumentação até aqui, lembremo-nos da imagem do Corvo mergulhando no oceano para roubar a gordura da isca colocada nos anzóis dos pescadores. Em meio à tensão da relação predador/presa, os tricksters parecem alternadamente sábios e tolos: o Trickster-Esperto inventa aquele anzol com isca, o Trickster-Tolo o engole e, no toma lá dá cá entre esses polos, outros níveis de inteligência lentamente aparecem, até chegarmos ao Trickster-Ainda-Mais-Esperto, o que tem a sagacidade de roubar a isca. O Corvo é aquele epipredador que continua a satisfazer suas necessidades enquanto consegue distanciar-se suficientemente delas a ponto de responder ao cheiro de carne com reflexão em vez de reflexo.

Parte dessa mitologia relaciona esse distanciamento da necessidade à invenção do sacrifício, como se o trickster, enredado no próprio intestino, queimasse parte dele, refreando conscientemente a fome na esperança da posterior e mais durável satisfação. Em algumas das histórias, o trickster parece se distanciar do instinto tanto quanto da necessidade. Vagando a esmo, mais estúpido do que os animais, é ao mesmo tempo o anfitrião desajeitado e o ágil parasita; não tem um método próprio, mas é o Grande Imitador que adota os muitos métodos daqueles à sua volta. Não constrangido pelo instinto, é o autor de logros infinitamente criativos e novos, de anzóis ocultos a rastros impossíveis de decifrar.

Essa genealogia do artifício nos traz, por fim, às questões do mentir e do dizer a verdade, às espécies de asserções contingentes que constituem essas redes de significação que chamamos de mitologias, culturas, ideologias – asserções como "o gado pertence a Apolo" ou "há sete distúrbios principais do impulso"; asserções como "uma mulher recatada cobre o rosto", "a política norte-americana apoia as democracias emergentes", "os hispânicos podem pertencer a qualquer raça", "todos os homens nascem iguais".

Tempos atrás, Friedrich Nietzsche ofereceu uma maravilhosa maneira de pensar essas asserções. A verdade, disse ele em uma famosa passagem, é

> um exército móvel de metáforas, metonímias e antropomorfismos, em resumo, uma soma das relações humanas que foram poética e retoricamente intensificadas, transferidas e adornadas e, depois de longo uso, parecem a uma nação fixas, canônicas e vinculativas. As verdades são ilusões sobre as quais se esqueceu que *são* ilusões.[50]

As histórias que estivemos examinando sugerem que acrescentemos algumas linhas sobre a fome à formulação de Nietzsche. O trickster mente porque tem um estômago, diz a história; espere a verdade apenas daqueles cujas barrigas estão cheias ou dos que escaparam à influência do estômago por completo. Não que acrescentar estômagos à ideia de Nietzsche modifique-a de maneira significativa,

A ASTÚCIA CRIA O MUNDO

mas pode lançar alguma luz sobre a questão do *esquecimento* que ele introduz no fim. Esquecer a ilusão é tornar-se inconsciente dela, e nessas histórias é a fome, creio, que ameaça perturbar qualquer inconsciência como essa. A fome incita "meros estômagos" a revelar a natureza fictícia das verdades ilusórias, como se o ácido estomacal, quando não tem mais nada sobre o que agir, despisse a ilusão de sua amnésia protetora. A fome é o agente de um tipo de anamnese ou *des*esquecimento que Platão não imaginou, um tipo que recupera a memória do artifício em vez da lembrança dos eternos. (Isso é o que acontece no *Hino homérico*: Hermes tem fome e rompe com a ordem supostamente eterna das coisas.)

Mas essa revelação é apenas metade do poder do trickster no que diz respeito à "verdade". Assim como pode escapar de uma armadilha, depois dar meia-volta e fazer a sua própria, ele pode desconstruir uma ilusão, depois dar meia-volta e conjurar outra (como faz Hermes quando canta para Apolo). De onde, afinal, vem o "exército de metáforas" de Nietzsche, em primeiro lugar, se não de algum fascinante idealizador de tropos? E como esse exército se tornou inconsciente? Talvez carregue consigo alguma droga ou soporífero que induza o esquecimento nas províncias que conquista. Em uma variante da história de Hermes, há cães encarregados de guardar o gado de Apolo, e Hermes mergulha-os em um estupor.[51] A palavra grega para estupor é *lethargon*, uma combinação de *lethe* (esquecimento) e *argon* (preguiça ou vagarosidade). É a parte *do esquecimento* que eu gostaria de enfatizar. Quando Hermes está ordenando o mundo em seus próprios termos, ele pega os cães de guarda da mente – argutos, atentos, sempre despertos – e os entorpece com o esquecimento. Sob seu encantamento, a ilusão submerge abaixo do limiar da consciência e aparenta ser a verdade.

Digo tudo isso em parte para revisar o território que cobrimos, mas também para indicar como esse território se abre para temas dos quais vou me ocupar nos capítulos que se seguem. Meu projeto aqui é não apenas derivar a inteligência do apetite, mas pensar mais amplamente sobre o tipo de inventividade que figura nessa mitologia, o tipo de arte, em particular, que pode brotar do espírito do trickster. Nesse sentido, há uma longa tradição que situa a arte naquela terra de sombras do trickster onde a verdade e a falsidade não são bem diferenciadas. A ideia provavelmente remonta a Aristóteles, que considerava os poetas épicos uma espécie de mentirosos cretenses. "Homero, mais do que qualquer outro", escreveu, "ensinou ao resto de nós a arte de compor mentiras da maneira certa."[52]

É uma antiga noção, portanto, a de que a arte e a mentira compartilham o mesmo território, um território que teve um robusto desabrochar no mundo moderno. Os autores dos romances modernos ficaram conhecidos por descrever a si próprios com essa mesma linguagem, de Defoe (de quem se dizia que "mentia como a verdade")[53] passando por Balzac (que afirmou que "a ficção é uma forma dignificada de mentira"),[54] Dostoievski (que descreveu *Dom Quixote* como um romance no qual a verdade é salva por uma mentira),[55] até Mário Vargas Llosa (que certa vez declarou: "Quando escrevemos romances, o que fazemos é criar uma manifestação profundamente distorcida da realidade, que impomos aos leitores, à sociedade. A verdadeira literatura jamais contou a verdade. Ela impôs mentiras como verdades").[56] Virginia Woolf revolve a mesma água barrenta em sua introdução a *Um teto todo seu*: "A ficção aqui contém provavelmente mais verdade do que fatos (...) Mentiras fluirão de meus lábios, mas talvez haja alguma verdade misturada a elas".[57] Ralph Ellison disse que *Homem invisível* "tira vantagem da capacidade do romance de contar a verdade enquanto de fato conta uma 'mentira', que é o termo popular dos negros norte-americanos para uma história improvisada".[58] Até mesmo o poeta moderno altamente ético Czeslaw Milosz pode ser flagrado defendendo "o direito do poeta de inventar – isto é, de mentir".[59]

A ASTÚCIA CRIA O MUNDO

Nas artes visuais, Pablo Picasso foi o grande responsável por confundir a suposta distinção entre verdade e mentiras: "A arte é uma mentira que nos faz perceber a verdade, ao menos a verdade que nos é dado entender. O artista deve conhecer o modo pelo qual convencer os outros da veracidade de suas mentiras."[60] Talvez a mais extensa exposição sobre esse tema seja encontrada no ensaio de Oscar Wilde "A decadência da mentira", de 1891, a defesa da arte por um esteta contra a multidão a serviço, sempre pronta a estampá-la no seu exército particular de metáforas. "Contar belas coisas inverídicas é o objetivo próprio da arte",[61] diz Wilde, pensando em todas as grandes criações (o Satã de Milton, Hamlet, Jane Eyre) que são mais reais e duráveis do que as mulheres e os homens perecíveis que conhecemos de fato. Assim, Wilde honra Balzac, dizendo que seus personagens "nos dominam e desafiam o ceticismo. Uma das grandes tragédias de minha vida foi a morte de Lucien de Rubempré. É uma dor da qual eu nunca fui completamente capaz de me livrar. Ela me assombra em meus momentos de prazer. Lembro dela quando rio. Mas Balzac não é mais realista do que foi Holbein. Ele criou vida, não a copiou."[62] Portanto, desejemos ter grandes mentirosos à nossa mesa de jantar em vez de banais perseguidores de fatos. "O objetivo do mentiroso", escreve Wilde, "é simplesmente encantar, deleitar, dar prazer. Ele é a verdadeira base da sociedade civilizada..."[63]

Essas afirmações contêm os próprios quebra-cabeças (O que Wilde quer dizer com *"belas* coisas inverídicas"? Como Picasso *"convence* os outros"?), mas por hora quero meramente registrar onde esses artistas posicionam sua obra. Muitas dessas declarações são difíceis de entender se nos apegarmos a qualquer sentido simples do que se entende por "verdade" e "mentiras". São mais fáceis de entender quando esses opostos desmoronam, o que faz com que sejamos lançados de volta ao limbo do trickster, onde os marcos de fronteira se deslocam à noite, os sapatos não têm frente nem calcanhar, nuvens carregadas atacam a transparência e todo lugar de descanso subitamente se torna uma encruzilhada. Esses artistas, por assim dizer, reivindicam uma parte do território do trickster para si, sabendo que é um dos terrenos férteis da arte e do artifício.

Seja como for, no que se seguirá espero expandir minha interpretação dessa mitologia, voltando-me mais plenamente para o mundo da arte e do artifício. Não que não tenhamos estado lá esse tempo todo. Nestas páginas, eu também estive mobilizando um exército de metáforas, um exército que espero empregar quando necessário nas páginas que vão se seguir. Mas busquei, também, organizar esta seção em torno de uma leitura simples e, de certa forma, literal do material em questão. As próprias histórias de trickster sugerem que procuremos no apetite e no mundo natural as raízes da sua astúcia, e tentei fazer isso. Mas, conforme obtive sucesso, às vezes me converti no Coiote Tolo, pensando que há ameixas para comer em "As ameixas refletidas", ou que a carne marmórea do gado de Apolo realmente poderia fazer a boca de Hermes salivar.

Não é que as questões ligadas ao apetite não conduzam a uma leitura interessante, é só que, agora que vimos que Homero é um mentiroso, agora que nos deparamos com viajantes que multiplicam os sentidos enquanto se deslocam, devemos ter cautela para não nos sentirmos muito confortáveis com qualquer linha única de análise. Essas histórias têm tantos sentidos quantos são os contextos em que são contadas. Seus rastros apontam para todas as direções. O remo de Odisseu pode ser também uma pá de joeirar, mas isso dificilmente esgota seus significados. Enterrar o cabo de uma pá de joeirar em um monte de grãos é um sinal de que a colheita está concluída. Enterrar o remo em um monte de terra é o sinal que marca a sepultura de um marinheiro.[64] Talvez quando um remo seja fixado sobre uma sepultura ele chegue ao fim dos seus significados, pois então a jornada do viajante estará concluída. Mas quem iria querer um encerramento desses? "O Coelho saltou sobre o Coiote quatro vezes. Ele voltou à vida e seguiu seu caminho."[65]

Notas

1. Radin, p. 28.
2. Radin, p. 29.
3. Radin, p. 57.
4. *Hino a Hermes*, versos 130-35.
5. Não podemos de fato ter certeza sobre o que acontece na cena em que Apolo poderia notar a carne, porque faltam versos do *Hino* nesse ponto. Para uma discussão sobre como preencher o trecho que falta, ver Allen; Halliday; Sikes, pp. 332-33, e Norman O. Brown, pp. 145-46.
6. Nagy, *Greek Mythology and Poetics*, pp. 202-22.
7. Eco, p. 7. Ênfase modificada.
8. Detienne, *Cuisine of Sacrifice*, p. 165. Note que algo semelhante pode ser dito sobre o gado na história do Coiote que foi contada anteriormente. O Búfalo macho tem um rebanho imortal; o Coiote cria a dualidade entre esses animais e as fêmeas que são abatidas pela carne.
9. *Hino a Hermes*, versos 167-72.
10. Tobias Wolff, *In the Garden of the North American Martyrs* (Nova York: Ecco Press, 1981), p. 175.
11. *Odisseia*, XI:126 e segs.
12. Nagy, *Greek Mythology*, pp. 212 e segs.
13. Hesíodo, *Teogonia*, versos 26-28; ver também Nagy, *Greek Mythology*, p. 45.
14. *Odisseia*, VII:215-21.
15. Ver Nagy, *Greek Mythology*, pp. 44-45.
16. *Odisseia*, XIV:125; ver Nagy, *Greek Mythology*, p. 45.
17. *Odisseia*, XIV:251.
18. *Odisseia*, XIV:252.
19. *Odisseia*, XIV:119-359.
20. Ver Detienne, *Cuisine of Sacrifice*, p. 59.
21. Nagy, *Greek Mythology*, pp. 43-46.
22. Nagy, *Greek Mythology*, p. 43.
23. Ver Nagy, *Greek Mythology*, p. 43.

A PRIMEIRA MENTIRA

24. Nagy, *Greek Mythology*, pp. 42-43. Ênfase acrescentada.
25. *Odisseia*, XIX:203; ver Nagy, *Greek Mythology*, p. 44.
26. Nagy, *Greek Mythology*, p. 42.
27. Nagy, *Greek Mythology*, p. 45.
28. Nagy, *Greek Mythology*, p. 46.
29. Thompson, p. xxi, 294.
30. Ricketts, "The Structure and Religious Significance...", p. 90.
31. Ricketts, "The Structure and Religious Significance...", pp. 100-1.
32. Ricketts, "The Structure and Religious Significance...", p. 95.
33. Ricketts, "The Structure and Religious Significance...", p. 95.
34. Detienne, *Cuisine of Sacrifice*, p. 61.
35. Shakespeare, *As You Like It*, II:iii, verso 18.
36. *Hino a Hermes*, versos 261-77.
37. *Hino a Hermes*, verso 282.
38. Ver Hawley, especialmente *Parabola*, p. 10; *Krishna, the Butter Thief*, p. 9; e *Thief of Butter, Thief of Love, passim*.
39. Pelton, p. 79.
40. *Odisseia*, XIII:256-86.
41. *Hino a Hermes*, versos 416-23.
42. *Hino a Hermes*, versos 427-28.
43. *Hino a Hermes*, versos 497-98.
44. *Hino a Hermes*, verso 567.
45. Penso aqui na discussão de Richard Rorty sobre a filosofia da linguagem de Donald Davidson. Ver Rorty, pp. 9-11, 13-20.
46. Platão, *Crátilo*, 407-8 (ver, por exemplo, Jowett (trad.), *The Dialogues of Plato* I, p. 197).
47. Na tradição medieval, afirma-se que Mercúrio revelou o segredo dos hieróglifos e inventou a "escrita interior" que é a memória (ver Jung, *Alchemical Studies*, p. 225; Frances Yates, *The Art of Memory* [Chicago: University of Chicago Press, 1966], p. 268). Legba é um mestre da linguagem interior do autoconhecimento (Pelton, p. 113). A Manabozho, trickster das florestas americanas, atribui-se a invenção da escrita com pinturas (Hynes; Doty, p. 228). Tanto o Coiote quanto o Corvo receberam os créditos pela criação da multiplicidade de idiomas que tomou o lugar da fala única original (ver Leydet, p. 78, e Ricketts, "The Structure", p. 140).

48. Norman, p. 403.
49. Robert Pelton diz, por exemplo, que o trickster da África Ocidental Ananse tem "uma duplicidade que reinicia os processos da fala" quando eles por algum motivo fracassam (Pelton, p. 50).
50. Nietzsche, p. 250.
51. *Hesiod, The Homeric Hymns, and Homerica*, pp. 264-65.
52. Aristóteles, *Poética*, 1460a.
53. Paul Zweig, *Walt Whitman: The Making of the Poet* (Nova York: Basic Books, 1984), p. 255.
54. Citado pelo romancista chinês Qin Mu na *PEN Newsletter*, nº 56, p. 3.
55. Dostoievski, *The Diary of a Writer II*, pp. 835-38 (mas especialmente p. 838).
56. Mario Vargas Llosa, *Washington Post*, 25 de abril de 1987, p. B5.
57. Virginia Woolf, *A Room of One's Own* (Nova York: Harcourt, Brace & World, 1957), p. 4. [Ed. bras.: *Um teto todo seu*. São Paulo: Tordesilhas, 2014.]
58. Ralph Ellison, *Invisible Man*, pp. xxvi-xxvii.
59. Milosz, p. 125.
60. Picasso, p. 21.
61. Wilde, p. 37.
62. Wilde, p. 11.
63. Wilde, p. 19.
64. 64. Nagy, *Greek Mythology*, p. 214.
65. Fim típico de uma história do Coiote. Ver, por exemplo, Lopez, pp. 32, 126, 143.

Interlúdio

A terra dos mortos

O ímpeto do Coiote

No inverno de 1929-30, Archie Phinney foi até a reserva indígena Fort Lapwai, no nordeste de Idaho, para gravar histórias contadas pela mãe, Wayílatpu, de 60 anos, uma índia nez percé que falava apenas sua língua nativa, nada de inglês. Em 1934, a Columbia University Press publicou o livro de Phinney, *Nez Percé Texts* [Textos nez percé], que registra cerca de quarenta dessas histórias com a língua shahaptian nativa acompanhada de uma tradução literal e seguida por uma tradução livre.

Phinney incluiu duas versões de uma história na qual o Coiote viaja até a Terra dos Mortos. Na primeira, a filha do Coiote foi morta e ele a segue até o mundo dos espíritos; ele recebe permissão para tentar levá-la de volta para o mundo dos vivos, desde que não olhe para trás durante o trajeto. A segunda versão da história, de acordo com a tradução de Phinney, é a que se segue.

O Coiote e o povo das sombras[1]

O Coiote e a mulher residiam lá. A mulher ficou doente. Ela morreu. Então o Coiote ficou muito, muito solitário. Nada fazia além de chorar pela mulher.

Então o espírito da morte foi até ele e disse: "Coiote, você sofre pela sua mulher?" "Sim, meu amigo, sinto saudades dela...", res-

A ASTÚCIA CRIA O MUNDO

pondeu o Coiote. "Posso levá-lo ao lugar para onde sua mulher foi, mas, aviso, você tem de fazer tudo exatamente como eu disser; nem uma única vez deve ignorar os meus comandos e fazer outra coisa." "Sim", respondeu o Coiote, "sim, meu amigo, e o que eu poderia fazer? Farei tudo o que você disser." Então o espírito disse a ele: "Ótimo. Agora vamos." O Coiote acrescentou: "Sim, que seja, então, que estejamos indo."

Eles foram. Então ele falou novamente ao Coiote: "Você deve fazer tudo o que eu disser. Não me desobedeça." "Sim, sim, meu amigo. Tenho sofrido tanto, por que não daria atenção a você?" O Coiote não conseguia ver o espírito com clareza. Ele parecia ser apenas uma sombra. Partiram e seguiram por uma planície. "Oh, há tantos cavalos; parece um rebanho!", exclamou o espírito. "Sim", respondeu o Coiote, embora na realidade nada visse, "sim, há muitos cavalos." Haviam chegado agora perto do lugar onde ficam os mortos. O espírito sabia que o Coiote não conseguia ver nada, mas disse: "Oh, veja quantas frutinhas! Vamos apanhar algumas para comer. Agora, quando me vir estender a mão para o alto, você também estenderá a sua, e quando eu curvar o galho, você também abaixará suas mãos." "Sim", disse-lhe o Coiote, "que assim eu o faça." O espírito ergueu os braços e dobrou o ramo, e o Coiote fez o mesmo. Embora não conseguisse ver fruta nenhuma, ele imitou o fantasma, pondo as mãos diante da boca como se comesse. Então colheram e comeram frutinhas. O Coiote o observava atentamente e imitava cada movimento. Quando o espírito colocava a mão na boca, o Coiote fazia o mesmo. "Que frutinhas tão deliciosas são estas", comentou o espírito. "Sim, meu amigo, que bom que as encontramos", concordou o Coiote. "Agora vamos em frente." E prosseguiram.

"Estamos quase chegando", disse-lhe o espírito. "Há uma tenda muito, muito longa. Sua mulher está lá dentro em algum lugar. Espere um pouco e deixe-me perguntar a alguém." Em pouco tempo o espírito retornou e disse ao Coiote: "Sim, me disseram onde está sua mulher. Chegaremos a uma porta pela qual vamos entrar. Você vai fazer em todos os momentos exatamente o que me vir fazer. Vou segurar a porta, abri-la e, curvando-me bem baixo, entrar. Em seguida você vai segurar a porta e fazer o mesmo." Procederam então dessa maneira para entrar.

A mulher do Coiote estava sentada bem ao lado da entrada. O espírito disse ao Coiote: "Sente-se aqui ao lado da sua mulher." Ambos se sentaram. O espírito acrescentou: "Sua mulher agora vai preparar comida para nós." O Coiote nada conseguia ver, exceto que estava sentado ali, em uma pradaria aberta onde nada havia à vista; no entanto, podia sentir a presença da sombra. "Agora que ela preparou nossa comida, vamos comer." O espírito abaixou a mão e depois levou-a à boca. O Coiote nada conseguia ver além da poeira da pradaria. Eles comeram. O Coiote imitava todos os movimentos do companheiro. Quando já haviam terminado e a mulher aparentemente havia recolhido a comida, o espírito disse ao Coiote: "Você fica aqui. Tenho de sair por aí para ver algumas pessoas."

Ele saiu, mas logo retornou. "Aqui temos condições diferentes daquelas que vocês têm na terra dos vivos. Quando escurece aqui o dia está nascendo na sua terra e quando amanhece para nós está ficando escuro para vocês." Então começou a escurecer, e o Coiote pareceu ouvir pessoas sussurrando, conversando em tons indistintos, por toda a sua volta. Então a escuridão se instalou. Oh, o Coiote viu muitas fogueiras em uma cabana comunal. Viu que estava em uma tenda muito, muito grande e que havia muitas fogueiras ardendo. Viu diversas pessoas. Pareciam ter a forma de sombras, mas o Coiote conseguiu reconhecer pessoas diferentes. Viu a mulher sentada ao seu lado.

Ficou tomado de júbilo e cumprimentou alegremente todos os velhos amigos que haviam morrido muito tempo antes. Como estava feliz! Caminhava entre as fogueiras, de um lado para outro, e conversava com as pessoas. Fez isso a noite inteira. Agora

A ASTÚCIA CRIA O MUNDO

podia ver a porta pela qual o amigo e ele haviam entrado. Por fim começou a amanhecer e o amigo foi até ele e disse: "Coiote, nossa noite está chegando ao fim e em pouco tempo você não nos verá. Mas deve ficar bem aqui. Não vá a lugar nenhum. Fique bem aqui e, à noite, verá todas essas pessoas novamente." "Sim, meu amigo. Para onde eu iria? Passarei o dia aqui."

A aurora chegou e o Coiote se viu sozinho, sentado no meio de uma pradaria. Passou o dia ali, quase morrendo por causa do calor, ressecado por causa do calor, sedento por causa do calor. O Coiote ficou ali vários dias. Sofria durante o dia, mas à noite sempre se divertia na grande tenda.

Um dia o amigo fantasma foi até ele e disse: "Amanhã você vai para casa. Levará sua mulher com você." "Sim, meu amigo, mas gosto tanto daqui. Estou tendo ótimos dias e gostaria de permanecer aqui." "Sim", respondeu o espírito. "Mas mesmo assim, você vai embora amanhã e deve se precaver contra sua inclinação para fazer tolices. Não se entregue a nenhuma ideia ridícula. Vou dizer agora o que você deve fazer. Há cinco montanhas. Você viajará por cinco dias. Sua mulher estará com você, mas você não deve nunca, nunca tocá-la. Não deixe que nenhum impulso estranho se aposse de você. Pode falar com ela, mas nunca tocá-la. Só depois de ter descido a quinta montanha poderá fazer o que quiser." "Sim, meu amigo", respondeu o Coiote.

Quando a aurora chegou novamente, o Coiote e a mulher começaram a jornada. No início parecia-lhe que estivesse sozinho, embora tivesse vaga consciência da presença da mulher enquanto caminhava atrás dele. Atravessaram uma das montanhas e agora o Coiote podia sentir a presença da mulher de maneira mais definitiva; ela se parecia com uma sombra. Prosseguiram e cruzaram a segunda montanha. Acampavam à noite no sopé de cada uma das montanhas. Tinham uma pequena tenda cônica que armavam a cada vez. A mulher do Coiote sentava-se de um lado da fogueira e ele se sentava do outro. A forma dela parecia cada vez mais nítida.

A TERRA DOS MORTOS

O espírito da morte, que os havia mandado embora, começou a contar os dias e calcular a distância que o Coiote e a mulher haviam percorrido. "Espero que ele faça tudo certo e conduza a mulher em segurança até o mundo além deste", dizia repetidamente para si mesmo.

O Coiote e a mulher estavam em sua última noite, no quarto acampamento, e de manhã ela mais uma vez assumiria plenamente a personalidade de uma pessoa viva. Estavam acampando pela última vez e o Coiote podia vê-la com muita clareza, sentada diante dele, como se fosse uma pessoa real. Podia ver seu rosto e seu corpo com nitidez, mas apenas olhava e não ousava tocá-la.

Subitamente, porém, um impulso jovial apoderou-se dele; a alegria de ter a mulher novamente o dominou. Levantou-se de um salto e correu para abraçá-la. A mulher gritou: "Pare! Pare! Coiote! Não me toque. Pare!" O alerta não teve efeito. O Coiote correu para a mulher e, assim que tocou seu corpo, ela desapareceu. Ela desapareceu... retornou à terra das sombras.

Quando o espírito da morte soube da tolice do Coiote, ficou profundamente zangado. "Seu inveterado fazedor desse tipo de coisa! Eu lhe disse para não fazer nenhuma tolice. Você, Coiote, esteve prestes a estabelecer a prática do regresso da morte. Daqui a um curto tempo os humanos chegarão, mas você estragou tudo e estabeleceu para eles a morte como ela é."

O Coiote chorou e chorou. E decidiu: "Amanhã vou voltar para vê-la novamente." Iniciou o retorno na manhã seguinte e, enquanto prosseguia, começou a reconhecer os lugares por onde ele e o amigo espírito haviam passado. Encontrou o lugar onde o fantasma vira o rebanho de cavalos e então começou a fazer as mesmas coisas que haviam feito em seu caminho para a terra das sombras. "Oh, veja os cavalos; parece um rebanho." Continuou até chegar ao lugar onde o espírito havia encontrado as frutas. "Oh, quantas frutinhas! Vamos colher e comer algumas." Repetiu os movimentos de apanhar e comer frutas silvestres.

A ASTÚCIA CRIA O MUNDO

Seguiu em frente e por fim chegou ao local onde a longa tenda havia se erguido. Disse consigo mesmo: "Agora, quando eu segurar a porta e erguê-la você deve fazer o mesmo." O Coiote recordou todas as mínimas coisas que o amigo havia feito. Viu o local onde se sentara antes. Foi até lá, sentou-se e disse: "Agora, sua mulher nos trouxe comida. Vamos comer." Repetiu os movimentos de comer. A noite caiu e agora o Coiote tentou ouvir as vozes, e olhou por toda a volta, procurando aqui e ali, mas nada apareceu. O Coiote ficou sentado ali, no meio da pradaria. Ficou sentado ali a noite inteira, mas a tenda não apareceu novamente nem o espírito jamais retornou a ele.

Uma velha história

Alguns anos depois que comecei a pensar sobre os tricksters, sentei-me para escrever uma curta descrição do que acreditava que seriam os temas centrais e a configuração deste livro. Na época, eu passara os olhos pelos outros hinos homéricos, além do dedicado a Hermes, e quando terminei a proposta, acrescentei como epígrafe um verso dito por Apolo no hino que conta sua história:

"As Musas cantam os sofrimentos dos homens...
Como vivem na ignorância e no desamparo, sem achar
Cura para a morte ou defesa contra a velhice."[2]

Era o fim do inverno na época. Minha mulher e eu estávamos morando em uma casa alugada perto do farol do Cabo Cod, em North Truro, Massachusetts, e quando terminei de escrever, saí para caminhar em meio ao vento incessante e parei à beira da alta escarpa sobre o Atlântico, aliviado por finalmente ter escrito o esboço deste livro, mas sentindo uma certa tristeza e fadiga, também, desencadeadas pela voz zombeteira de Apolo e entremeadas no projeto de maneiras que eu não compreendia.

A TERRA DOS MORTOS

Não muito tempo depois, sonhei que resgatava uma criança morta do submundo. Pelo corredor às escuras de uma casa de classe média, carreguei a sombra do bebê de alguma mulher. Eu estava furioso com essa mulher. Vi minhas mãos se fecharem em volta do seu belo pescoço antes de acordar, tenso e trêmulo.

Minha família se mudou para a Inglaterra cinco anos depois do fim da Segunda Guerra Mundial. Em Londres, flores de cores vivas, chamadas epilóbios, floresciam nos buracos expostos dos porões dos edifícios bombardeados. Meus pais levaram com eles um Chevrolet 1949 com paralamas verdes, grossos como baixelas. "O dólar era forte", e o terreno da casa que alugamos em uma vila na periferia de Londres incluía uma quadra de tênis, um pomar de maçãs, uma casa de bonecas com vitrais losangulares e um abrigo antiaéreo, dentro do qual o jardineiro fazia crescer à força ruibarbo e sobre o qual ficavam os dois budas de mármore da senhoria, que meu irmão e eu desbastávamos com um martelo para obter as fabulosas lascas de pedra-sabão branca.

Quando eu tinha 5 anos, meus pais tiveram uma terceira criança, Edith, nascida em dezembro de 1950. Vinte meses mais tarde, ela morreu. Uma picada de mosquito a infectara com o tripanossoma que causa a encefalite, então conhecida como doença do sono africana. Certa tarde, ela começou a chorar inconsolavelmente e em seguida entrou em coma. Durante o pouco mais de uma semana que ela sobreviveu, fui autorizado a visitá-la uma vez no hospital, com meus pais. Ainda posso vê-la deitada na cama branca, com os lábios se movendo de uma estranha maneira reflexa, como se estivesse sugando. Enquanto a observava, seus lábios pararam de se mover e pensei que talvez a estivesse vendo morrer. No velório, meu irmão mais velho, Lee, chorou, mas eu não. Senti inveja das lágrimas dele, mas não senti vontade de verter as minhas. Ouvi dizer que eu era "jovem demais para entender", enquanto Lee "amava muito Edith". Depois do funeral, ficamos sentados no Chevrolet

A ASTÚCIA CRIA O MUNDO

ao lado do pátio da igreja, enquanto adultos se debruçavam nas janelas para falar com os meus pais. Depois daquilo, minha mãe às vezes se levantava da mesa de jantar, torcendo o guardanapo entre as mãos, e caminhava para a sala de estar às escuras. Papai seguia atrás dela. Lee e eu tivemos furúnculos; eu tive um na panturrilha direita que encharcou de pus a frouxa bandagem branca. Fomos mandados para passar algum tempo com uma mulher que tinha um violão, o qual, desde que não deixasse o sofá onde costumava ficar, eu podia dedilhar.

Algumas vezes eu acho que uma experiência de morte precoce faz com que uma alma se volte para a arte. Ao ler que o pai de Flannery O'Connor morreu quando ela era jovem, pensei: é, não admira que ela tenha se entregado às suas notáveis obras de ficção sobre perda e redenção. Sei que isso é um pensamento simplista – ninguém alega essas causas vocacionais quando a morte marca a infância de gerentes de supermercado ou mecânicos de automóveis. Mas é o meu pensamento simplista; na minha história, a morte e a arte sempre andaram juntas. Muito tempo depois daqueles anos na Inglaterra, minha mãe, lembrando o passado, uma vez me disse: "Depois que Edith morreu eu precisava de um bebê e você estava lá." Acho que nos deixamos envolver em uma silenciosa reciprocidade, ela e eu. Em retribuição pela sua atenção renovada, me dediquei a aliviá-la de sua dor. Tornei-me seu analgésico voluntário, e quaisquer talentos que eu tivesse em termos de, digamos, interpretar sinais sutis de pesar e prazer, dediquei-os a esse fim. Em retrospecto, ao menos, ver como minha escolha inconsciente daquela epígrafe com a voz zombeteira de Apolo foi seguida rapidamente por aquele sonho leva-me a me perguntar se minhas atenções de adulto ainda não estão comprometidas com aquela tarefa, como se depois de todos esses anos eu ainda esperasse que o exercício dos meus talentos pudesse de algum modo erguer a alma de Edith da sepultura e devolvê-la à ensolarada Inglaterra, com seus tremoços primaveris e sua jovem rainha.

A TERRA DOS MORTOS

Certamente toda essa antiga dor estava presente quando fiquei parado no vento naquela noite, mas agora acho que ela também estava misturada à sentimentalidade de um homem adulto ainda preso à grandiosa missão da criança, ainda que ansiasse por se libertar dela. O sonho, ao menos, retoma esse tema e o elabora com uma vingança. A situação é adulta, sexual (aquele belo pescoço), e experimento uma fúria brutal contra a mulher que tentei ajudar, como se Orfeu, ao caminhar em direção à luz do sol e voltar-se para olhar para Eurídice, não fosse movido pela dúvida, mas pelo ressentimento. Quem é ela para fazê-lo enfeitiçar o velho Caronte com uma canção e domar o cão de três cabeças que guarda a margem distante? Quem é ela que o faz permitir que sua arte seja arrastada nessa empreitada desesperada? E, no entanto, imaginar esse ressentimento de Orfeu é persistir na raiva do sonho, e esse parece ser o caminho errado, pois a raiva, afinal, me fez despertar. Uma mudança de atitude parece ser necessária, um salto na narrativa. Talvez haja ressentimento nas histórias órficas, mas os que as compuseram tinham um repertório de sentimentos mais amplo do que isso. Na história paralela do Coiote, quando sua impulsividade envia o espírito da mulher de volta à Terra dos Mortos, o espírito da morte o repreende: "Seu inveterado fazedor desse tipo de coisa! (...) Daqui a um curto tempo os humanos chegarão, mas você estragou tudo e estabeleceu para eles a morte como ela é." Os que contaram essa história conheciam a morte como ela é, não como gostaríamos que fosse. Sabiam que vivemos no mundo do Coiote, onde o impulso sexual e a mortalidade são uma coisa só, não duas. O sonhador que deve despertar do sonho com raiva não sabe disso, pois tentou fazer o que Orfeu nunca fez, o que o Coiote nunca fez. Tampouco pode o sonhador encontrar uma saída do enredo no qual se meteu, pelo menos não enquanto permanecer dentro de seu sonho.

Nos campos de carvão da Virgínia do Oeste existem minas abandonadas – as entradas estão fechadas faz muito tempo; as cidades

A ASTÚCIA CRIA O MUNDO

próximas, há muito empobrecidas – foram queimados. Esses incêndios são impossíveis de extinguir; eles ardem lentamente através dos veios de carvão, por trinta ou quarenta anos. Como seria maravilhoso se o autor de um livro encontrasse um tema com tamanha longevidade! Por vezes desejará ter escolhido um tema mais simples, algo que pudesse esgotar em uma temporada, ou algo que aparecesse subitamente e se consumisse por completo em questão de meses, para que pudesse publicar e seguir em frente. Seguir em frente com o quê, porém? É melhor estar envolvido em um assunto que se alimente sombriamente de chamas ocultas; melhor não saber inteiramente para onde levam os veios da fascinação, mas confiar que cederão lentamente seu calor como recompensa pela atenção que lhes é dedicada. Por certo, ao considerar meu assunto outra vez com essas memórias e reflexões em mente, descubro que se inspiram mutuamente em vários sentidos. Para começar, percebo que emoldurar meu projeto com a fala de Apolo indica uma confusão de propósitos, pois não foi Apolo, nem as Musas superiores, quem me conduziram a este trabalho, mas uma figura muito mais terrena. Ouvir o chamado dessas vozes elevadas é se deixar envolver pelo seu escárnio, o que significa voltar-se contra este mundo, onde os humanos morrem como morrem. Responder é esperar uma vez mais que os mortos possam voltar. Não é de admirar, então, que a tentativa de trabalhar os meus temas tivesse me levado a sentir tristeza e esgotamento, pois, na minha confusão, eu ainda estava me dedicando a uma tarefa que não era realmente minha (o sofrimento era da minha mãe, não meu), e além do mais impossível.

Eu havia esquecido, em outras palavras, que Hermes começa se opondo a Apolo, que tricksters em geral começam desorientando os deuses elevados. Voltar a tal inferioridade afasta o mundo do talento artístico idealista ou apolíneo (e de seu esforço) e o aproxima do talento trickster (e de sua galhofa). O estilo do trickster não é tão pesado, nem tão elevado. Na refeição após o funeral, ele faz a primeira piada imprópria. Mais do que isso, trabalhar imbuído de seu espírito é ser menos obediente "aos pais", menos predisposto a se ver envolvido nas tarefas deles. Quando Hermes retorna da noite de roubo, a mãe o repreende; ela tem uma imagem clara do que ele é e, por extensão, uma imagem do que preferiria que ele fosse. Mas as preferências dela não o comovem. Como na história do bebê Krishna, o *Hino a Hermes* concebe um infante tão completamente independente que nunca representa um papel para agradar aos pais, nunca veste a máscara que os mais velhos planejaram para ele. Na história sobre a ida do Coiote à Terra dos Mortos, podemos ter a impressão de que um Coiote "decoroso" teria sido capaz de conter seus impulsos, mas a história não é um argumento em favor do decoro. É certamente triste quando seus desejos o dominam e segue-se o desastre, mas teria sido mais triste se ele se contivesse, como é triste quando homens ou mulheres se tornam tão bem-comportados que nenhum "impulso jovial" jamais perturba sua vida.

Com tudo isso, as histórias de trickster são radicalmente anti-idealistas; são feitas em e para um mundo de imperfeições. Mas isso não significa que sejam trágicas. Depois da viagem à Terra dos Mortos, o Coiote é deixado só e aos prantos, mas a história não termina com esse tom. Na verdade, talvez seja exatamente porque essas histórias não afastam nem negam o que parece baixo, sujo e imperfeito que seu herói, ao contrário, desfruta de uma liberdade tão jovial. O trickster é o grande transformador, termo que uso para afirmar não tanto que ele muda a forma do próprio corpo, mas que, sendo-lhe dados os materiais deste mundo, demonstra até que ponto a maneira como os moldamos pode ser alterada. Ele cria este mundo e depois brinca com seus elementos. Há o dado da morte, das cachoeiras e da luz solar, do sono e do impulso, mas também há uma inteligência capaz de moldar esses dados em uma quantidade incrível de concepções. Não há cura para a morte, mas isso não quer dizer que os humanos devam "viver na ignorância".

A ASTÚCIA CRIA O MUNDO

No entanto, é a capacidade de reformular a história que parece inacessível ao frustrado protagonista do meu sonho, um homem aprisionado em uma história que não mais lhe serve, uma história da qual ele não consegue fugir – pelo menos não até acordar, não até que algum Condutor de Almas, algum psicopompo, apareça para ajudá-lo a cruzar a fronteira, sair daquele sonho no qual a matéria de uma vida (criança morta, mãe enlutada, arte do homem adulto) parece tão fortemente coesa, e penetrar em uma consciência mais astuciosa, na qual velhas histórias desmoronam para que novas possam se formar dos fragmentos. (Talvez não seja a alma de Edith que o protagonista do sonho resgata; talvez seja o bebê Hermes, ou meu filho, ou uma parte restituída da minha juventude; talvez seja o *baby, baby* de um velho *blues*...) O Condutor de Almas que permite que uma trama seja tão profundamente reconfigurada raramente é um personagem óbvio na história em questão, pois as histórias longevas encerram-se em si mesmas, se autodefendem contra a mudança e a fragmentação. Os deuses elevados colocam cães de guarda em torno dos seus pastos sagrados. Para que haja uma mudança, o responsável por ela precisa hipnotizar os cães e se infiltrar em meio às sombras, como um impulso constrangedor, um patógeno insidioso, um caso de amor, um ladrão sem pudores aproveitando uma deixa.

Notas

1. Phinney, pp. 283-85. A história foi republicada em Ramsey, pp. 33-37.
2. *Homeric Hymn to Pythian Apollo*, versos 191-93. Ver, por exemplo, *Hesiod, The Homeric Hymns, and Homerica*, p. 339.

PARTE II Acaso de mão dupla

4. Um ataque de acidentes

> "A vida despreocupada dos deuses [é] dedicada aos prazeres estéticos (...) Por conta dessa dedicação unilateral aos seus prazeres pessoais, esquecem-se da verdadeira natureza da vida, das limitações de sua existência, dos sofrimentos alheios, da sua transitoriedade. Não sabem que vivem apenas em um estado de harmonia temporária (...) São dotados de beleza, longevidade e estão livres da dor, mas é precisamente essa ausência de sofrimento, de obstáculos e de esforço que priva a harmonia da sua existência de todo impulso criativo."
>
> A. Govinda[1]

Diversas histórias, nos capítulos seguintes, mostrarão tricksters mais uma vez roubando comida, mas parece um tanto forçado dizer que são as armadilhas do apetite que estão em jogo. Como vimos anteriormente, quando a genealogia da astúcia oriunda da fome chega à invenção da linguagem e da mentira, a narrativa dá um salto quântico. Exatamente como o Coiote não consegue comer ameixas até se dar conta de que a imagem refletida não é a coisa em si, também os ouvintes da história não conseguem captar seu significado completo até perceberem que ela não necessariamente contém ameixas, ou coiotes, para dizer a verdade. Algumas vezes um estômago é apenas um estômago, mas raramente. Questões de apetite necessariamente projetarão sua sombra sobre a minha argumentação pelo restante do livro, mas o campo de pesquisa deve se expandir se quisermos obter um retrato acurado da inteligência que permita que esse ser errante, faminto e sem jeito próprio faça seu lar neste mundo.

O restante do livro está organizado, portanto, em torno de temas que são ao mesmo tempo centrais para o mito do trickster, exemplares do tipo de imaginação encontrado neles e presentes entre nós até os dias atuais. Começo com o acaso e o acidente. Andando sem destino, o trickster constantemente se depara com coisas que não esperava. Em função disso, ele parece ter desenvolvido uma inteligência voltada para a contingência, a capacidade de lidar com a casualidade. Do ponto de vista de seus vizinhos mais enraizados, sua errância faz dele uma encarnação da incerteza – ninguém sabe quando ele vai aparecer ou como surgirá, o que vai fazer quando chegar. Não surpreende que as histórias exibam alguma tensão em torno desse assunto, pois esses vizinhos mais estabelecidos com frequência se cansam das disrupções do trickster e decidem imobilizá-lo ou subjugá-lo. Isso não se revela tão fácil, e tem consequências inesperadas.

Nossas principais fontes sobre a mitologia nórdica são a *Edda poética* e a *Edda em prosa*; a primeira é uma coletânea de poemas islandeses, alguns datados dos primeiros anos da Era Viking (já em 850), e a segunda, um livro escrito por volta de 1220, por um aristocrata islandês chamado Snorri Sturluson.[2] (Há discussões sobre o que "Edda" quer dizer, mas a palavra passou a significar uma coletânea de poemas tradicionais.) As *Eddas* contêm dois momentos-chaves, nos quais o trickster Loki ameaça os deuses nórdicos com a velhice e a morte. O primeiro começa e termina rapidamente. Parece que Loki foi certa vez capturado por um gigante (disfarçado de águia), que concordou em libertá-lo com a condição de que prometesse ir até a deusa Iddun (A Rejuvenescedora), que cuidava do pomar onde as Maçãs da Imortalidade cresciam, e levasse ela e seus frutos para fora de

Asgard (os deuses são os Aesir e sua morada é Asgard).[3] Segundo a versão de Sturluson:

> No momento combinado, Loki atraiu Iddun para uma floresta fora de Asgard, dizendo-lhe que havia encontrado algumas maçãs que ela apreciaria enormemente e pedindo-lhe que levasse as suas junto para comparação. Então o gigante (...) chegou na forma de uma águia e, capturando Iddun, voou com ela para sua casa...
> Os Aesir (...) ficaram muito consternados com o desaparecimento de Iddun e logo começaram a ficar velhos e de cabelos grisalhos.[4]

Na mitologia nórdica posterior, Loki assume um matiz mais diabólico, mas nesse conto ele é um mero promotor de travessuras. Quando os deuses o confrontam por causa do que fez, ele de bom grado repara o malfeito, transformando-se em um falcão e roubando Iddun de volta da Terra dos Gigantes.[5]

Para refletir sobre esse breve momento de ruptura e reparação, é útil saber que os deuses nórdicos têm uma variedade de criaturas sobrenaturais inferiores a eles (anões, elfos, nornas), mas seus maiores inimigos são os gigantes. Além disso, embora Loki sente-se entre os deuses, em muitos sentidos é íntimo desses subalternos ameaçadores. Seu pai era um gigante, em primeiro lugar, e, embora tivesse uma mulher devotada, é com uma giganta que ele concebe seus filhos.[6] Nesse e em outros sentidos, Loki parece ser um ponto de contato por meio do qual os gigantes tocam os deuses, e portanto faz certo sentido que seja através dele que um gigante consegue expor os eternos ao tempo. Quando Loki engana Iddun, abre uma brecha no muro que circunda Asgard e os dois mundos se unem por um breve momento.[7] Loki é o criador dessa contingência ameaçadora.

Como eu disse, considero a habilidade de criar ou trabalhar com a contingência uma marca da inteligência do trickster. Falar

A ASTÚCIA CRIA O MUNDO

em "contingência" ou "coincidência" geralmente implica uma convergência mais ou menos *desprovida de significado*.* Foi "apenas" uma coincidência, dizemos, uma "mera" contingência, e por meio desses redutores marcamos o nosso sentido de que nenhum significado profundo, nenhum sentido real, está presente. O mesmo significado está por trás de um clássico uso da palavra "acidente". Nas *Categorias*, Aristóteles argumentou que devemos ser capazes de olhar para qualquer grupo de coisas, por exemplo, "maçãs", "seres humanos" ou "discos de jazz", e determinar o que é essencial para que pertençam a essas categorias e o que não é. Um ser humano, por exemplo, deve ter um corpo animal, isso é essencial (estátuas de bronze não são humanas), mas não faz diferença se o cabelo de uma pessoa é castanho, preto ou grisalho. A cor do cabelo de um ser humano não é essencial, é acidental. Uma maçã é uma fruta, isso é essencial, mas se está madura, verde, amassada, bichada, na árvore ou em uma sacola, tudo isso é acidental. As características acidentais estão presentes por acaso, as essenciais, por desígnio. As características acidentais são variáveis e inconstantes; as essenciais são estáveis. O real significado de algo reside nas suas essências, não nos seus acidentes.

Pode ser relativamente simples definir a categoria "maçã", mas complexidades logo surgem com qualquer termo mais nitidamente cultural. Jazz, por exemplo, é uma música afro-americana: a "negritude" dos músicos é essencial a uma gravação de jazz? Categorias raciais são notoriamente difíceis de estabelecer por muitas razões, dentre as quais o fato, razão que não é das menos importantes, de que as raças podem se misturar. Não havendo delimitações naturais, qual é a essência de "branco" ou "negro"?

---

* Tanto "contingência" quanto "coincidência" contêm a imagem que acabei de sugerir, a de duas coisas se unindo. As raízes latinas da primeira (*con-* + *tangere*) denotam duas coisas "se tocando"; as raízes da segunda (*co-* + *incidere*) indicam duas coisas "caindo juntas". (A raiz latina de "acidente" é *accidere*, cair em, que vem de *cadere*, "cair".)

UM ATAQUE DE ACIDENTES

Nos Estados Unidos, onde a formação social depende tão profundamente dessas designações, desenvolveu-se a ficção bizarra de que "uma gota" de sangue "negro" coloca um indivíduo na categoria de "negro". Uma gota determina a essência; cinquenta gotas de sangue "branco" são acidentais. Ou tomemos a categoria "norte-americano". Depois que ficou claro que cidadãos norte-americanos tinham sido responsáveis pelo atentado a bomba a um edifício do governo federal na cidade de Oklahoma em 1995, um membro do Congresso declarou solenemente que eles "não eram norte-americanos", como se construir uma bomba fosse algo essencialmente não norte-americano, apesar de uma história célebre no sentido contrário.

Mais relevantes para a questão da inteligência criativa, a complexidade desse jogo entre acidentes e essências é bem ilustrada com exemplos extraídos das artes. No início da carreira, o compositor norte-americano John Cage começou a questionar como diferenciamos "ruído" de "música" e, desse momento em diante, boa parte de seus esforços se concentrou em permitir que sons supostamente não musicais entrassem em suas composições. De fato, Cage define arte moderna como a arte que não pode ser desfeita pela não arte. Ela é permeável, de fronteiras abertas. Um bebê chorando em um concerto de música clássica costuma ser uma distração, um ruído, um incômodo. Cage permite que se torne parte do evento, assim como alguns pintores modernos permitiram que a poeira que se assenta sobre suas telas se tornasse parte da pintura (um exemplo famoso é o de Marcel Duchamp, que deixou seu *O grande vidro* acumular poeira durante meses, depois fixou parte dela com verniz). Em uma linguagem ligeiramente distinta, Cage leva a coincidência a sério (ou, melhor dizendo, deixa que ela o inspire, que ela seja uma musa).*

---

* No texto original em inglês, Hyde vale-se de um trocadilho entre o verbo *amuse*, divertir, e a expressão *a muse*, uma musa. (*N. do T.*)

A ASTÚCIA CRIA O MUNDO

Para a sensibilidade clássica, o choro durante o concerto ou a poeira sobre a tela são acidentes; simplesmente acontecem; não são o evento real. Eles são impurezas, desprovidos de beleza. O ruído do bebê e a música coincidem, mas não de nenhuma maneira significativa, e se o choro pudesse ser apagado de uma gravação do concerto, tanto melhor, pois sem esse ruído o ouvinte capta o "verdadeiro" evento.

A todas essas afirmações, Cage poderia responder com a seguinte anedota de seu livro *Silence* [Silêncio]:

> George Mantor tinha um jardim de íris, que aprimorava a cada ano descartando as variedades mais comuns. Um dia outro jardim de íris muito belo chamou sua atenção. Com ciúmes, foi investigar. O jardim, revelou-se, pertencia ao homem que coletava seu lixo.[8]

Toda categoria deve ter sua pilha de refugos. Para a sensibilidade clássica, o problema é manter o entulho a certa distância, pois dificuldades surgirão se ele retornar, especialmente se vier com uma alegação plausível de ter sido erroneamente excluído, em primeiro lugar. Se as íris no lixo são belas, então a própria beleza é contingente, e não um ponto fixo na eternidade. Se o "ruído" é subitamente música para os meus ouvidos, então a vedação acústica em torno da sala de concertos está rompida.

O ponto é simplesmente que chamar algo de "mero acidente" evita ou suprime a questão da significação. Quem pode dizer que a chuva no telhado da sala de concertos não é parte da beleza? Por que uma só gota de sangue negro é tão poderosa? Por que não dizer que uma gota de sangue branco torna uma pessoa branca? Se o jazz é uma música negra, qual era a cor de Bix Beiderbecke? Ou, para retornar a um dos meus exemplos introdutórios, por que não dizer, como fazem muitas religiões, que o corpo animal é um acidente, e que a alma é a essência de um ser humano? Ao criar categorias culturais, damos forma a este mundo, e quem quer que consiga mudar as categorias muda com isso a forma. Um determinado tipo de percepção criativa está sempre disposto a levar a coincidência a sério e a entrelaçá--la na concepção das coisas.

Uma história da romancista Leslie Marmon Silko:

> Quando era uma garotinha e perdíamos um cão ou um gato amados, com frequência animais dos quais as pessoas se livravam ao longo da Highway 66 chegavam à nossa casa. Meu pai sempre nos dizia que esses animais abandonados sabiam que havíamos acabado de perder um gato ou um cão, e era por isso que vinham. Era um pouco estranho como isso costumava acontecer, mas coincidência é como teríamos de chamá-lo.[9]

Uma história da ciência:

> Em 1978, no Observatório da Marinha dos Estados Unidos, James Christy trabalhava na descrição da órbita de Plutão. Uma de suas fotografias mostrava uma imagem alongada do planeta; ele estava prestes a descartá-la quando deu com outra foto nos arquivos, etiquetada: "Imagem de Plutão. Alongada. Chapa inadequada. Rejeitada." Christy reuniu uma série de outras fotografias semelhantes e dessa forma descobriu que o alongamento não era acidental: Plutão tinha uma lua.[10]

Mentes mais conservadoras privam a coincidência de significado, tratando-a como ruído de fundo ou refugo, mas a mente que muda as formas perturba a distinção entre acidente e essência e refaz este mundo ao partir do que quer que aconteça. Em seu extremo obsessivo, essa atenção é o início da paranoia (todas as coincidências fazem "demasiado sentido"), mas em uma mente com mais capacidade, é uma espécie de gênio feliz, pronto para fazer música com os ruídos das outras pessoas. De qualquer forma, a inteligência que leva os acidentes a sério é uma ameaça constante

A ASTÚCIA CRIA O MUNDO

às essências, pois, na economia das categorias, sempre que o valor do acidental muda, muda também o valor do essencial.

Vamos voltar, então, à história de Loki e à ideia de que ele cria uma contingência ameaçadora quando permite que gigantes se apossem das Maçãs da Imortalidade. Eternos, divinos e celestiais, os Aesir pertencem a uma categoria elevada de seres, uma categoria da qual os gigantes estão excluídos. O muro em torno de Asgard assegura essa distinção. Vistos de dentro desse muro, os gigantes parecem acidentais efêmeros. Essa maneira de dividir o universo, porém, não é apropriada para todos os interessados. O fato de que os gigantes assediam constantemente os limites de Asgard indica que há algum ressentimento entre os acidentais. Por que exatamente não são convidados a comer daquelas maçãs? Por que devem ficar aprisionados no tempo? Loki não é insensível a essas questões, não apenas porque sua família inclui gigantes, mas porque os Aesir às vezes também o tratam como se o seu lugar não fosse entre eles. Trate alguém dessa maneira e você fomentará o ceticismo a respeito da ordem das coisas.

Aqui é importante observar que a linguagem da essência e do acidente sempre contém uma dimensão temporal: os acidentes acontecem o tempo todo, as essências residem na eternidade. Quando Loki orquestra a coincidência entre a terra dos gigantes e a dos deuses, o muro entre o temporal e o eterno racha no ponto de contato, o que equivale a dizer que os transitórios provam das maçãs da imortalidade, enquanto os eternos experimentam os efeitos do tempo. Os deuses ficam velhos e grisalhos depois desse ataque dos acidentes. A mudança entrou no próprio céu, tudo está em contínua transformação e uma grande reconfiguração parece inteiramente possível.

Mas isso não acontece. Algo verdadeiramente novo poderia ter emergido dessa coincidência insólita na qual o tempo e a eternidade contaminam e fertilizam um ao outro, mas não, a coisa toda não passou de uma travessura. Loki rapidamente repara o dano causado. Quando conduz Iddun de volta a Asgard, um dos gigantes o persegue; os deuses acendem uma fogueira junto ao muro de Asgard e o queimam até a morte. E lá se vai a experiência da imortalidade. O muro é selado novamente e os imprestáveis andarilhos do tempo não mais ameaçam os eternos (embora deva ser mencionado que os eternos ficam um pouco mais alertas depois desse evento; Loki os mantém ativos).

Nenhum dano permanente é causado, portanto, mas a história ainda assim indica o potencial de Loki como um cataclísmico agente de mudanças, uma capacidade que vemos plenamente realizada em uma história posterior, que tem a ver com a morte do deus Balder. Balder é O Puro do panteão nórdico. Belo e bondoso, é associado ao sol ("de rosto tão formoso e iluminado que um esplendor irradiava dele").[11] Um dia, porém, Balder começa a ser atormentado por pesadelos que indicam que algum mal se abaterá sobre ele. Sua mãe, Frigga, põe-se então a exigir um juramento de todas as coisas do céu e da terra – de homens e animais, do fogo e da água, dos metais e das pedras – de que não farão mal a Balder. Quando tudo o que existe no céu e na terra assim jura, os Aesir reunidos passaram a se divertir atirando coisas no companheiro invulnerável, observando os dardos e as flechas caírem antes de tocar seu corpo brilhante.

Tudo isso desagrada a Loki, que se disfarça de mulher e questiona Frigga sobre os detalhes do juramento. Dessa forma ele descobre que a deusa, na verdade, omitiu um item. "A oeste de Valhala", diz ela, "cresce um pequeno arbusto chamado visco. Não exigi um juramento dele; achei-o jovem demais." Loki imediatamente esculpe um dardo da madeira do visco e, encontrando os deuses reunidos disparando, por esporte, suas armas contra Balder, aproxima-se de um deles, Hod, que está parado perto do grupo sem fazer nada. "Por que não está honrando Balder como

A ASTÚCIA CRIA O MUNDO

os outros?", pergunta Loki, e Hod explica que é cego. "E, além disso, não tenho arma." Loki entrega a Hod o visco e guia a sua mão. O dardo atravessa o corpo de Balder, que cai morto no chão.[12]

Muito se segue a essa tragédia. Os deuses tentam recuperar Balder do submundo, mas fracassam. Capturam e punem Loki, amarrando-o sob a terra com cordas feitas dos intestinos de um dos seus filhos. Posicionam uma serpente para que goteje veneno sobre ele por toda a eternidade, embora a mulher de Loki, Sigyn, seja autorizada a segurar um prato e recolher o veneno que pinga. De tempos em tempos, ela tem de sair para esvaziar o prato, e então Loki se contorce de dor quando as gotas atingem seu rosto. As contorções periódicas de Loki sob a terra são o que hoje chamamos de terremotos.[13]

Até onde sei, nada na literatura nórdica diz que o que acontece em seguida a essas lendas acontece *porque* Loki foi amarrado, mas a sequência de eventos é sempre a mesma, portanto a relação de causa e efeito está sempre implícita. A imobilização de Loki pelos deuses é sempre seguida da profecia do Ragnarök, o fim dos deuses.*[14] Primeiro virão três terríveis invernos, sem verão entre eles; irmãos matarão uns aos outros por cobiça; um lobo engolirá o sol, outro, a lua. As estrelas desaparecerão. Todos os grilhões e amarras se romperão, incluindo as cordas que prendem Loki à pedra. Libertado, Loki conduzirá um navio de assalto feito com as longas unhas não cortadas dos mortos. Odin enfrentará o lobo Fenrir, Thor combaterá a serpente Midgard, Loki lutará contra o guardião Heimdall, e todos esses morrerão. O fogo consumirá o céu e a terra, e mortais e imortais igualmente perecerão.[15]

---

* Em islandês, os deuses são chamados *reginn*, que significa "poderes organizadores". *Ragna-* é o possessivo plural dessa palavra. O sufixo *-rök* significa "portento, destino, sentença". *Ragnarök*, portanto, significa "o portento dos deuses" ou "o destino/a sentença dos deuses".[16] R.I. Page, de quem retirei essa etimologia, diz que a segunda metade da palavra passou a ser confundida com *røkkr*, "crepúsculo", e é frequentemente traduzida como tal, como no alemão de Richard Wagner: *Götterdämmerung*, "crepúsculo dos deuses".

A profecia, no entanto, não acaba nesse ponto, pois o mundo renasce, renovado, desse apocalipse. Dois humanos sobreviverão e repovoarão a terra, a filha do sol iluminará o céu, e os deuses reaparecerão. Em um dos mais antigos poemas nórdicos, o *Völuspá*, ouvimos a voz de uma profetisa:

> "Vejo a Terra se erguer das profundezas,
> Novamente verdejante com coisas que crescem...
>
> Os campos não semeados produzirão sua safra,
> Todas as chagas cicatrizarão, e Balder retornará."[17]

Neste ponto, quero expandir meu foco a fim de demonstrar que o enredo da história de Loki aparece em mais um nível no cenário nórdico.* Minha afirmação é a de que a *Edda* em prosa, a fonte do século XIII para grande parte do material nórdico, é em si um agente em um drama histórico de ruptura e reparação. Para entender como isso pode ser, considere que, nos tempos antigos, a arma letal que Loki descobre, o visco, era usada de um modo que sugere que o drama de Loki e Balder um dia espelhou o calendário solar ou agrícola. Era costume nos países do norte colher o visco na véspera da festividade do meio verão, ou seja, no solstício, o período em que o sol inverte o curso e passa o resto do ano declinando cada vez mais em relação ao horizonte. No ritual, portanto, colher o visco "causa" o declínio do sol, assim como, no

---

* Outra história de trickster ecoa detalhes-chave da carreira de Loki. Nas lendas chinesas, os Imortais taoistas têm um pomar onde crescem os Pêssegos da Imortalidade. O trickster Macaco invade esse terreno sagrado e come os pêssegos, depois do que os taoistas enfurecidos capturam-no e amarram-no, embora na verdade não possam fazê-lo sem a ajuda de Buda, que prende o Macaco sob uma montanha. Lá ele fica até que Buda o liberta, quinhentos anos depois, para que ele possa ajudar a conduzir uma jornada para o Ocidente (da China para a Índia) em busca das escrituras. Minha análise dessa história é semelhante ao que tenho a dizer a respeito de Loki, por isso coloquei tanto a narrativa como o meu comentário em um apêndice.

A ASTÚCIA CRIA O MUNDO

mito, a descoberta daquela arma vegetal por Loki causa a morte de Balder, o Luminoso.*

No século XIII, porém, quando Sturluson escreveu a *Edda em prosa*, o mundo escandinavo havia mudado de maneira tão dramática que as histórias sobre deuses envelhecendo ou morrendo haviam assumido um novo significado. Sturluson era um influente fazendeiro, diplomata e orador do Parlamento islandês. Culto e cosmopolita, conhecia bem a Bíblia; conhecia as vidas dos santos e outras obras latinas; sabia sobre a *Odisseia*.[18] (Na verdade, achava que os deuses nórdicos eram descendentes de Príamo de Troia, reis poderosos que tinham passado a ser idolatrados por pessoas ignorantes; no fim de um dos livros ele até mesmo sugere que Loki seja o nome local para Ulisses!)[19] Mais importante, Sturluson era cristão; o cristianismo havia chegado à Islândia mais de duzentos anos antes de ele escrever a sua *Edda*. Era um erudito e um antiquário cuidadoso, que não acreditava nos deuses pagãos e alertava os leitores contra essas crenças. Como expressa um de seus tradutores, ele "deixa claro que (...) a religião pagã (...) era um racional porém equivocado tatear rumo à verdade".[20]

A *Edda* em prosa é um documento de transição, então. Sturluson está interessado em preservar temas e recursos da antiga poesia oral, mas desvaloriza os deuses antigos ao mesmo tempo em que os oferece ao leitor. Sua principal tradução dos velhos mitos se chama *Gylfaninning*, "o logro de Gylfi", e apresenta todo o *corpus* nórdico como uma ilusão impingida a um certo rei Gylfi, um viajante sueco. A narrativa apresenta as histórias como "aparências enganosas", um conceito que teria sido impensável em qualquer época anterior de crença viking. Consequentemente, como outros

---

* A grande resistência à mudança no mito nórdico e a gravidade do apocalipse subsequente podem estar ligadas ao fato de que a história vem do extremo norte, onde o sol realmente desaparece do céu no inverno, como se tivesse sido devorado por lobos. Esse é um mito dos climas frios, nos quais as benesses do sol são, regular, séria e infelizmente revertidas.

UM ATAQUE DE ACIDENTES

salientaram, há na verdade duas eras da mitologia nórdica, e dois Lokis, a lente cristã tendo tornado o Loki de Sturluson mais sombrio e demoníaco do que aquele que habita os poemas anteriores. Quando Sturluson diz que Loki é o "pai das mentiras",[21] um epíteto que não aparece na *Edda poética*, sem dúvida sabe que é assim que os cristãos se referem a Satã.*

A questão é simplesmente que, quando reconta "o destino dos deuses" ou "o roubo das maçãs de Iddun", Sturluson está apresentando histórias de deuses *que de fato morreram*. Não são mais narrativas que refletem uma repetição interminável do ciclo agrícola; estamos agora no terreno da história, ouvindo sobre um grupo de eternos que sofreram os acidentes do tempo, envelheceram e se retiraram dos corações dos fiéis. Depois de Sturluson, o apocalipse nórdico passa a ser um fato histórico. E se para o século XIII as velhas histórias registram um "equivocado tatear rumo à verdade", então o renascimento pós-apocalíptico de Balder não mais reflete os ciclos da natureza – pressagia a vinda histórica de Cristo. Sturluson reinscreve um mito vegetal cíclico no tempo linear, que não é mais sobre o mesmo Balder renascido a cada ano depois de ter sofrido e sobrevivido ao inverno, mas sobre um mal orientado avatar anterior de Cristo, que morreu para abrir caminho para a coisa verdadeira. No século treze, a *Edda* em prosa era um trabalho de arte moderna que permitia o "ruído" do cristianismo em sua estrutura.

---

* O outro poema no qual Loki parece menos o malicioso realizador de travessuras e mais o destruidor demoníaco é o *Lokasenna*, também um texto relativamente tardio (provavelmente composto por volta de 1200). Esse poema reconta como um certo Aegir oferece uma libação para os deuses. Loki, banido da festa por ter matado um servo, retorna para insultar cada um dos convidados. O poema é um longo diálogo de vitupérios (que é o que a palavra *senna* significa; é uma antiga forma do jogo de *dozens*, a batalha de insultos). Há humor no poema, mas não em Loki, que parece irremediavelmente malicioso. No fim, tendo questionado a integridade, a fidelidade sexual e os hábitos higiênicos de todos os presentes, roga uma maldição sobre os Aesir reunidos, invocando o fogo para consumir seu salão e todos os que estão lá dentro. Como Sturluson, quem quer que tenha escrito esse poema não acredita nos antigos deuses nórdicos; leu a *Assembleia dos deuses*, de Luciano de Semósata, e está brincando com crenças mortas para divertir a plateia.[22]

A ASTÚCIA CRIA O MUNDO

Culturas sofrem regularmente com contingências; deparam-se com coisas que não esperam e não podem controlar. Na época de Sturluson, a velha religião islandesa havia cruzado com a religião grega e com um evangelho vindo da costa do Mediterrâneo. Em 1220, os cidadãos islandeses vinham comparando maçãs havia duzentos anos e passaram a apreciar frutas importadas, em detrimento da produção local. A *Edda* de Sturluson, portanto, representa o drama que relata. Uma coisa curiosa sobre o livro é o importante papel que Loki desempenha nele. Nos poemas nórdicos mais antigos, Loki é um personagem menor, mas Sturluson é atraído para ele, expandindo o seu papel porque, eu argumentaria, ele se identifica com o trickster: ambos traem os deuses nórdicos, os arrastam para a temporalidade, os tornam velhos. Sturluson é seu próprio Loki, e o livro que compõe é um visco letal porém vital, uma criação que sutilmente abala os fundamentos de um mundo enquanto constrói outro.

Se havia fiéis que, na esperança de impedir a morte dos seus deuses, contrapuseram-se a cristãos como Sturluson, o problema com o qual se depararam foi o mesmo enfrentado pelos entes queridos de Balder no momento em que ele começou a ter pesadelos. Podem os eternos ser blindados contra o tempo e suas mudanças? Podem as essências ser protegidas dos acidentes? O próprio mito sugere a resposta. De acordo com o meu pensamento, toda a sequência que vai dos terríveis pesadelos de Balder até o apocalipse nórdico tem seu eixo no momento em que Frigga decide tornar o mundo seguro para o filho. Os sonhos de Balder lhe dizem que algo ruim vai acontecer, e por isso Frigga se adianta para suprimir toda possível contingência. Com obsessiva minúcia, tenta impedir todo infortúnio, adiantando-se ao tempo; cobre o globo com sua tomada de juramentos, de modo que nada inesperado possa ferir seu filho.

Frigga, diz a história, "decidiu proteger Balder contra todo tipo de ameaça",[23] uma frase que evoca a história anterior, na qual o pai do Corvo "tentou proteger o filho de todos os perigos". Ambos os casos imaginam uma tentativa de controle, uma imposição de ordem, tão minuciosa (*"toda* ameaça", *"todos* os perigos") que, caso tivesse sucesso, o mundo como o conhecemos não mais existiria. Em *A fragilidade da bondade*, a classicista Martha Nussbaum produziu uma longa reflexão sobre as questões que esses cuidados obsessivos inevitavelmente trazem à tona. Quanto controle podemos ter antes que a boa vida que estamos protegendo cesse de ser boa em qualquer sentido convencional? Podemos reduzir a contingência a zero ou devemos sempre estar expostos de alguma forma a coisas que não podemos controlar? Uma vida sem riscos é uma vida humana? Nussbaum argumenta que uma vertente do pensamento grego era claramente cética quanto a qualquer impulso no sentido da ordem que excluísse todas as contingências. A boa vida deve periodicamente andar sobre "o fio da navalha da sorte", dizem eles, o que significa que a arte de viver, nas palavras de Nussbaum, "requer (...) o mais delicado equilíbrio entre ordem e desordem, controle e vulnerabilidade".[24]

Os criadores do mito em questão se inclinam no sentido de um julgamento similar. Não basta dizer que Loki é um malfeitor e Frigga, uma mãe dedicada; o problema do "delicado equilíbrio" exige uma linguagem ética mais refinada do que essa. Nessa história não temos o mundo verdejante, crescendo ao mesmo tempo em que perece, frutífero mesmo no declínio, sem as forças emparelhadas da ordem e da desordem. Deve haver um relacionamento equilibrado entre elas. Os deuses nórdicos são *reggin*, "poderes organizadores", e por si próprios não são capazes de trazer esse mundo à vida; precisam do toque da desordem e da vulnerabilidade que Loki traz, um aspecto que vemos pelo seu inverso: quando Loki é reprimido, o mundo entra em colapso; quando ele – e a desordem – retorna, o mundo renasce.

A arma que Loki descobre traz essas forças de volta ao relacionamento equilibrado depois de Frigga ter tentado banir toda desordem.

A ASTÚCIA CRIA O MUNDO

O visco é uma planta perene; no inverno avançado, suas últimas folhas verdes ainda captam a luz no alto dos carvalhos desfolhados. Por causa disso, como sir George Frazier certa vez argumentou detalhadamente, esse pequeno arbusto passou a simbolizar a alma que consegue sobreviver à morte do corpo e encontrar o renascimento. A arma de Loki, portanto, é letal de um modo ambíguo: carrega consigo a promessa de nascimento ao mesmo tempo que mata. O mundo pode voltar a verdejar porque foi um ramo perene que matou Balder. Por si próprios, os deuses ordeiros não têm poder suficiente para provocar a sequência de eventos; precisam também daquilo que sua ordem deixa de fora: a fragilidade de Balder e os ardis de Loki. Antes que os eternos possam ser férteis, precisam de adubo da morte, da desordem e da ruína.

É por isso que digo que o verdadeiro problema na narrativa começa com a compulsiva tomada de juramentos de Frigga, pois aí temos o fim do equilíbrio entre controle e contingência. Se o campo de ação de Loki inclui o acidental, o acaso, a mudança e a morte, então os juramentos que Frigga extrai equivalem a uma primeira tentativa de restringir o deus. Não admira que ele fique irritado; não admira que ele aja prontamente para encontrar uma brecha em sua guarda e descobrir a exceção à regra. Ao fazê-lo, dificilmente é o malfeitor que algumas vezes o consideram; apenas está se certificando de que um processo já em andamento chegue ao seu fim. Afinal de contas, o luminoso Balder *teve* aqueles sonhos: sua morte foi profetizada e, portanto, já está presente, como está para cada um de nós. Além do mais, os poderes de Balder já estão em declínio, como George Dumézil apontou. A *Edda* em prosa o denomina "o mais sábio dos deuses", mas acrescenta que "é uma das suas características que nenhum dos seus julgamentos prevaleça ou se realize".[25] Para Dumézil, Balder personifica o arbítrio cuja energia está esgotada, o soberano cuja morte está próxima. Ele é a irremediável mediocridade do tempo presente, e deve ser morto para que haja alguma mudança para melhor.[26]

A tentativa de Frigga de proteger o filho se coloca no caminho desse fim necessário, que por isso acaba sendo mais destrutivo do que precisaria ser. Assim como as sublevações violentas aumentam onde nenhum processo político permite a mudança, também a dissimulação e o impacto do feito de Loki são proporcionais à exagerada tentativa de controle de Frigga. Além do mais, os deuses ignorantes nada aprendem com essa violência, pois imediatamente aumentam os riscos, imobilizando Loki e, quando a lógica inexorável se desenrola, leva todo o seu mundo a um fim apocalíptico. Não há maneira de impedir a mudança, diz a história, nem mesmo nos céus; há apenas a escolha entre um modo de vida que permite constantes, ainda que graduais, alterações e outro que combina grande controle e sublevações cataclísmicas. Aqueles que entram em pânico e imobilizam o trickster optam pelo segundo caminho. Seria melhor aprender a jogar com ele, ainda melhor desenvolver estilos (culturais, espirituais, artísticos) que permitam algum intercâmbio com o acidental e alguma aceitação das mudanças que a contingência sempre engendrará.

Notas

1. Govinda, *in* N.O. Brown, *Love's Body*, pp. 184-85.
2. Sobre a *Eddas*, ver Dronke, pp. xi-xiii; Young, p. 8; Faulkes, pp. xiv, 13.
3. Young, pp. 97-99. Minha fonte para a história de Iddun e das maçãs é a tradução de Young, mas ele omite um detalhe importante do fim (as palhaçadas obscenas de Loki fazem rir a filha enlutada do gigante morto), por isso ver também Brodeur, pp. 91-92, ou Faulkes, pp. 59-61. Outra fonte é o poema *Haustlöng*, do antigo bardo escandinavo Thiodolf (ver Page, p. 24). O poema "Skírnismál" também menciona os frutos, chamando-os de "maçãs da juventude eterna" (ver Hollander, p. 69).
4. Young, p. 98.

A ASTÚCIA CRIA O MUNDO

5. Young, pp. 97-99.
6. Young, pp. 55-56.
7. Quando os gigantes ameaçam Asgard, é o infatigável Heimdall que vigia para que eles não ultrapassem a ponte Bifrost, e sabemos que Loki é, em certo sentido, o oposto de Heimdall, pois foi profetizado que no fim dos tempos os dois matarão um ao outro. Ver Young, p. 88.
8. Cage, *Silence*, p. 263.
9. Leslie Marmon Silko; James Wright, *The Delicacy and Strength of Lace* (St. Paul: Graywolf Press, 1986), p. 76.
10. Roberts, pp. 121-22.
11. Young, p. 51.
12. Young, pp. 80-81; também Faulkes, pp. 48-49. Walter Burkert acredita que a história grega de Hermes matando Argos é um paralelo da história nórdica de Loki matando Balder. Ver *Homo Necans*, pp. 164-65.
13. Hollander, p. 103.
14. Sobre a ideia de que o Ragnarök sempre se segue à imobilização de Loki (o que implica que a segunda é a causa do primeiro), ver, por exemplo, o fim de "Baldr's Dreams", que diz que Balder não retornará "até que Loki se liberte de suas amarras/ e chegue o dia da ruína dos deuses" (Hollander, p. 119). A mesma sequência está no *Voluspá* (Hollander, pp. 6-9).
15. Young, pp. 87, 89.
16. Page, pp. 56, 63.
17. Os versos do *Voluspá* são de minha própria versão. Para outros, ver Hollander, p. 12, ou Vigfusson; Powell I, pp. 200-1. Sturluson também cita esses versos; ver Young, p. 91.
18. Faulkes, p. xiii.
19. Faulkes, p. 58.
20. Faulkes, p. xiv.
21. Young, p. 55.
22. Ver Hollander, p. 90; ver também Polomé; Schröder.
23. Young, p. 80.
24. Nussbaum, pp. 81, 89. Nussbaum toma a expressão "o fio da navalha da sorte" da *Antígona* de Sófocles, verso 996.
25. Dumézil, *Gods*, p. 59; ver Young, p. 51.
26. Dumézil, *Gods*, pp. 58 e segs.

5. O deus das encruzilhadas

> "O acaso tem suas mágicas, a necessidade não. Para que um amor seja inesquecível, é preciso que os acasos se juntem desde o primeiro instante, como os passarinhos sobre os ombros de São Francisco de Assis."
>
> Milan Kundera[1]

O oráculo dos coquinhos

Uma vez morei em uma pequena cidade onde todos os empregados do hotel local ganharam juntos na loteria estadual. Dividido o prêmio, a cada um deles coube cerca de 30 mil dólares anuais durante muitos anos, não uma quantia magnífica, mas conveniente, muito conveniente. Dentro de poucos anos, porém, um dos funcionários conseguiu ir à falência. O que me chamou a atenção nessa história, quando a ouvi, foi um detalhe adicional: esse funcionário *já havia ido à falência antes*. Era seu destino falir, não importava com que boa fortuna ele fosse agraciado. Era um tipo de pessoa dada a falências.

Jung disse certa vez que "quando uma condição interior não se torna consciente, ela se manifesta exteriormente como destino".[2] Uma pessoa dada a falências, inconsciente da própria natureza, pode muito bem sentir que os deuses a estão prejudicando. Um estudante indisciplinado achará que o destino lhe reservou uma série de maus professores; uma bêbada se convencerá de que alguma sorte maligna

A ASTÚCIA CRIA O MUNDO

a persegue com uma série de acidentes automobilísticos. Nos países ocidentais modernos, é claro, essas pessoas podem acabar no consultório de um terapeuta, trabalhando para desvelar o que Jung chama de "condição interior". Na África Ocidental, nas partes iorubás da Nigéria, as pessoas que desejam descobrir a "cabeça interior",[3] como os iorubás a chamam, procuram um adivinho. Os iorubás acreditam que antes de nascer nós encontramos o Deus Supremo e solicitamos a vida que queremos. Embora os muito gananciosos possam ter suas solicitações negadas, dentro dos limites podemos escolher nosso destino. Infelizmente, no instante do nascimento a alma esquece tudo o que aconteceu; por isso, quando homens e mulheres sentem que perderam o rumo, quando o caminho parece confuso e intrincado, procuram o adivinho na esperança de ver uma vez mais os desígnios das coisas, conforme são recordados nos céus.[4]

William Bascom, um antropólogo norte-americano, e Ayodele Ogundipe, um nigeriano que estuda folclore na Universidade de Indiana, escreveram extensamente sobre a divinação iorubá e seus deuses, e com base nesses estudos fica claro que, nesse campo, "destino" e "fado" não se referem apenas à "cabeça interior" ou a questões de temperamento e caráter, mas à integridade do que nos cabe na vida. Tudo é determinado antes do nascimento, da posição que ocuparemos na sociedade à pessoa com quem vamos nos casar e quando morreremos. O destino determina se teremos sorte ou azar, seremos ricos ou pobres, gentis ou cruéis. Prescreve a ocupação que seguiremos. Isso inclui, diz Bascom, "um dia determinado no qual a alma deve retornar ao céu".[5] Entramos neste mundo com "um período de vida predeterminado, que pode ser encurtado por forças malignas, mas nunca estendido". (Podemos não dizer isso tão abertamente ou descrevê-lo nos mesmos termos, mas creio que um sentido similar de destino não é incomum no Ocidente moderno. Se você assistir ao filme de Michael Apted *35 Up*, que acompanha um grupo de homens e mulheres ingleses dos 7 aos 35 anos, fica imediatamente claro como a situação do nascimento determina a forma que uma vida vai assumir. Falamos de temperamento, de predisposições genéticas, de classe, raça e gênero, da família que nos cria com seus padrões de privilégios e maus-tratos que remontam a gerações – todas coisas que "estavam ali antes do nascimento" e que uma pessoa pode tentar desvelar e entender quando seu caminho é misteriosamente bloqueado.)

Em todo caso, se uma pessoa na terra dos iorubás tem perguntas a fazer sobre problemas presentes ou empreendimentos futuros (O que está errado no meu casamento? Correrá tudo bem comigo durante a viagem? Devo aceitar este emprego? Por que fico doente com tanta frequência?), pode levar o quebra-cabeças ao adivinho na esperança de ouvir o que Ifá, que conhece os desígnios ocultos das coisas, tem a dizer. (Ifá é o nome dado tanto à deidade que conhece os destinos quanto ao método de adivinhação em si.)

Em sua prática, o sistema divinatório iorubá é em grande parte semelhante ao sistema chinês contido no *I Ching*. No *I Ching*, para descobrir a resposta para suas perguntas, uma pessoa joga palitos de milefólio ou atira moedas para o alto a fim de indicar um dos 64 hexagramas. Uma moeda atirada seis vezes tem 64 resultados possíveis e o *I Ching* tem 64 textos, cada qual ligado a um dos possíveis resultados dessa operação do acaso. Se, por exemplo, você pergunta "Devo terminar este caso amoroso?" e sua moeda cai cara-cara-coroa-cara-coroa-coroa, você obtém o hexagrama Chien ou "Desenvolvimento (Progresso Gradativo)" e a resposta à sua pergunta começa com: "Uma árvore na montanha desenvolve-se lentamente, de acordo com a lei que rege o seu ser, e, em consequência disso, permanece firmemente enraizada."[6] Diz-se que a adivinhação funciona melhor se você recorre a ela com uma "pergunta premente" – de nada adianta se você quer saber que gravata usar, mas pode ser útil se você está angustiado em relação ao seu caso amoroso, pois então as respostas enigmáticas do oráculo funcionarão como as assim chamadas terapias projetivas (o teste de Rorschach, por exemplo), evocando estruturas e conhe-

A ASTÚCIA CRIA O MUNDO

cimentos ocultos à superfície. Você pergunta: "Devo terminar?" Então, deve decidir o que a "lei que rege o seu ser" significa, qual o sentido de "firmemente enraizada".

Como disse, o método divinatório iorubá é bastante semelhante ao *I Ching*. Começa com uma operação ao acaso semelhante a "cara ou coroa" ou "par ou ímpar" (em vez de moedas ou palitos de milefólio, os adivinhos iorubás usam coquinhos). Depois o processo fica mais complicado. Primeiro, essa operação ao acaso é realizada oito vezes, em vez de seis, o que significa que há 256 "figuras de Ifá" e 256 possíveis respostas para uma pergunta. Em segundo lugar, como acontece com o *I Ching*, essas respostas abrangem um corpo de literatura divinatória, mas nesse caso ela não está escrita. Os adivinhos sabem de cor até três ou quatro respostas para cada figura – contos populares, provérbios, poemas. Um mestre adivinho pode conhecer até quatro mil elementos dessa literatura oral.

Os iorubá atribuem ao seu personagem trickster, Exu, as origens dessa arte.[7] A história que contam sobre como Exu trouxe a divinação para os humanos me faz lembrar da história de Loki, só que ao contrário. Nessa narrativa, como acabamos de ver, o céu se vê atacado por baixo; gigantes famintos perturbam o jardim onde os frutos da imortalidade crescem. Interpretei essa história parcialmente em termos de uma velha linguagem aristotélica: atacadas por acidentes ressentidos, as essências celestiais envelhecem. Se Balder é essência do bom e do belo, como dizem os mitos nórdicos, e se essas categorias são eternas, então Balder não deveria estar sujeito ao tempo ou à mudança.[8] Certamente não deveria morrer. Mas enquanto Loki estiver por perto, essa pureza nunca estará segura. Toda pureza tem origem no refinamento, e refinos devem deixar para trás suas pilhas de refugos, escórias, sedimentos, acidentes. Há uma maravilhosa história da África Ocidental na qual um dos deuses está sendo acossado pela Morte e, para escapar, ascende ao céu, deixando atrás de si um monte de lixo sobre a terra.[9] A lição parece ser que tornar-se puro o bastante para evitar a morte

O DEUS DAS ENCRUZILHADAS

implica deixar toda a matéria inútil para trás. Justamente por isso, no entanto, a pureza "imorredoura" é vulnerável ao retorno do que foi descartado, e os tricksters, cujas "trapalhadas" trouxeram a morte em primeiro lugar, são os agentes desse retorno.

Pesquisei tudo isso porque, na história de Exu trazendo a arte divinatória para os humanos, fica claro que as essências celestiais são vulneráveis não apenas ao retorno dos acidentes terrenos, mas à sua ausência também. Os deuses precisam de distanciamento da terra, mas não em demasia. Podem ser feridos pelo retorno dos resíduos, mas podem também sofrer se *não* tiverem contato com seja lá o que houver abaixo deles. Na África Ocidental, assim como na Grécia (na verdade, como deve ser o caso no mundo inteiro), os deuses precisam ser alimentados pelos seres humanos. Deuses que não o são, que não têm contato real com a humilde terra infectada pelo tempo, podem morrer de fome e desaparecer ainda que sua perfeição aumente, como anoréxicos cujo idealismo letal proíbe todo contato com o mundo dos corpos mutáveis. Aquilo de que os deuses precisam, aparentemente, é uma espécie de "distância correta", nem contato demais nem de menos.

A história de Exu e das origens da divinação tem a ver com o estabelecimento dessa distância equilibrada. Ela começa com um problema despertado pelo apetite:

> Certa vez os dezesseis deuses estavam muito famintos. Não recebiam o suficiente para comer de suas crianças errantes na face da terra, as quais pareciam ter-se esquecido deles. Homens não assavam mais oferendas, e os deuses queriam carne. Alguns deles tentaram caçar, outros pescar. Apanharam um antílope e um peixe, que não duraram muito. Os deuses ficaram descontentes uns com os outros e brigaram.
>
> Começaram a se perguntar como poderiam obter sustento da humanidade novamente. Exu se pôs a trabalhar na solução do problema. Confabulou com Iemanjá, que lhe disse: "Ameaçá-los não parece funcionar. Tentamos de tudo. O Deus da Doença

A ASTÚCIA CRIA O MUNDO

flagelou-os com a peste, mas ainda assim não fizeram nenhum sacrifício. Ameaçou matá-los a todos, mas não lhe trouxeram comida. O Deus dos Raios golpeou-os mortalmente, mas não se deram ao trabalho de trazer-lhe coisas para comer. Não parecem temer a morte; precisamos de algum outro método. Tente dar-lhes alguma coisa boa, algo que desejarão e que, portanto, fará com que queiram continuar vivendo."

Exu teve uma ideia do que precisava e por isso foi até Orungan, que o cumprimentou: "Sei por que você está aqui. Os dezesseis deuses estão com fome e devemos dar alguma coisa boa para a humanidade. Sei que coisa é essa. É algo importante, feito com dezesseis coquinhos de palmeira. Se você puder obtê-los, e aprender seu significado, cairemos uma vez mais nas graças da humanidade.

Então, Exu foi até as palmeiras onde os macacos guardavam os dezesseis coquinhos. Os macacos entregaram-lhe os cocos, mas, uma vez de posse deles, não teve a menor ideia do que fazer. "Você obteve os dezesseis coquinhos usando de uma artimanha, Exu", disse o macaco, "mas ainda assim o aconselharemos. Viaje pelo mundo e pergunte os significados deles em cada um dos lugares dos dezesseis deuses. Você vai ouvir dezesseis ditados em cada um desses lugares. Então, da sua posição entre os deuses, conte à humanidade o que aprendeu. Uma vez mais, os homens o olharão com reverência."

Desse modo, os deuses hoje transmitem seus conhecimentos aos seus descendentes na terra. A humanidade pode saber as vontades dos deuses e o que vai a acontecer no futuro. Quando os seres humanos entenderam que por intermédio de Exu poderiam escapar das coisas ruins nos dias que viriam, começaram a abater animais novamente e assá-los para os deuses. Dessa maneira, Exu trouxe os coquinhos para a humanidade, e os homens satisfizeram a fome dos dezesseis deuses.*[10]

---

* Essa é a narrativa que Henry Louis Gates Jr. usa para estabelecer uma ligação entre Exu, o leitor de significados ocultos ou hermeneuta da religião iorubá, e o "macaco significante" (também um hermeneuta) da cultura vernácula afro-americana. O elo está nos macacos, é claro, embora como eles se transmutaram nos macacos do Novo Mundo e por que um macaco, e não Exu, se torna o trickster é, como o próprio Gates admite, algo "extremamente difícil de recuperar".[11]

O DEUS DAS ENCRUZILHADAS

Exu é bem conhecido por fazer com que as pessoas briguem umas com as outras; quando lemos no início que os próprios deuses estavam discutindo entre si, podíamos ter suspeitado que Exu tivesse agido (seria típico dele causar um problema que só ele pudesse resolver!). Quer Exu estivesse por trás disso quer não, no começo dessa história já tinha havido uma espécie de "crepúsculo dos deuses": as deidades iorubás estão correndo risco de morrer porque seus filhos os esqueceram. Estamos em um ponto nodal na saga do mundo que se desenrola: antes disso, os deuses tinham um relacionamento com os humanos, e depois também têm, mas no momento em que ela se passa eles estão em declínio, e o trickster deve ajudá-los (e é por isso que digo que o enredo inverte as outras histórias de "crepúsculo" – é como se o Macaco fosse restituir os patriarcas taoistas ou Loki fosse resgatar Balder do submundo).

A abertura dessa narrativa, "os (...) deuses estavam muito famintos", está ligada à genealogia da astúcia, conforme argumentei na Parte I: o apetite insatisfeito exige uma inteligência ardilosa. Os deuses estão amuados pela falta de carne, e Exu é o artista da fome cujas artimanhas vão alimentá-los. A fome agora é espiritual, entretanto, e por isso a astúcia envolvida tem a ver com fazer a humanidade enxergar a razão do sacrifício – ou seja, trocar satisfação carnal (ou carne real) por satisfação espiritual. Isso é pós-hermético, por assim dizer: temos um trickster que sabe que o sacrifício do apetite carnal pode levar à mitigação de outras fomes, e que também consegue manipular as relações entre mortais e imortais para atingir esse fim. O resultado é um benefício para ambos os lados: os imortais obtêm alimento, enquanto um trickster-herói-cultural concede a arte da divinação à humanidade.

A história contém uma curiosa contradição sobre a qual quero me debruçar um pouco. Por um lado, diz que "macacos lhe entregaram [a Exu] os dezesseis cocos" e, por outro, que os macacos

A ASTÚCIA CRIA O MUNDO

dizem que Exu "obteve os dezesseis coquinhos usando de uma artimanha".[12] Se ambas as coisas são verdadeiras, então Exu deve ter enganado os macacos para que lhe entregassem os cocos, e, se fez isso, então é uma espécie de ladrão sorrateiro ou um sedutor. Qualquer que seja a explicação, os macacos parecem estar dizendo que aquilo não é um presente genuíno. O que mais reside por trás dessas linhas não sei dizer, mas lembremo-nos da história de Prometeu, outro conto que trata de um trickster e da instituição do sacrifício: nessa narrativa, Prometeu tenta melhorar o quinhão da humanidade, mas Zeus resiste. Se Exu tem de agir lançando mão de um artifício, talvez devamos entender que, ainda que os deuses necessitem de sacrifícios dos seres humanos, resistem a entregar a dádiva em retorno, a arte da divinação. Resistem pela mesma razão que Zeus o fizera: uma mudança das circunstâncias está para acontecer. Com a reinstituição do sacrifício e a dádiva da divinação, vem um rearranjo cósmico, uma mudança na partilha das coisas espirituais; os seres humanos agora têm um poder que não tinham antes, e os deuses voltam a ser alimentados, porém perdem um pouco da sua soberania.

Se os deuses resistem a algo de que igualmente necessitam, então fica claro o motivo por que devem apelar para Exu, também. Esse cosmos chegou a um impasse que não consegue resolver nos próprios termos. A ambivalência o mantém de mãos atadas, e as coisas continuam emperradas até que alguém tem a sabedoria de pôr em cena uma figura que se sente à vontade com a contradição e que pode fazer bons trabalhos por meio da trapaça.

A prática divinatória dos dias atuais preserva o sabor dessas origens. Para vê-la em ação, e discernir mais claramente como Exu opera no que diz respeito ao destino, vamos explorar um caso específico. Imagine que um homem preocupado, pensando em sair para uma viagem, consulta seu adivinho para ajudá-lo a decidir se deve ou não viajar. O adivinho lança os coquinhos; os

O DEUS DAS ENCRUZILHADAS

primeiros quatro resultados são par-par-par-ímpar e o segundo, ímpar-par-par-ímpar, produzindo uma figura de Ifá chamada Ogunda-Iwori. O adivinho, então, conta uma história que corresponde à figura. Ela é assim:

> Tudo isto aconteceu antes. Muito tempo atrás, um adivinho de Ifá jogou os coquinhos para um homem chamado Ajaolele, quando este se preparava para fazer uma viagem a uma cidade distante. Os coquinhos indicaram que, para garantir uma viagem segura, Ajaolele deveria oferecer em sacrifício uma cabra, três galos, uma galinha e uma navalha. Ele o fez.
>
> Quando ele chegou à cidade distante, Exu pegou a navalha que lhe fora ofertada e colocou-a na mão de Ajaolele. Estavam no mercado, onde uma mulher chamada Oran, filha de um chefe, estava prestes a vender ao viajante um pouco de mingau de milho. Exu empurrou a mulher de encontro à lâmina que Ajaolele segurava, e ela se cortou. Uma briga horrível irrompeu e todos acusaram o estrangeiro de ser um desordeiro. Exu interveio, porém, dizendo que Ajaolele não havia começado a briga, e que as pessoas deviam deixar a mulher ferida sob os cuidados dele.
>
> E assim aconteceu que Ajaolele cuidou de Oran até que ela se curasse. Entretanto, acontecia também que Oran já era casada e morava com o marido, mas não havia ainda concebido uma criança. Quando ela e Ajaolele começaram a viver juntos, também começaram a dormir juntos, e depois de alguns meses ela estava visivelmente grávida. Quando o chefe da cidade ficou sabendo disso, disse que daria Oran como esposa a Ajaolele. Do mesmo modo, o segundo chefe deu a Ajaolele uma de suas filhas, e o terceiro chefe fez o mesmo.
>
> Quando Ajaolele retornou à cidade de origem, havia se tornado uma pessoa com seguidores e começou a dançar e cantar: "O que foi profetizado sobre a minha jornada aconteceu! O que foi profetizado aconteceu!"[13]

A ASTÚCIA CRIA O MUNDO

Depois de contar essa história, o adivinho pode acrescentar um comentário, uma breve interpretação:

> Ifá diz que ficaremos felizes com a coisa pela qual esta figura foi lançada. Ele diz que teremos glória, e nos tornaremos alguém com um séquito, e que ganharemos uma mulher sem precisar pagar dote.

O trickster Exu desempenha vários papéis nesse exemplo, alguns deles não tão óbvios. Antes de mais nada, os adeptos iorubás usam como tábua divinatória um prato de madeira de cerca de 45 centímetros de diâmetro e o rosto de Exu sempre aparece nela. A tábua tem um centro plano onde o adivinho marca um registro de como os coquinhos caíram, e a borda é decorada com entalhes, o principal e obrigatório deles representando a face de Exu. Essa face está sempre presente durante o ato divinatório, portanto, como um constante lembrete de que o deus que concedeu essa arte aos humanos ainda está presente como o intermediário, tanto "o guardião dos portões" pelos quais as perguntas humanas devem passar antes que Ifá possa respondê-las quanto o mensageiro que leva as respostas do céu para a terra. Quando nosso viajante imaginário procura o adivinho, é Exu quem deve abrir o poro para o céu, de modo que os deuses possam ouvir sua pergunta, e é ele quem traz a resposta e ajuda a revelar seu significado.

Em segundo lugar, Exu é conhecido como "impositor do sacrifício".[14] Nessa história sobre Ajaolele, é típico tanto que o homem com o problema deva fazer um sacrifício inicial quanto que Exu termine com parte desse sacrifício (a lâmina) nas mãos. A divinação envolve uma troca: os mortais têm uma visão do destino, e os deuses recebem os frutos do sacrifício. Na verdade, as pessoas dizem que Exu inicia brigas e provoca desentendimentos para que os seres humanos tenham de recorrer aos adivinhos, fazer sacrifícios e alimentar os deuses. Mesmo que não seja esse o caso, Exu está sempre interessado em fazer com que o sacrifício tenha sua parte na divinação, pois sempre toma uma porção para si (cerca de dez por cento, o mesmo que os agentes cobram dos escritores).

Exu, portanto, está presente de muitas formas no meu exemplo de abertura: seu rosto aparece no tabuleiro divinatório; ele entrega a oferenda e toma a sua parte; fornece a história oracular e ajuda o viajante a entendê-la; por fim, aparece na própria história como o instigador dos acidentes vantajosos.

Na maior parte desses papéis, Exu está ligado à consulta sobre o destino, mas não é exatamente um servo fiel de Ifá – é mais um fator complicador, um servo ao mesmo tempo fiel e infiel. Podem chamá-lo de "Venerando Porteiro do Céu", mas também o denominam "Encrenqueiro Encourado".[15] Como intermediário, é uma espécie de estática na linha telefônica, um conector que pode ou não conectar, um lembrete de que todas as respostas obscurecem ao mesmo tempo que esclarecem. Uma determinada história popular fornece uma descrição concisa da relação entre Exu e seu colega mais confiável na divinação, Ifá:

> Por meio do uso das sementes divinatórias, Ifá transmitiu aos homens as intenções do deus supremo (...) e os significados do destino. Mas Exu empenhou-se em desviar os propósitos do Deus do Firmamento, de modo que os eventos tomassem um rumo não pretendido. Ifá suavizava a estrada para os humanos, enquanto Exu ficava à espreita nessa via e tornava todas as coisas incertas. O caráter de Ifá era o destino e o de Exu, o acidente.[16]

Na mesma história aprendemos que esses dois, que parecem tão em desacordo, são, apesar disso, os melhores amigos. Para descobrir quem eram seus amigos verdadeiramente íntimos, Ifá certa vez simulou o próprio funeral. Falsos amigos imediatamente apareceram na casa, tentando obter uma parte da herança; apenas Exu estava realmente arrasado e nada quis. Ao que parece, o acidente é afeiçoado ao destino, e a incerteza é companheira íntima da certeza.[17]

A ASTUCIA CRIA O MUNDO

Em um cosmo politeísta, essa amizade entre opostos permite crenças contraditórias. Os iorubás, pelo menos, acreditam simultaneamente que o destino é inevitável e que ele pode ser alterado. Dizem que o dia da morte de alguém não pode ser mudado, por exemplo, mas as mães ainda assim rogam a Exu para que estenda a vida de seus filhos.[18] Um adivinho contou a Bascom: "Um indivíduo não pode basicamente mudar seu destino",[19] exceto para estragá-lo; embora outros digam que "o destino não é fixo e inalterável", que "o destino (...) pode ser modificado pelos atos humanos e por seres e forças sobre-humanos."[20] De forma semelhante, Ogundipe diz que

> os iorubás acreditam no destino (...) mas livre-arbítrio e acaso também existem (...) Os iorubá dizem (...) "Está nas nossas mãos mudar o que nos cabe." Mudanças são resultado do esforço, da dedicação e da vontade individuais, assim como da sorte e dos acidentes. E é aqui que entra Exu. Ele é o complemento do destino. Representa os elementos da vida que não são de responsabilidade do fado nem do destino.[21]

Da amizade entre Ifá e Exu (como daquela entre Apolo e Hermes no fim do *Hino homérico*) não obtemos oposição trágica, portanto; obtemos, em vez disso, o jogo criativo do determinado e do acaso, da certeza e da incerteza, do modelo e da réplica, do destino e de suas exceções, do método e da ausência de método, da armadilha do destino e da fuga dessa armadilha.*

Na história sobre Ajaolele, vemos Exu representando a segunda metade desses pares. Ifá é bem diferente: se o território dele é

---

* O primo de Exu entre os vizinhos fon é o trickster Legba, que tem funções similares. Melville Herskovits escreve: "O que se reserva a um homem é predestinado. No entanto (...) uma 'saída' não lhe é negada (...) Esse poder que permite ao homem escapar ao seu destino – filosoficamente, a personificação do Acaso em um mundo onde o Destino é inexorável – é encontrado no personagem Legba."[22] De modo semelhante, Paul Mercier escreve: "O homem não é um escravo. Embora seu destino ate-o de maneira estrita à estrutura do mundo, não é mais do que uma linha de orientação para a sua vida (...) Legba tem seus estratagemas (...) para evadir-se ao rígido governo do mundo."[23]

aquilo que está reservado a cada um na vida, então uma história que começa com um homem deixando sua terra natal deixa Ifá para trás desde o princípio, pois a "terra natal" de um homem aqui representa todas as restrições de família, ocupação e temperamento que constituem seu quinhão na vida. Como um etnógrafo expressou, "os iorubás têm uma cultura singularmente prescritiva (...) Em qualquer momento do tempo há um padrão bem definido de status e papel social expresso em comportamentos prescritos."[24] Mas Exu oferece uma "fuga da rigidez das leis sociais". Nesse caso, tão logo Ajaolele cai na estrada, e especialmente depois que Exu esbarra com ele no mercado, essa fuga está em curso e tudo o que Ifá representa – lei, sistema, rigidez – é mantido em suspensão até que ele retorne à sua cidade no fim. (Aqui devo reconhecer que a maioria dos versos divinatórios é mais conservadora do que o exemplo em questão; a maior parte deles direciona o consulente de volta à estrutura da sociedade iorubá. No entanto, em todas Exu está presente, no sentido de que todas requerem interpretação, e em algumas ele aparece diretamente, e diretamente sugere a libertação das regras.)

No início, portanto, Ajaolele penetra em uma área de risco e incerteza. Deixa a família e os amigos com suas regras conhecidas e adentra o reino da fortuna ambivalente, onde tanto coisas horríveis quanto coisas maravilhosas podem lhe acontecer. Ele foi sábio, então, ao prestar tributo à incerteza antes de deixar a cidade, o que equivale a dizer que foi sensato ao fazer o sacrifício que Exu pedira. Dar atenção a Exu tem um efeito sobre a sorte. Penso na sorte como a disposição do acaso e em Exu como a força que pode tornar essa disposição doce ou amarga. Tricksters são mestres da reversão,[25] lembremos, e Exu é um caso especial, pois a mercadoria que vende é a reversão da fortuna. Ele pode destituir uma mulher de seus filhos, ou tornar fértil a esposa estéril. Pode transformar a amizade em ódio, fazer com que a lua e o sol troquem de lugar, transformar o certo em errado, fazer com que

A ASTÚCIA CRIA O MUNDO

o inocente pareça culpado e o feio, belo. No mundo de Ajaolele, certamente um homem *não* conseguiria uma noiva para si sem antes oferecer um dote. Os homens são destinados a dar um dote; é assim que as coisas *são*. A não ser, é claro, que um homem possa de algum modo sair "da trilha" e, no mundo nada ordenado de um bazar estrangeiro, vivenciar um acontecimento fortuito que lhe traga sorte; então, talvez ele possa se tornar "alguém com um séquito" apesar da norma rígida do destino. Quem sabe, se o seu temperamento for correto, um acontecimento casual possa mudar o seu quinhão na vida.

Puro acaso

O que está em jogo nas intervenções de Exu é a questão um tanto maior de como a mudança pode ocorrer em um mundo ordenado, autorregulado e autoprotegido. A maioria das estruturas duradouras (na natureza, na sociedade, na psique humana) são resistentes a mudanças fundamentais; quero dizer, a mudanças que alterem os pressupostos dessas estruturas. É quase uma questão de lógica: nenhum mundo encerrado em si mesmo pode induzir as próprias mudanças fundamentais, porque esse encerramento significa que ele nada conhece além dos seus pressupostos. Nesses casos, os acidentes são de fato úteis.

Algumas ideias da biologia evolucionista vão me ajudar a explicar o que quero dizer aqui, pois aqueles que teorizam sobre a evolução passaram um bom tempo refletindo sobre o poder criativo do acaso. Em O *acaso e a necessidade*, por exemplo, o bioquímico francês e ganhador do prêmio Nobel Jacques Monod argumenta que há dois tipos de acaso,[26] um dos quais é bem ilustrado pelo rolar dos dados ou o girar da roleta. Os resultados desses eventos são impossíveis de prever, diz Monod, principalmente porque a nossa informação não é boa o suficiente. Quando jogamos os dados (ou quando os adivinhos iorubás lançam os coquinhos), é apenas porque as causas são muito sutis, a cadeia de eventos muito longa, a sequência muito rápida, e assim por diante, que o resultado é aparentemente acidental. Monod chama esse tipo de acaso de "operacional" ("na roleta a incerteza é puramente operacional, e não essencial");[27] chamo isso de acaso "de mão única" (o evento pode ser complicado, mas se desenrola ao longo de um só caminho), a melhor maneira de contrastá-lo com o segundo tipo de acaso de Monod, que ele chama de "absoluto" e eu, de acaso de "de mão dupla".

Imaginemos que eu saia com meu carro para o trabalho às 7h05, alguns minutos atrasado porque voltei para buscar meu guarda-chuva. Enquanto isso, dois gatos rua abaixo começam a miar sob uma janela. Um vizinho atira um copo d'água neles, um dos gatos corre para a rua, desvio repentinamente para evitá-lo e... sofro um acidente. Nesse caso, dois caminhos causais se cruzam; cada um deles se desenrola de acordo com a própria lógica interna, e cada um é completamente independente do outro até que se encontrem. Depois de um acidente de carro, podemos investigar freneticamente os eventos que o precederam, na esperança de encontrar a "causa" (se eu tivesse deixado o guarda-chuva para lá!), mas o que faz dele um verdadeiro acidente é que nada liga uma cadeia de eventos à outra. A corrida do gato não é acidental, e o fato de eu estar dirigindo também não o é, mas a convergência das duas coisas é. Sobre esses casos, Monod conclui: "O acaso é obviamente o elemento essencial (...) inerente à completa independência das duas cadeias causais de eventos cuja convergência produz o acidente."[28] (Como salientei no último capítulo, nossas palavras "coincidência" e "contingência" contêm essa imagem de "dois eventos convergindo".)

Monod não inventou a noção de acaso de mão dupla, é óbvio. Aristóteles dedica três capítulos de sua *Física* a coisas que acontecem "por acidente", um dos seus exemplos sendo o de um fazendei-

A ASTÚCIA CRIA O MUNDO

ro que, ao cavar em seu canteiro, topa com um tesouro que outro homem enterrou anos antes. O fazendeiro pretendia cultivar uma plantação; o outro homem pretendia esconder seu ouro; quando essas intenções não relacionadas se encontram, temos um verdadeiro acidente, a coincidência de causas não relacionadas.[29] Podemos ir mais longe do que Aristóteles, também, saindo da ciência e indo para a mitologia. No início do *Hino homérico*, Hermes faz a primeira lira da carapaça de uma tartaruga. Quando o hinodo dessa história diz que Hermes "encontrou casualmente" aquela tartaruga, está começando uma história sobre um acontecimento fortuito de mão dupla e sobre o tipo particular de mudanças que ele pode trazer. E na religião iorubá o mesmo fenômeno é bem elaborado na figura de Exu, que habita as encruzilhadas, o clássico ponto focal da verdadeira coincidência.

Para voltar à moderna compreensão desses assuntos, depois que Monod explica por que o acaso de mão dupla é "essencial" e "absoluto", prossegue argumentando que com ele vem a possibilidade da "inovação *absoluta*".[30] Nada de novo sob o sol pode acontecer sem o acaso absoluto; ele "está *sozinho* na origem de toda inovação, de toda criação na biosfera".[31] Essa é a segunda ideia que quero tomar emprestada da teoria evolucionista. O papel do acaso na evolução tem sido com frequência exagerado, para falar a verdade, mas, mesmo quando entendemos as muitas maneiras pelas quais a criação *não* é uma questão de acidente,*

---

* Monod e outros exprimem limites claros à contribuição do acaso na evolução. Em muitas instâncias, mutações não ocorrem por acidente, por exemplo (são fáceis de induzir com vários agentes mutagênicos). Mais importante, todas as mutações surgem em um conjunto de contextos em curso – do contexto das leis da física ao contexto dos outros genes – e devem adaptar-se a cada um deles para sobreviver. Por fim, repetidas vezes esses contextos selecionam os frutos do acaso de forma rigorosa e previsível. Para Richard Dawkins, o efeito cumulativo dessa seleção significa que "o acaso é um ingrediente menor da receita darwiniana (...); o ingrediente mais importante é a seleção cumulativa, que é, quintessencialmente, *não* aleatória".[32] Monod faz a mesma observação: "A seleção natural opera sobre os produtos do acaso e não pode alimentar-se em nenhum outro lugar, *mas* ela opera em um domínio de condições muito exigentes, e desse domínio o acaso foi banido."[33]

ele ainda permanece como a única fonte da verdadeira inovação. Uma mutação genética é evento fortuito de mão dupla pois não há nenhuma ligação entre ela e o mundo ao qual suas consequências devem se adequar. Quando uma mutação encontra seu contexto, temos uma coincidência genuína, um cruzamento de eventos. Como Monod diz, "entre as ocorrências que podem provocar ou permitir um erro na replicação da mensagem genética e suas consequências funcionais há (...) uma independência completa".[34]

É essa independência que determina que o acaso absoluto produza inovação absoluta. Se o oposto fosse verdadeiro, se as mutações se manifestassem em resposta às necessidades de um organismo ou a algum propósito oculto, expressariam coisas que já existem (a necessidade, o propósito) e não seriam, portanto, absolutamente novas. Seriam, argumenta Monod, *revelações* de algo já presente, não criações de algo novo. Monod esclarece esse ponto com a analogia de um cristal de açúcar sendo formado em uma solução de açúcar. Se você dissolver açúcar em quantidade suficiente na água quente e em seguida esfriar a água, cristais sempre vão se formar. O resfriamento, em certo sentido, "cria" os cristais, mas a criação não é "absolutamente nova" como são as consequências de uma mutação para a sobrevivência. No caso do cristal de açúcar, "a informação necessária estava presente, mas não expressa, nos constituintes. [Tal] construção de uma estrutura não é uma criação; é uma revelação",[35] enquanto a criação evolutiva, por contraste, "surge do essencialmente imprevisível [e] é a criadora da inovação *absoluta*".[36] Como o cristal de açúcar, a borboleta que emerge da crisálida revela uma estrutura que já existia; em qualquer espécie, toda crisálida sempre revela a mesma borboleta. Não há surpresa, nada absolutamente novo. Nos tempos remotos, quando a primeira dessas metamorfoses aconteceu, porém, algo absolutamente novo aconteceu. Essa primeira metamorfose (ou melhor, cada pequeno componente dela), como tudo mais na biosfera, nasceu na afortunada encruzilhada onde uma mudança no código genético se encontrou com um ambiente hospitaleiro.

Essas são as afirmações que arrepiam os cabelos de todos os que acreditam nos propósitos divinos, é claro. Acreditando sermos o centro das coisas e testemunhando a complexidade do mundo que nos rodeia, quem poderia acreditar que a criação resultou de uma série de acidentes selecionados cumulativamente? "Todas as religiões", escreve Monod, "quase todas as filosofias e até mesmo parte da ciência testemunham o infatigável e heroico esforço da humanidade para negar desesperadamente a própria contingência."[37] "Todas as religiões...", exceto as muitas que preservam a figura do trickster. É perfeitamente possível ter um sistema de crenças que reconheça o acidental como parte da criação. De acordo com a mitologia iorubá, Exu embebedou um dos deuses criadores no princípio dos tempos, e esse é o motivo por que há aleijados, albinos e todos os outros tipos de anomalia no mundo.[38] Quando os geneticistas criam moscas-das-frutas, às vezes aparece uma com pernas crescendo onde deveria haver antenas.[39] Claramente Exu, que se compraz com o infortúnio tanto quanto com a ventura, ainda oferece vinho de palma disfarçado aos altos deuses. A velha sabedoria grega diz que "Hermes nos mostra o caminho ou nos extravia dele". Se eu sofro uma perda acidental, é Hermes, o Ladrão; e se tenho um ganho acidental, é Hermes, o Mensageiro da Fortuna. Mas, ganho ou perda, o que é constante em Hermes e Exu é a presença do acidente. O acaso dificilmente é um mistério nessas religiões; misterioso é que possa haver pessoas que negam sua existência, que não admitem a figura do trickster e que assim enredam a si mesmas em toda sorte de problemas filosóficos intratáveis, pois sua cosmologia não se adapta a *este* mundo, o mundo como ele é.

As ideias de Monod me ajudam a explicar o que pretendo dizer quando afirmo que o acidente é necessário para certos tipos de mudança. Monod cobre o caso da mudança na natureza e, antes de voltarmos a Exu, gostaria de acrescentar algumas palavras sobre inovação na arte, pois os artistas também há muito sabem que acontecimentos fortuitos geram novos mundos, que às vezes o espírito criativo deve abandonar os próprios desígnios, pois o reino das nossas intenções é restrito e previsível. Leonardo da Vinci costumava sugerir que os estudantes de arte "olhassem para qualquer parede pontilhada de várias manchas", de forma a "despertar a mente para várias invenções".[40] Sandro Botticelli gostava de atirar uma esponja umedecida com tintas coloridas em uma parede, depois procurar novas paisagens nos borrifos resultantes.[41] Mas foi no século XX (talvez instigado por movimentos semelhantes na biologia, na psicologia e na física) que o papel do acaso na arte se expandiu, especialmente com o dadaísmo e o surrealismo, nos quais uma estudada atenção ao acidente estimulou a tentativa de desorientar a lógica, a convenção e o gosto burguês. Há muito a dizer sobre esses movimentos, mas vou me limitar aqui a um breve olhar sobre Marcel Duchamp, que participou de ambos e que usava o acaso para criar aquilo que considero o "humor da fuga".

Duchamp certa vez produziu uma obra chamada *Three Standard Stoppages*; ela simplesmente registra os perfis ondulados produzidos quando ele segurou três pedaços de linha de costura de um metro de comprimento esticados e deixou-os cair um de cada vez. Perguntado sobre a peça, Duchamp explicava: "A ideia de 'acaso' (...) me impressionou (...) A intenção consistiu acima de tudo em esquecer a mão (...) O puro acaso me interessava como uma maneira de ir contra a realidade lógica."[42] Entregar as coisas ao acaso, deixar que caiam como for, significa nesse caso "esquecer a mão", o que por sua vez significa, acima de tudo, afastar-se dos gestos manuais adquiridos e habituais. De maneira mais figurada, significa esquivar-se do hábito em todas as suas formas e escapar da constante repetição que o hábito nos impõe (Duchamp não queria passar a vida pintando as mesmas telas repetidas vezes, que era o que ele achava que a maioria dos pintores, escravos da mão

A ASTÚCIA CRIA O MUNDO

lembrada, tinham de fazer). Esquecer a mão promete libertação do próprio gosto, tanto bom quanto ruim, uma fuga das regras da causalidade e um modo de evitar a rotina perceptiva. "A arte", disse Duchamp certa vez, "é uma saída para regiões não governadas pelo tempo e pelo espaço".[43] O acaso foi uma das ferramentas que ele usou para criar essa saída. Isso o divertia, ele costumava dizer. Esquecer a mão e deixar que as coisas simplesmente acontecessem o fazia feliz da mesma maneira que Hermes ficou feliz ao topar com a tartaruga e Ajaolele ficou feliz ao retornar à sua vila. É a felicidade de libertar-se do conhecido e encontrar o mundo renovado, a felicidade do fortuito.

Essa alegre fuga dos padrões esperados é um tema tão consistente em Duchamp que o encontramos sempre que penetramos em sua obra. É inicialmente uma questão de atitude, bem-ilustrada pela resposta de Duchamp ao destino de seu *O grande vidro* (uma pintura celebremente complicada, executada sobre lâminas de vidro). No fim da década de 1920 essa obra foi exibida no Brooklyn, depois encaixotada e devolvida à mulher a quem pertencia. A obra se espatifou durante o trajeto. Duchamp restaurou-a o melhor que pôde e, parado diante dela trinta anos mais tarde, teve isto a dizer:

> Gosto das rachaduras, do modo como elas estão dispostas. Lembra-se de como isso aconteceu em 1926...? Colocaram os dois painéis um em cima do outro sobre um caminhão, horizontalmente, sem saber o que estavam transportando, e sacolejaram por cem quilômetros até Connecticut, e eis o resultado! Porém, quanto mais olho para ela, mais gosto das rachaduras: não se parecem com vidro estilhaçado. Têm uma forma. Há uma simetria nas rachaduras (...) e há mais, quase uma intenção, um acréscimo – uma curiosa intenção pela qual não sou responsável, uma intenção *readymade*, em outras palavras, uma intenção que respeito e amo.[44]

O DEUS DAS ENCRUZILHADAS

Readymade é um termo que Duchamp cunhou para descrever os itens produzidos em massa que ele tirava da obscuridade das lojas de ferragens ou de pilhas de sucata e declarava que eram "arte" (o primeiro foi uma roda de bicicleta que ele instalou sobre um banco; outro foi um suporte para chapéus). Na produção de *readymades* Duchamp coloca em prática a posição que assumiu em relação ao vidro quebrado. Nesse caso a coincidência não acontece com ele; ele faz com que ela aconteça. Ele se torna a encruzilhada onde coisas que o hábito determinou que deveriam permanecer separadas podem se encontrar. Tomemos seu *Porta-garrafas*, de 1914. Duchamp comprou esse perfeito exemplar de *design* comercial – uma pequena torre de hastes de metal para secar garrafas – em um bazar de rua do lado de fora da prefeitura de Paris.[45] Agora ele está no Museu de Arte da Filadélfia (ou melhor, o que está lá é uma cópia; o original se perdeu). Duchamp costumava se referir ao *readymade* como "um tipo de encontro marcado", e a essa peça como "um porta-garrafas que mudou seu destino".[46] Ele estava a caminho da cozinha de algum restaurante, talvez, mas nunca chegou. Estava cuidando da própria vida no mercado quando alguém o encontrou e agora ele vive a vida elevada de "arte sem obra de arte". Estava no mercado de bens utilitários, um universo de valor e propósito, quando Duchamp estabeleceu um encontro com outro desses universos. O mundo da arte não foi mais o mesmo desde então. Os museus já tiveram alguma ideia do que eram, do que tinha lugar neles e do que não tinha, mas então aconteceu essa desafortunada colisão com um porta-garrafas.

Tanto em espírito quanto na prática, portanto, vejo Duchamp encenando uma versão moderna de um velho e contínuo drama. Ele é Exu no mercado, Exu na encruzilhada, Exu no portão. Ele é o promotor de desordem para quem a parte mais interessante do museu é a porta da frente, com seus guardas de libré azul. Cortejou o acaso por suas aberturas divertidas e deixou atrás de si uma cadeia de acidentes que passaram sem ser percebidos

A ASTÚCIA CRIA O MUNDO

pelos guardas e mudaram todas as exposições. Tudo isso aconteceu em uma questão de décadas, a arte sendo mais veloz do que a evolução.

Da história da viagem de Ajaolele a um mercado distante cheguei a essas ideias sobre evolução e arte, a fim de explorar a noção de que Exu é o deus da incerteza e do acidente, e que essas funções estão necessariamente ligadas à sua habilidade de mudar o que cabe a alguém na vida. Tudo isso é uma única e mesma coisa: deixar a vila, o acidente no mercado e a mudança de destino. A situação alterada de Ajaolele, sua conversão em "uma pessoa com um séquito", nunca teria acontecido a ele no contexto de sua vila, pois a vila é governada por regras, e lá nenhum homem consegue "noivas sem dote". Para uma mudança fundamental desse tipo, Ajaolele precisa de um acidente afortunado, e para que isso aconteça é de grande ajuda que ele ponha "o pé na estrada" e "no mercado", expressões que escrevo entre aspas porque devemos nos lembrar de não nos confinarmos ao seu sentido literal. O que está em jogo aqui é uma atitude em relação à vida, e você não precisa de fato deixar a cidade para assumi-la. Duchamp deixa isso claro. Você pode estar na estrada em casa e na sua mente, atento à plenitude das coincidências que o hábito e o planejamento às vezes obscurecem. Há um velho ditado: "A sorte é o resíduo do planejamento." Estar "atento a Exu" significa entrar em um estado mental no qual os olhos notem esse resíduo por toda parte, o mundo fértil e pronto para usar bem à mão.

Todos os tricksters gostam de frequentar as passagens, uma vez que esse é um dos lugares onde acidentes que provocam profundas mudanças acontecem. Exu não é exceção. Ele gosta especialmente da passagem entre o céu e a terra, e é por esse motivo que seu rosto aparece no tabuleiro divinatório. A arte da divinação faz com que o céu e a terra coincidam por um momento. Exu é uma espécie de junção instável no ponto de contingência de ambos, revelando

O DEUS DAS ENCRUZILHADAS

o destino ou revertendo-o, dependendo da disposição das coisas. Pode ser que o destino seja determinado no céu, mas ele deve ser cumprido aqui na terra, e entre o céu e a terra há uma lacuna habitada por esse inconstante mediador.

O desejo de Exu de manter o comércio através desse abismo vivo significa que há uma exceção-chave ao seu amor pelo acaso.[47] A humanidade *deve* fazer oferendas aos deuses; essa é a única regra que não pode ser deixada ao acaso. É uma exceção condizente com a, em outros casos, constante incerteza de Exu, pois a oferenda mantém o comércio entre os mundos e dá ao mediador a sua função. Uma vez que haja a oferenda, porém, uma vez que o comércio seja estabelecido, Exu pode começar a atuar, e nem deuses nem humanos deveriam supor que suas mediações sejam seguras, confiáveis e desprovidas de ambiguidades. Se as pessoas se recusarem a fazer oferendas, Exu certamente lhes trará sofrimentos, mas se as pessoas as fizerem, ele misturará a sorte aos desígnios do destino. Se os iorubás se esquecerem dos deuses, Exu certamente causará problemas, mas se eles se lembrarem, ele abrirá um espaço para a surpresa e as reversões de fortuna.

Exu é apropriadamente considerado um "impositor do sacrifício",[48] portanto, mas além disso não é lá muito obediente a regras. Para começar, o tipo de sacrifício no qual ele insiste tem contingências embutidas em si. Notem *onde* ele ocorre. Uma narrativa popular conta que "hoje", quando as pessoas fazem oferendas, "a comida ofertada é depositada nas encruzilhadas onde Exu vive; pássaros e animais compartilham dessa comida".[49] Outra história popular explica que "qualquer oferenda encontrada ao ar livre ou à beira da estrada pertence a Exu. Sempre que Exu é inundado de oferendas, ele pede que elas sejam levadas às encruzilhadas, aos portões da cidade, às beiras de estrada, aos arbustos, às árvores de mogno, aos montes de lixo e às praias formadas por cursos d'água, para que outras criaturas vivas – pássaros, animais e insetos – possam compartilhar delas".*[50] Outra afirma que ele disse aos humanos que "enquanto fizerem oferendas nas encruzilhadas, sempre estará com eles".[51]

Em resumo, as oferendas ligadas a Exu se concentram em lugares de contingência, locais onde as pessoas podem esbarrar com algo imprevisível. O sacrifício a Exu não se dá em um altar ao abrigo de um templo, mas em locais variáveis; viajantes podem comer do alimento dessas oferendas, e também os mercadores, os cães, os pássaros silvestres. Esse sacrifício abre um poro nos limites do conhecido, de forma que um elemento do "caráter do viajante" ou "do selvagem", ou algo vindo do "monte de entulho", possa entrar. É um sacrifício de mão dupla ou limiar, e invoca, portanto, a possibilidade de uma mudança fundamental.

A inconstância das mediações de Exu vai além dessas questões de local, também. Os imortais podem dar-lhe mensagens para que as transmita, mas desde tempos imemoriais sabem que ele não é confiável. Lembremos que ele obteve os coquinhos "por meio de artimanhas"; lembremos que ele embebedou um dos deuses na criação. Certa vez deixou o sol e a lua tão furiosos um com o outro que eles abandonaram suas órbitas. Diversas histórias contam como suas constantes perturbações levaram os deuses a obrigá-lo a viver na terra, e não no céu. Em uma dessas narrativas, Exu fica tão enciumado diante da boa fortuna de alguém que resolve fazer com que os deuses passem a maldizer e trair uns aos outros. "Por sua participação nesses eventos, Exu foi banido para as encruzilhadas."[52]

Não que a prontidão de Exu para trair os deuses signifique que ele é um amigo fiel dos mortais. Seu rosto no tabuleiro divinatório posiciona-o *entre* o céu e a terra e sugere incerteza de ambos os lados. Poemas de louvor dirigem-se a ele, dizendo: "O tratamento

---

* Na Grécia, oferendas de alimentos eram deixadas em vias públicas de maneira similar, junto a estátuas de Hermes em beiras de estrada. De acordo com Carl Kerényi, essas oferendas "caíam do céu para os viajantes famintos, que as roubavam do deus – seguindo o seu espírito, exatamente como ele teria feito".[53]

que dá às oferendas faz duvidar da sua equidade." Ele "toma dinheiro furtivamente". É um "homem de recursos consideráveis", mas "vaga pelas ruas pegando dinheiro das oferendas". É "o que ousa se apropriar do dinheiro sacrificial".[54] Há muito mais a dizer, mas isso já dá uma ideia geral: com um cleptomaníaco abastado como esse do seu lado da permuta, os humanos não estão em uma posição melhor do que os deuses.

A antiga dádiva do oráculo dos coquinhos proporcionada por Exu trouxe um princípio de incerteza para mediar as relações entre humanos e divinos. Os deuses então passaram a ter contato com "seus filhos errantes sobre a face da terra", mas como Exu não é confiável, é um contato que os coloca ligeiramente em risco; eles se expõem à ruptura sempre que recorrem a ele. Os humanos, por outro lado, agora têm uma instituição de contingência profética; a divinação por meio do acaso lhes dá um vislumbre acidental do divino, mas nenhum modo seguro de saber o que ele significa. Sem se deixar restringir por regras celestiais nem terrenas, Exu posta-se entre os dois mundos ou entre quaisquer duas coisas que estejam tentando se comunicar, não como um transmissor-receptor de alta fidelidade, e sim mais como a própria atmosfera, instável, nebulosa, cheia de estática e da fumaça das fogueiras humanas. Isso pode parecer um problema quando os humanos estão desesperados por um sentido mais elevado, mas é na verdade uma bênção, pois se a passagem entre os dois mundos estivesse completamente fechada, o destino seria verdadeiramente compulsório, não haveria mais acidentes de mão dupla nem mudanças profundas em nenhum dos lados. "Tudo o que existe no universo é fruto do acaso e da necessidade", escreveu Demócrito.[55] Há propósitos neste mundo, mas também há eventos casuais, o que significa que o propósito jamais se conclui. Na prática artística aberta à casualidade, ou nas artes divinatórias da África Ocidental, os seres humanos têm uma maneira de entrar no jogo do destino e da incerteza, e desse jogo este mundo constantemente se origina.

Notas

1. Kundera, p. 49.
2. Jung, *in* Rachel V. (pseudônimo), *Family Secrets* (Nova York.: Harper and Row, 1986), p. xiii.
3. Abimbola, p. 216.
4. Bascom, pp. 115-16; Ogundipe I, p. 232.
5. Bascom, pp. 116, 62, e pp. 115-16; Ogundipe I, pp. 232-34.
6. *I Ching*, p. 204.
7. Exu veio para o Novo Mundo com o comércio negreiro e aparece como Exu no Brasil, como Echu-Elegua em Cuba, Papa Legba no Haiti e Papa La Bas nos Estados Unidos. Ver Frobenius I, p. 228; Wescott, p. 336n; e Gates, *The Signifying Monkey*, p. 5. Para um bom levantamento de algumas das transformações de Exu, ver Cosentino.

   Tanto Exu quanto Ifá têm outros nomes. Ifá é também chamado Orunmila. Exu às vezes se escreve Eshu, Esu, Edshu ou Edju. É mais formalmente chamado Exu-Elegba e também Elegbara (Legba, do vizinho Benin, é uma figura relacionada, porém distinta). Unifiquei a grafia e os nomes ao longo do meu relato.
8. Young, p. 51.
9. Ogundipe II, pp. 131-32.
10. Frobenius I, p. 229-32.

    Há duas histórias na coletânea de Ogundipe que oferecem outras versões sobre Exu e as origens do sacrifício. Em uma delas (II, pp.104 e segs.), os seres humanos se tornam gananciosos e cruéis, e os deuses se retiram para o céu. Essa narrativa fala de uma era de ouro ("não havia morte") e sua perda ("então, tudo se tornou pior"). Exu, então, torna as coisas ainda piores, até que as pessoas procuram sua ajuda, diante do que ele institui o sacrifício: "Para estar em harmonia com todas as coisas vivas, [as pessoas] devem fazer sacrifícios. É por isso que hoje os homens fazem oferendas. Alimento sacrificial é depositado nas encruzilhadas onde Exu vive; pássaros e animais selvagens compartilham dessa comida, de acordo com a determinação de Exu". Ogundipe II, p. 106; ver também II, pp. 93 e segs.

11. Gates, *The Signifying Monkey*, p. 15.
12. Frobenius I, p. 230.
13. Bascom, pp. 168-71.
14. Ogundipe I, p. 120.
15. Ogundipe I, p. 138.
16. Courlander, pp. 59-60.
17. Courlander, pp. 60-63.
18. Ogundipe II, p. 18.
19. Bascom, p. 118.
20. Bascom, p. 115.
21. Ogundipe I, pp. 232-33.
22. Herskovits, *Dahomey* II, p. 222.
23. Pelton, pp. 117-18.
24. Wescott, p. 345.
25. Wescott, pp. 338, 346; Bascom, p. 159.
26. Monod, pp. 113-17.
27. Monod, p. 113.
28. Monod, p. 114.
29. Aristóteles, *Physics* (II:iv-vi), pp. 138-39.
30. Monod, p. 116.
31. Monod, p. 112.
32. Dawkins, p. 49.
33. Monod, pp. 118-19 (ênfase minha); Dawkins, pp. 45, 288, 306.

    Recomendo ambos, Dawkins e Monod, para uma explanação mais pormenorizada sobre os limites do acaso na evolução. Para uma lista mais completa das maneiras pelas quais as mutações não são aleatórias, por exemplo, ver Dawkins, pp. 306, 312, e Monod, p. 112. Ambos apontam que uma mutação deve ocorrer em uma estrutura que possa preservá-la se quiser se tornar parte da criação. A evolução resulta, escreve Monod, de "perturbações que ocorrem em uma estrutura que *já tem a propriedade da invariância* – e portanto é capaz de preservar os efeitos do acaso" (p. 23). Ver também Dawkins, pp. 170-72.

34. Monod, p. 114 (ênfase retirada). Ver também Dawkins, pp. 307, 312.
35. Monod, p. 87.

A ASTÚCIA CRIA O MUNDO

36. Monod, p. 116.
37. Monod, p. 44.
38. Ogundipe II, pp. 118-20.
39. Dawkins, p. 320.
40. Citado por McKenna, p. xi.
41. McKenna, p. xix.
42. Cabanne, pp. 46-47.
43. Duchamp, *Salt Seller*, p. 137.
44. Duchamp, *Salt Seller*, p. 127; ver também Cabanne, pp. 75-76.
45. Cabanne, p. 47.
46. Duchamp, *Notes and Projects for the Large Glass*, p. 90; ver também *Salt Seller*, p. 32.
47. Ogundipe I, pp. 120, 234-34; também Bascom, pp. 103, 105, 118.
48. Ogundipe I, p. 234.
49. Ogundipe II, p. 106.
50. Ogundipe II, p. 95.
51. Ogundipe II, p. 106.
52. Pelton, p. 139; Ogundipe II, p. 174; ver também II, pp. 87, 90-91.
53. Kerényi, *Hermes*, p. 24.
54. Ogundipe II, pp. 9, 17, 18, 29; ver também I, pp. 138-39, e II, pp. 22, 30, 28.
55. *In* Monod, p. v.

6. O golpe de sorte

"O fundo da mente está coberto de encruzilhadas."

Paul Valéry

"Só o acaso pode ser interpretado como uma mensagem.
Aquilo que ocorre por necessidade, aquilo que é esperado e
que se repete todos os dias, não é senão uma coisa muda.
Só o acaso tem voz. Tentamos interpretar o acaso como as
ciganas leem no fundo de uma xícara o desenho deixado
pela borra do café."

Milan Kundera[1]

Uma dádiva de Hermes

Do lado de fora do meu escritório, um pássaro construiu seu
ninho com os gravetos e o musgo habituais, mas também, nesse
caso, com duas tiras de papel destacados das bordas laterais do
formulário contínuo de algo que imprimi no meu computador.
O pássaro não saiu em busca daqueles filamentos brancos, mas,
quando por acaso os encontrou, soube como usá-los para construir
um lar habitável. "Eu não procuro, eu acho": a famosa máxima
de Picasso subjaz à porção errante da sua prática artística. Em
ambos os casos, uma inteligência sente-se à vontade no mundo
dos acontecimentos, uma inteligência não tão ligada aos desígnios
e propósitos a ponto de fechar os olhos para a riqueza diária de

A ASTÚCIA CRIA O MUNDO

casualidades. "O próprio acaso se derrama por todas as avenidas dos sentidos: de todas as coisas, é a mais importuna":[2] deparei-me casualmente com essa frase do filósofo C.S. Peirce no dia em que estava escrevendo estes parágrafos (topei com aquele pássaro mais cedo, e o deixei guardado). Uma amiga estava travada na redação de sua tese quando, caminhando a esmo pela biblioteca, deu com uma mesa reservada onde alguém havia aberto exatamente o artigo de que ela precisava. Antonio Stradivari, caminhando certo dia por Veneza, encontrou uma pilha de remos quebrados e encharcados, a partir dos quais fez alguns de seus mais belos violinos.[3] Mozart ouviu um estorninho cantando na gaiola de um vendedor de rua e assim temos o último movimento do *Concerto para piano e orquestra em sol maior*.[4] Um achado de sorte deu a Picasso uma de suas mais famosas esculturas:

> Adivinhe como fiz aquela cabeça de touro. Um dia, em um monte de entulho, encontrei um velho assento de bicicleta caído ao lado de um guidão enferrujado (...) e minha mente imediatamente os uniu. A ideia para essa *Cabeça de touro* me ocorreu antes mesmo de eu me dar conta. Apenas soldei as peças uma à outra (...)[5]

Se ao menos as ideias preconcebidas não bloquearem as avenidas dos sentidos, achados acidentais estão em toda a nossa volta.

Nas narrativas populares iorubás, o golpe de sorte é com frequência uma "jazida de pedras preciosas" cuja descoberta casual torna rico um homem pobre;[6] às vezes Exu faz com que essas pedras preciosas apareçam ao bater as mãos, em consequência do que vemos que o ganho acidental é uma dádiva de Exu (como foi o acidente da viagem de Ajaolele). Na Grécia clássica, o golpe de sorte é um *hermaion*, que significa um "presente de Hermes". Com ambos esses personagens, é claro, a descoberta afortunada e a perda desafortunada estão intimamente ligadas. Hermes é um ladrão generoso, Exu, um cleptomaníaco rico; tanto a descoberta quanto a perda pertencem à esfera ambivalente de ambos. Em uma anotação em seu diário, Carl Kerényi registra como um de seus livros desapareceu em uma viagem de navio: "Hermes deseja brincar (...) comigo novamente? (...) Fiquei com a sensação de ter sido roubado, algo insólito, uma vaga sensação de mudança de circunstâncias – verdadeiramente algo hermético."[7] Perdas acidentais, ganhos acidentais – ambos emanam dessas figuras, sendo a única constante o acidente.

E no entanto essa formulação não capta inteiramente o espírito das coisas, pois com o tipo correto de atenção é o acidente *afortunado*, o acidente criativo, que Hermes e Exu engendram (Hermes de fato rouba, mas é regularmente chamado de "portador da sorte", "sempre pronto a ajudar", "enfaticamente encantador").[8] Talvez o uso da palavra "insólito" por Kerényi mereça atenção: em território trickster, quem pode dizer o que é perda e o que é ganho? É difícil manter o ponto de referência. Há uma "mudança de circunstâncias", é só o que se sabe, pois em terreno insólito os próprios termos colapsam, e uma perda súbita (meu computador estraga, minhas chaves desaparecem) pode sofrer uma reviravolta e se tornar um ganho súbito (diminuo meu ritmo, vou fazer uma caminhada pelo parque).

A própria ideia de "achar" sugere esse espaço indeterminado. Há muitas maneiras de se adquirir coisas neste mundo: podemos conseguir algo com trabalho, podemos comprar, podemos receber como presente e podemos roubar. "Achar" ocupa uma posição estranha em uma lista como essa. Se embolso uma nota de cinco dólares encontrada no lixo à beira de um estacionamento deserto, sou um ladrão? Como deveríamos descrever aquele fazendeiro que encontra o tesouro enterrado no exemplo de Aristóteles sobre o acaso de mão dupla? Ele obtém o ouro não por ter trabalhado para consegui-lo, nem por tê-lo recebido como presente de um amigo ou parente, tampouco por tê-lo roubado ou comprado. Estamos em uma área de sombras, e uma linguagem obscura se faz necessária. "Caiu de um caminhão"* é a versão norte-americana do mais antigo "encontrei na encruzilhada".

Falar em acidente feliz não é negar o lado negativo do acaso. Todos sabemos que acidentes podem trazer grandes perdas e sofrimentos, que as contingências podem resultar em grandes tragédias.[9] Tenho uma gravação de uma mulher *nez percé* contando a história do Coiote que viaja para a Terra dos Mortos. No final, ela diz: "Quando éramos crianças, chorávamos e chorávamos por causa disso."[10] Sobre a morte de Balder, Sturluson escreve: "Esse foi o maior infortúnio que já se abateu sobre deuses e homens."[11] Há uma história semelhante à de Jó na qual Exu destitui um homem rico de tudo o que ele ama por meio de uma série de acidentes.[12] Mas essas são realmente exceções ao tom predominante dos contos de trickster, e com frequência o orgulho arrogante ou o controle exagerado são fatores contribuintes.

Para um exemplo do tom mais típico, podemos tomar o primeiro dos encontros de Hermes com a sorte. Um bebê recém-nascido caminhando para fora da casa da mãe,[13] ele "atravessa a entrada da ampla caverna e esbarra em uma tartaruga". No umbral, na fronteira entre o mundo subterrâneo e o mundo da superfície, no ponto de Exu na encruzilhada do acaso, como Picasso no monte de entulho, ele "encontrou por acaso uma tartaruga e obteve para si uma interminável fonte de riqueza".[14] Nem todos dariam importância a esse encontro ("O que é aquilo?" "Apenas uma velha tartaruga."), mas com Hermes a coincidência se revela fértil. Esse é um dos pontos que o antropólogo Victor Turner defende no seu clássico livro sobre liminaridade, *O processo ritual*, o de que o estado de ser nem-uma--coisa-nem-outra é "gerativo" e "especulativo";[15] a mente que entra espontaneamente nele vai produzir novas estruturas, novos símbolos, novas metáforas, sem mencionar novos instrumentos musicais.

---

* No original em inglês, *"It fell of a truck"*, expressão idiomática para se referir a algo de procedência duvidosa, geralmente roubado. (*N. da E.*)

O GOLPE DE SORTE

Os ingredientes desses momentos – surpresa, pensamento rápido, ganho súbito – revestem-nos de humor, não de tragédia. Hermes ri quando se depara com a tartaruga, e um estado de espírito ligeiramente maníaco o domina quando ele compreende como fazer a lira: "Assim como um pensamento veloz pode atravessar voando o coração de uma pessoa assombrada por preocupações, assim como olhares inteligentes se projetam dos olhos, dessa forma, em um instante, Hermes soube o que fazer, e o fez."[16] Picasso certa vez descreveu seu divertimento ao se deparar com um ouriço em uma poça formada pela maré: "O sentido da visão gosta de ser surpreendido (...) É a mesma lei que governa o humor. Apenas o gracejo inesperado nos faz rir."[17] A mente ágil se compraz ao encontrar aquilo que não procura. Alguém uma vez disse que Picasso pintava para fazer uma espécie de "pesquisa". A observação o irritou e levou-o a formular seu senso de "descoberta":

> Na minha opinião, a pesquisa nada significa para a pintura. Descobrir é o segredo. Ninguém está interessado em acompanhar um homem que, com os olhos fixos no chão, consome a vida procurando pela caderneta que a fortuna deveria ter posto em seu caminho. Aquele que descobre algo (...) mesmo que sua intenção não fosse procurar por isso, pelo menos desperta nossa curiosidade, se não nossa admiração (...)
>
> Quando pinto, meu objetivo é mostrar o que encontrei, não o que estou procurando.[18]

Quaisquer que sejam os deuses da fortuna, eles deixarão cair coisas no nosso caminho, mas se procurarmos por essas coisas, não as acharemos.

Vindo sabe-se lá de onde, um golpe de sorte é potencialmente desestabilizador para qualquer mundo no qual penetre. Os moralistas provavelmente reclamarão, os jogadores ficarão satisfeitos, enquanto todos os outros esperarão para ver se realmente é divertida essa nova coisa. Qualquer que seja o caso, antes que possamos ter pleno conhecimento das rupturas e dos deleites que vêm no rastro de um golpe de sorte, precisamos de exemplos mais completos com os quais trabalhar. Em 1965, George Foster, um antropólogo que havia trabalhado no México e na Itália, publicou um ensaio que trata, em parte, de como os camponeses reagem quando a fortuna de seus vizinhos muda de maneira súbita. Em "Peasant Society and the Image of Limited Good" [A sociedade camponesa e a imagem do bem limitado], Foster argumenta que muitos detalhes de outro modo desconcertantes do comportamento camponês podem ser entendidos se considerarmos a hipótese de que os lavradores creem que há uma quantidade fixa de riqueza na comunidade e, portanto, se alguém no grupo repentinamente se torna mais rico, deve ser porque outra pessoa, ou o grupo como um todo, ficou mais pobre. A ideia se sustenta se imaginarmos, como fez Foster, uma comunidade fechada, ou – para expressá-lo de outra maneira – a ideia encontra suas exceções nos casos nos quais a riqueza claramente provém de fora das fronteiras nominais do grupo. Camponeses não se sentem roubados se um dos seus enriquece como resultado da venda do esforço como trabalhador migrante, pois fica claro que os rendimentos ganhos dessa forma vêm de fora dos limites do grupo. Mais significativos para os meus propósitos são os outros modos de conseguir riqueza sem se sujeitar ao opróbrio do grupo. Em comunidades campesinas no sul da Itália, por exemplo, os vizinhos não hostilizam alguém cujo sucesso repentino advém de uma "dádiva da Fortuna", como, por exemplo, quando "um rico cavalheiro dá um violino a um menino pobre", ou quando "uma dama rica adota uma criança abandonada", quando um homem "tropeça em um tesouro escondido" enterrado no bosque ou quando "alguém teve sorte suficiente para ganhar na loteria".[19]

Foster chama tudo isso de "dádivas da Fortuna", mas poderiam igualmente ser chamadas dádivas de Hermes ou dádivas de Exu. Com a loteria estamos nos domínios de uma "mudança de quinhão", que tanto Hermes quanto Exu governam (lembremo-nos de que Hermes, pratica uma loteria privada com seu sacrifício, partilhando a carne sacrificial ao acaso). Com o tesouro enterrado no bosque voltamos à jazida de pedras preciosas que Exu pode revelar e a certos tipos de ganho hermético (em uma história de Horácio da qual falarei mais tarde, Hermes permite que um camponês encontre ouro em seu campo).

Outro antigo exemplo de uma dádiva de Hermes ajusta-se bem a essa descrição do golpe de sorte em comunidades camponesas, pois conecta de maneira bastante clara a ação hermética à ideia de Foster de que o que realmente está em jogo é o senso de certo e errado dos vizinhos. Em um dos diálogos de Platão, Sócrates conversa com amigos sobre a vida após a morte. "Se a alma é imortal", diz, "demanda nosso cuidado não apenas durante aquela parte do tempo que chamamos de vida, mas pela totalidade do tempo. E de fato parecer-nos-ia agora extremamente perigoso negligenciá-la. Se a morte fosse uma libertação de tudo, ela seria uma dádiva de Hermes [*hermaion*] para os perversos, pois morrendo libertar-se-iam não apenas do corpo, mas também de sua própria perversão juntamente com a alma (...)"[20]

Tenho consciência de que Platão pode muito bem estar falando em *hermaion* sem pensar em Hermes, assim como falamos em março sem lembrar de Marte. A maioria dos tradutores não transporta a referência etimológica a Hermes para a língua de destino, traduzindo *hermaion* por "bênção" ou, na melhor das hipóteses, "dádiva divina". No entanto, se coubesse a algum deus enviar essa bênção, teria de ser Hermes: a discussão tem a ver com libertar-se de uma moralidade que Sócrates acredita que deveria nos refrear, e o nome de Hermes surge naturalmente, pois ele é o escapista amoral.

A ASTÚCIA CRIA O MUNDO

A questão é que tanto Foster quanto Platão acreditam que um golpe de sorte oferece uma saída para uma situação de outro modo restritiva. A tessitura da vida social e espiritual contém, molda e restringe nossa existência; um golpe de sorte faz um rasgo nesse tecido e assim podemos nos libertar. No mundo descrito pelo ensaio de Foster, por exemplo, o golpe de sorte vem de fora das redes de reciprocidade comunal. Redes de reciprocidade, além do mais, trazem consigo uma tremenda persuasão moral e ética, de forma que também podemos descrever esse tecido moderador como a urdidura da moralidade. Depositamos uma grade ética sobre a maioria das nossas experiências, classificando os acontecimentos rapidamente como bons ou maus. Ao dizer que os perversos certamente estariam recebendo uma dádiva de Hermes se não houvesse vida após a morte, Sócrates está protestando contra a ideia de que pode haver um modo de escapar ao domínio dos sistemas morais. Tudo isso sugere uma maneira definitiva de descrever a tessitura que um golpe de sorte rompe ou evade, pois em muitas tradições as demandas da coletividade são sentidas como uma espécie de destino, os próprios destinos sendo imaginados como tecelões cujas urdiduras moldam a vida dos seres humanos.[21]

Contra isso tudo – contra as redes de reciprocidade, a grade da ética, a tessitura do destino – temos a descoberta, que é uma abertura auspiciosa, um rasgo no tecido circundante. O golpe de sorte é uma oportunidade, portanto, um poro ou abertura penetrável em um desenho de outro modo fechado. Vimos anteriormente que os gregos chamavam essa abertura de *poros*; também a chamavam de *kairós*,[22] termo que vem da arte da tecelagem e se refere ao breve instante em que o tecelão pode atirar a lançadeira através dos fios da urdidura que sobem e descem. *Kairós* é uma abertura penetrável na urdidura do tecido, na urdidura do tempo, na urdidura do destino. Através desses poros, brechas e aberturas fugazes é que escapam o ouro enterrado, a tartaruga

O GOLPE DE SORTE

bamboleante, a canção de um estorninho – encontros casuais que não podem ser derivados das estruturas que nos rodeiam.*

Nas *Górgias*, de Platão, um dos contestantes, Cálicles, se frustra porque todas as vezes em que se expressa de maneira equivocada, Sócrates critica severamente o erro e o usa a seu favor. Por fim, Cálicles explode: "Este sujeito nunca para de dizer disparates? Diga-me, Sócrates, não se envergonha de ser tão insidioso com as palavras na sua idade, considerando uma dádiva de Hermes se alguém comete um deslize ao se expressar?"[23] Cálicles reclama que Sócrates considera um lapso uma dádiva hermética, porque ele permite que o filósofo trespasse os argumentos do adversário. Você fala e fala, tecendo um encantamento ou dispondo os pontos da sua argumentação como tropas em um campo de batalha, e então, subitamente, comete um deslize. Sua língua o trai, um *hermaion* para o oponente, que rapidamente se enfia pela abertura e ataca suas fraquezas ocultas.

Hoje, claro, seguimos aquele velho feiticeiro chamado Freud e encaramos um lapso da língua como uma janela para o inconsciente,

---

* Esse é um dos momentos em que a matéria do trickster remete ao meu livro anterior, *A dádiva*. Na introdução a esse livro, empreguei a velha tática dos debatedores de declarar além dos limites propostos todas as coisas que eu sabia que poderiam enfraquecer minha argumentação. "Abordo muitos temas, mas deixo muitos outros em silêncio."[24] Falar das dádivas do trickster quebra esse silêncio.

No aspecto positivo, a tradicional troca de presentes é um agente de coesão social; estruturas grupais podem ser articuladas e solidificadas por meio do comércio de presentes, aspecto que discuto no capítulo 5 de *A dádiva*. Tudo isso está muito bem, a menos que a estrutura por acaso nos mantenha em um lugar no qual preferiríamos não estar ou até mesmo nos exclua do grupo.

Nas comunidades camponesas que Foster descreve há uma enorme pressão no sentido do conformismo e poucas chances, portanto, de que um indivíduo mude seu quinhão na vida. Sistemas de reciprocidade contínuos e as injunções éticas que carregam conferem grande estabilidade ao grupo, mas essa mesma estabilidade pode às vezes fazer com que as pessoas se sintam aprisionadas. Nesse contexto, um presente de Hermes ou um presente de Exu é uma dádiva que confunde as categorias, que promete desordenar os marcos de fronteira do velho sistema de troca. Ao associá-los a tricksters, essas culturas reconhecem que essas são dádivas anômalas, e indicam que às vezes deve haver exceções às regras de reciprocidade.

A ASTÚCIA CRIA O MUNDO

revelando o que está sob a superfície ou por trás da máscara, o que está oculto às vezes até mesmo para o falante. Uma amiga quer dizer "um motivo", mas diz "um marido", e então sabemos o que se passa em sua mente. Menciono isso porque falar em um poro ou uma abertura no que tomamos como a ordem das coisas levanta a antiga questão sobre o que há do outro lado dessa ordem. Se o destino nos contém, o que existe fora do destino? Se Exu e Hermes são mensageiros, que mensagem está oculta em suas dádivas acidentais? O que um golpe de sorte revela ao homem ou à mulher que topa com ele?

Para a maioria dos povos antigos ou crentes, a resposta é simples: acidentes não são acidentes, eles revelam a vontade dos deuses. O que acontece na terra segue os desígnios do céu, e se parece ser aleatório, é apenas porque a nossa visão não tem capacidade suficiente para enxergar que o aparente acaso na verdade segue um grande desígnio. Assim, os iorubás frequentemente dirão que a maneira como os coquinhos caem não é realmente obra do acaso, mas sim controlada por Ifá, o deus da divinação.[25] Um especialista em oráculos gregos nos conta que na Grécia antiga "a distribuição da sorte era governada não pelo acaso, mas pela vontade dos deuses".[26] Esse tem sido também o entendimento cristão há séculos. Em sua *Anatomia da melancolia* (1621), Robert Burton escreve que "Colombo não descobriu a América por acaso, mas Deus o guiou (...) Foi contingente para ele, mas necessário para Deus."[27] Ainda hoje, nos Estados Unidos, comunidades *amish* elegem seus bispos por meio de uma loteria que eles acreditam revelar a vontade de Deus na questão.

Nos casos em que um personagem como Exu ou Hermes é considerado o agente do acaso, agora fica evidente que o trickster que causa acidentes é o mesmo que traz mensagens. Nesses sistemas, em outras palavras, contingência é profecia, pelo menos para aqueles que têm ouvidos para escutar. A face de Exu no tabuleiro divinatório evidencia tudo isso: significa que o aparente acaso é na verdade um oráculo, ao menos para os que conseguem ouvir como Exu ouve (seus ouvidos são extraordinariamente abertos, "perfurados (...) como uma peneira").[28] Hermes também dá ouvidos apurados aos seus seguidores; eles o chamam "o deus do terceiro ouvido", o que é capaz de escutar uma essência oculta em um acidente. Há uma forma de divinação associada a Hermes que se chama *cledonomancia*, derivada de *cledon*, que significa uma observação acidental mas pressagiosa, a versão do golpe de sorte para a linguagem. Muito tempo atrás, Pausânias descreveu este oráculo de "Hermes dos Mercados":[29] no crepúsculo, quando as lâmpadas estão sendo acesas, o consulente deixa uma "moeda de dinheiro local" junto à imagem de Hermes, sussurra a pergunta para a qual espera obter resposta, cobre os ouvidos com as mãos e sai. Quando tira as mãos dos ouvidos, as primeiras palavras que escutar contêm a resposta do oráculo. Ainda melhor se as palavras forem pronunciadas por uma criança ou um louco, alguém claramente incapaz de calcular seu efeito.

Tanto Hermes quanto Exu, portanto, não são apenas agentes da sorte, eles também ajudam a extrair significados ocultos dos aparentes disparates da sorte. No mundo moderno, encontramos uma conjunção semelhante entre acidente e *insight*, exceto pelo fato de que os significados descobertos agora estão na cabeça e não nos céus, pois traduzimos a antiga arte de investigar a vontade dos deuses para termos psicológicos. "As técnicas divinatórias (...) são técnicas para catalisar o conhecimento inconsciente de um indivíduo", diz Marie Louise von Franz, em uma típica formulação moderna.[30] Von Franz foi aluna de Jung, e foi ele que, em seu prefácio ao *I Ching*, ficou célebre por anunciar que, quando encontramos significado em eventos sincrônicos (o encontro insólito em uma cidade distante, digamos, ou o três de espadas em três de maio), estamos tendo um *insight* "dos estados (...) subjetivos do observador ou dos observadores".[31] Freud não estava tão diretamente preocupado com a divinação, mas sua concepção do

A ASTÚCIA CRIA O MUNDO

acaso era semelhante. Todas as suas preleções sobre "a psicologia dos erros" são dirigidas ao cético que diria que os lapsos "não são dignos da minha explicação; são pequenos acidentes".[32] Ao contrário, Freud argumenta, o que se esconde no inconsciente apenas "se mascara de acaso auspicioso",[33] e devemos aprender a remover essa máscara. Lapsos e outros erros "são atos mentais sérios; têm seus significados"; "não são acidentais".[34] Aparentes enganos vão ser encarados "como presságios" a todos aqueles que têm "coragem e determinação" hermenêuticas.[35]

Suponho que tenhamos de dizer que não é acidental o fato de muitos artistas no século XX terem manifestado um entendimento similar na mesma época. Picasso acreditava que nenhuma pintura pode ser concebida de antemão e que, no entanto, nada é acidental,[36] uma aparente contradição a não ser que consideremos que Picasso acreditava no eu profundo, uma personalidade da qual o próprio artista não tem necessariamente consciência. "Considero a obra de arte um produto de cálculos", disse certa vez, "cálculos com frequência desconhecidos do próprio autor. É exatamente como o pombo-correio calculando o retorno ao pombal. O cálculo que precede a inteligência."[37] O que conduz esse artista-pombo são seus desejos, seus impulsos. Em uma obra de arte, "o que conta é o que é espontâneo, impulsivo".[38] "A arte não é a aplicação de um cânone de beleza, mas sim o que o instinto e o cérebro podem conceber além de qualquer cânone. Quando amamos uma mulher, não começamos medindo suas pernas e braços. Nós a amamos com nossos desejos (...)."[39]

Uma das tarefas favoritas de Picasso para um jovem artista era sugerir que tentasse desenhar um círculo perfeito.[40] É impossível; cada pessoa desenha um círculo com alguma distorção particular, e esse círculo distorcido é o *seu* círculo, um *insight* do seu estilo. "Tente fazer o círculo o melhor que puder. E uma vez que ninguém antes de você fez um círculo perfeito, pode estar certo de que o seu círculo será completamente seu. Só então terá uma chance de ser original."[41] Os desvios em relação ao ideal fornecem um *insight* sobre o estilo e, portanto, diz Picasso "pelos erros se conhece a personalidade".[42]

Esse, então, é o sentido no qual o artista trabalha com acidentes ao mesmo tempo em que cria uma obra na qual "não há acidentes". "Acidentes, tente mudá-los – é impossível. O acidente revela o homem."[43] Para Picasso, assim como para Jung e Freud, acidentes apontam para a porção oculta de quem os vivencia.

Antiga ou moderna, uma linha contínua de pensamento sustenta que os acidentes rompem a superfície da nossa vida para revelar propósitos ou desígnios ocultos. As estruturas cuidadosamente entrelaçadas do pensamento e da prática social fornecem estabilidade e estrutura, mas trazem um tipo de cegueira e estupidez, também. Dádivas de Hermes fazem pequenos rasgos nesses tecidos para nos oferecer um breve conhecimento de outros mundos.

Essa, ao menos, é uma resposta à pergunta sobre o que um golpe de sorte revela. Mas nesse ponto o próprio Hermes pode se apresentar para complicar as coisas. Quando topa com a tartaruga, parece estar oferecendo um *hermaion* para si próprio e o que, podemos perguntar, *isso* revela? Quem está mandando uma mensagem para quem? Lembremo-nos, também, de que quando Hermes abate o gado, ele divide as porções sacrificiais aleatoriamente. Se essas loterias revelam a vontade dos deuses, o que faz um deus ao recorrer a uma delas, e a vontade de quem está sendo revelada?

Enigmas similares surgem em algumas das histórias de Exu. Esse orixá, afinal, leva o acidente ao céu (embebedando o criador, por exemplo). Além do mais, os próprios deuses algumas vezes precisam do oráculo dos coquinhos. Em uma narrativa, o deus do trovão e dos raios, Xangô, está em dificuldades e implora a Ifá que jogue os coquinhos divinatórios e descubra a causa.[44] Em uma história cubano-iorubá, o "rei dos deuses", Obatalá, é acossado por todo tipo de problemas e recorre a Ifá para obter esclarecimento.

A narrativa termina assim: "Obatalá aprendeu que nem mesmo os deuses podem viver sem a divinação."[45] Essa conclusão produz o mesmo paradoxo a que Hermes nos conduziu. O que os deuses aprendem quando indagam sobre a vontade dos deuses? Se o trickster Exu é o mensageiro na divinação, de quem é a mensagem que ele traz quando o próprio Obatalá joga os coquinhos?

Tudo isso nos leva de volta a um ponto anterior: de Loki a Exu, se há tricksters por perto, os próprios deuses devem sofrer com a incerteza. Se nem mesmo o céu é imune ao acaso, então uma descoberta acidental deve às vezes revelar algo que não a vontade celestial ou os propósitos ocultos. Uma observação de Carl Kerényi sugere o que pode ser: "Acaso e acidente", diz ele, "são parte intrínseca do caos primordial [e] Hermes transporta essa peculiaridade do caos primordial – o acidente – para dentro da ordem olímpica."[46]

De acordo com essa ideia, o próprio cosmos é um tecido continente, e o que está do lado de fora é o caos, a confusão e a desordem. "Oportunidades não são dádivas simples e claras", escreve o psicanalista James Hillman; "elas arrastam anexos sombrios e caóticos para seus contextos desconhecidos (...)"[47] Deve ser porque algumas vezes nossas declarações sobre ordem suprema e desígnio oculto são fábulas que inventamos para nos ajudar a ignorar nossa própria contingência. Acidentes fazem pequenos rasgos no tecido da vida para revelar, bem, pequenos rasgos. Em um dos livros que escreveu sob o título genérico de *Hermès*, Michel Serres, um filósofo da ciência francês, escreve com ceticismo sobre nossas pretensões de uma unidade subjacente às coisas. "O real", sugere Serres, pode ser "esporádico", feito de "trapos variáveis". Talvez "o estado das coisas consista em ilhas espalhadas por arquipélagos em meio à desordem ruidosa e pouco compreendida do mar (...)"[48] Talvez os acidentes do trickster revelem não reinos ocultos de uma ordem superior, mas um mundo de fragmentos inconstantes, ruído e imperfeição. A

O GOLPE DE SORTE

mosca das frutas nascida com pernas onde deveria haver antenas não recebeu uma mensagem útil. O acidente é a revelação do acidental.*

Com toda justiça à natureza dos acidentes herméticos, porém, devo voltar sobre os meus passos uma última vez e acrescentar que, nos casos da lira feita com a carapaça da tartaruga e da loteria das oferendas, quando trabalha com o acaso, Hermes faz mais do que desarranjar a ordem das coisas. Se Hermes estiver envolvido, depois de um toque de caos vem outro cosmos. Hermes é um deus da sorte, porém, mais do que isso, representa o que pode ser chamado de "sorte inteligente", em vez de "sorte estúpida". Esses dois tipos de sorte figuram na mitologia latina, na qual Mercúrio representa a inteligente e Hércules, a estúpida. "Se um sujeito *estúpido* tem boa sorte, ele a deve ao ignóbil Hércules", escreve Kerényi, remetendo-nos a uma história de Horácio na qual "Mercúrio uma vez deixou que Hércules o convencesse a enriquecer um homem estúpido. Mercúrio revelou-lhe um tesouro que ele poderia usar para comprar o pedaço de terra em que trabalhava.

---

* Esse é um segundo ponto no qual o material de pesquisa sobre o trickster remete ao meu livro *A dádiva*. Nesse livro aproveitei a ideia de que dádivas estabelecem conexões entre as pessoas e, portanto, têm função de coesão social e liguei-a a ideias sobre a imaginação, afirmando que ela também tem um poder "esemplástico". Esse termo vem de Sammuel Taylor Coleridge, que descreve a imaginação como "essencialmente vital" e considera sua marca distintiva a habilidade "de moldar em um só", uma habilidade que ele chama de "poder esemplástico".[49] A imaginação combina os elementos díspares da nossa experiência em totalidades coerentes e vívidas.

Em *A dádiva*, vinculo muitas asserções sobre a imaginação a essa ideia de coesividade – que, por natureza, a imaginação se desloca no sentido da unidade, por exemplo, e que podemos perceber isso se observamos como os artistas fazem seu trabalho, ou se observarmos o papel que as obras da imaginação desempenham na sociedade. Histórias de trickster estão frequentemente em desacordo com essas formulações, é claro. Aqui a imaginação muitas vezes parece desordenada, mais próxima da fragmentação e da confusão do que da unidade, e as coisas se tornam vívidas exatamente quando paramos de tentar simular unidades que não existem. A imaginação do trickster funciona bem em um mundo de "trapos variáveis", assim como a imaginação de muitos dos artistas de quem trato neste livro.

A ASTÚCIA CRIA O MUNDO

Ele o fez, mas logo provou-se indigno da benesse hermética ao continuar trabalhando no mesmo pedaço de terra!"[50]

Essa é a "sorte estúpida", a sorte de todos os jogadores cujos ganhos nunca os enriquecem, a sorte do funcionário do hotel que acerta na loteria e rapidamente gasta tudo até ir à falência. É a sorte estéril, a sorte sem mudança. A "sorte inteligente", por outro lado, acrescenta artifício ao acidente – em ambos os sentidos, de habilidade técnica e astúcia. Hermes é o habilidoso inventor da lira e é também astuto, aumentando a fortuna que seu *hermaion* traz. Hermes "tira proveito" da sua lira; não se torna simplesmente um criador de tartarugas ou um fabricante de liras com um pequeno negócio arrendado que não traz lucro. Mais tarde, no *Hino*, canta uma canção com o novo instrumento, e a melodia seduz o irmão a quem ele havia recentemente roubado. Depois que Hermes para de cantar, o *Hino* diz: "Apolo foi tomado por uma nostalgia contra a qual nada podia fazer; abriu a boca e as palavras fluíram: 'Açougueiro do meu gado, trapaceiro, menino laborioso, amigo dos galhofeiros, as coisas pelas quais você se interessa valem cinquenta vacas. Logo, creio que devemos pacificar nossa desavença.'"[51]

Hermes, nessa passagem do *Hino*, está na verdade interessado em uma negociação por certos poderes divinos; Apolo não apenas sabe disso, como aceita a música da lira como parte da troca. Sob o encanto delirante desse *hermaion*, Apolo cancela a dívida na qual Hermes havia incorrido com seu roubo. Voltaremos a esse momento em capítulos que se seguirão; por enquanto, o argumento é apenas que esse golpe de sorte faz mais do que acrescentar caos ao mundo de Apolo. A lira é um elemento de ruptura, claro – com ela, Hermes não apenas entoa a canção despudorada de sua autoria, mas também consegue enfeitiçar Apolo para que ele abandone seu senso do que deveria acontecer com um ladrão. Assim, por um lado, um toque de caos penetra a ordem do Olimpo, mas por outro, ela não perdura, pois Hermes logo introduz sua descoberta afortunada no cenário que havia perturbado (para sempre depois disso, Apolo toca a lira como parte do seu repertório). Desse modo Hermes revela-nos como a "sorte inteligente" responde às benesses herméticas.

Talvez, então, o que a descoberta de sorte revele em primeiro lugar não seja nem o cosmos nem o caos, mas *a mente do descobridor*. Pode ser ainda melhor deixar "cosmos" e "caos" de lado e simplesmente dizer que um evento casual é um pequeno fragmento do mundo como ele é – um mundo sempre maior e mais complicado do que as nossas cosmologias –, e que a sorte inteligente é uma espécie de inteligência responsiva invocada pelo que quer que aconteça.

A história de uma descoberta científica fornece uma boa ilustração. "O acaso favorece as mentes preparadas" é o famoso aforismo de Louis Pasteur,* e sua carreira ilustra abundantemente o que ele quer dizer. O neurologista James Austin descreveu um caso famoso:

> Pasteur pesquisava a cólera aviária quando seu trabalho foi interrompido por várias semanas. Durante o período de espera, os organismos infecciosos em uma das culturas enfraqueceram. Quando injetados, esses organismos não mais causavam a doença. No entanto, esse mesmo grupo de aves sobreviveu quando foi mais tarde reinoculado com uma nova cepa de microrganismos virulentos. Pasteur fez uma distinção crucial quando reconheceu que a primeira inoculação não fora um "experimento malfeito", mas que os organismos enfraquecidos haviam exercido um efeito protetor.[52]

Dizer que o acaso "favorece as mentes preparadas" significa, antes de mais nada, que os eventos casuais precisam de um contexto para que possam resultar em alguma coisa. No processo evolutivo,

---

* Mais aforística em nossa língua. Em francês, é: "*Dans les champs de l'observation, le hazard ne favorise que les esprits préparés*" [No campo da observação, o acaso favorece apenas as mentes preparadas].[53]

A ASTÚCIA CRIA O MUNDO

uma mutação casual desaparece imediatamente se não há um ambiente hospitaleiro para recebê-la. Mais importante, nesse exemplo Pasteur tinha um conjunto de ideias sobre doença e inoculação e, portanto, era mais capaz de recuperar o experimento malsucedido. Reparemos, no entanto, que, além de ter uma estrutura de ideias construída, a mente preparada está pronta para o que acontecer. Tem suas teorias, mas presta igual atenção às anomalias que não se encaixam nelas. Portanto, temos este paradoxo: com a sorte inteligente, a mente está preparada para aquilo para o que não está preparada. Tem uma espécie de abertura, apegando-se às suas ideias sem tanta severidade e dispondo-se a expô-las à impureza e ao involuntário.

Em carta endereçada a um amigo em 1920, James Joyce fez uma maravilhosa observação breve sobre Hermes que relaciona o deus à essa mente receptiva. Joyce reflete sobre a misteriosa planta mágica, chamada *moli*, que Hermes oferece a Odisseu a caminho da residência de Circe. Os classicistas não têm certeza do que a *moli* de fato é (alho silvestre?), mas Joyce tem uma intuição sobre o que ela é em espírito:

> Moli é uma noz a quebrar. Essa é minha opinião mais recente. Moli é a dádiva de Hermes, o deus das vias públicas, e a influência invisível (bons votos, acaso, agilidade, *presença de espírito*, poder de recuperação) capaz de trazer salvação em caso de acidente (...) Hermes é o deus das placas de sinalização: ou seja, é, especialmente para um viajante como Ulisses, o ponto em que as estradas paralelas se fundem, e também as estradas opostas. Ele é um acidente da providência.[54]

O que mais me agrada aqui é a expressão que Joyce destaca: quando Hermes está por perto, sua dádiva revela a *presença de espírito*. Não alguma estrutura oculta da mente, necessariamente (não o complexo de Édipo ou uma atração instintiva pela beleza),

O GOLPE DE SORTE

porém mais simplesmente um tipo de inteligência que responde e dá forma, a mente andarilha, ágil, mutável em um mundo em mutação, capaz de recuperação e localizada particularmente no ponto onde as estradas, "paralelas (...) e opostas", convergem. A enigmática afirmação de Paul Valéry, "o fundo da mente está coberto de encruzilhadas", parece-me significativa aqui, pois a mente dotada da sorte inteligente extrai significado de coincidências e justaposições improváveis.

Como chegamos a essa mente errante das encruzilhadas? Já a temos, suponho, mas aqueles que a levam a sério despertam-na e a educam por meio da atenção aos seus deuses, algo tão simples quanto contar as histórias antigas, ou tocar a imagem de Exu ao deixar o portão da aldeia, ou tocar a herma ao adentrar o mercado. Nas fronteiras onde se penetra em territórios de contingência crescente, esses pequenos atos rituais trazem à mente o espírito que a contingência exige. Partir em uma jornada (ou entrar no estúdio de pintura) sem consultar o deus das estradas é um convite à sorte estúpida; levar a divindade em conta invoca a presença de espírito capaz de lidar com o que quer que venha a acontecer. O primeiro golpe de sorte (ou de azar!) revelará se algo respondeu ou não à invocação.

Uma rede para apanhar a contingência

Na segunda metade da década de 1940, D.T. Suzuki, o erudito budista japonês, costumava ministrar palestras na Universidade Columbia, e uma dessas palestras deu ao compositor John Cage uma compreensão fundamental sobre algo que já era parte do seu método. Suzuki traçou um círculo no quadro-negro e seccionou parte dele com duas linhas paralelas. O círculo completo representava a amplitude possível da mente, enquanto a pequena parte entre as linhas representava o ego. Cage recorda Suzuki dizendo que "o ego pode isolar-se dessa grande Mente, que passa através dele, ou se abrir".[55]

É principalmente em função dos nossos "apreços e desapreços", diz Cage, que nos isolamos da mente mais ampla (e do mundo mais amplo). Apreços e desapreços são os cãezinhos de colo e os cães de guarda do ego, atarefados o tempo todo, ofegando e latindo nos portões da simpatia e da aversão e, assim, estreitando a percepção e a experiência. Além disso, o próprio ego não pode escapar intencionalmente do que o ego faz – a intenção sempre opera em termos de desejo ou aversão –, e nós, portanto, precisamos de uma prática ou disciplina da *não* intenção, uma forma de driblar as operações habituais do ego. O zen-budismo, diz Cage, sugere a prática da meditação em posição de lótus: "você se volta para *dentro* por meio da disciplina, depois se liberta do ego". Cage considerava que sua prática artística se movia na direção contrária para o mesmo fim: "Eu decidi me voltar para *fora*. Foi por isso que resolvi trabalhar com o acaso. Eu o usei para me libertar do ego."[56]

O que você quer para o almoço: hambúrguer, falafel ou taco? Tire cara ou coroa, e a decisão nada terá a ver com seus gostos habituais. Você gostaria de silêncio aqui, uma flauta em tom sustenido, o barulho do trânsito ou um alarme de automóvel? Você pode odiar alarmes de automóvel, como eu, mas com o método de Cage, "você" e "eu" não temos escolha. Ele diz:

> Recorri a operações do acaso (...) de algum modo envolvendo uma multiplicidade de perguntas que proponho em vez de escolhas que faço (...) Se tiver a oportunidade de continuar trabalhando, acho que o resultado vai se parecer cada vez mais não com a obra de uma pessoa, mas com algo que poderia ter acontecido mesmo que a pessoa não estivesse ali.[57]

"Algo que poderia ter acontecido", ao acaso, por acaso. Cage acreditava que seu método, como a meditação promete, "abriria as portas do ego", de modo a convertê-lo "de uma concentração em si próprio em um fluir com toda a criação".[58] Cage gostava muito de repetir a afirmação de Mestre Eckhart, segundo a qual "nos aperfeiçoamos pelo que acontece conosco, e não pelo que fazemos".[59] Portanto, Cage não apenas permitia que as coisas acontecessem, mas desenvolveu uma prática que as encorajava a acontecer.

Percepções populares de Cage tendem a não ver que para ele as operações do acaso eram uma prática espiritual, uma disciplina. Uma forma de cortejar o acaso é exatamente o oposto da disciplina, é claro – o jovem que se expõe a um risco, o jogador que começa a apostar sem controle, o especulador arriscando o dinheiro de um parente. Cage era um homem brincalhão, mas não era assim que ele usava o acaso, como ele mesmo se empenhava com frequência em deixar claro.[60] Ao recomendar a não intenção, ele uma vez explicou:

> Não estou dizendo "faça o que quiser" e, no entanto, é exatamente isso que algumas pessoas agora pensam que estou dizendo (...) As liberdades que eu dei [em uma partitura musical] não foram concedidas para permitir qualquer coisa que alguém queira fazer, mas sim convites para que as pessoas se libertassem de seus apreços e desapreços e se disciplinassem.[61]

Em muitos sentidos a disciplina que Cage recomendava era tão rigorosa quanto a de qualquer monge em um retiro de meditação por um mês. Ele pedia que a intenção fosse frustrada de maneira rigorosa, não ocasional ou excêntrica. Ele *trabalhava duro* com o acaso. Literalmente passava meses jogando moedas e trabalhando com o *I Ching* para construir uma partitura.[62] Isso tomava tanto tempo que ele jogava moedas enquanto andava no metrô de Nova York quando ia visitar amigos.[63] Uma famosa peça musical de menos de cinco minutos levou quatro anos para ser composta.[64]

A ASTÚCIA CRIA O MUNDO

E, quando a peça acabou, não se destinava a ser uma ocasião para improvisações; deveria ser executada *dentro das restrições* que o acaso havia determinado. "A mais alta disciplina é a das operações do acaso (...) A pessoa é que está sendo disciplinada, não a obra."[65] A pessoa é disciplinada para se distanciar das atitudes habituais do ego e seguir na direção de uma mudança fundamental de consciência. Essa é a versão de Cage para o "esquecer a mão" de Duchamp.

Podemos inferir um sentido ainda mais completo das intenções da não intenção de Cage nos vários pontos em que ele contrasta suas práticas com o trabalho de outros artistas que poderiam parecer, à primeira vista, engajados em um empreendimento semelhante. Cage se distanciava da improvisação, da arte automática e dos métodos de composição espontânea, embora tais coisas pudessem inicialmente parecer relacionadas ao seu projeto. A partitura do *Concerto para piano e orquestra* de Cage, por exemplo, "libera" a orquestra em dado momento, e se você ouvir a gravação dessa peça feita no Town Hall, em Nova York, vai escutar um dos instrumentos de sopro improvisar um pouco de Stravinsky nessa passagem. "Você poderia procurar na partitura que entreguei a ele", Cage comentou mais tarde, "e nunca encontraria algo como aquilo nela. Ele estava simplesmente se rebelando – não tocando o que estava diante dele, mas em vez disso tocando o que lhe veio à mente. Tentei, na minha obra, libertar-me da minha mente. Eu esperava que as pessoas aproveitassem essa oportunidade para fazer o mesmo."[66]

Pelas mesmas razões, Cage não era atraído para uma arte como a de Jackson Pollock.[67] A premissa de trabalho de Pollock era que o caráter indomável de suas pinturas expressava seu eu profundo, primitivo e sensível, e Cage argumentaria, creio, que não importa quão "profundo" seja o eu, ele ainda é o eu. "Arte automática (...) nunca me interessou, porque é um modo de retroceder, apoiar-se subconscientemente nas memórias e nos sentimentos, não é? E eu fiz o máximo que pude para libertar as pessoas disso."[68] Cage preferia os desenhos incidentais espalhados pelos *Diários*, de Thoreau. "A beleza dos desenhos de Thoreau é que eles carecem completamente de expressão da própria personalidade."[69]

O objetivo da arte de Cage, portanto, não é entreter nem encantar, mas abrir o compositor (e, porventura, a plateia) para o mundo. Em uma das histórias que repetia com frequência, Cage conta que certa vez havia acabado de deixar uma exposição das pinturas do amigo Mark Tobey: "Estava parado em uma esquina da Madison Avenue esperando um ônibus e comecei a olhar para a calçada. Percebi que a experiência de olhar para a calçada era a mesma de olhar para os quadros de Tobey. Exatamente a mesma. O prazer estético era igualmente intenso."[70] Cage está elogiando Tobey, não o criticando, pois o trabalho do pintor havia aberto os olhos do observador; ele pôde ver e apreciar o que antes teria sido a insípida e desprezível cobertura de asfalto da cidade. Essa é uma das funções da pintura do século XX, diz Cage, "abrir os nossos olhos",[71] assim como a sua música deveria abrir nossos ouvidos. Como um dos colegas de Cage, o pintor Jaspers Johns, diz: "Já é uma grande coisa ver algo com clareza."[72]

Devo acrescentar aqui que as ideias de Cage têm alguma autoridade para mim porque tive a experiência que elas descrevem. Ouvi Cage em pessoa pela primeira vez em 1989, quando ministrou as Conferências Norton em Harvard, oferecendo uma colagem de fragmentos de textos – extraídos de Henry David Thoreau, Ralph Waldo Emerson, *The Wall Street Journal*, antigas conferências de sua autoria – reunidas e ordenadas por meio de uma série de operações do acaso. Achei as conferências algumas vezes divertidas, mas na maior parte do tempo enfadonhas; saí da primeira antes do fim. Mas então uma coisa engraçada aconteceu. Não conseguia tirar a experiência da cabeça. As leituras haviam aguçado meus ouvidos, por assim dizer, de modo que uma situação após

A ASTÚCIA CRIA O MUNDO

a outra as evocava. Hoje, em qualquer cidade do mundo, ouve-se constantemente uma espécie de colagem de sons complicados – fragmentos do rádio, frases saindo pelas portas das lojas, os carros passando, as buzinas, o estalo de um ferrolho. Vindos de toda a nossa volta, os ruídos se juntam coincidentemente nos ouvidos e, gostemos ou não, esse é o mundo que nos é dado escutar. Depois de ter ouvido Cage, escuto isso com mais clareza.

Passei um verão, alguns anos mais tarde, em Berkeley, na Califórnia, escrevendo um rascunho destes capítulos e lendo trechos em prosa e entrevistas de Cage. Ao mesmo tempo meditava no Berkeley Zen Center e com frequência, enquanto o fazia, tornava-me consciente dos sons à minha volta – do canto de um pássaro pontuando o zumbido de um avião, por exemplo, com uma conversa de uma casa próxima como uma espécie de tema intermediário. Esses momentos de audição eram *divertidos*, e tenho de me perguntar se o meu divertimento não era a alegria de deixar o mundo acontecer. Descobri que podia bloquear momentaneamente meu filtro inconsciente e reflexivo, e quando o fazia, era como se minha capacidade auditiva tivesse aumentado vinte por cento, ou como se tivesse água em um dos ouvidos durante anos e ela subitamente desaparecesse. Em uma entrevista, Cage certa vez descreveu sua luta contra a aversão pelo ruído de fundo de máquinas como o motor de geladeira. "Passei a vida achando que deveríamos tentar nos livrar deles (...) O que aconteceu foi que estou começando a gostar desses sons. Quero dizer que agora realmente os ouço com o tipo de prazer com que ouço o tráfego. O tráfego é fácil de reconhecer como algo belo, mas esses zumbidos são mais difíceis, e nunca me dispus realmente a achá-los belos (...) Eles estão, por assim dizer, se revelando para mim."[73] Há um estado da mente que considera o som do motor da geladeira interessante, mesmo às três da madrugada.

Cage prontamente admite que a mudança de opinião que leva a essa espécie de interesse é um dos propósitos da sua ausência de propósitos. "Acredito que a música tem a ver com uma alteração de si mesmo; começa com a alteração do compositor e concebivelmente se estende à alteração dos ouvintes. Não assegura isso de modo nenhum, mas assegura a alteração da mente do compositor, mudando a mente de modo que ela se altera não apenas em presença da música, mas também em outras situações."[74]

Operações do acaso podem mudar a mente porque evitam a intenção. "A vida cotidiana é mais interessante do que as formas de celebração", disse Cage certa vez, acrescentando a ressalva: "*Quando* nos tornamos conscientes dela. Esse *quando*", explica, "é o momento em que nossas intenções se reduzem a zero. Então, subitamente, você se dá conta de que o mundo é mágico."[75] O professor budista tibetano Chungyam Trungpa disse uma vez que a "mágica é a apreciação total do acaso". É mais provável que apreciemos o acaso se pararmos de tentar controlar o que acontece, e um modo de fazer isso é cultivando a não intencionalidade. Fazer isso em sua totalidade é perceber quão completamente o mundo já acontece dentro de nós e à nossa volta, como por mágica.

Em certo sentido, a própria "arte" desaparece como resultado dessa prática. Em anos posteriores, Cage sentiu que sua técnica de composição o havia modificado, "e a mudança que se deu é que (...) encontro meu maior prazer acústico e estético simplesmente nos sons do ambiente. De modo que não sinto mais necessidade não apenas da música de outras pessoas, na realidade, não necessito nem mesmo da minha música".[76] Uma arte produzida com esse espírito dificilmente é uma arte de fato, pelo menos não no sentido de produzir um objeto durável, qualquer traço reconhecível das intenções do ego. Em seu livro *For the Birds* [Para os pássaros], Cage conta sobre uma festa a que ele uma vez compareceu: "Quando estava entrando na casa, notei que uma música muito interessante estava sendo tocada. Depois de um ou dois drinques, perguntei à minha anfitriã que música era aquela. Ela disse: 'Você não pode estar falando sério!'"[77] Era uma de suas peças, no fim das contas.

A ASTÚCIA CRIA O MUNDO

Uma composição assim difere marcadamente das criações que um artista como Picasso faz quando um golpe de sorte surpreende seu olhar, ou pelo menos os artistas diferem de maneira acentuada. Lembremo-nos da distinção de Jacques Monod entre uma criação e uma revelação, entre o que ele chama de "inovação absoluta" e uma inovação que surge de maneira previsível de condições já presentes. Nesses termos, a *Cabeça de touro*, de Picasso, é uma revelação, não uma criação. Estou na verdade seguindo Picasso quando digo isso: "O acidente *revela* o homem", diz ele.[78] No caso da *Cabeça de touro*, o que vemos, caso não o tenhamos visto antes, é que a "personalidade profunda" de Picasso é apaixonada por touros e touradas. Alguns dos seus primeiros desenhos de infância são sobre touradas.[79] A cabeça de touro faz parte da sua paisagem mental, por isso não é surpresa quando seu olho identifica um padrão familiar no guidão e no assento da bicicleta. É um achado acidental, de fato, mas um acidente sintomático. Se houvesse porta-garrafas ou uma face de Cristo naquele monte de entulho, Picasso não os veria. Se Matisse tivesse olhado para o mesmo monte de entulho, poderia ter achado algo muito mais colorido. Se o matemático Benoit Mandelbrot tivesse posto os olhos sobre aquele entulho, poderia ter visto um riacho de lama no formato de pena ou uma cornucópia de manchas de óleo. E John Cage? Não podemos prever o que Cage encontraria, pelo menos não se ele fosse até o monte de entulho carregando o *I Ching* debaixo do braço.

Nos termos de Cage, portanto, a atenção de Picasso ao acidente é um modo de *explorar* o eu, não de *abandoná-lo*, e por isso corre o risco da indulgência e da repetição. Lembro-me da crítica do diretor de teatro Peter Brook aos atores que tentam entrar em contato com seu eu "profundo": "O ator metódico (...) procura dentro de si um alfabeto que está (...) fossilizado, pois a linguagem dos signos da vida que conhece é a linguagem não da invenção, mas do seu condicionamento (...) O que ele pensa ser espontâneo é filtrado e monitorado repetidas vezes. Se o cão de Pavlov estivesse improvisando, ainda salivaria quando o sino tocasse, mas teria certeza de que seria um feito inteiramente seu: 'Estou babando', diria, orgulhoso de sua ousadia."[80]

Os materiais do achado acidental de Picasso são novos, mas a arte que ele cria a partir deles remete-nos ao mesmo velho Picasso. Ele, é claro, ficava bastante satisfeito em trabalhar com o acidente como um instrumento de revelação ("A partir dos erros se conhece a personalidade!"),[81] mas Cage não ("A personalidade é uma coisa frágil com base na qual se pode construir uma arte"),[82] pois procurava a "inovação absoluta" do puro acaso do qual falava Monod. Ele não se propunha a descobrir um eu escondido, nem considerava que as operações do acaso revelariam uma realidade divina oculta, preexistente, como acreditavam os antigos adivinhos. "Compor é como escrever uma carta a um estranho", disse ele uma vez. "Não ouço coisas na minha cabeça, nem tenho inspiração. Tampouco é correto, como algumas pessoas disseram, que por usar operações do acaso minha música não é composta por mim, e sim por Deus. Duvido que Deus, supondo que Ele exista, ia se dar ao trabalho de compor minha música".[83]

Se os produtos das operações do acaso de Cage não são revelações, nem do eu, nem do divino, então o que são exatamente? Como eu disse, em certo sentido elas são "nadas", experiências cuja ausência de propósito tem como fim a criação de um tipo de consciência ou atenção ("não coisas, mas mentes" era um dos aforismos de Cage).[84] No entanto, embora Cage esteja claramente mais interessado na consciência do que em objetos artísticos, às vezes fala como se fosse um criador desses objetos, descrevendo suas obras como invenções ou descobertas, e seu processo como um trabalho para "trazer (...) coisas novas à existência".*[85] Esse

---

* O pai de Cage era um inventor e ele sempre se orgulhou do fato de que Arnold Schöenberg certa vez o descreveu como "não um compositor, mas um inventor genial".[86]

A ASTÚCIA CRIA O MUNDO

tema menor nas suas autodescrições me interessa porque nelas ouço ecoar a ideia de Monod de que o puro acaso pode levar à inovação absoluta, a criações que não poderiam ter sido previstas mesmo que conhecêssemos os conteúdos não revelados do eu ou do cosmos. Quase como uma questão de definição, essa inovação absoluta (na evolução ou na arte) só pode surgir se o próprio processo não tiver propósito, pois onde há propósito, as criações o revelam e não são, portanto, absolutamente novas.

Cage certa vez disse, por exemplo, que um *happening* deveria criar uma coisa completamente imprevisível. Em 1952, Cage e um grupo de amigos do Black Mountain College produziram um dos primeiros *happenings*, uma performance teatral mista cuja forma foi delineada por operações do acaso (incluía Cage lendo uma de suas conferências do alto de uma escada e o pintor Robert Rauschenberg tocando discos em uma velha vitrola).[87] Muito mais tarde, Cage diria: "Um *happening* deveria ser como uma rede para apanhar um peixe cuja natureza não se conhece",[88] uma observação que ecoa bem o sentido de criação "absoluta" de Monod, pois na evolução, também, a adição do acaso à necessidade significa que a criação sempre "pega um peixe" cuja natureza não se pode prever. Casos de evolução convergente (na qual espécies semelhantes evoluem em ecossistemas similares porém distantes) demonstram muito bem esse aspecto. Tanto na África quanto na América do Sul, por exemplo, peixes que precisam navegar em águas lodosas desenvolveram um método de perceber o que está à sua volta que envolve a emissão de um campo elétrico fraco. Para que essa eletrolocalização funcione, o corpo do peixe se torna uma espécie de antena receptora e deve, portanto, se manter rígido, o que significa que o peixe não pode ondular para nadar como a maioria dos peixes faz. O peixe-elétrico se locomove por meio de uma única grande barbatana que percorre toda a extensão do seu corpo. Na espécie africana, a barbatana corre ao longo do dorso do peixe, na América do Sul, porém, corre ao longo da barriga. Esses seres se originam do jogo do acaso e da necessidade; a natureza da eletricidade necessariamente enrijece o corpo, mas a barbatana locomotora é situada por casualidade.[89] Como o puro acaso está envolvido, na evolução das espécies e em um *happening* de John Cage, surge o "peixe" cuja natureza ninguém poderia prever com base nas circunstâncias originais.

Para dizer isso de outro modo, em ambos os casos o que quer que surja – não importa quão belo ou útil – não é fruto de nenhum propósito oculto. Cage, como Picasso, poderia ter sido capaz de dizer "eu não procuro, eu acho", mas, no caso de Cage, suas descobertas afortunadas nunca revelam motivos inconscientes. Uma das primeiras inovações de Cage foi colocar toda sorte de objetos nas cordas de um piano (parafusos, porcas, pedaços de papel), produzindo sons novos e imprevisíveis. "Coloquei objetos sobre as cordas, decidindo a sua posição de acordo com os sons que resultavam. Então, era como se eu estivesse caminhando pela praia e encontrando conchas (...) Descobri melodias e combinações de sons que funcionavam com a estrutura dada."[90] Se Cage estava procurando "o que funciona", poderia parecer a princípio que ele tinha propósitos e que estava permitindo que seu gosto o guiasse. Mas se esse foi o caso, é difícil explicar por que ele nunca fez uso de suas descobertas de sorte. Em outras palavras, quando acontecia de Cage encontrar uma melodia da qual gostava, ele não prosseguia no sentido de construir algo com ela, repeti-la, elaborá-la até um clímax e assim por diante. Fazer isso seria propagar seus "apreços e desapreços" e, assim, começar novamente a moldar e solidificar o ego. Assim como o jogo do acaso na evolução não é direcionado a nenhum fim, mesmo quando beleza duradoura brota dele, quando o acaso dava a Cage uma melodia interessante, ele nunca a tomava como um sinal dos seus propósitos (como Picasso poderia fazer), nem permitia

A ASTÚCIA CRIA O MUNDO

que ela despertasse a sua intenção. Ele ia adiante, deixando que o acaso decidisse o que aconteceria em seguida.*

Assim, e a despeito do fato de que Cage às vezes falava como se sua arte produzisse objetos, essa linha de pensamento nos leva de volta ao seu aforismo: "Não coisas, mas mentes." Cage era acima de tudo dedicado a criar uma espécie de consciência, acreditando que se permitirmos que o acaso indique o que acontecerá em seguida, seremos conduzidos a uma apreensão mais completa do que o mundo é. Tomemos o que provavelmente é a composição mais conhecida de Cage, uma peça chamada *4'33"*, 4 minutos e 33 segundos de silêncio divididos em três movimentos (cada um indicado pelo ato do pianista de abaixar e erguer a tampa do piano). No mesmo ano em que essa peça foi escrita, 1952, Cage teve a oportunidade de visitar uma câmara anecoica na Universidade de Harvard, um recinto tão completamente isolado em termos acústicos que era considerado absolutamente silencioso. Sozinho na sala, Cage ficou surpreso ao ouvir dois sons, um alto e outro baixo. Os técnicos lhe disseram que eram os sons do seu sistema nervoso e da sua circulação sanguínea.[91] Naquele momento ele percebeu que não existe silêncio, existem apenas os sons intencionais e os sons não intencionais. Assim, *4'33"* não é uma peça "silenciosa", e sim uma oportunidade estruturada de escutar o som não intencional, ouvir a plenitude do que acontece. A plateia na *première* de *4'33"* "não compreendeu isso", Cage certa vez comentou. "O que pensavam ser silêncio (...) estava cheio de sons acidentais. Era possível ouvir o

---

* Cage era rigoroso na devoção ao acaso, para consternação até mesmo de seus amigos. O compositor Earle Brown certa vez argumentou em favor da mistura de acaso e escolha: "Acho que deveríamos poder jogar cara ou coroa, depois decidir usar um belo fá sustenido, caso se desejássemos – estarmos dispostos a descartar o sistema, em outras palavras. John não fará isso."[92] A observação espirituosa de Mark Twain sobre Wagner – "sua música é melhor do que soa" – capta bem a complexidade da minha reação a Cage (sair no meio da conferência e depois ser assombrado por ela). Como Earle Brown, prefiro o jogo do acaso e da intenção à pureza do método de Cage. Mas também reconheço que ele abriu um caminho que ninguém antes havia trilhado, e deixou um marco ali. Mesmo aqueles que não o seguem nesse caminho se beneficiam da visão desse marco.

vento se agitando do lado de fora durante o primeiro movimento. Durante o segundo, gotas de chuva começaram a tamborilar no telhado, e durante o terceiro, as pessoas faziam todo tipo de sons interessantes enquanto conversavam ou se retiravam."[93]

Teorias evolucionistas têm demonstrado que, embora seja difícil à primeira vista imaginar como um processo que depende do acaso pode ser criativo, ainda assim foi por meio de um processo como esse que a própria criação passou a existir. Eu segui o panorama do papel do acaso na criação da biosfera apresentado por Monod em parte porque sua linguagem é semelhante à de Cage em muitos aspectos. Por um lado, Monod reconhece que há um tipo de egotismo autoprotetor em todas as coisas vivas, o que equivale a dizer que tudo que é vivo se perpetua por meio da invariância (o DNA é notavelmente estável) e se protege das "imperfeições" que o acaso possa lhe impor. Por outro lado, a invariância significa que as coisas vivas, por si, não são capazes de se adaptar quando o mundo à sua volta se modifica, nem mudar para ocupar nichos vazios da biosfera. Na natureza, como nos céus que Loki importuna, a verdadeira mudança requer acidentes, felizes ou não. "A mesma fonte de perturbações fortuitas, de 'ruídos', que em um sistema (...) não animado conduziria pouco a pouco à desintegração de toda a estrutura, é a progenitora da evolução na biosfera e explica sua irrestrita liberdade de criação", escreve Monod, chamando o DNA de "[um] registro do acaso, [um] conservatório sem ouvido tonal no qual o ruído é preservado junto com a música."[94]

Isso ecoa a estética de Cage com bastante precisão. Ele não ignorava o fato de que culturas e personalidades protegem e replicam seus ideais, suas belezas, suas obras-primas, mas ele não apostava em estruturas duráveis, e sim na perturbação. Ele se voltava para o acaso para livrar a mente de sua armadura protetora feita de ideias recebidas, a fim de que ela pudesse prestar mais atenção ao leve soprar do vento ou ao tamborilar da chuva no telhado. Sua arte era uma rede para apanhar a contingência. Ele aguçava seu

A ASTÚCIA CRIA O MUNDO

ouvido para o barulho, não para as velhas harmonias, intuindo que o ruído pode levar a algo tão notável quanto este mundo, e acreditando que, em uma civilização tão complexa e inconstante quanto a nossa se tornou, a presteza em deixar que a mente mude quando a contingência assim o exige pode ser um dos pré-requisitos de uma vida feliz.

Notas

1. Kundera, p. 48.
2. Hacking, p. 200.
3. Nachmatovitch, p. 87.
4. Agradeço a Eric Moe pela história sobre Mozart.
5. Picasso, p. 157. Contando a história da *Cabeça de touro* em outra ocasião, Picasso acrescentou uma divertida fantasia: "Finalmente, fiz desse guidão e desse assento uma cabeça de touro que todo mundo reconhecia como tal. A metamorfose se realizou, e eu gostaria que outra metamorfose ocorresse em sentido contrário. Se minha cabeça de touro fosse atirada em um monte de ferro-velho, talvez um dia algum menino dissesse: 'Eis aqui algo que daria um bom guidão para a minha bicicleta.'" (Picasso, p. 156).
6. Bascom, pp. 500-1, 157, 499, 173.
7. Kerényi, *Hermes, Guide of Souls*, pp. iv-v.
8. Traduções do primeiro apelido descritivo que Hermes recebe no *Hino a Hermes: erioúnion*. Ver verso 3; ver também verso 551.
9. Quando falo em contingência e tragédia, estou pensando no livro de Martha Nussbaum *The Fragility of Goodness [A fragilidade da bondade]*, sobre "sorte e ética na Grécia Antiga". Para Nussbaum, as tragédias gregas decorrem de contingências inexoráveis, e ela considera os tragediógrafos mais sábios do que o idealista Platão, por reconhecerem que a contingência é inexorável. Este mundo nos inunda dela; estar acima dela significa deixar este mundo, abandonar o humano como o conhecemos. Mas a permanência neste mundo não nos deixa unicamente com a tragédia, pois a contingência e

a sorte têm um lado cômico, até mesmo redentor – sobre o qual Nussbaum silencia.

10. Wilson, *Nez Percé Stories* (audiotape).
11. Young, p. 81.
12. Ogundipe II, pp. 136-42.
13. *Hino a Hermes*, versos 23-24.
14. *Hino a Hermes*, verso 24.
15. Turner, *Ritual Process*, pp. 127-28, 133.
16. *Hino a Hermes*, versos 43-46.
17. Picasso, p. 90.
18. Picasso, pp. 71-72.
19. Foster, p. 307.
20. Platão, org. de Hamilton e Cairns, p. 89.
21. O melhor exemplo está na mitologia nórdica, na qual as Nornas são três deidades femininas cujo fiar e tecer determina os destinos dos seres humanos. Sobre a ideia de que os destinos expressam as demandas da coletividade, ver (para o caso grego) Dodds, p. 8.
22. Onians, pp. 343-48; também Hillman, pp. 152-53.
23. Platão, org. de Hamilton e Cairns, p. 271 (*Górgias* 489c).
24. Hyde, *The Gift*, p. xvi.
25. Bascom, p. 30; ver também p. 36, 68.
26. Flaceliere, p. 17.
27. *Oxford English Dictionary*, s.v. *"contingent"* §4. Outro exemplo de religioso que acredita que não existem acidentes é Boécio. Na sua *The Consolation of Philosophy* [*A consolação da filosofia*] Lady Filosofia diz ao filósofo romano que se por "acaso" ele se refere a eventos produzidos por "um movimento confuso e sem conexão de causas", então tal coisa não existe, pois "Deus dispôs todas as coisas na devida ordem" (Boécio, p. 105).
28. Ogundipe I, p. 138.
29. Flaceliere, pp. 9-10.
30. Von Franz, p. 38.
31. Jung, Posfácio ao *I Ching*, p. xxiv.
32. Freud, p. 27.
33. Freud, p. 69.

A ASTÚCIA CRIA O MUNDO

34. Freud, p. 41.
35. Freud, p. 53.
36. Ver Ashton *in* Picasso, p. xxi.
37. Picasso, p. 30.
38. Picasso, p. 21.
39. Picasso, p. 11.
40. Picasso, p. 47.
41. Picasso, p. 45.
42. Picasso, p. 45.
43. Picasso, p. 91; ver também p. xxi.
44. Ogundipe II, p. 172.
45. Thompson, seção V, p. 1; ver também Cabrera, pp. 163-64.
46. Kerényi, *Primordial Child*, p. 57.
47. Hillman, *Puer Papers*, p. 154.
48. Serres, p. xiii.
49. Hyde, *The Gift*, pp. 150-51.
50. Kerényi, *Hermes*, pp. 24-25. Ênfase acrescentada.
51. *Hino a Hermes*, versos 436-38.
52. J.H. Austin, p. 202.
53. J.H. Austin, p. 72.
54. Joyce, p. 272.
55. Kostelanetz, p. 52.
56. Kostelanetz, p. 229.
57. Kostelanetz, pp. 52-53.
58. Kostelanetz, p. 20.
59. Cage, *Silence*, p. 64.
60. Kostelanetz, pp. 17, 42-43.
61. Kostelanetz, p. 102.
62. Kostelanetz, p. 73.
63. Kostelanetz, p. 67.
64. Kostelanetz, p. 108.
65. Kostelanetz, p. 219.
66. Kostelanetz, pp. 68-69.
67. Kostelanetz, p. 177; ver também Copeland.
68. Kostelanetz, p. 173.

69. Kostelanetz, p. 126.
70. Kostelanetz, p. 175.
71. Kostelanetz, p. 174.
72. Copeland, p. 48.
73. Kostelanetz, p. 97.
74. Kostelanetz, p. 99; ver também p. 43.
75. Kostelanetz, p. 208.
76. Kostelanetz, pp. 99-100.
77. Cage, *For the Birds*, p. 22.
78. Picasso, p. 91. Ênfase acrescentada.
79. A biografia escrita por John Richardson reproduz dois desses, que Picasso desenhou quando tinha 9 anos. Ver Richardson, p. 30.
80. Copeland, p. 47.
81. Picasso, p. 45.
82. Cage, *Silence*, p. 90.
83. Kostelanetz, p. 74.
84. Cage, *Themes and Variations*, p. 11.
85. Kostelanetz, p. 207.
86. Kostelanetz, pp. 31, 237; *The New York Times*, 13 de agosto de 1992.
87. Revill, p. 161.
88. Kostelanetz, p. 113.
89. Dawkins, pp. 97-99.
90. Kostelanetz, pp. 62-63.
91. Revill, pp. 162-64; ver também Kostelanetz, pp. 228-29.
92. Tomkins, p. 74.
93. Kostelanetz, p. 65.
94. Monod, pp. 116-17.

PARTE III **Trabalho sujo**

7. Pudor sem voz e voz sem pudor

A criança imigrante

Os salish do interior, no estado norte-americano de Idaho, contam esta história: "'Serei o deus-sol', declarou o Coiote, e o povo permitiu que tentasse. Ocupou a morada do sol, do outro lado do céu. Mas assistiu a tudo o que o povo fazia. Quando via pessoas vivendo amores secretos, gritava, causando-lhes grande constrangimento. Delatava os que estavam se escondendo. As pessoas ficaram aliviadas quando aquele dia acabou. Não perderam tempo em expulsar o Coiote da morada do sol."[1]

Você e eu sabemos quando falar e quando conter a língua, mas o Velho Coiote, não. Ele não tem tato. São todos iguais, esses tricksters; não têm vergonha e, por isso, são incapazes de ficar em silêncio. Hermes deveria morder a língua quando é arrastado perante a assembleia dos deuses, mas em vez disso se faz de desentendido e conta uma mentira deslavada, vestindo – como diz a mãe – "o manto do descaramento".[2] Loki certa vez teve os lábios costurados por um anão irritado, mas arrancou as correias que os prendiam e continuou falando.

Acontece o mesmo com o Velho Macaco, na China.[3] Sabemos que Tripitaka, o venerável monge budista que leva o Macaco consigo na "jornada para o oeste", é um bom homem, pois com frequência "fica emudecido de pudor". É assim que deveria ser; a vergonha deveria roubar nossa voz. Mesmo que *quiséssemos* falar, o pudor deveria atar nossa língua. Alguns aldeões certa vez ofereceram uma mulher a Tripitaka. "Quando ouviu tais palavras, curvou a cabeça e caiu em completo silêncio."[4] Nenhuma paralisia como essa jamais atinge a língua frouxa e simiesca do Macaco.[5] Na verdade, sua fluência ininterrupta em situações que silenciariam criaturas mais sensíveis é uma bênção irônica para Tripitaka em sua jornada, pois é duro viajar neste mundo decaído se você perder o dom da fala a cada vez que o mal cruza seu caminho.[6] Tripitaka é tão bondoso que quando monstros se disfarçam de homens virtuosos, ele nunca enxerga através do disfarce. "Mestre, por favor, ponha de lado sua compaixão apenas por hoje!", implora o Macaco. "Quando tivermos cruzado esta montanha, então você poderá ser compassivo novamente."[7] O Macaco, que nunca se deixa levar pela compaixão, e certamente nunca "emudece", garante que os peregrinos sigam em frente com presteza.

O espírito do Macaco, disse certa vez Maxine Hong Kingston, foi um dos presentes que os imigrantes chineses levaram com eles para a América.[8] À primeira vista, pelo menos, Kingston não parece ser uma das portadoras dessa dádiva. Preocupada com questões éticas e dedicada à beleza de sua arte, dificilmente tem uma reputação de autora "despudorada". Ainda assim, teve suas contendas com o silêncio. (Em um livro de memórias, ela escreve: "Quando fui para o jardim de infância e tive de falar inglês pela primeira vez, fiquei calada. Uma mudez – uma vergonha – ainda parte minha voz ao meio..."[9] Ela era tão calada que foi reprovada no jardim de infância.) Além disso, sofisticação moral e prosa elegante são qualidades do trabalho acabado de Kingston, não do seu processo, e é no processo que o espírito do Macaco é seu aliado, guiando a artista peregrina através do divisor que separa a mudez da fala. "Mestra, por favor, deixe a beleza de lado apenas por hoje! Quando tivermos cruzado esta montanha, então..."

A primeira manifestação de Kingston como escritora norte-americana vem exatamente desse divisor. Suas memórias de infância em um lar sino-americano, *The Woman Warrior* [A guerreira], começam com estas palavras notáveis: "'Você não deve contar a alguém', disse minha mãe, 'o que vou lhe dizer.'"[10] A história que a mãe de

PUDOR SEM VOZ E VOZ SEM PUDOR

Kingston iniciou com essa determinação de silêncio dizia respeito a uma tia na China que gerou uma criança ilegítima e, humilhada pela vila por causa do adultério, cometeu suicídio, afogando-se e ao bebê no poço da família. A mãe de Kingston contou à filha essa história de advertência por ocasião da primeira menstruação da garota. "'O que aconteceu a ela pode acontecer a você', alertou. 'Não nos humilhe. Você não gostaria de ser esquecida como se nunca houvesse nascido. Os aldeões são vigilantes.'"[11]

A ligação que a maioria de nós reconhece entre vergonha e silêncio torna-se aqui literalmente um regulamento. Kingston não é apenas levada a entender que sua sexualidade é uma potencial fonte de vergonha, ela tem um vislumbre do que o território da vergonha contém e em seguida é orientada a jamais falar sobre o assunto. A narrativa admonitória da mãe a respeito de uma mulher perseguida até cometer suicídio advém do que é às vezes denominado de "cultura da vergonha", uma cultura que preserva sua estrutura submergindo aqueles que saem da linha em ondas sufocantes e mortais de vergonha.*

---

* As "culturas da vergonha" são com frequência distinguidas das "culturas da culpa". Uma cultura da vergonha se desenvolve no tipo de comunidade em que há um relacionamento próximo, e as pessoas se comportam de determinada maneira porque os olhares dos outros estão sempre sobre ela. ("Os aldeões são vigilantes" é uma sentença proveniente de uma cultura da vergonha.) Se um homem oriundo de uma cultura da vergonha parte em uma viagem, presume-se que ele possa fazer coisas más porque, afinal, ninguém estará olhando. Em uma cultura da culpa, as sanções morais são mais internalizadas; as pessoas carregam o peso da consciência para onde quer que vão e dessa forma se comportam de maneira adequada seja em uma ilha deserta seja em uma cidade estrangeira. Culturas da culpa supostamente seguem-se a culturas da vergonha, e as aperfeiçoam (é nesses termos, por exemplo, que E.R. Dodds posiciona a Grécia Helenística acima da Grécia Homérica).[12] Considero essa distinção algumas vezes útil e outras, não. Certamente não abandonamos a vergonha, para começar (todos os colégios norte-americanos são culturas da vergonha; as propagandas difundem uma cultura da vergonha). A distinção entre os olhos exteriores e os olhos interiores não se sustenta sob um exame minucioso (mesmo nas culturas da vergonha as pessoas internalizam o grupo; mesmo nas culturas da culpa, o olho de Deus vigia do alto). Douglas Cairns argumenta, na verdade, que os antropólogos que desenvolveram essas distinções (Mead, Benedict, Leighton e Kluckhohn) assumiram inconscientemente que sua cultura de culpa da classe média protestante norte-americana estava em uma das extremidades de um trajeto evolucionário.[13] Para o excelente resumo e crítica de todo o debate por Cairns, ver *Aidos: The Psychology and Ethics of Honour and Shame in Ancient Greek Literature*. Oxford: Clarendon Press, 1993, pp. 14-47.

A ASTÚCIA CRIA O MUNDO

A própria Kingston oferece uma imagem impressionante da coisa valiosa que uma cultura da vergonha espera preservar por meio dessas táticas. Uma vila chinesa funcionando apropriadamente é como a face da lua, diz ela. "O bolo lunar redondo e as portas arredondadas, as mesas redondas de tamanhos gradativos que encaixam uma circularidade dentro de outra, janelas e tigelas de arroz redondas",[14] tudo isso, diz Kingston, lembra às famílias a "lei", o caminho, as regras que mantêm o vilarejo intacto, especialmente em tempos difíceis, de fome ou guerra. "Os aldeões assustados, que dependem uns dos outros para manter o real, procuraram minha tia para mostrar uma representação pessoal, física, da ruptura que ela havia provocado na 'circularidade'."[15] Atiraram ovos; rasgaram as sacas de arroz; abateram o gado.

Essa imagem reforça, creio, que um mundo ordenado tem áreas de fala e áreas de silêncio. "Você não deve contar a ninguém o que vou lhe dizer" parece uma forma estranha de começar uma história, pelo menos para aqueles de nós que compram ficções nas livrarias. Mas sempre foi a maneira como um determinado tipo de narrativas principia. No sudoeste norte-americano, as histórias que os hopi narram nas *kivas* não são contadas a estrangeiros; não são contadas nem mesmo para outros hopi. Na Grécia antiga era proibido recitar os poemas órficos para os não iniciados. De maneira semelhante, na mitologia grega a deusa Deméter mostrou pessoalmente ao povo de Elêusis "o modo de conduzir seus ritos e ensinou-lhes todos os seus mistérios (...) – mistérios terríveis que ninguém pode, em nenhuma hipótese, transgredir, espreitar ou revelar, pois um profundo pavor dos deuses reprime a voz".[16]

Podemos dizer, então, que em muitas tradições a determinação do silêncio é o ato da fala por meio do qual uma determinada narrativa torna-se sagrada.* A regra do silêncio separa ou isola essas histórias de todas as outras e as torna especiais, divinas, sagradas. A raiz da palavra hebraica *k-d-sh* – geralmente traduzida como "santo" – contém essa ideia de separação, de modo que na verdade algumas versões do Velho Testamento traduzem uma frase como "Sou o Senhor (...); sede santos, porque sou Santo" como "(...) estou à parte e vós vos deveis pordes à parte como Eu".[17] De forma similar, na tradição grega um pedaço de terra dedicado a um deus é chamado *temenos*,[18] palavra derivada de um verbo que significa "isolar". Uma história precedida pela regra do silêncio é uma linguagem *temenos* – uma fala isolada de outra fala e, portanto, santificada.

Essas regras produzem dois tipos de fala e dois tipos de silêncio. "Profano" significa *pro fanum*, diante do templo. Não consigo pensar nisso sem imaginar uma antiga praça europeia com uma movimentada feira de rua em frente à igreja ou à catedral. No pátio do lado de fora da igreja, as pessoas conversam de maneira profana por definição e, se tiverem sido adequadamente instruídas, mantêm silêncio sobre os mistérios. Dentro do templo, por outro lado, falam dos mistérios, mas mantêm-se em silêncio sobre o profano. Essas esferas de fala e de silêncio, e as fronteiras reconhecíveis entre as duas, estão portanto intimamente atadas a qualquer mundo organizado de forma a distinguir entre o sagrado e o profano.[19]

---

* Isso significa que um livro como este é necessariamente feito de textos profanos. Mencionei anteriormente que as narrativas do Coiote eram tradicionalmente contadas apenas no inverno; agora elas aparecem na livraria em todas as estações. Paul Radin destaca que quando encontrou entre os índios winnebago um informante disposto a contar o ciclo trickster, soube que havia encontrado também uma perda do sagrado.[20] Por outro lado, talvez o *verdadeiro* sagrado ainda esteja oculto. Em um ensaio sobre narrativas afro-americanas, Bill Hampton especula que "os contos de trickster de caráter mais sagrado nunca foram obtidos dos negros americanos, apenas aqueles de natureza mais profana, contados de fato entre os próprios negros ou narrados aos coletores".[21]

A mãe de Kingston, então, é uma espécie de bardo chinês, tentando manter os mistérios vivos. A frase "você não deve contar a ninguém" anuncia que ela está iniciando a filha (a garota Macaco norte-americana) em uma área de fala especial. Além disso, a mãe não quer dizer de verdade "ninguém": creio que se esperava que Kingston repetisse essa história um dia para a filha. É um mito da família ou da vila – contado ritualmente na época da primeira menstruação de uma jovem e proibido em qualquer outra época. Se dissermos que narrativas assinaladas como especiais por uma regra de silêncio são não apenas sagradas, mas míticas, e que o ato de contar um mito é o modo pelo qual uma sociedade afirma sua realidade, então começamos a entender por que o ato de honrar o silêncio pode ser importante e por que não se deve convidar o Macaco para entrar em casa ou deixar o Coiote ocupar a morada do Sol. Se as regras do silêncio ajudam a "manter o real", como Kingston afirma, então assume-se um risco considerável ao quebrá-la.

Para expressar isso de maneira audaciosa: arrisca-se a destruir o cosmos. E se é esse o caso, então a vergonha que refreia a língua é uma dádiva dos deuses para proteger os mortais temerários da própria tolice. De fato, a noção popular de vergonha (como uma espécie de desvantagem adquirida na infância) não evoca de maneira completa o tipo de reconhecimento e prudência que essa dádiva implica. *Aidos* é o termo grego frequentemente traduzido como "vergonha", e tem uma gama instrutivamente ampla de significados, denotando não apenas pudor, respeito próprio e consideração pelos outros, mas também, e mais importante, reverência e temor.[22] Quando se entra no pomar de um deus[23] (ou encontra-se um profeta, poeta ou rei), esses diversos sentimentos devem se manifestar como um só: temor, reverência e aquele tipo de vergonha inibitória que impede que se faça ou diga qualquer coisa profana ou sacrílega.[24] Na verdade, a pessoa que não tem esse *aidos*, a pessoa que não consegue sentir os campos de força

PUDOR SEM VOZ E VOZ SEM PUDOR

do mundo espiritual, está em perigo, como um animal destituído dos instintos protetores. Entendido dessa forma, o perigo não é realmente o de que a ausência de pudor vá destruir o cosmos, e sim de que o cosmos vá destruir os que não têm pudor.

Essas ameaças de ambos os lados, à pessoa destituída de pudor e ao mundo que a cerca, são, creio, o que algumas vezes leva as pessoas a se perguntarem se o trickster não é na realidade um psicopata. Certamente há paralelos. Psicopatas mentem, trapaceiam e roubam. São dados à obscenidade e, como um psicólogo salientou, exibem "uma confusão das funções amorosa e excretora".[25] Não são apenas antissociais, eles o são de maneira tola ("cometerão roubos, falsificação, adultério, fraudes e outros atos por lucros espantosamente pequenos e correndo riscos muito maiores de serem descobertos do que correrá o malfeitor comum").[26] Embora sejam frequentemente espertos, têm uma espécie de "inteligência desgovernada",[27] respondendo às situações conforme elas se apresentam, mas incapazes de formular qualquer plano coerente e viável em longo prazo. São mestres dos gestos vazios e têm muita habilidade com a linguagem, despindo as palavras da cola que normalmente as liga aos sentimentos e à moralidade. Por fim, carecem de remorso e vergonha pelos danos e pelo sofrimento que deixam em seu rastro. De um modo ou de outro, quase tudo o que pode ser dito sobre os psicopatas pode também ser dito sobre os tricksters.

O oposto, no entanto, não é verdadeiro. Não apenas porque o trickster opera no mito e não no mundo real, embora essa seja uma distinção importante, é claro. É mais pelo fato de que as funções míticas do trickster são mais amplas do que as do psicopata e mais difíceis de classificar. Para começar, as histórias de trickster são tipicamente contadas em situações que as assinalam como "fala especial", de modo que, não importa quão profano seja o seu conteúdo, elas pertencem a uma categoria anômala, uma espécie de sagrado desprovido de sacralidade. Além do mais, a trapaça,

A ASTÚCIA CRIA O MUNDO

o roubo e a mentira que acompanham essa posição sagrada/não sagrada habilitam o trickster a realizar um conjunto único de tarefas necessárias, como vimos amplamente, desde reanimar deuses que haviam sido esquecidos por sua própria pureza até negociar a de outro modo imprescindível e impermeável divisão entre o céu e a terra. Pode ser correto dizer que o trickster, como o psicopata, tem uma "inteligência desgovernada", mas nesse caso é uma inteligência útil, pois continua a funcionar quando os sistemas de orientação normal falham, como periodicamente acontece. Por fim, apesar de todos os seus fracassos e de todo o sofrimento que provoca, o trickster é também um herói cultural, o inventor das armadilhas de pesca, o provedor do fogo, aquele que transforma seus intestinos destruídos em víveres para a nova gente. Está ligado a um tipo de ação que nenhum psicopata jamais realizou. Aqui vale a pena recordar o clássico *insight* de Paul Radin: o trickster é "ao mesmo tempo criador e destruidor, o que dá e o que nega (...) [aquele que] ainda não conhece bem nem mal embora (...) seja responsável por ambos".[28] Perdemos metade disso ou mais (pois o cerne da questão está na ambiguidade) quando o trickster é reescrito como um psicopata.

Tenho me perguntado com frequência, portanto, se o salto associativo que liga esses dois personagens não é na realidade uma defesa contra a ansiedade que os métodos do trickster podem causar. Há, é claro, uma boa razão para ser cauteloso quando seres humanos astutos e cheios de lábia aparecem em cena. Mas deve também ser o caso de que a sociedade, para preservar o *statu quo*, coloque uma imagem do psicopata sobre a face do trickster para evitar um verdadeiro contato. Como uma daquelas corujas de isopor que são colocadas nos edifícios para espantar os pombos ariscos, a imagem do psicopata é uma ilusão ameaçadora, uma máscara aterradora para impedir o convencional de se aproximar das funções sagradas/não sagradas do trickster. O trickster é, entre outras coisas, o guardião do portão que abre a passagem para o

PUDOR SEM VOZ E VOZ SEM PUDOR

próximo mundo; os que o confundem com um psicopata nunca nem sequer saberão que esse portão existe.

Essa digressão na verdade não nos afasta muito da história de Kingston, pois ela, também, quando confrontada com a possibilidade de quebrar a regra de silêncio da mãe, viu-se imaginando um quadro pavoroso e ameaçador – não um psicopata, mas o semblante fantasmagórico da tia afogada. Aquela mulher havia se atirado no poço da família: "Os chineses têm sempre muito medo dos afogados", explica Kingston, aqueles "cujo fantasma lamurioso, com os cabelos molhados e a pele inchada, espera silenciosamente à beira d'água para puxar um substituto para o fundo".[29] Kingston diz que para escrever seu livro teve de confrontar e superar essa terrível aparição. O medo dela era o de uma mulher que sente a vergonha inibitória e o temor do *aidos*, mas que se sente compelida a falar mesmo assim; o medo de uma mulher que sabe que, ao quebrar a circularidade da lua falando quando o silêncio deveria reinar, pode muito bem estar se exilando em um mundo sem ordem.

Como tentei deixar claro, esse exílio é uma das consequências plausíveis da fala impudente. Para entender por que alguém arriscaria essas consequências quero me concentrar em um detalhe essencial da situação de Kingston: o fato de que ela é filha de imigrantes. Como vivem em duas culturas ao mesmo tempo, essas crianças têm uma relação incomum e instrutiva com a vergonha.[30] Seus pais vêm da China, digamos, ou do México, ou da Polônia, ou do Tibete. A terra natal é inerente às suas inflexões de voz, aos temperos que têm na cozinha, às histórias que contam e aos silêncios que guardam. Em casa as crianças vivem rodeadas por tudo isso, mas logo cedo, nos dias de semana, também saem à rua e vão para uma escola norte-americana, onde muitas coisas, dos temperos aos silêncios, são diferentes.

Crianças que vivem em dois mundos estão submetidas a vários tipos de vergonha, a vários pares de olhos que as observam. De

A ASTÚCIA CRIA O MUNDO

maneira mais óbvia, claro, tanto os pais quanto a escola querem que a criança saiba que o modo deles é o correto, e que todos os outros modos carecem de verdadeira dignidade. Crianças imigrantes são submetidas à vergonha, primeiramente, *pelos* pais, depois passam a se envergonhar *dos* pais. Em *Hunger of Memory* [Fome de memória], livro sobre um norte-americano de origem mexicana crescendo em Los Angeles, Richard Rodriguez fornece vários retratos vívidos do segundo sentimento. Recorda ocasiões, "como a noite em um posto de gasolina fortemente iluminado (uma lembrança ofuscantemente branca)" quando ficou ouvindo envergonhado enquanto o pai, "aflito, apressado, confuso", tentava falar inglês com o despreocupado frentista adolescente.[31] Lembra da ocasião em que ganhou um prêmio na escola e os pais foram assistir à entrega. "Alguns minutos depois, ouvi meu pai falar com meu professor e senti vergonha de suas palavras custosas e carregadas de sotaque."[32]

Quanto à vergonha herdada *dos* pais, o sentimento tem uma complicação adicional para uma criança imigrante, pois é tão claramente duvidosa, apenas uma versão das coisas, e no entanto os autores são os próprios pais: certamente não podem estar vivendo em um mundo de sonho! Tanto Rodriguez quanto Kingston passam grande parte de seus livros lutando contra o senso de decoro dos antepassados. (Rodriguez descreve os pais como pessoas que tinham uma espécie de "reserva aristocrática".[33] "Desses assuntos muito marcadamente pessoais para se partilhar com os mais íntimos, meus pais jamais falarão."[34] "Estou escrevendo exatamente sobre as coisas que minha mãe me pediu para não revelar.")[35] Mas ambos os autores se empenham em honrar os mais velhos mesmo quando os traem. Os livros foram escritos na língua da cultura dominante e dirigidos principalmente a leitores anônimos, mas cada um deles é dedicado formalmente àqueles a quem desobedecem: "Para mamãe e papai" (Kingston); "Ela se volta em silêncio para o meu pai, que permanece me observando (...) A ela e a ele – para honrá-los" (Rodriguez).

Toques elegíacos à parte, no fim esses artistas decididamente quebram a regra familiar do silêncio, e agora estamos em posição de entender melhor por que fazem isso, apesar das grandes e plausíveis consequências que podem se seguir. No caso de Kingston, a história da mãe carrega a lição de que os aldeões estabelecem e impõem as regras da conduta sexual. Para Kingston, aceitar a injunção de silêncio que prefacia a história é aceitar igualmente essa lição. E muito mais, pois penetrar na sociedade de uma vila chinesa nos termos desta é se tornar parte de uma hierarquia na qual meninas quase não têm valor, e são criadas para se casar ou para ser vendidas como escravas. "Sou inútil", Kingston costumava sentir, "mais uma garota que não pode ser vendida."[36] Um dos avôs costumava chamá-la de "larva", perguntando: "Onde estão meus netos?"[37]

> Quando visito a família agora, envolvo-me no meu sucesso norte-
> -americano como em um xale particular; *sou* digna do alimento
> que como. A distância, posso acreditar que minha família funda-
> mentalmente me ama. Apenas dizem: "Quando for caçar tesouros
> no oceano, cuidado para não pescar meninas", pois é isso o que
> se diz sobre as filhas. Mas ouvi essas palavras saindo da boca
> da minha mãe e do meu pai (...) E tive de me conservar fora do
> alcance do rancor.[38]

Quando diz: "Você não deve contar a ninguém o que vou lhe dizer", a mãe de Kingston tece um manto de vergonha. Por baixo dessas regras de silêncio há todo um sistema de relações de gênero. Talvez na China as divisões que essas regras produzem sejam curadas e se transformem em cicatrizes sagradas, mas em Stockton, na Califórnia, elas sangram, e a garota que for marcada por elas deve falar sem inibição se quiser se curar.

Da forma como imagino, essa criança imigrante começa a falar sem sentir vergonha no caminho entre a casa e a escola. Tanto em casa quanto na escola, pode estar sujeita ao encanto da mitologia local, mas no caminho entre uma e outra, fica por algum tempo livre para descartar e reter partes de cada mundo. Joga fora coisas da lancheira e amassa bilhetes dos professores. No trajeto entre a casa e a escola, inventa uma língua ou uma história mediadora; monta com os fragmentos da experiência a nova história que será a dela, a história que combina o que tem valor em cada um dos mundos em um mundo novo, nascido de um cruzamento dos outros dois. Mais do que isso, quando essa história usa partes do Velho Mundo, a autora precisa superar a vergonha dos pais; onde usa partes do novo, deve superar a vergonha imposta por eles. Aos ouvidos dos pais, o resultado, a invenção mediadora por meio da qual uma criança imigrante desenvolve sua identidade é necessariamente uma fala destituída de vergonha. No caso de Kingston, o espírito guardião, aquele que mantém a linguagem viva enquanto atravessa campos de inibição, é o servo fiel-infiel que as velhas histórias chinesas chamam de Rei dos Macacos.

O matador de Argos

Como todos os viajantes descobrem, a lista de coisas que envergonham os nativos varia de lugar para lugar. Sempre se alega que o *aidos* é inato nas almas nobres, mas o viajante que visitou os pomares dos deuses estrangeiros e não sentiu um temor inibitório logo se pergunta se é realmente assim.[39] A vergonha em si pode ser universal, mas seu conteúdo não é invariável. Em alguns lugares as mulheres cobrem os seios; em outros, não o fazem. Na maioria dos locais, os homens cobrem o pênis, mas em alguns lugares não o fazem, como neste relato de um etnógrafo na Indonésia:

> O ânus (...) tinha uma cobertura especial (...) Tocar o ânus de um homem era um apelo à sua força ou um insulto muito sério (...) O pênis (...) ou os pelos púbicos atraíam menos atenção. Eles não usavam cobertura pudica.[40]

PUDOR SEM VOZ E VOZ SEM PUDOR

Nos Estados Unidos, vestimos muitas coberturas pudicas, mas não nos envergonhamos com tanta facilidade quanto os japoneses. Nos Estados Unidos, se um homem recupera o chapéu de um desconhecido soprado pelo vento, um simples "obrigado" retribui a cortesia; no Japão, onde há uma atenção altamente elaborada à hierarquia e à obrigação, a mesma simples gentileza deixa aquele que a recebe profundamente envergonhado, pois para os japoneses um débito para com um estranho é sentido intensamente e considerado impossível de retribuir.[41] No Japão, se um garotinho faz xixi na cama, a mãe pendura os lençóis amarelados na janela para desmoralizá-lo diante dos amigos (enquanto nos Estados Unidos deixamos a criança em paz e procuramos por um gene responsável por fazê-la molhar a cama).

Não é necessário deixar o lar para fazer o tipo de viagem que estou imaginando aqui. Todas as crianças, afinal, são viajantes no tempo, o que equivale a dizer que a matéria da vergonha varia de uma geração para a seguinte. A criança imigrante representa metaforicamente todos os seres humanos destinados a crescer e se tornar diferentes dos pais. Não tivemos, cada um de nós, quando jovens, a sensação recorrente de que nossos pais "acabaram de chegar a este mundo", com sua estranha ideia de quando as pessoas devem ir para a cama, seus modos opressivos e seus ouvidos surdos para a nova linguagem? Dependendo do grau em que diferimos dessas pessoas, e especialmente se nos magoarem, procuraremos alguma outra terra para chamar de lar, na fantasia, se não de fato. Na China, aqueles que sonham com a América como uma terra prometida chamam-na de Montanha Dourada. Há a China e há a Montanha Dourada. Para o restante de nós, há a família na qual nascemos e alguma montanha dourada, um mundo mais nobre ao qual realmente pertencemos, cujos cidadãos vão nos reconhecer pelo que realmente somos. A riqueza desse mundo ideal é com frequência proporcional à pobreza do mundo real, assim como a grandiosidade pessoal é proporcional à vergonha. (Beethoven,

A ASTÚCIA CRIA O MUNDO

nascido em uma família na qual adultos deprimidos e alcoóla-tras batiam regularmente nos filhos, convenceu-se de que era na verdade descendente da nobreza.[42] John James Audubon pensava ser o Delfim perdido da França, sequestrado da prisão durante a Revolução e entregue a marinheiros – preferia isso a reconhecer que era um *créole*, filho bastardo de um capitão de navio francês e sua amante haitiana.)[43]

Visitamos a terra da nossa grandeza secreta na fantasia, nos livros e nos filmes e, no caminho entre esses mundos imaginários e a verdadeira casa onde devemos comer e dormir, até onde somos capazes, criamos uma vida com os fragmentos aproveitáveis de cada um deles. Uma verdadeira artista imigrante como Maxine Hong Kingston cria sua arte no local onde o vilarejo chinês re-cordado pelos pais coincide com a Montanha Dourada (ou com Stockton, na Califórnia, pelo menos). Artistas imigrantes no sentido metafórico, viajantes no tempo, criam sua arte no ponto onde o ideal coincide com o real, embora nesse caso também haja barreiras de vergonha e regras de silêncio a enfrentar, e um tipo particular de astúcia seja exigido.

Um caso ao qual isso se aplica é o do poeta Allen Ginsberg. Ginsberg cresceu com um pai um tanto passivo e puritano, Louis, e uma mãe periodicamente louca, Naomi (clinicamente paranoica, ela temia, por exemplo, que seus pensamentos estivessem sendo manipulados por três barras de metal que o FBI teria implantado em seu cérebro durante uma estada no hospital). Quando Ginsberg estava na faculdade, os dois campos mais problemáticos do seu mundo eram essa mãe louca e a própria homossexualidade. Se recorria ao pai em busca de conselhos sobre essas questões, o que recebia era a injunção do silêncio. Louis Ginsberg lidava com as partes perturbadoras da vida familiar com uma rápida retirada para a convenção e a negação.[44] Ouvimos o apelo paterno ao conformismo em cartas enviadas ao filho na universidade. Ei-lo repreendendo Ginsberg durante o segundo ano em Columbia:

PUDOR SEM VOZ E VOZ SEM PUDOR

"O homossexual e a pessoa insana são ameaças a si próprios e à sociedade. O perigo e o desastre residem nesse caminho!"[45] Um homem deve "resignar-se aos valores pragmáticos ou cometer suicídio",[46] aconselha em uma carta posterior. O pai cita esses dois aspectos desconcertantes da vida do filho e diz, basicamente, que "se você insistir em explorar esses temas sugiro que se mate". (Esse, a propósito, é o conselho-padrão de uma cultura da vergonha. Porque a vergonha é considerada uma mancha indelével na integridade do ser, a libertação parece exigir o suicídio, como no caso da tia de Kingston. Na verdade, culturas da vergonha às vezes têm uma ética do suicídio nobre.[47] No Japão, se uma pessoa tem duas obrigações conflitantes – uma exigência feita pelo imperador, digamos, em desacordo com outra feita pela família – e se a recusa a qualquer uma delas seria vergonhosa, a solução honrada seria cumprir ambas e em seguida se matar.)

Se havia homossexuais e pessoas loucas por perto, Louis Ginsberg preferiria negar sua existência a reconhecê-los, mesmo que fossem da própria família e ainda que o silêncio significasse a morte. Vale observar também que o Ginsberg mais jovem algumas vezes compartilhava da cautela do pai. Em uma carta posterior, ele diz a Louis sobriamente que ele parou de matar aulas, passou a vestir-se formalmente com paletó e gravata e começou "a receber de fato uma educação, tirando o máximo proveito da universidade ao devolver intactos à biblioteca"[48] todos os volumes de Gide e Baudelaire.

Fosse esse o fim da história, teria se tratado de um puro caso de vergonha sem voz, mas, como todos sabemos, Ginsberg não apenas recuperou Gide e Baudelaire da biblioteca, mas deixou a casa do pai e passou décadas "errando por universos alternativos (...) metafísicos",[49] como uma vez descreveu. "Procurei (...) o que minha imaginação acreditava verdadeiro pela eternidade."[50] Os primeiros trabalhos de Ginsberg estão cheios de eternidade e anjos, e nessa linguagem ouvimos do garoto envergonhado os sonhos de

A ASTÚCIA CRIA O MUNDO

viajar para fora do tempo presente em direção a uma terra mais perfeita. Ele deixaria a imundície da vila paterna e se transportaria até o pico da Montanha Dourada.

O cume dessa montanha não é a fonte da sua arte, porém, ou pelo menos não a totalidade dela. A arte está na fusão entre tempo e eternidade, no amálgama da imundície com o ouro. O que confere aos primeiros poemas de Ginsberg sua presença durável é o modo como intercala suas visões idealistas com grandes catálogos de fatos reais (Naomi, a mãe enferma, servindo-lhe "um prato de peixe frio – repolho cru picado encharcado de água de torneira – tomates malcheirosos – comida dietética velha de semanas";[*51] Naomi expondo seu corpo, "cicatrizes de operação, pâncreas, feridas no ventre, abortos, apêndice, as marcas dos cortes destacando-se na gordura como horríveis zíperes grossos").[52] A arte de Ginsberg oscila entre a idealização do real e a reificação do ideal. Apesar de ferido por essa mãe louca, ainda assim encontrou um meio de louvá-la e até mesmo elevá-la em sua poesia; tendo experimentado o que tomava por visões da eternidade, nas quais, por exemplo, a voz de William Blake dizia-lhe poemas, passou uma vida declamando Blake para universitários, juízes federais e apresentadores de *talk shows* de TV.

Aqui, porém, devo admitir que falar dessa obra como "destituída de vergonha" não apreende inteiramente o seu teor. Artistas como Ginsberg ou Kingston lutam intensamente contra a vergonha. A obra que criam não é um escape dessa luta, mas a resolução ou o fruto dela. Kingston não se permitiria publicar até ter criado algo belo para substituir a perfeição cultural que sua fala ameaçava destruir. O impudor genuíno existe no mito e em nossas fantasias de psicopatas, mas humanos mais reais não podem desvelar seus segredos sem atravessar suas vergonhas. O poema "Kaddish", de Ginsberg,

---

* As citações do poema de Allen Ginsberg nesta edição foram extraídas de *Uivo, Kaddish e outros poemas*, Porto Alegre: L&PM, 1983, com tradução de Cláudio Willer. (*N. do T.*)

PUDOR SEM VOZ E VOZ SEM PUDOR

revela em detalhes as coisas que "mais o constrangiam" na infância dolorida, mas os registros indicam que foi necessário muito trabalho para trazer à luz essa revelação;[53] o poema começa com centenas de conversas de esquivas ansiosas e um catálogo das estratégias (ficar acordado a noite toda, dopar-se com anfetaminas, ouvir os *blues* de Ray Charles, ler orações aos mortos em voz alta, chorar) que Ginsberg usou para libertar sua língua das suas inibições.[54]

Talvez fosse melhor, então, dizer que aqueles que operam no limite entre o que pode e o que não pode ser dito não escapam da vergonha, mas se voltam na direção dela e com ela se comprometem. Lutam com ela; tentam mudar sua face; matam-na em uma forma para que ela ressuscite em outra. Hermes é um falante destituído de vergonha no *Hino*, mas o poema constantemente refere-se a ele como o Matador de Argos, como para nos lembrar que ele não evita simplesmente a vergonha, mas a enfrenta e luta contra ela se tiver de fazê-lo. De fato, a história por trás desse epíteto nos fornece um quadro maravilhoso de como a vergonha foi um dia imaginada e aprofunda nossa percepção do trabalho que Ginsberg – ou qualquer outro – tem de empreender para se libertar das amarras da língua.

Na versão dessa história composta por Ovídio, Zeus havia tomado uma mulher chamada Io como amante. Sua mulher, Hera, suspeita da infidelidade e começa a bisbilhotar, o que leva Zeus a transformar Io em uma novilha para ocultar seu crime. Hera não sabe exatamente o que fazer ao encontrar o marido com uma vaca, mas fica desconfiada e pede que Zeus lhe dê o animal como presente. Zeus concorda, e Hera encarrega um gigante local chamado Argos de vigiar Io. Argos é um gigante incomum. Nas palavras de Ovídio, tem "a cabeça circundada por uma centena de olhos, dos quais sempre dois a cada vez estão descansando, enquanto os outros fazem a vigília e permanecem de guarda".[55]

Quando Zeus descobre que não consegue passar pelo guarda para ver a namorada, envia Hermes para matar o gigante.

A ASTÚCIA CRIA O MUNDO

Disfarçado de pastor de cabras, Hermes passa por Argos tocando flauta. O gigante fica encantado com a música e convida o estranho a sentar-se com ele. "Com muitas histórias, Hermes passa o dia conversando e tocando flauta, enquanto tenta sobrepujar os olhos vigilantes. Mas Argos luta contra os apelos do sono e, embora alguns dos olhos durmam, outros permanecem despertos."[56] Finalmente, Hermes acrescenta uma história à sua canção, contando a Argos como as flautas foram inventadas, como Pã havia perseguido uma jovem mulher que, desesperada para escapar, transformou-se nos juncos dos quais o deus fez sua flauta.

Enquanto Hermes conta essa história, vê "que as pálpebras de Argos estavam fechadas e todos os olhos jaziam intensamente adormecidos. Imediatamente parou de falar e tornou mais profundo o sono de Argos, tocando gentilmente aqueles olhos letárgicos com seu bastão mágico. Sem demora, enquanto o guardião continuava sentado com a cabeça pendente, Hermes golpeou-o com a espada em forma de crescente, exatamente onde a cabeça se juntava ao pescoço; depois atirou o corpo em um abismo, gotejando sangue, salpicando as rochas escarpadas ao cair. Argos jazia morto – a luz de seus muitos olhos extinta, todos os cem amortalhados em uma só escuridão".[57]

No início de muitas das histórias sobre as aventuras amorosas de Zeus, encontramos o pai dos deuses tentando passar despercebido. Prefere namorar no escuro, sob um torrão de terra, no fundo de uma caverna – e daí podemos inferir que ele não se orgulha inteiramente de suas ações. Quando Hera lhe pede a novilha como presente, Ovídio escreve: "Por um lado, a vergonha persuadia [Zeus] a conceder, mas, por outro, o amor o deixava relutante."[58] Temos, portanto, um deus que experimenta o *aidos* apropriado e também se sente coagido por ele. Em uma sociedade da vergonha, o grupo é uma fonte primária de ambos os sentimentos, e uma boa imagem para aquela coletividade alerta é esse gigante de cem olhos que nunca dorme, Argos. Em uma sociedade da vergonha, não importa onde uma pessoa esteja, não importa o horário do dia ou da noite, não importa quantas pessoas estejam adormecidas, pelo menos dois olhos sempre estão observando – ou pelo menos é essa a sensação que a pessoa tem quando foi criada apropriadamente. Por sorte, se o galanteio é o propósito, há um espírito que sabe como pôr a besta para dormir. Pode até matá-la e atirar o corpo de um despenhadeiro, um fim sangrento, é verdade, mas melhor, talvez, do que o suicídio.

Transpor essas imagens para a história de Ginsberg mostrará, espero, que há mais nelas do que sua obsoleta política sexual. Os recursos que listei anteriormente, por meio dos quais Ginsberg se preparou para a "liberação dos pormenores" que são o cerne do seu poema sobre a mãe – como ficava acordado durante a noite inteira, como se dopava com anfetaminas e assim por diante –, tudo isso são recursos para matar Argos. Eles fecham os olhos do pai, os dos professores e todos os outros olhos que o fazem sentir vergonha da mãe e da própria dor. Como Hermes, encontra as canções e histórias (ouve velhos *blues*, lê em voz alta o poema de Percy Bysshe Shelley sobre a morte de John Keats) que fazem os guardas adormecerem, para que ele possa falar daquilo que as suas inibições, de outro modo atuantes, proíbem. Nesse caso, o homem não está procurando ludibriar a mulher, mas sim falar diretamente sobre suas feridas. Uma das coisas que diferenciam Ginsberg de outros assim chamados poetas confessionais é que as coisas que ele "confessa" não são coisas das quais deseja se distanciar, mas sim que almeja honrar. Portanto, ele não apenas luta com a vergonha, ele reconstrói seu território, santificando o que os outros consideravam profano.

Considero essa sequência o caso genérico daqueles que buscam mudar a face da vergonha. Rejeitando a noção dos pais sobre onde cabem a fala e o silêncio, eles na verdade não apagam as categorias, e sim retraçam as linhas demarcatórias. Elevam os velhos limiares da vergonha e posicionam-nos em novos umbrais. Promulgam um

A ASTÚCIA CRIA O MUNDO

senso alterado de dignidade para substituir o decoro repressivo que a vila lhes impõe. No fim de "Kaddish", coisas que antes eram impronunciáveis e degradantes sobre Naomi Ginsberg são não apenas ditas, mas transfiguradas e até mesmo (o poeta espera) redimidas. No fim de suas memórias, Kingston compara-se a uma mulher em uma lenda chinesa cujos parentes aprendem a cantar a canção que ela havia composto enquanto vivia com os bárbaros. Em ambos os casos, esse tipo de arte situa-se na linha entre o sagrado e o profano, abre um intercâmbio entre ambos e, por meio dele, desloca seu conteúdo, ou desloca a fronteira.

E, no entanto, se eu reverter minha própria reversão, dizer que esses artistas *não são* destituídos de vergonha tampouco lhes faz inteiramente justiça. No difícil momento da primeira fala, é provavelmente impossível para qualquer um saber se o futuro encerra tão nobres fins quanto "mudar a face da vergonha". Se a vergonha refreia a língua, mesmo a mais ética das pessoas deve passar por um período que encerra a sensação de pura traição e risco, caso pretenda falar novamente. Os marcos de fronteira não podem ser movidos, a não ser que sejam brevemente tirados de sua base, e com isso o mundo simétrico e reconfortante que um dia foi mantido coeso pela parentela leal desaparece. Nessa ausência, são necessários guias cujo senso de vergonha não esteja ajustado de maneira muito precisa. Como afirmei no início, a sofisticação moral e a escrita elegante podem ser características do trabalho acabado de Kingston, mas no processo de elaboração desse trabalho ela certamente foi conduzida por espíritos mais desordeiros e ambivalentes. O Ginsberg publicado também tem claras preocupações éticas (ele periodicamente censura seu governo, por exemplo), mas, principalmente para compor as primeiras obras, ele lançou mão de algumas dezenas de truques a fim de pôr a besta da vergonha para dormir. Considerando as claras injunções de silêncio, tanto internas quanto externas ("Cometa suicídio!"), e considerando que aquilo que ele esperava descrever era incoerente em termos da

PUDOR SEM VOZ E VOZ SEM PUDOR

poesia que as gerações anteriores admiravam, não poderia tomar outro caminho. A mobilidade criativa neste mundo requer, em momentos cruciais, a dissolução estratégica das fronteiras éticas. Perde essa mobilidade quem se agarra à beleza ou quem sofre daquilo que o poeta Czeslaw Milosz chama de "uma fixação ética às expensas do sagrado".[59] Quando o peregrino Tripitaka insiste muito energicamente em atitudes virtuosas, seu guia, o Macaco, vai embora amuado e a peregrinação desanda. Quando o Macaco o persuade a deixar seu senso destemperado e abstrato de vergonha de lado, atravessam uma montanha após a outra.

Durante os anos em que escrevi este livro, houve um intenso debate nos Estados Unidos sobre a preocupação de que fundos governamentais pudessem ser usados para subsidiar a arte pornográfica. As particularidades sem dúvida se modificarão, mas o debate é perene. De um lado, temos aqueles que presumem falar pela coletividade, tentando preservar as coberturas e os silêncios que conferem ao espaço social a sua ordem. Do lado oposto, temos os agentes da mudança, viajantes do tempo que consideram que a própria ordem é mutável, que esperam – para adotar a formulação mais positiva – preservar o sagrado encontrando meios de modificar a estrutura das coisas como a contingência exige. Não está imediatamente claro por que esse último campo precisa com tanta regularidade recorrer à exposição corpórea e sexual, mas o contexto que estou estabelecendo aqui sugere que essa exposição é necessária.

A fim de explorar a razão para isso, deixem-me começar com a clássica imagem do Velho Testamento: Adão e Eva deixando o paraíso, tendo descoberto a vergonha e, portanto, coberto os genitais e, nas antigas pinturas, cobrindo igualmente o rosto com as mãos. Com essas ações eles inscrevem o próprio corpo. O corpo parece ser uma localização singularmente apta à inscrição da vergonha, em parte porque ele parece ser o órgão sensorial da vergonha (o sentimento nos inunda, gaguejamos e coramos contra a nossa vontade), mas também porque o conteúdo da vergonha, aquilo de que nos envergonhamos, tipicamente parece indelével e fixo, permanecendo conosco como uma espécie de fato natural, assim como o corpo está conosco como fato natural. "A vergonha é o que você é, a culpa é o que você faz", diz um velho ditado. A culpa pode ser desfeita com atos de penitência, mas o sentimento de vergonha permanece como uma marca de nascença ou o cheiro de cigarro.

Anteriormente associei o modo como aprendemos sobre a vergonha às regras relativas à fala e ao silêncio, e fiz a afirmação adicional de que essas regras têm uma função ordenadora. Agora digamos que as regras confiram ordem a várias coisas ao mesmo tempo, não apenas à sociedade, mas também ao corpo e à psique. Quando digo "várias coisas ao mesmo tempo" refiro-me ao fato de que as regras implicam a congruência desses três domínios; a ordenação de um é a ordenação dos outros. O corpo organizado é um sinal de que estamos organizados psicologicamente e de que compreendemos e aceitamos a organização do mundo que nos cerca. Quando Adão e Eva cobrem os genitais, simultaneamente começam a estruturar a consciência e também sua comunidade primordial. Para compor o *temenos*, uma linha é traçada na terra e uma coisa é separada da outra. Quando Adão e Eva descobrem a vergonha, traçam uma linha em seu corpo, dividindo-o em zonas como as do silêncio e da fala – ou melhor, não "como" essas zonas, mas identificadas com elas, pois o que cobrimos no corpo também fica consignado ao silêncio.

A história da mãe de Kingston funciona nessa via de três níveis. É uma história caseira de Adão e Eva sino-americana. Ela toma um fato corpóreo – a menstruação – e o classifica como vergonhoso ao situá-lo no contexto de uma história de vergonha. Então relaciona o conteúdo da vergonha a ensinamentos particulares sobre a autoimagem de uma mulher e seu lugar na sociedade.

PUDOR SEM VOZ E VOZ SEM PUDOR

Encontramos o mesmo padrão com conteúdo diferente nas memórias de Richard Rodriguez. O "fato corpóreo" aqui é a cor da pele, que, na adolescência, ele considerava uma espécie de estigma e tentava manter coberta:

> A excitação normal, extraordinária, animal de sentir meu corpo vivo – andando de bicicleta sem camisa e sentindo o vento morno criado pelo impetuoso movimento autopropelido –, as sensações que primeiro despertaram em mim o senso de minha masculinidade, eu neguei. Tinha muita vergonha do meu corpo. Eu queria esquecer que tinha um corpo, porque meu corpo era moreno.[60]

Nesse caso, como no de Kingston, um fato inalterável sobre o corpo está ligado a um lugar na ordem social, e em ambos os casos, aceitar essa ligação é ser apanhado em uma espécie de armadilha.

Antes que qualquer um possa ser pego nessa armadilha, uma equação deve ser estabelecida entre o corpo e o mundo (minha cor de pele é meu lugar como hispânico; minha menstruação é meu lugar como mulher). Essa substituição de uma coisa pela outra em retórica chama-se metonímia, uma das muitas figuras de pensamento, um tropo ou deslocamento verbal. A construção da armadilha da vergonha começa com esse truque metonímico, uma espécie de chamariz em que a posição social variável de alguém é representada em termos de uma parte invariável do corpo. Então, por vários meios, o truque é criado para se misturar à paisagem de forma a tornar-se invisível. Para começar, sempre há histórias mais importantes acontecendo – sobre mulheres, ou raça, ou uma serpente em um jardim. O encantamento dessas fábulas repetidas com regularidade, com as regras de silêncio existentes nas entrelinhas e a afirmação de que são intuitivamente verdadeiras – todas essas coisas asseguram os limites da narrativa e tornam difícil enxergar a contingência de suas figuras de pensamento. Uma vez que os truques verbais são invisíveis, o artifício da ordem social se torna igualmente invisível e começa a parecer natural. Como a menstruação, a cor da pele e os genitais são fatos da natureza, também a ordem social e psicológica se tornam fatos naturais.

Em resumo, para construir a armadilha da vergonha inscrevemos o corpo como um signo de mundos mais vastos, depois apagamos o artifício dessa significação de forma que o conteúdo da vergonha se torne simplesmente o modo como as coisas são, como qualquer tolo pode ver.

Se é assim que a armadilha é montada, então escapar dela deve envolver a inversão de pelo menos um desses elementos. No que pode ser chamado de fuga "de corpo pesado", sentimos que há alguma coisa a ser mudada, mas acabamos tentando mudar o próprio corpo, mutilando-o ou até mesmo cometendo suicídio, como a tia de Kingston fez. O suicídio é o caso extremo, claro; as memórias de Rodriguez oferecem um bom exemplo da maneira mais comum pela qual as pessoas tentam escapar da armadilha ao mesmo tempo em que ainda tomam seus elementos figurativos como valor nominal:

> Quando garoto, ficava na cozinha (...) escutando enquanto minhas tias falavam do prazer que sentiam por ter crianças claras (...) Era esta a preocupação expressa pela mulher: o temor de ter um filho ou uma filha de pele escura. Conselhos sobre remédios eram trocados (...) Crianças que nasciam escuras cresciam tendo o rosto tratado regularmente com uma mistura de clara de ovo e suco de limão concentrado.[61]

A clara de ovo não é realmente branca,* é claro, assim como pessoas brancas não são realmente brancas, mas onde as figuras de pensamento são invisíveis, as ligações parecerão fixas, e em uma sociedade racista um garoto mulato acabará esfregado com clara de ovo.

---

* Em inglês, a clara do ovo é denominada *egg white*, literalmente, "branco ovo". (*N. do T.*)

PUDOR SEM VOZ E VOZ SEM PUDOR

Esses são os princípios do esforço consciente, mas ainda temos de encontrar a mente do trickster – ou, se já o fizemos, ela pertence ao trickster que tenta comer os frutos refletidos, que queima o próprio ânus em um acesso de raiva, que não aprendeu a diferenciar a isca do anzol. Como vimos anteriormente, as pressões da experiência produzem, a partir daquele personagem um tanto estúpido, um trickster mais sofisticado, que *sabe* separar a isca do anzol, que sabe que o signo de algo não é a coisa em si e que, portanto, é um escapista mais habilidoso, que tem um relacionamento muito mais lúdico com as histórias locais. A tentativa pesada e literalizante de fugir à vergonha carrega grande parte da armadilha com ela – a ligação com o corpo, o silêncio e assim por diante. Inarticuladamente, toma o signo pela coisa em si, imaginando que o racismo é inerente à cor da pele. Ciente dos truques da linguagem, a fuga leve da vergonha recusa toda a estrutura – recusa o deslocamento metonímico, o encantamento das histórias do grupo e as regras do silêncio – e com essa recusa separa os níveis supostamente superpostos de inscrição um do outro, de forma que o corpo, especialmente, não precisa mais ser o selo encarnado e mudo da ordem social e psicológica. Tudo isso, mas especialmente o ato de falar quando a vergonha demanda silêncio, depende em grande medida de uma consciência que não sente muita inibição, e sabe como as armadilhas são montadas e como subvertê-las.

As memórias de Richard Rodriguez descrevem o desenvolvimento dessa consciência. Torna-se orgulhoso, em vez de envergonhado, da própria pele. Certo verão, ele conseguiu um emprego como jardineiro e se deixou escurecer:

> Depois daquele verão (...) a maldição da vergonha física foi quebrada pelo sol (...) Não mais me negaria as sensações prazerosas da minha masculinidade. Durante aqueles anos em que os negros de classe média norte-americanos começaram a declarar com orgulho que "o negro é lindo", eu consegui contemplar minha tez sem sentir vergonha.[62]

A ASTÚCIA CRIA O MUNDO

Isso é apenas metade do caminho, no entanto. A expressão "negro é lindo" ainda literaliza. O negro é às vezes belo, às vezes, feio; às vezes "negro" refere-se ao petróleo, às vezes a um terno de executivo. Libertar o "negro" da "vergonha" associando-o ao "orgulho" não é avanço suficiente, como Rodriguez eventualmente passa a entender. Hoje, quando se hospeda em hotéis de luxo, os funcionários presumem que ele é rico e ocioso e interpretam a pele escura como um sinal de que esteve esquiando na Suíça ou navegando no Caribe. "Minha compleição", diz, "assume seu significado com base no contexto da minha vida. Minha pele, em si, nada significa."[63] Essa é a percepção que têm todos os que cruzam as fronteiras – imigrantes de fato ou imigrantes no tempo – de que o significado é contingente e a identidade é fluida, mesmo o significado e a identidade do próprio corpo.

Agora deveria ser mais fácil entender por que sempre haverá arte que desvela o corpo e artistas que falam de maneira despojada de vergonha, até mesmo obscena. Todas as estruturas sociais fazem bem em ancorar suas regras de conduta na aparentemente simples inscrição do corpo, de forma que só depois de ter coberto minhas intimidades sou autorizado a mostrar minha face ao mundo e ter uma vida pública. As regras do decoro corporal geralmente sugerem que o cosmos depende da vergonha que sentimos em relação a nosso corpo. Mas algumas vezes a lição é uma mentira, e uma mentira astuciosamente autoprotetora, na verdade, pois questioná-la implica autoexposição e humilhação, e quem iria querer isso? Bem, o trickster iria, assim como todos aqueles que descobrem que não podem cavar um lugar para si no mundo até terem se pronunciado contra o silêncio coletivo. Certamente vemos isso – não apenas o ato de falar, mas também a autoexposição – em Allen Ginsberg, e o vemos de maneira um pouco mais sutil em Kingston e Rodriguez. Nenhum dos dois é um "escritor sujo" como Ginsberg, mas, para começar a falar, uma deve abordar a menstruação (fala que associa ao fato de

248

tornar-se senhora da própria sexualidade) e o outro a cor da pele (que associa ao ato de tomar posse de sua "masculinidade").

Na medida em que outras ordens são vinculadas ao modo como o corpo é inscrito, e na medida em que o vínculo é selado por regras de silêncio, o primeiro questionamento tartamudeante dessas ordens deve sempre começar pelo rompimento do selo e pela fala sobre o corpo. Quando a fala obscena tem essas raízes, vale a pena defendê-la, e aqueles que a suprimem incorrem em um sutil, mas sério, perigo. São como os deuses que imobilizam Loki, pois essa supressão entrava a imaginação que enfrenta a natureza contingente e mutável das coisas e, assim, atraem mudanças apocalípticas quando algo mais lúdico teria sido suficiente. Melhor deixar que o trickster roube a cobertura das vergonhas vez ou outra. Melhor deixar que o Coiote passeie na morada do Deus-Sol. Melhor deixar que o Macaco o acompanhe em sua jornada para o oeste.

Notas

1. Mourning Dove, p. 181.
2. *Hino a Hermes*, verso 156. Esse epíteto é usado mais uma vez na literatura homérica; é como Aquiles chama Agamêmnon depois que este o insulta, no livro I da *Ilíada*. Ver Cairns, p. 159.
3. *Journey* II, p. 23.
4. *Journey* III, p. 57.
5. *Journey* II, p. 28.
6. *Journey* III, pp. 57-62.
7. *Journey* II, p. 235.
8. Moyers (entrevista em videoteipe).
9. Kingston, *Woman Warrior*, pp. 165.
10. Kingston, *Woman Warrior*, p. 3.
11. Kingston, *Woman Warrior*, p. 5.
12. Dodds, cap. I.

A ASTÚCIA CRIA O MUNDO

13. Cairns, pp. 32-33.
14. Kingston, *Woman Warrior*, p. 13.
15. Kingston, *Woman Warrior*, pp. 12-13.
16. *Hino a Deméter*, versos 475-79; ver, por exemplo, *Hesiod, The Homeric Hymns, and Homerica*, p. 323.
17. Douglas, p. 8, referindo-se a Levítico 11:46.
18. Lidell; Scott, p. 799.
19. A respeito das esferas de fala e esferas de silêncio, vale notar que a ideia grega de "mistério" cria distinções similares. A raiz grega para "mistério" (*muo*) significa "tenho a boca fechada" quando usada em situações do cotidiano, mas quer dizer "falo de um modo especial" quando é usada em um ritual. Nossa palavra "mito" provém igualmente dessa raiz, e mito é também, portanto, "especial" em oposição à fala "cotidiana". Ver a discussão que Nagy faz desses termos em *Greek Mythology and Poetics*, p. viii. Ele conclui: "De um ponto de vista antropológico, 'mito' é de fato uma 'fala especial', no sentido de que é um meio pelo qual a sociedade afirma a própria realidade" (p. viii).
20. Radin, pp. 111-12.
21. Hampton, p. 61.
22. A combinação de vergonha, reverência e assombro não se restringe à tradição grega. Exatamente essa complexidade de sentimentos recaiu sobre Adão e Eva quando Deus os encontrou no jardim, por exemplo. O antropólogo Andrew Strathern relata que, nas montanhas ocidentais da Papua Nova Guiné, a palavra para vergonha, *pipil*, tem o mesmo significado abrangente: "Em presença de espíritos e outros poderes sobrenaturais, espera-se que as pessoas sintam [uma] espécie de 'vergonha', que podemos talvez traduzir por 'assombro'" (p. 100).
23. Ver a descrição da relação de Hipólito com o pomar sagrado de Ártemis na peça *Hipólito*, de Eurípedes.
24. Na tradição budista, a vergonha é protetora assim como o *aidos* é protetor; ela evita que homens e mulheres adquiram carma.
25. Cleckley, p. 224. Sobre o psicopata em geral, ver especialmente o capítulo 6 de Cleckley.

PUDOR SEM VOZ E VOZ SEM PUDOR

26. Cleckley, p. 209.
27. A expressão vem de um artigo de jornal a respeito de pesquisas sobre psicopatas, *The New York Times*, 7 de julho de 1987.
28. Radin, p. xxiii.
29. Kingston, *Woman Warrior*, p. 16.
30. Pelo tema das crianças imigrantes e a vergonha, estou em dívida para com Helen Merrell Lynd (p. 55).
31. Rodriguez, p. 15.
32. Rodriguez, p. 53.
33. Rodriguez, p. 183.
34. Rodriguez, p. 185.
35. Rodriguez, p. 175.
36. Kingston, *Woman Warrior*, p. 52.
37. Kingston, *Woman Warrior*, p. 191.
38. Kingston, *Woman Warrior*, p. 52.
39. Eurípedes diz que o *aidos* se aprende "sem necessidade de professor". Quando Dodds descreve o *aidos*, a linguagem que usa tem o mesmo teor: contra a convenção, algumas vezes temos uma "reivindicação mais profunda", uma "integridade espiritual", uma "moralidade (...) interiorizada", um "instinto [para] o verdadeiro *aidos*", e assim por diante (p. 103). *Aidos* é uma espécie de vergonha profética, portanto, um sentimento verdadeiro não apenas por convenção, mas verdadeiro em todas as épocas e em todos os lugares.
40. Boelaars, p. 68.
41. Benedict, pp. 47-48, 104-6.
42. Wurmser, p. 294-95.
43. Adam Gopnik, "A Critic at Large: Audubon's Passion", *The New Yorker*, 25 de fevereiro de 1991, pp. 96-97.
44. Ver James Breslin *in* Hyde, *On the Poetry*, p. 418.
45. Hyde, *On the Poetry*, p. 410.
46. Hyde, *On the Poetry*, p. 411.
47. Benedict, pp. 116, 193-207.
48. Hyde, *On the Poetry*, pp. 414-5.
49. Hyde, *On the Poetry*, p. 7.
50. Hyde, *On the Poetry*, p. 81.

A ASTÚCIA CRIA O MUNDO

51. Ginsberg, *Collected Poems*, p. 219.
52. Ginsberg, p. 219.
53. A expressão parafraseia as próprias descrições de Ginsberg sobre como escreveu os primeiros poemas. Ver, por exemplo, Allen Ginsberg, *Composed on the Tongue* (Bolinas, Califórnia: Grey Fox Press, 1980), pp. 111-12.
54. Algumas não estão listadas no poema em si, mas as conhecemos de outros lugares. Sobre anfetaminas, por exemplo, ver Tytell *in* Hyde, p. 179.
55. Ovídio, p. 49.
56. Ovídio, p. 51.
57. Ovídio, pp. 51-52.
58. Ovídio, p. 49.
59. Milosz, p. 111.
60. Rodriguez, p. 126.
61. Rodriguez, p. 116.
62. Rodriguez, p. 136.
63. Rodriguez, p. 137.

8. Matéria fora de lugar

> "Marcel Duchamp me falou, durante o transcorrer
> da Segunda Guerra Mundial... de um novo interesse
> na preparação da merda, da qual as pequenas excreções
> do cordão umbilical são as edições *deluxe*."
>
> Salvador Dalí[1]

A latrina celestial

Era uma vez um tempo em que os deuses estavam mais próximos da terra; caminhavam entre nós e se sentavam a nossas mesas. Mas isso foi muito tempo atrás, muito antes de as divisões permanentes que moldaram este mundo serem traçadas.[2] Os fon da África Ocidental chamam a porção feminina de seu criador andrógino de Mawu; ela é a mãe do trickster Legba. No início dos tempos, quando Mawu vivia na terra, Legba era seu servo obediente. Quando fazia uma boa ação, o povo o ignorava e agradecia a Mawu; mas quando fazia algo ruim, as pessoas culpavam-no diretamente, como se Mawu nada tivesse a ver com aquilo. Legba reclamou desse arranjo de coisas. Mawu respondeu que no governo do mundo é melhor que o mestre seja conhecido pela bondade e o servo, responsabilizado pelas coisas ruins.

"Muito bem", disse Legba.

Mawu tinha uma plantação de inhame, e Legba disse-lhe que ladrões estavam planejando roubar a colheita. Então, Mawu reu-

A ASTÚCIA CRIA O MUNDO

niu todo o povo e anunciou que qualquer um que roubasse de sua plantação seria condenado à morte. Naquela noite, Legba pegou as sandálias de Mawu e, calçando-as, roubou todos os inhames. Quando o roubo foi descoberto, Mawu reuniu o povo e fez uma busca para encontrar o pé que correspondia às pegadas no canteiro. Como ninguém foi descoberto, Legba perguntou se a própria Mawu não poderia ter ido até lá à noite e depois se esquecido.

"Quem, eu? É por isso que não gosto de você, Legba. Vou comparar meus pés com aquelas pegadas." Quando Mawu pôs os pés sobre as pegadas, eles corresponderam exatamente.

As pessoas começaram a rir e a gritar. "A própria dona é uma ladra!" Mawu sentiu-se humilhada. Abandonou a terra. Não foi muito longe, porém – subiu apenas uns três metros. E Legba ainda era seu servo: todas as noites ia ter com ela, prestava-lhe contas das atividades do dia e recebia instruções para o dia seguinte.

E, novamente, sempre que Legba fazia alguma coisa errada, as pessoas o culpavam, e a própria Mawu juntava-se a eles na reprovação. Irritado, Legba conspirou com uma velha. Toda noite, depois de lavar os pratos, a velha atirava a água suja da lavagem para o alto e encharcava Mawu. Enraivecida, Mawu logo partiu. Agora vive nas alturas e Legba, seu filho, aqui na terra.

O detalhe que me interessa aqui é a água suja da lavagem dos pratos no fim, mas, antes de poder explicar o que me leva a ela, preciso oferecer alguma explicação sobre como interpreto seu contexto. No início da história, Legba é diferenciado da mãe nos termos dela, não nos seus, e isso o irrita. Se ele é realmente seu servo obediente, executando sua vontade sem falhar, então ela deveria ao menos reconhecer que as atitudes dele, boas ou más, são ações dela. No pequeno drama que Legba arquiteta, isso pode significar o reconhecimento de que a dona dos inhames realmente é a ladra (o que pode parecer uma mentira, mas, se a mãe manda no filho, é uma mentira que conta a verdade). Mawu quer sempre a melhor parte, porém; quer esconder sua dualidade de forma que as pessoas pensem que ela é boa e nunca má, elevada e nunca baixa. O ardil de Legba a obriga a se mostrar de cara limpa (ou suja): ela deve se diferenciar dele de maneira mais completa ou confessar a unidade de ambos. Ela decide se diferenciar. Completa a separação do rebento, a partir do que Legba passa a não ser mais tão vigiado e pode se tornar o ambivalente autor do que os humanos tomam ao mesmo tempo por "bem" e "mal".

Mas Mawu não se retira imediatamente. Ela é o tipo de mãe que espera se afastar apenas dois ou três metros. Talvez o filho quisesse um quarto no porão com uma geladeira para si? Legba lida com essa distância inadequada forçando a mãe a encarar uma ambivalência final: ela é limpa, suja ou alguma combinação primordial das duas coisas? Se Mawu criou este mundo, então a sujeira na água dos pratos é parte dela ou, mais propriamente, um dia foi: essa história é um capítulo tardio de uma criação em desdobramento, marcando o momento em que o puro e o impuro, o limpo e o sujo, o imaculado e o manchado são separados em categorias e uma linha é traçada entre eles. Na terra de Legba ainda há uma grande confusão entre limpeza e sujeira, e temos que lavar os pratos o tempo todo. Mas ninguém lava pratos no céu. Não há sujeira lá em cima, e Mawu pode manter sua pureza intacta.

O que exatamente é essa "sujeira", esse agente da impureza tão poderoso que Legba pode recrutá-lo para separar o céu e a terra? Parece ser alguma coisa fértil em expedientes. A "sujeira" lavada dos pratos foi "comida" não muito tempo antes, e nos sentamos em volta dela colocando-a em nossa boca. Como qualquer um que viajou um pouco pelo mundo sabe, a linha entre a sujeira e a limpeza não é determinada pela natureza. Um amigo que morava em uma pequena ilha do Pacífico onde os nativos se aliviam na praia, abaixo da linha da maré alta, descobriu que esses nativos não podiam acreditar que os norte-americanos de fato defecavam dentro das próprias casas (repulsivo!). Séculos atrás, os nativos norte-americanos se revoltaram ao descobrir que os europeus guardavam no bolso lenços cheios de muco nasal. "Se você gosta tanto da imundície", disse um nativo de maneira sarcástica, "dê--me seu lenço e logo o encherei para você."[3] Seguindo a mesma linha, fiquei sabendo que pessoas originárias de climas quentes, divertindo-se com o excesso de roupas dos europeus, algumas vezes concluem que os provenientes de terras mais temperadas gostam de conservar os peidos próximo do corpo. Em Mysore, na Índia, um brâmane que foi seriamente conspurcado pode purificar-se com esterco de vaca e água. "Vacas são às vezes consideradas deuses", escreve um viajante. "Estrume de vaca, como os excrementos de qualquer outro animal, é intrinsecamente impuro e pode provocar aviltamento – na verdade, aviltará um deus; mas é puro em relação a um mortal (...) As partes mais impuras de uma vaca são puras o bastante até mesmo em relação a um sacerdote brâmane, a ponto de remover as impurezas deste."[4]

Exemplos como esses são suficientes para começamos a nos perguntar se há algum modo de estabelecer uma regra geral sobre o que é sujeira e o que não é. A antropóloga Mary Douglas (cujo livro *Pureza e perigo* inspirou os argumentos que apresento aqui) sugere que voltemos a um velho dito: "Sujeira é matéria fora de lugar." Ovo no meu prato é refeição, mas no meu rosto é sujeira; sapatos no armário estão arrumados, mas em cima da mesa são bagunça; o fazendeiro em Iowa lava o estrume das mãos, o brâmane em Mysore lava as mãos com estrume. A essa primeira definição de sujeira, Douglas acrescenta uma segunda: sujeira é o anômalo, não apenas o que está fora de lugar, mas o que não tem lugar quando acabamos de dar sentido ao nosso mundo.

O Velho Testamento, por exemplo, divide o mundo em três partes – terra, água e céu –, e cada elemento, explica Douglas, tem "seu tipo de vida animal. No firmamento, aves bípedes voam com suas asas. Na água, peixes escamosos nadam com barbatanas. Sobre a terra animais de quatro patas trotam, saltam ou caminham."[5] As leis dietéticas do Velho Testamento decretam que todas as criaturas anômalas, todas aquelas que não se enquadram nesse esquema, são sujas, "abominações".[6] A lagosta é suja, mas o salmão com escamas não é; a cobra é suja, mas o sapo não. O texugo se parece com uma lebre sem orelhas, tem dentes como os de um rinoceronte e os pequenos cascos nos artelhos parecem ligá-lo ao elefante: claramente uma besta abominável.*

Em qualquer um dos casos de Douglas – fora de lugar ou anômalo –, o ponto a destacar aqui é que a sujeira é sempre um subproduto da criação da ordem. Onde há sujeira, há sempre algum tipo de sistema, e regras relativas à sujeira são destinadas a preservá-lo. Quer você viva no Iowa quer viva em Mysore, caso se importe com a sua comunidade, vai respeitar os mandamentos relativos à sujeira que a estruturam. Assim como a manutenção dos silêncios apropriados do pudor, a observância da distinção entre o limpo e o sujo ajuda a fazer do mundo um lugar ordenado, ao passo que desonrar essa distinção – defecando no local errado ou misturando lagostas com peixes – ameaça o desígnio, o cosmos.

A história de Legba ilustra ambos os lados dessa ideia. Se por cosmos nos referimos à estrutura das coisas antes da partida de Mawu, então Legba o ameaça com uma aplicação estratégica da sujeira. Mas, uma vez que Mawu parte, um novo cosmos surge, um cosmos cuja forma é definida exatamente pela exclusão da água da lavagem dos pratos. Douglas afirma que "a sujeira é um subproduto do (...) ordenamento sistemático",[7] mas é mais o caso de que sujeira e ordem são mutuamente dependentes, pois nessa

---

* Deveria acrescentar que Douglas remove questões de higiene das suas definições de sujeira.[8] Nossas taxonomias e tentativas de evitar patógenos estão frequentemente relacionadas, é claro, mas provavelmente menos do que admitimos. As leis dietéticas hebraicas são com frequência explicadas em termos de higiene, mas Douglas mostra que essas explicações não se sustentam tão bem quanto a taxonômica.

A ASTÚCIA CRIA O MUNDO

situação o conceito pode ser facilmente invertido: para Legba, a criação da ordem é um subproduto da sujeira. A sujeira é uma das ferramentas disponíveis para o trickster quando cria este mundo, o mundo do qual os céus estão muito distantes.

Optei por abrir este capítulo com a história de Legba porque ela trata das Primeiras Coisas, e as primeiras coisas devem vir primeiro. Mas se forem feitas corretamente, as primeiras coisas nunca mais precisam ser repetidas e em muitos aspectos a história de Legba é uma exceção à regra. Depois daqueles primeiros tempos, o que Legba gosta de fazer, o que tricksters em geral gostam de fazer, é apagar ou violar essa fronteira entre o sujo e o limpo. Via de regra, o trickster toma deuses que vivem nas alturas e os avilta com a sujeira terrena, ou parece aviltá-los, pois na verdade a consequência usual dessa sujeira é a eventual renovação desses deuses.*

Uma das melhores versões desse tema da revivificação pela sujeira vem do antigo Japão. Na mitologia xintoísta, encontramos o personagem conhecido como Susa-nö-o usando a sujeira para perturbar a separação entre o céu e a terra e desarranjar o modo como o cosmos se diferenciou. Susa-nö-o é uma espécie de deus da tempestade (quando as tempestades de primavera destroem os arrozais, a culpa é de Susa-nö-o).[9] A irmã de Susa-nö-o é a deusa do Sol, Amaterasu, e no início do episódio que me interessa aqui ela acaba de adentrar os rituais que encerram o ano agrícola: no Novo Palácio, ela está prestes a provar os primeiros frutos da co-

---

* O *Hino homérico a Hermes* é mais decoroso do que a maioria das histórias de trickster, mas ainda assim detém um toque do tema do renascimento pela sujeira, sendo o momento-chave aquele em que Apolo agarra o bebê Hermes e ameaça atirá-lo no submundo se ele não confessar seus roubos. "Febo Apolo ergueu a criança e começou a carregá-la. A essa altura, o poderoso Matador de Argos tinha um plano. Erguido no alto pelas mãos de Apolo, deixou escapar um presságio, um exausto escravo do estômago, um rude arauto do pior que estava por vir."[10] No encerramento do *Hino*, Apolo está encantado e alegre, tocando uma lira que nunca tivera antes, mas isso não acontece até que ele desça à caverna de Maia e seja maculado por um bebê que solta gases e fezes.

MATÉRIA FORA DO LUGAR

lheita e no sagrado salão da tecelagem ela e suas criadas tecerão novas vestes para os deuses.

Cada uma dessas atividades tem um ar de pureza e recato. As criadas tecelãs são virgens e uma grande ordem ritual está presente tanto no ato de tecer as vestes quanto no de cultivar os grãos. O cultivo do arroz, em particular, exige arrozais cuidadosamente delineados, e os vários modos de alterar seus traçados figuram entre os grandes "pecados mortais" do Japão arcaico.

O tempestuoso Susa-nö-o obviamente viola a ordem e a austeridade das atividades rituais da irmã. Mesmo antes de chegar ao Novo Palácio e ao salão da tecelagem, já instaurou o caos nos arrozais, cravando falsas estacas de delimitação, destruindo os diques de terra e deixando que os pôneis selvagens brincassem livremente na água. Depois disso, entra no palácio onde os primeiros frutos são provados e defeca, espalhando as fezes por todo o salão. Em algumas versões da história, defeca sob o sublime trono de Amaterasu, de modo que logo que se senta ela se levanta de um salto com grande repulsa.[11] Quanto ao salão da tecelagem, Susa-nö-o abre um buraco no telhado e deixa cair a carcaça de um pônei que havia esfolado "de trás para a frente" sobre as mulheres que trabalhavam lá dentro (de trás para a frente significa da cauda para a cabeça – uma violação tabu e outro "pecado mortal"). Essa intrusão repentina aterroriza tanto sua irmã, a Deusa do Sol, que ela cai sobre o tear e a lançadeira perfura sua vagina, ferindo-a ou, de acordo com algumas versões, matando-a.[12]

Em determinado âmbito, tudo isso é uma história sobre a vida e o destino do sol, contada por um povo que depende dele para o cultivo do arroz. Em consequência das ações de Susa-nö-o, o sol declina ou morre (exatamente como, nos contos nórdicos, o solar Balder morre por causa de Loki). Posto de outra maneira, Susa-nö-o intervém para criar o eixo sobre o qual o ano velho gira para se tornar o ano novo. Nas versões segundo as quais Amaterasu não morre como resultado das ações de Susa-nö-o, o que acontece em

A ASTÚCIA CRIA O MUNDO

seguida é quase igualmente ruim: ela se esconde em uma caverna, o céu e a terra escurecem, e "toda sorte de calamidades"[13] ocorre. Os deuses, então, devem trabalhar com muito afinco para trazer a luz de volta ao mundo, e embora haja muitos detalhes interessantes no modo como eles a atraem para fora da caverna (o que inclui brincadeiras obscenas e muitos risos), o que nos interessa por enquanto é que a sujeira e a desordem que Susa-nö-o introduziu nos rituais da colheita iniciaram uma espécie de eclipse, ao qual se seguem, por sua vez, rituais destinados a reparar a perda. O sol desaparece; depois retorna.

As ações de Susa-nö-o não apenas promovem a virada do ano, elas acrescentam algo à cerimônia de ano-novo de Amaterasu que torna o mundo um lugar mais fértil para se viver, como vemos pelo que acontece em seguida. Em primeiro lugar, por causa de seus malfeitos, os deuses banem Susa-nö-o do céu, e ele passa a viver neste mundo (conforme uma interpretação, esse é o início da agricultura na terra, pois as riquezas da colheita antes reservadas aos deuses são liberadas por sua descida).[14] Em segundo lugar, tão logo chega à terra, Susa-nö-o mata uma "deusa dos alimentos" de cujo corpo morto saem sementes: arroz, painço, feijões azuki, trigo, soja. Assim, a história que se inicia com uma colheita celestial, termina com sementes terrenas que podem ser plantadas para alimentar a raça humana. Entre uma coisa e outra há um conto de inverno no qual a sujeira penetra na casa do sol, revertendo de maneira fecunda o impulso de fim de ano para a clausura, a ordem e a pureza.

Essa inversão é necessária porque a tendência solar à pureza levará a outro tipo de perda caso não seja contida. A sequência dessa narrativa – o trickster subvertendo as intenções da deusa--sol e, assim, levando-a à morte ou ao declínio – implica que uma das intenções dela era evitar exatamente esse fim, evitar a morte. O inverno se aproxima, e ela gostaria de postergá-lo ou esquivar-se das suas consequências. As perturbações de Susa-nö-o

MATÉRIA FORA DO LUGAR

significam que ela não pode fazer isso, e as novas sementes que se seguem revelam-nos por quê, ou por que o sucesso dela seria um desastre pior. Neste mundo, no mundo do trickster, a vida e a morte são uma só coisa, não duas, e, portanto, ninguém pode se livrar da morte sem se livrar também da vida. Não se obtém semente nenhuma se a luz do sol for sempre pura demais para se misturar ao esterco dos arrozais. Não se obtêm sementes se a merda nunca entrar no Novo Palácio. E como há sempre uma fome à procura dessas sementes, toda vez que humanos ou deuses agem para purificar a vida com a exclusão da morte, ou para proteger completamente a ordem da sujeira que é seu subproduto, o trickster frustra seus planos. Quando a pureza se aproxima da esterilidade, ele abre um buraco no recinto sagrado e atira um pônei morto sobre as virgens tecelãs, ou espalha suas fezes sob o trono da Deusa Sol. Na história de Legba, vimos que o trickster pode criar a fronteira entre o céu e a terra, ameaçando os deuses com a sujeira até que eles se retiram para o céu distante; aqui vemos que quando essa fronteira existe, o trickster pode revogá--la, introduzindo sujeira no interior dos salões glorificados até que algo da fartura celestial se desprende e a terra é fertilizada, e o sol renasce.

Estou, obviamente, interpretando essa história japonesa de maneira um tanto literal. Embora seja um mito da natureza para uma cultura agrária (as sementes são de fato sementes e o monte de fezes deveria ser mais apropriadamente chamado de esterco), as imagens repercutem igualmente em outros níveis. Se sujeira é "matéria fora de lugar", se é o que excluímos quando criamos a ordem, então essa e outras histórias sobre tricksters e sujeira devem também falar da esterilidade que se oculta em quase todos os sistemas e projetos humanos. Os modelos que concebemos para dar conta do mundo e as formas que criamos para nos sentirmos em casa nele são com muita frequência ina-dequados à complexidade das coisas, e acabam destruídos pelas próprias exclusões. Essa é a conclusão da história de Susa-nö-o, e é essa também a conclusão de uma das narrativas fundadoras da psicoterapia do século XX.

Em um dia de verão, quando Carl Jung era um estudante de doze anos em Basileia, na Suíça, ele parou para admirar a catedral na praça da cidade. Em sua autobiografia, recorda a sequência de ideias:

> o céu estava gloriosamente azul, o dia era de sol radiante. O telhado da catedral reluzia, o sol cintilando nas telhas novas e lustrosamente vitrificadas. Fiquei arrebatado pela beleza da visão e pensei: "O mundo é belo e a igreja também, e Deus fez tudo isso e está sentado muito acima de nós, no céu azul, em um trono dourado e..." Nesse momento abriu-se uma grande lacuna nos meus pensamentos e tive a sensação de que ia sufocar. Senti-me entorpecido e a única coisa que me ocorria era: "Não fique pensando! Algo terrível está por vir..."[15]

O garoto pôde sentir alguma imagem perigosa se insinuando e lutou para impedir que ela entrasse em sua mente. Por vários dias, na verdade, combateu toda sorte de confusões metafísicas sobre se Deus, que controla todas as coisas, podia permitir ou não que ele pensasse algo que não deveria pensar. Por fim, convencendo-se de que Deus *queria* que ele tivesse o pensamento proibido, condescendeu:

> Reuni toda a minha coragem, como se estivesse prestes a dar um salto para o meio do fogo do inferno, e deixei que o pensamento viesse. Vi diante de mim a catedral e o céu azul. Deus está sentado em Seu trono dourado, muito acima do mundo – e de baixo do trono um monte enorme de bosta cai sobre o novo telhado reluzente da catedral, destruindo-o, e reduz as paredes da catedral a pedaços.[16]

MATÉRIA FORA DO LUGAR

Mesmo quando garoto, Jung considerou essa imagem escatológi-ca redentora. "Senti um enorme, indescritível alívio. Em vez da esperada danação, a graça havia descido sobre mim (...) chorei de felicidade e gratidão."[17]

Desde o início, Jung entendeu essa conexão recém-descoberta com a deidade como algo de um gênero diferente de tudo o que lhe havia sido oferecido por sua igreja. O pai de Jung era um ministro protestante, mas um ministro para quem, sabemos por intermédio de Jung, a igreja havia se tornado sem vida. Quando criança, ele achava que o pai era confiável, porém destituído de autoridade, mas depois de sua epifania, diz ele, "muitas coisas que eu antes não havia entendido tornaram-se claras para mim. Foi isso o que meu pai não entendeu, pensei; havia fracassado em experimentar a vontade de Deus, havia resistido a ela pelas melhores razões e em virtude da fé mais profunda. E foi por isso que nunca experi-mentou o milagre da graça..."[18]

Jung nascera em uma igreja purificada até se tornar estéril, e a imaginação daquele menino de doze anos proporcionou uma com-pensatória inicial ou instrução fertilizante: a pureza ("o telhado da catedral reluzia") deve se misturar à sujeira. Essa sujeira é de um tipo especial, claro: é um monte de bosta *divina* que cai, de modo que o terreno da recriação é uma parcela do divino descar-tada como excremento. Posto de outro modo, o projeto redentor de Jung requeria retornar a uma ambiguidade primal – na qual o sujo e o limpo, o alto e o baixo não estão diferenciados – e come-çar novamente a ordenar a *prima materia*, o material primordial.

Nos anos posteriores de Jung, esse "retorno" assumiu uma forma particular. Quando garoto ele atribuiu sua fantasia escato-lógica ao deus da igreja do pai, mas suspeito que o Jung mais velho teria argumentado que "a bosta sob o trono" vinha de uma figura muito mais pagã, o antigo deus romano Mercúrio, ou Mercurius, no latim dos alquimistas medievais que fascinavam Jung. Mercurius foi uma das deidades tutelares do Jung maduro. Quando tinha quase

A ASTÚCIA CRIA O MUNDO

setenta anos, ele publicou um longo ensaio sobre como Mercurius opera na imaginação alquímica, ligando-o ao mais antigo Hermes e oferecendo em dado momento a seguinte descrição concisa: "Mercurius consiste de todos os opostos concebíveis (...) Ele é o processo pelo qual o baixo e material é transformado no elevado e espiritual, e vice-versa. É o diabo, um psicopompo redentor, um trickster evasivo e o reflexo de Deus na natureza física."[19]

O ponto principal do argumento de Jung é que a figura de Mercurius apareceu no pensamento europeu para compensar um Cristo excessivamente purificado. Conforme sua imagem foi refinada ao longo dos séculos pelo pensamento e pelos dogmas cristãos, Cristo tornou-se o Novo Sol, o *"Sol Novus* perante o qual as estrelas menores empalidecem".[20] Não como resultado dos próprios ensinamentos, "mas sobretudo do que é ensinado sobre ele", Cristo adquiriu uma espécie de "pureza cristalina". Mas cristais aparecem apenas depois que as chamas profundas da terra queimaram uma grande quantidade de impurezas, e a impureza não é consumida, mas se acumula em algum lugar nas sombras. Uma crença amorosa no Cristo purificado, escreve Jung, "naturalmente envolve limpar a própria casa da negra imundície. Mas a imundície deve ser despejada em algum lugar, e não importa onde seja despejada, a imundície empestará até mesmo o melhor dos mundos possíveis com seu mau odor."[21]

Jung aqui está se referindo ao problema da sujeira cristã, ao que fazer com os subprodutos do processo de pôr a casa espiritual em ordem. A regra parece ser que sempre existe erro, imperfeição e degradação quando os seres humanos se propõem a colocar as coisas em ordem, mesmo quando o que estão limpando é uma igreja. Sempre se excluirá algo que se revelará necessário em um tempo ou lugar futuro, em consequência do que deve surgir uma ciência "oculta" cuja missão é reclamar o que foi perdido. Sob esse prisma, o projeto dos alquimistas era uma espécie de serviço sujo do cristianismo. "Em comparação com a pureza e a unidade

MATÉRIA FORA DO LUGAR

do Cristo simbólico", escreve Jung, os alquimistas imaginaram uma pedra filosofal, ou "Mercurius-lapis", que é "ambígua, sombria, paradoxal e completamente pagã".[22] Para Jung, essa pedra-Mercurius representa "um aspecto do eu que se mantém à parte, ligado à natureza e em desacordo com o espírito cristão. Representa todas aquelas coisas que foram eliminadas do modelo cristão".[23] Os alquimistas compuseram a imagem de Mercurius a partir do material encontrado nas privadas dos construtores de catedrais. "Os textos nos recordam repetidas vezes que Mercurius é 'encontrado nos montes de estrume'."[24]

Antes de nos voltarmos para o conteúdo desses excrementos, devo dizer que Mercurius na verdade tem dois papéis na história que Jung está imaginando: é a sombra de Cristo, ou seja, representa a sujeira resultante da purificação do Novo Sol, e é o agente ou o meio pelo qual essa sujeira encontra o caminho de volta à praça da cidade. Mercurius é tanto a bosta engendradora da graça que cai sobre as telhas brilhantemente vitrificadas do telhado da catedral, como a força que produz essa imagem, o psicopompo que fornece à mente do jovem rapaz o material que aquele dogma excluiu.

Estou obviamente fazendo com que Mercurius pareça uma espécie de Susa-nö-o europeu, uma figura cujas ações não apenas colocam sujeira sob o trono de deus, mas, ao fazê-lo, trazem as novas sementes figurativas da graça vivificada para onde antes havia apenas responsabilidade impotente e crença árida. Nesse sentido, a epifania fecal da infância de Jung e sua posterior descrição dos poderes de Mercurius são ambas histórias sobre redenção e recriação por meio da sujeira. Para o menino, o momento redentor acontece como acontecem os sonhos, inteiramente por meio de imagens, e o problema do reconhecimento persiste, o problema de enxergar através dos símbolos e traduzir seu conteúdo nas abstrações próprias da consciência desperta. Meio século mais tarde, portanto, o velho compõe um ensaio que decodifica o sonho do jovem rapaz. Ao voltar-se para a literatura alquímica, Jung estava

A ASTÚCIA CRIA O MUNDO

tentando discernir o conteúdo daquele excremento divino. O que são "todas aquelas coisas (...) eliminadas do modelo cristão"?[25] O que uma incursão ao monte de estrume cristão vai revelar?

Diferentes trabalhadores da sujeira retornarão com diferentes tesouros, é claro. Para Jung o monte de lixo contém, antes de mais nada, deuses pagãos como o próprio Mercurius, "forçado sob a influência do cristianismo a descer para as trevas do submundo e se tornar moralmente desqualificado".[26] Mais do que isso, a supressão dos deuses pagãos acarreta a supressão de um tipo particular de complexidade espiritual. Povos aborígines não apenas imaginavam e viviam com figuras ambivalentes como Mercúrio, mas os imaginavam em estreito relacionamento com os outros deuses. As crenças pagãs não veem problema em imaginar uma amizade entre Hermes e Apolo ou entre Exu e Ifá; elas prontamente imaginam dramas familiares íntimos com Susa-nö-o e sua irmã ou Legba e sua mãe. Nada comparável permanece no cristianismo, pelo menos não no século XIX. Jung recorda-nos que no Livro de Jó lemos sobre um dia "em que os filhos de Deus se apresentaram diante do Senhor, e Satã também estava entre eles",[27] mas que na época do Novo Testamento "esse retrato de uma reunião familiar celestial" dá lugar a uma clara separação ("Retira-te daqui, Satã"). Jung não é cego aos avanços espirituais que resultam dessa grande diferenciação de poderes, mas seu argumento é que todo avanço tem seu custo.

Nesse caso, Jung toma "reuniões familiares" pagãs para tratar de um relacionamento perdido entre o consciente e o inconsciente, de forma que o que se enfraquece quando Mercurius é suprimido é tanto a inteligência relativa ao inconsciente quanto o psicopompo em si, o intermediário que permite uma espécie de comércio mental que pode, por exemplo, decifrar um sonho ou converter sujeira em tesouro. Há mais (Jung expande a ideia, citada anteriormente, de que Mercurius é "o reflexo de Deus na natureza física"), mas por ora o ponto central é que, ao compor essa imagem essencial de

MATÉRIA FORA DO LUGAR

sua ciência, os alquimistas se valeram do paganismo politeísta e de um senso suprimido de como o divino opera na escuridão e na matéria. Com base nessas fontes, "hesitantemente, como em um sonho, a linhagem introspectiva dos séculos gradualmente compôs a figura de Mercurius e criou um símbolo que, de acordo com todas as normas psicológicas, permanece em uma relação de compensação com Cristo".[28]

Examinei essas ideias não tanto para avaliar seus méritos, mas para dar uma noção do que pode significar a afirmação de que com o retorno da sujeira vem a redenção ou a recriação. Se é correto dizer que o pai de Jung era ministro de uma casa espiritual moribunda, e que bem cedo Jung teve uma noção de como recuperar sua energia, então o que estamos vendo é um homem que se propõe a revitalizar o cristianismo introduzindo clandestinamente deuses pagãos e matéria sombria do inconsciente no santuário. Para isso, corteja uma antiga figura que sabe como fazer uma conexão onde houve uma separação, que consegue, nas palavras de Jung, "construir uma ponte através do abismo que separa (...) dois mundos psicológicos".[29]

Neste ponto, porém, pode ser melhor descrever o que acontece com a criação propriamente dita, em vez de com a recriação. O retorno da sujeira é uma ameaça à antiga ordem, e nesse caso a antiga sujeira não apenas dá alento à Igreja, ela a substitui por algo novo. A tradição alquímica se desenvolve como uma opção ao cristianismo ortodoxo. Mais relevante, o ensaio de Jung é em parte um reflexo do seu próprio caso; ele nos conta que durante sua vida a incursão ao monte de estrume criou as várias formas de psicanálise. Imaginando a exploração e o desabrochar da consciência ao longo de séculos, Jung diagnostica a Igreja cristã como definitivamente bloqueada pela própria pureza e declara que "foram os homens da medicina que, na virada do século XIX, acharam-se forçados a intervir e pôr o processo obstruído de compreensão da consciência novamente em marcha".[30] Justapondo a fantasia da

A ASTÚCIA CRIA O MUNDO

infância de Jung e esse ensaio posterior, não parece estranho dizer que, ao criar uma ponte entre a Igreja e seu excremento, o Espírito de Mercurius criou uma terceira coisa: a psicologia analítica. Se há "novas sementes" no fim dessa história de trabalhadores da sujeira, essa é uma delas.*

Mas a história não deveria terminar aqui. "De acordo com todas as normas psicológicas", a psicologia analítica terá eventualmente seus problemas com a sujeira. O Espírito de Mercurius não se encerra com os junguianos. Temos já algumas décadas de acólitos purificando as ideias do mestre, um processo que deve produzir necessariamente a própria pilha de escória. Se Jung flertou com o antissemitismo, se traiu a mulher em nome dos arquétipos, se negligenciou inconsistências nas próprias evidências, bem, para os que acreditam, tudo isso são acidentes, não o cerne, não o Jung real.[31] Mas alguém pode discordar, é claro; alguém pode querer tirar o fruto sagrado do jardim. No momento em que estou escrevendo estas páginas, os jornais noticiam que um pesquisador chato está alegando que Jung omitiu alguns detalhes essenciais quando apresentou pela primeira vez sua teoria do inconsciente coletivo.[32] Mais relevante, em resposta, a família Jung proibiu o acesso desse homem aos arquivos de Jung. E por aí vai.** Não ficaria surpreso ao ouvir que nessa época a jovem filha de algum analista de Zurique sofreu uma fantasia proibida de que alguma coisa escura e fedorenta teria aparecido debaixo da confortável cadeira na qual seu pai se sentava para descobrir imagens da *anima* nos sonhos dos pacientes.

---

* Freud algumas vezes descreve seu trabalho em termos similares. A técnica da psicanálise, diz ele, "está acostumada a adivinhar segredos e coisas ocultas a partir de aspectos desprezados ou despercebidos, a partir do monte de entulho (...) das nossas observações".[33] Colocado de maneira mais ampla, tanto Freud quanto Jung praticam divinação com estrume, como os caçadores de antigamente ao interpretarem as fezes na trilha, e os psicanalistas são treinados para fazer o que o Coiote sempre fez: iniciar uma conversa com os excrementos.

** Assim foi com os arquivos de Freud, assediados pelo desobediente Jeffrey Moussaieff Masson.

Carnaval democrático

Todo esse material, das narrativas antigas a essas modernas batalhas psicoespirituais, levanta a questão de como qualquer ordem – espiritual, secular, psicológica – deveria se relacionar com a própria sujeira. Por um lado, se a pureza com frequência resulta em esterilidade, nenhuma ordem deveria situar seus montes de estrume muito longe da cidade. Por outro lado, se a sujeira é o subproduto da criação da ordem, nenhuma ordem deveria cogitar prontamente o retorno da sujeira, a não ser que tenha algum impulso autodestrutivo.

Considerando a segunda metade desse dilema, não deveríamos ficar surpresos com o fato de que a ordem com frequência se torna violenta quando ameaçada pelas próprias exclusões. É melhor matar tudo o que rasteja no solo do oceano; é melhor construir grandes incineradores e acabar logo com isso. Como Mary Douglas observa, "a existência da anomalia pode ser fisicamente controlada (...) Consideremos os galos que cantam à noite. Se seus pescoços forem prontamente torcidos, não viverão para contradizer a definição do galo como uma ave que canta ao alvorecer".[34] Mas praticamente não precisamos da antropologia para nos ajudar a encontrar a violência dirigida contra o anômalo e o fora de lugar. Ao alcance da mão temos toda a terrível história de "limpeza racial" do século XX, ou as perpétuas tentativas de manter os homossexuais "em seu lugar", para nos lembrar de como a ordem pode se tornar cruel em nome de sua pureza imaginada.

Menciono a exclusão violenta, essa resposta difusa e um tanto óbvia à sujeira, porque é em contraste com a brutalidade e a força letal que outras respostas parecem atraentes, especialmente o que pode ser chamado de contato ritual com a sujeira – qualquer espécie de envolvimento sancionado, estruturado e contido com coisas que normalmente estão além dos limites. Em certo sentido,

A ASTÚCIA CRIA O MUNDO

grande parte deste livro trata desse contato, já que contar histórias de trickster é uma espécie de ritual narrativo sujo. No escuro, no auge do inverno, "quando as cobras estão debaixo da terra", os nativos norte-americanos contavam essas histórias, acolhendo na fantasia todas as coisas (incesto, violações de tabu, egotismo insano etc.) que não podiam ser parte do centro das coisas. Tomemos a abertura do ciclo trickster winnebago: "Era uma vez uma aldeia na qual vivia um chefe que estava se preparando para ir para a batalha." Como logo descobrimos, e como todo ouvinte winnebago teria sabido imediatamente, esse "chefe" é trickster e o que ele está fazendo reside absolutamente fora da ordem das coisas (como Radin observa, "o chefe tribal winnebago não pode, em nenhuma circunstância, ir para a batalha").[35] No fim do primeiro episódio esse falso chefe havia dormido com uma mulher (o que é proibido a homens prestes a ir para a guerra), dado uma festa da qual ele foi o primeiro a ir embora (o anfitrião da festa sempre é o último a ir embora), atirado seus apetrechos de guerra ao chão e pisoteado-os solo adentro[36] ("uma ação inconcebivelmente sacrílega")[37] e assim por diante.

Não apenas as ações do trickster invertem e desordenam o padrão normal da vida winnebago, mas sua história pode muito bem ser (se a prática de outras tribos é algum indício) uma reflexão narrativa de eventos na verdade representados em cerimônias. Em uma importante cerimônia hopi, por exemplo, palhaços rituais entram em uma praça de costas, descem escadas de cabeça para baixo e falam como se os seres humanos, e não os espíritos, estivessem no centro das coisas.[38] Nos rituais de sujeira dos zuñi, os celebrantes bebem urina e comem excrementos humanos e caninos.[39]

Esses ritos incomuns não estão restritos aos ameríndios, nem mesmo às assim chamadas sociedades primitivas. Durante a Idade Média europeia, uma Festa dos Bobos anual expunha a Igreja Católica a profanidades geralmente mantidas bem além dos muros

MATÉRIA FORA DO LUGAR

do terreno sagrado. Temos uma clara noção do que acontecia a partir de uma carta do século XV na qual um clérigo parisiense aparentemente mais decoroso reclama sobre uma Festa dos Bobos que vira nas províncias:

> Bem no meio do serviço divino, mascarados com faces grotescas, fantasiados de mulheres, leões e mímicos, executavam suas danças, cantavam canções indecentes no coro, comiam sua comida gordurosa em um canto do altar, próximo do padre que celebrava a missa, pegavam seus jogos de dados, queimavam um incenso fedorento feito de couro de sapato velho, corriam e saltitavam por toda a igreja.[40]

Por meio de outras descrições, sabemos que excrementos algumas vezes eram queimados em vez de incenso e que os próprios clérigos ocasionalmente passeavam pela cidade em carrinhos cheios de estrume, comendo salsichas e atirando esterco na multidão.[41]

Nos círculos acadêmicos, essas celebrações transgressivas são atualmente discutidas sob o título geral de "carnaval", um termo mais apropriadamente reservado para as festividades católicas que terminam com o Mardi Gras, a Terça-Feira Gorda que precede a austeridade da Quaresma ("carnaval" vem de *carnelevarium*, "a remoção da carne").[42] O entendimento antropológico e literário comum é de que as celebrações carnavalescas, apesar da verdadeira obscenidade e depravação, são profundamente conservadoras.[43] Especialmente em sociedades altamente ordenadas e hierárquicas, o carnaval reforça o *statu quo* porque, antes de mais nada, proporciona as exceções que comprovam as regras. Podemos rir de homens vestidos de mulher, ou de comida gordurosa devorada no altar, mas quando o riso acaba, os padrões normais retornam com muito mais solidez. O carnaval é, afinal de contas, sancionado oficialmente e claramente controlado. Os que detêm o poder participam do jogo; oferecem-lhe espaço na praça da cidade (ele

A ASTÚCIA CRIA O MUNDO

nunca chega de fato ao palácio, ao Vaticano etc.) e controlam sua duração. A Terça-Feira Gorda nunca extravasa para a Quarta-Feira de Cinzas. Quando a Quaresma começa, a hierarquia normal ressurge resplandecente, pois a ferrugem das tensões internas é polida pela sua exposição.

Zombeteiro, mas sem mudar a ordem das coisas, o trabalho sujo ritual opera como uma espécie de válvula de segurança, permitindo que conflitos internos e anomalias importunas sejam expressos sem consequências sérias. Se todos sabem secretamente que o papa *não é* perfeito, o segredo pode perdurar inocentemente se, uma vez por ano, apenas por um período limitado, as pessoas fizerem troça do papa. Se todos sabem secretamente que os escravos têm forças de que seus senhores carecem, a escravidão pode ainda assim continuar se, uma vez por ano, apenas por um período limitado, os senhores servirem os escravos à mesa (como faziam durante a Saturnália romana). O carnaval é, portanto, uma espécie de sistema de drenagem psíquica e social no qual os resíduos das estruturas são expressos unicamente para serem removidos quando os estandartes são recolhidos.[44]

Quando valorizamos o velho mundo, a função conservadora do carnaval é uma de suas virtudes, claro. O ritual sujo nos protege das nossas exclusões como uma espécie de vacina e desse modo oferece uma estabilidade que é alegre e não particularmente violenta. Afinal de contas, não são apenas os galos que cantam à noite que acabam mortos quando a violência é a única forma de a ordem dominante se proteger. Que tome cuidado o sistema social que não consegue rir de si próprio, que responde àqueles que não conhecem seu lugar construindo uma série de prisões.

Onde a mudança não está na ordem do dia, portanto, o trabalho sujo ritual oferece a virtude da estabilidade não violenta. Mas onde a mudança *está* na ordem do dia, o trabalho sujo também tem um papel a desempenhar, porque simplesmente não é verdade que esses

MATÉRIA FORA DO LUGAR

rituais são sempre conservadores. Rituais sujos podem estabilizar as coisas por anos a fio, mas quando a ordem enfrenta uma crise fundamental esses rituais podem se tornar os pontos focais da mudança, momentos catalíticos para a reavaliação da sujeira e as verdadeiras transformações estruturais. De tempos em tempos, a Terça-Feira Gorda *extravasa* para a Quarta-Feira de Cinzas e para o resto do ano também. Rituais sujos regulares são como os nós em um broto de bambu, aparecendo ano após ano para fortalecer o crescimento da haste, mas então, quando as condições o exigem, se abrem para proporcionar um novo crescimento.

Os historiadores têm-nos fornecido recentemente alguns casos específicos que demonstram esse modelo geral. Agora parece claro, por exemplo, que a depreciação do papa no ritual carnavalesco desempenhou um papel-chave na Reforma Protestante na Alemanha.[45] O vaso ritual se quebrou, a contaminação extravasou e a própria Igreja foi alterada em seus fundamentos. Parece claro também que brincar com os papéis dos gêneros algumas vezes pulou as cercas do ritual. A historiadora Natalie Zemon Davis argumenta que as inversões de gênero de vários festivais europeus do início da modernidade serviram para "*minar*, assim como para reforçar"[46] as estruturas sociais vigentes. A imagem carnavalesca das mulheres desregradas, normalmente objeto de piadas e brincadeiras, às vezes revela-se "uma sanção da revolta e da desobediência política para homens e mulheres em uma sociedade que reserva às classes baixas poucos meios formais de protesto".[47] Davis tem plena consciência de que deixar que a mulher carnavalesca tenha o poder de ficar por cima durante a festividade geralmente serve para manter as mulheres embaixo quando as festas acabam, mas, uma vez que essa imagem existe, é difícil controlá-la e às vezes ela também "promoveu a resistência",[48] "manteve aberta uma forma alternativa de conceber a estrutura familiar"[49] e serviu como "um recurso para a reflexão feminista sobre as capacidades das mulheres".[50]

A ASTÚCIA CRIA O MUNDO

Considero que as narrativas de trickster servem a um papel duplo análogo; geralmente trazem uma libertação inofensiva, mas ocasionalmente autorizam momentos de mudança radical. Essas narrativas, ao menos, declaram o segundo aspecto: o personagem que pode brincar livremente com a sujeira, dizem, é também o herói cultural que traz a mudança fundamental. Em uma das histórias do Corvo contada nos arredores de Sitka, no Alasca, por exemplo, ele rouba água do Petrel sovina, que tem um suprimento interminável, mas não o compartilha com o mundo sedento. O Petrel guarda vigilante a fonte de onde sua água brota (ele a mantém coberta; dorme ao lado dela). O Corvo tenta fazer com que o Petrel deixe sua morada contando-lhe histórias de todas as coisas maravilhosas que acontecem no mundo, mas ele é desconfiado e não arreda pé. Naquela noite o Corvo dorme na cabana do Petrel; de manhã cedo, quando ouve o Petrel dormindo profundamente, sai, pega um pouco de bosta de cachorro e esfrega-a na cauda da ave. Quando o sol se levanta, o Corvo grita: "Acorde, acorde, meu irmão, você cagou toda a sua roupa." O Petrel corre para fora da cabana para se limpar, enquanto o Corvo tira a cobertura da fonte e começa a beber. Enquanto se afasta voando, a água que cai de seu bico se transforma nos grandes rios do Alasca e em todos os pequenos riachos ricos em salmão.[51]

Histórias como essa não são sobre o trabalho sujo conservador, mas sobre o fim de um mundo e o começo de outro (a história de Susa-nö-o, lembremos, pode ser interpretada como o registro de um trabalho sujo que leva à invenção da agricultura). Se a liberdade de movimento do trickster em relação à sujeira significa que ele pode adquirir a água ou o fogo (adquirir nova energia, novos truques, novas tecnologias, novos *insights*, novos meios de locomoção), então suas narrativas podem ser mapas viários para mudanças fundamentais. Na verdade, imaginar tricksters muitas vezes libera a energia criativa e aviva a ordem existente, mas algumas vezes essas imaginações são o começo de alterações muito mais profundas. Se é correto compor uma história de criação justapondo a epifania fecal de Carl Jung, sua posterior atração por Mercurius e a noção de que ele é um guia para o inconsciente, então já temos um caso moderno no qual o trabalho com a sujeira viabiliza um "roubo do fogo", uma história cujo protagonista desafia um sistema espiritual enfraquecido com as próprias exclusões e, a partir daí, adquire um método psicológico, uma nova tecnologia para a raça humana.

Talvez este seja um bom momento para fazer uma pausa e resumir o terreno que cobrimos até aqui. Na história de Legba, vimos um trickster usando sujeira para criar uma das divisões cósmicas primordiais, a distância entre o céu e a terra. Duas outras histórias – sobre Susa-nö-o e sobre o Corvo – incorporam um tema relacionado e mais frequente: a liberdade do trickster com a sujeira significa que ele pode operar onde os altos deuses mais delicados não podem e, como resultado, a fertilidade e as riquezas celestiais penetram neste mundo. Ambos os casos ilustram a ligação que Mary Douglas estabelece entre a sujeira e a criação da ordem. Quando a mãe de Legba se retira para manter-se limpa, a ordem do cosmos como a conhecemos emerge; nos outros casos, novas ordens emergem depois que o trickster ataca a antiga com a sujeira. Todo esse material contém uma tensão entre a necessidade da ordem e a necessidade do retorno da sujeira, e apresenta o problema de como resolver essa tensão. Uma solução tradicional tem sido instituir um contato ritual periódico com a sujeira evitando assim, por um lado, a violência e a esterilidade que parecem acompanhar a ordem purificada, enquanto propicia, por outro lado, não apenas a vivacidade de um comércio entre a ordem e suas exclusões, mas a possibilidade de uma mudança fundamental quando a velha ordem está morrendo ou em crise.

Ler a história de Carl Jung junto com os velhos contos de trickster, porém, apresenta outro problema, mais moderno, um

A ASTÚCIA CRIA O MUNDO

problema sobre o qual quero me concentrar ao final. A romancista Flannery O'Connor costumava dizer que escrevia sobre igrejas do interior, e não sobre sua Igreja Católica, pois achava que os problemas da fé moderna eram mais plenamente revelados pelas "religiões caseiras". O trabalho de Jung com sua fantasia de infância é um ritual caseiro. Sua psique de doze anos proporcionou espontaneamente o material inicial, material que teria, em uma cultura desenvolvida de maneira diferente, encontrado seu reflexo em rituais já ativos da comunidade. Mas pouca coisa desse entendimento coletivo permanece no mundo moderno, e uma criança como Jung, que teria percebido imediatamente que sua fantasia pertencia à Festa dos Bobos se tivesse vivido no século XII, tem que criar seu sistema psicológico se pretende obter qualquer benefício duradouro daquele momento precoce de graça.

Não que o mundo moderno não tenha ritual – rituais simples estão por toda a nossa volta –, mas certamente não temos trabalho coletivo com a sujeira de comum acordo. Os palhaços do ritual hopi atraem turistas, mas não sobem de ponta-cabeça até os salões do Congresso. A Igreja Católica sempre foi ambivalente em relação ao carnaval, mas foram os protestantes que de fato se livraram dele (depois de terem visto como ele pode ser desestabilizador). O que permanece? Quais são as formas modernas por meio das quais a ordem lida com as próprias exclusões? Onde reside o espírito do trickster?

Minha ideia de como responder a essas perguntas começa por observar que muitas de nossas modernas contendas sobre a sujeira são contendas sobre a arte transgressora, a arte que é acusada de ser obscena ou blasfema. Filmes obscenos, livros obscenos, fotografias obscenas e atos sacrílegos têm se tornado o foco de contestação pública, especialmente quando alguém reclama para eles o privilégio do espaço artístico. Dois casos vieram à tona enquanto eu escrevia este livro e não posso evitar de me perguntar se não deveriam ser considerados rituais caseiros de uma cultura

MATÉRIA FORA DO LUGAR

que não tem um modo adequado de reagir quando confrontada com a própria sujeira.

O primeiro deles foi o protesto contra o National Endowment for the Arts [Fundo Nacional para as Artes] (NEA) por dar apoio ao fotógrafo Andres Serrano, que produziu uma imagem que chamou de *Piss Christ* [Cristo em urina]. Trata-se de uma grande impressão em Cibachrome de um crucifixo (cruz de madeira, Jesus em plástico branco) mergulhado em um frasco de urina. Na urina há algumas bolhas, de forma que o observador tem plena ciência do filtro. Em outras imagens da mesma série o filtro é água tingida de vermelho ou de branco por sangue e leite humanos. Ouvi amigos dizerem que, ao realizar essas obras, Serrano estava certamente disposto a chocar, a tornar-se famoso como um *bad boy*, e talvez estivesse. Certamente conseguiu isso. *Piss Christ* tornou-se uma das principais imagens usadas pelos conservadores e pela direita cristã para acabar com o apoio federal às artes nos Estados Unidos, no início dos anos 1990. Mas o intuito blasfemo imputado a Serrano não condiz com minha reação à obra quando a vi pela primeira vez em uma galeria de Nova York. Para explicar essa reação, devo falar um pouco sobre algumas coisas que associei às imagens.

Quando estava na casa dos vinte anos, trabalhei durante vários anos como auxiliar em um hospital municipal. Eu trabalhava na ala destinada aos alcoólicos, para onde iam homens e mulheres que estavam tão debilitados que precisavam de supervisão médica durante o período de abstinência. Achava o trabalho instrutivo e revigorante, especialmente quando era daquele tipo menor que envolve hora após hora de contato direto com corpos enfermos e em sofrimento. Esse trabalho tem um tipo próprio de decoro, é claro, mas ao mesmo tempo muito das nossas cuidadosas boas maneiras caem necessariamente por terra nesses recintos, para que possamos tratar da vida cotidiana do corpo. A ala dos alcoólicos, pelo menos, sempre cheirava ligeiramente a urina e ao suor acre

A ASTÚCIA CRIA O MUNDO

dos insones trêmulos. Eu trabalhava principalmente no turno da noite, e ocasionalmente me encontrava durante a madrugada limpando um homem que havia se emporcalhado enquanto estava perdido em algum delírio. Naqueles dias, eu passava a maior parte do tempo restante absorto em livros e ideias, e o trabalho no hospital equilibrava tudo isso com uma gravidade redentora.

Diante da obra de Serrano, essas memórias acabaram por se juntar a coisas que as pessoas criadas em um ambiente cristão sempre carregaram – especificamente, a ideia de que a encarnação de Cristo é a chave para os evangelhos, de que o crucifixo deveria nos lembrar que seu *corpo* sofreu na cruz. Quando ele chorava, havia lágrimas; os espinhos e as lanças faziam verter sangue. A história toda desmorona se nada disso importa, se um Cristo purificado é um Cristo sem carne.

Em todo caso, *Piss Christ* me pareceu um experimento com cor e corporificação: Serrano fez para si uma paleta de tons literalmente carnais, não os milhões de tons provenientes das misturas dos catálogos das lojas de tinta, mas as cores primárias do organismo, aquelas às quais todos respondemos de maneira reflexa. Ao usar fluidos corporais como filtros, ele nos faz ver o crucifixo *através* do corpo. Conhecemos esse Cristo não apenas através do humor vítreo do olho humano, mas dos humores mais pesados e opacos dos nossos outros órgãos. O Cristo morto tem uma mortalha de urina, uma mortalha de sangue.

Na fotografia de Serrano, a imagem assim amortalhada é um crucifixo de plástico de uma loja de quinquilharias, um exemplar barato de *kitsch* que de outra forma poderia nos passar despercebido. Para mim, Serrano parecia estar jogando com o velho problema do reconhecimento. Como vemos o que realmente está diante de nós? O porqueiro encontra Odisseu na praia, mas não o conhece. Por que não consegue ver o que está ali? Como a mente reconhece o real significado do que os sentidos oferecem a ela? Combinando um Cristo abstrato e o corpo humano, especificamente o corpo que

MATÉRIA FORA DO LUGAR

negamos e para o qual damos as costas, o sangue e os excrementos dos quais normalmente desviamos o olhar, a imagem de Serrano parecia-me perguntar o que os soldados romanos perguntaram a Pedro: "Você conhece este homem?"

A antiga sabedoria diria que esse rebaixamento do deus é uma parte necessária de sua renovação periódica, e que Serrano intervém, como o fez Susa-nö-o, para salvar o divino da própria pureza excessivamente elevada. Mas atualmente não temos nenhuma forma coletiva, nenhuma narrativa consentida, para nos guiar em tal operação, e portanto – uma vez que a necessidade desse tipo de renovação não se acaba – somos periodicamente forçados a inventar algo. Sob essa luz, todo o clamor público em torno da fotografia de Serrano começa a parecer um ritual caseiro para uma terra sem carnaval. Primeiro, temos o artista transgressor maculando simbolicamente o deus, depois o senador Jesse Helms e seus amigos traçando uma linha demarcatória e insistindo para que a sujeira seja transportada para fora da cidade. São necessários ambos os lados para encenar esse drama, é claro. A parelha Serrano e Helms encontra o deus moribundo abandonado na loja de quinquilharias, o expõe à impureza vulgar, depois o eleva de novo, novamente limpo, novamente poderoso.

O evento, portanto, tem a estrutura da maneira conservadora de lidar com a sujeira. Isso se deve em parte ao fato de que o próprio Serrano é cristão e vê sua arte como um trabalho situado dentro da fé, não contra ela. Sobre *Piss Christ*, teve isto a dizer:

> Sentimentos complexos e não resolvidos sobre minha criação católica inspiram essa obra, que me ajuda a redefinir e personalizar minha relação com Deus. Para mim, a arte é uma obrigação moral e espiritual que atravessa toda forma de veleidade e fala diretamente à alma. Embora não seja mais um membro da Igreja Católica, eu me considero cristão e professo minha fé por meio do meu trabalho.[52]

A ASTÚCIA CRIA O MUNDO

Mas com isso em mente será útil expandir um pouco o nosso leque de referências, pois suspeito que a controvérsia em torno de *Piss Christ* não foi a "profissão de fé" que Serrano esperava. Seu experimento pode ter funcionado na privacidade do seu estúdio, mas, quando chegou às ruas, algo diferente aconteceu. Os políticos que atacaram o National Endowment for the Arts, usando Serrano como um de seus fulcros, não estavam realmente interessados no seu relacionamento com Deus. O senador Helms, ao menos, tem um apurado instinto sobre como construir uma base de poder e arrecadar dinheiro. Como qualquer demagogo, ele sabe como transformar um problema complicado em um medo simples, como provocar a animosidade racial e como fazer com que seus eleitores se engalfinhem. Se era isso o que realmente estava acontecendo, então o trabalho com a sujeira desse artista fracassou: ele tenta reviver um deus moribundo, mas revive em vez disso um político, e um tipo particular de político, para ser exato.

Aqui me vejo levado a um pouco de especulação histórica. Às vezes penso que o que esse evento realmente demonstrou foi o modo como o protestantismo pode se renovar por meio da supressão da antiga extravagância católica. Quando o crítico russo Mikhail Bakhtin escreveu sobre o carnaval, não estava simplesmente descrevendo como ele funciona. Estava argumentando que a Renascença foi marcada pela "carnavalização da literatura". O estilo do carnaval – todas as suas inversões libidinosas – deixou a praça e invadiu a arte (penetrou especialmente no romance).* O carnaval não apenas se tornou estetizado, ele encontrou refúgio na arte, pois o deslocamento foi contemporâneo à ascensão do protestantismo e sua insistência em formas mais contidas de prática pública. Justeza dessa hipótese histórica à parte, em Serrano

---

* Bakhtin escreve: "Durante a Renascença (...) os elementos primordiais do carnaval (...) tomaram posse de todos os gêneros da alta literatura e os transformaram de maneira fundamental."[53] Em acréscimo: "A Renascença é o ponto alto da vida carnavalesca. Depois dela começa o seu declínio." [54]

MATÉRIA FORA DO LUGAR

temos um católico negligente tropeçando em uma prática medieval para reavivar sua fé, e o ataque bem-sucedido contra ele por religiosos protestantes e seus legisladores, cujo poder se renova até o ponto de eles conseguirem expulsar o artista católico da cidade. Em termos de trickster, o que temos é uma igreja e seus aliados políticos consolidando sua identidade ao demonizar com sucesso a imaginação mercurial (que é como interpreto a destruição do NEA no fim do século).

Antes de seguir adiante no desenvolvimento dessa linha de raciocínio, quero voltar-me para uma segunda batalha pública em torno da arte obscena, porque ela difere, de várias e instrutivas maneiras, do caso de Serrano. Em 1989, uma exposição itinerante de fotografias de Robert Mapplethorpe – incluindo imagens explícitas de sadomasoquismo homossexual (por exemplo, o próprio artista fotografado com o cabo de um açoite inserido no reto) – foi apresentada na galeria do Centro de Arte Contemporânea de Cincinnati. No dia seguinte, agentes do xerife do condado fizeram uma batida no local, registraram sete das fotografias em vídeo, depois recorreram a um júri para indiciar a galeria sob acusação de obscenidade.

A galeria de fato havia tomado algumas medidas para proteger os olhos inocentes das imagens de Mapplethorpe: a entrada era cobrada, não era permitida a entrada de ninguém com menos de 18 anos, e as fotos obscenas eram exibidas separadamente, em uma sala especial, com avisos na porta. Você não apenas tinha de ser uma pessoa adulta com dinheiro no bolso, tinha de *querer* ver essas fotografias. Todo o evento era elaboradamente restrito. Chegar àquele santuário interno onde a obscenidade estava sendo exibida era algo quase tão complicado quanto adentrar os mistérios de Elêusis ou o culto lele do pangolim.

Ainda assim, os promotores locais levaram a galeria aos tribunais e a isso se seguiu um julgamento no qual curadores

A ASTÚCIA CRIA O MUNDO

e críticos de todo o país defenderam a obra de Mapplethorpe perante um júri composto de produtores rurais, secretárias e bancários locais. As acusações giravam em torno da questão de se as imagens eram ou não arte, e os peritos disseram que eram. "Se estão em um museu de arte, pretende-se que sejam arte, e é por isso que estão lá",[55] explicou Robert Sobieszek, do Museu Municipal de Los Angeles. Jacquelynn Baas, do Museu de Arte de Berkeley, foi solicitada a defender o caráter artístico de uma fotografia de um homem com o braço dentro do reto de outro homem. "É a tensão entre a beleza física da fotografia e a natureza brutal do que é retratado nela", disse, "que confere a qualidade particular que essa obra de arte tem."[56] Um jornal de Cincinnati reproduziu o testemunho de Janet Kardon, do Instituto de Arte Contemporânea da Filadélfia:

> Discorrendo sobre (...) as fotografias [do réu], Kardon defendeu cuidadosamente cada uma delas (...) em termos de como Mapplethorpe situou a figura humana no quadro, como a iluminação foi empregada, a simetria do enquadramento, o uso das linhas, como as características de algumas daquelas fotografias podiam também ser encontradas nas mais famosas fotos de flores de Mapplethorpe.[57]

Em resumo, trata-se de uma obra de arte porque foi exibida em uma galeria de arte e porque os peritos podem descrevê-la empregando linguagem artística, uma conclusão que pode não ser tão tola quanto parece à primeira vista, se estivermos de fato testemunhando uma espécie de evento ritual e se recordarmos que ritual e crença têm com frequência um cerne tautológico: demarcamos o *temenos*, o recinto sagrado, e aquilo que nele entra torna-se, quer se queira quer não, sagrado; criamos espaços para a arte e formamos curadores para vigiar a entrada, portanto, quer se queira quer não, o que entra neles é arte.

MATÉRIA FORA DO LUGAR

Seja como for, a questão da "arte" era fundamental para o julgamento, pois a lei suprema do país atualmente sustenta que uma obra *não é* obscena se, tomada como um todo, tem algum valor literário, artístico, político ou científico sério. "Arte" e "obscenidade" são categorias distintas, diz a lei – e com base nisso o júri se submeteu à opinião dos críticos e votou pela absolvição. Um dos jurados, gerente de um armazém, explicou a decisão: "Todos eles [os peritos], unanimemente, estavam certos de que aquilo era arte. Tivemos de acatar o que nos foi dito. É como Picasso. Picasso, pelo que todo mundo me diz, era um artista. Não é do meu gosto. Não entendo disso. Mas se as pessoas dizem que é arte, então tenho de aceitar."[58]

Quanto a mim, diria que Mapplethorpe era certamente um artista, mas um artista menor, cuja importância foi superestimada pelo momento histórico, e é este último que realmente me leva a tomá-lo como exemplo aqui. O julgamento das fotografias de sexo gay de Mapplethorpe coincidiu com as primeiras décadas da pandemia de aids (o próprio Mapplethorpe morreu de aids em março de 1989), e esse contexto conferiu ao evento como um todo um peso diferente como trabalho ritual com a sujeira, pois a presença do vírus da aids desafiou as maneiras pelas quais imaginamos o comportamento sexual e o integramos ao restante das nossas vidas. É como se a "astúcia" do vírus da aids residisse precisamente no fato de ter situado sua passagem em locais socialmente invisíveis – na atividade homossexual e no uso de drogas ilegais intravenosas. Ou melhor, não há astúcia nenhuma aqui, apenas contingência irracional, a coincidência entre a presença de um parasita e um estilo particular de organização social. O vírus por acaso apareceu no monte de sujeira, por assim dizer, e não podemos trabalhar com ele sem pormos nossas mãos na sujeira, ou melhor, sem alterar esse estilo. Para encará-lo com seriedade, somos forçados a reimaginar o espaço social; temos de fazer coisas como distribuir agulhas descartáveis

A ASTÚCIA CRIA O MUNDO

para usuários de drogas e permitir que um erotismo anteriormente enrustido passasse a ter uma presença pública diferente e mais plena.

Pode ter havido um tempo em que a democracia norte-americana podia se permitir tratar o sexo homossexual como uma anomalia excluída, mas, uma vez que o vírus da aids surgiu entre nós, esse modo de rotular o espaço social/sexual não servia mais. Se temos de viver com esse vírus, todos precisam ser capazes de imaginar a sexualidade gay. Os jurados no tribunal, pelo menos, aparentemente não haviam imaginado o que Mapplethorpe tinha a lhes mostrar. Como um deles disse, "certamente eu não sabia que essas coisas existiam. É uma surpresa completa para mim que façam esse tipo de coisa. Então, aquilo em si foi um aprendizado".[59] Outra jurada, uma secretária, disse aos repórteres: "Aprendi mais sobre esse tipo de estilo de vida do que jamais pensei que teria a possibilidade de saber."[60]

Isso equivale a dizer que o ritual sujo desse julgamento da arte não foi o tipo de carnaval que liberta o excluído apenas para contê-lo novamente. Em vez disso, foi uma forma de trabalhar a sujeira que ameaça alterar a ordem das coisas ao expô-la às próprias exclusões. Oitenta e uma mil pessoas compareceram à exposição de Cincinnati, o que levou o promotor público a se perguntar, no dia em que perdeu a causa: "Quem *eram* aquelas pessoas? Eram apenas pessoas da comunidade artística? Eram pessoas vindas de Columbus, Cleveland, Nova York e Los Angeles? Não se tem ideia de quem eram."[61] O pobre homem não podia acreditar que alguma coisa havia mudado em Cincinnati, que antes daquela exposição a comunidade dominante não podia imaginar "esse tipo de estilo de vida", mas depois dela, podia.

Neste ponto, quero voltar à questão da qualidade artística de Mapplethorpe, menor ou não. Escrevendo para o *New York Times* na época do julgamento, e livre do constrangimento de explicar sete fotografias tiradas do seu contexto mais amplo, o crítico Andy

MATÉRIA FORA DO LUGAR

Grundberg apresentou uma conjectura plausível sobre onde a real inovação de Mapplethorpe reside:

> O tema polêmico e carnal das fotografias apresentadas no julgamento de Cincinnati coexiste com conteúdos tão "inocentes" quanto os rostos de celebridades e copos-de-leite. Situando-as todas em um só *continuum*, o trabalho de Mapplethorpe sugere que os valores morais tradicionais da sociedade são menos importantes do que o ideal platônico da beleza. Essa é a chave essencial para a sua arte (...)[62]

Não tenho certeza quanto ao "ideal platônico", mas alguma coisa nessa linha parece correta. Confrontado com as distinções recebidas entre o belo e o feio, o limpo e o sujo, o masculino e o feminino, o normal e o anômalo, Mapplethorpe nivela o terreno; produz uma série de imagens baseadas em um conjunto diferente de regras. Se é bem-sucedido ao criar esse *continuum* único, torna-se um trabalhador da sujeira na clássica linhagem trickster, um dos que perturbam de maneira proveitosa a forma das coisas ao cruzar ou retraçar a linha entre o elevado e o excrementício. Uma medida do seu sucesso é o grau até o qual seus oponentes ajudaram a conduzir o drama até sua conclusão clássica. É tocante, na verdade, como aqueles agentes do xerife se inscreveram como parte do cortejo póstumo de Mapplethorpe, fazendo aquelas gravações em vídeo da obscenidade, levando-as ao tribunal e apresentando-as com formalidades jurídicas aos seus concidadãos. Essa merda moderna finalmente encontrou seu caminho para dentro da sala sagrada do trono e, como nesse contexto a lei suprema impunha certas restrições, os poderes elevados tiveram de deixá-la ficar lá.

Se pensarmos novamente em Serrano, pode ficar claro por que, em muitos aspectos, o trabalho com a sujeira de Mapplethorpe é mais subversivo do que o do colega. Primeiro, teve a sorte de

A ASTÚCIA CRIA O MUNDO

ser levado ao tribunal, onde o jogo tinha de ser jogado de acordo com regras preestabelecidas. Em segundo lugar, quando se toma o conteúdo das imagens, a obra de Mapplethorpe desafia seu contexto de um modo que a de Serrano não faz. Como eu disse, Serrano trabalha dentro do cristianismo, não contra ele; em uma nação ainda encantada com o amor romântico heterossexual, porém, Mapplethorpe é verdadeiramente transgressor, um desafio à ordem recebida. Por fim, esse desafio fala sobre e coincide com a epidemia de aids, o que significa que é preciso lidar com essa "sujeira". Por todas essas razões e outras mais, nesse caso, quando os conservadores se agruparam para pôr o artista e suas fotografias sujas em seu devido lugar, não foram longe, e os cidadãos de Cincinnati tiveram seu mapa redesenhado, ainda que apenas um pouco.

Gostaria de terminar ampliando o foco. Se a sujeira é um subproduto da criação da ordem, então uma luta em torno da sujeira é sempre uma luta em torno de como moldamos nosso mundo. (Uma luta em torno da obscenidade é uma luta *séria*, uma vez que as raízes latinas de "obsceno" significam "realmente sujo".) As discussões sobre obscenidade no fim do milênio nos Estados Unidos concentraram-se em tópicos bastante específicos – principalmente feminismo e homossexualidade –, e a implicação disso é que nessas áreas o país estava debatendo alguns sérios realinhamentos. Mas por hora não é tanto o conteúdo dessas batalhas que me interessa, e sim a questão mais ampla de como uma comunidade deveria se estruturar para poder ter esses embates, em primeiro lugar. Em uma grande nação democrática, pelo menos, muitas coisas precisam estar em seus lugares antes que tenhamos a possibilidade do trabalho periódico com a sujeira que esses casos representam. Precisamos do direito à liberdade de expressão, é claro, mas, como temos leis a respeito da obscenidade, também precisamos ter clareza de que essas leis não se aplicam

MATÉRIA FORA DO LUGAR

quando existe valor artístico, científico ou político. Finalmente, então, precisamos desse valor; mais especificamente, precisamos do artista (cientista, político) capaz de criá-lo. Precisamos tolerar, se não acolher, a imaginação mercurial.

Uma das ironias das batalhas públicas sobre a sujeira nos Estados Unidos no início dos anos 1990, foi que coincidiram com o colapso dos regimes comunistas de estilo soviético, regimes que se tornaram frágeis precisamente porque nunca desenvolveram um modo de trabalhar com as muitas coisas que haviam excluído. Colocado de outra forma, o real perigo nas sociedades democráticas vem não das disputas a respeito da obscenidade, mas de ataques às regras que permitem que essas disputas ocorram. Vem daqueles que, quando encontram profissionais que discordam deles, atacam as profissões; daqueles que, quando descobrem que a Constituição proíbe a total supressão da sujeira, atacam a própria Constituição; e daqueles que, quando se veem impedidos pelo "valor artístico", atacam os artistas. A antiga sabedoria, ao menos, sugere que esses ataques são mais perigosos do que a sujeira que pretendem purgar. A longevidade de uma cultura reside em um percurso mais tolerante. Um percurso que não ponha o Corvo, Legba ou Susa-nö-o no centro das coisas o ano todo – esses atravessadores de fronteiras pertencem às bordas na maior parte do tempo. Mas a não ser que pensemos ter tornado este mundo perfeito e chegado ao fim da história (especialmente se pensarmos assim), não podemos nos livrar dos criadores de sujeira. Seus labores prometem uma vida comunal que é flexível em vez de repressora, que pode tolerar e valer-se de suas próprias exclusões, rir dos próprios desígnios e, acima de tudo, adaptar-se às contingências que este mundo vai regularmente lhes apresentar.

A ASTÚCIA CRIA O MUNDO

Notas

1. Dali *in* Cabanne, pp. 13-14.
2. Herskovits, *Dahomean Narrative*, pp. 149-50; ver também Pelton, pp. 77-80. Há outras histórias nas quais um trickster usa sujeira para fazer a separação entre o céu e a terra. Ananse, por exemplo, leva o supremo deus Nyame a envergonhar-se a ponto de deixar a terra fazendo parecer que ele defecou dentro de casa (Pelton, p. 47n).
3. Thwaites 44, p. 297; Greenblatt, p. 3. A passagem completa merece ser citada. Um padre católico escreve do Canadá, em 1658: "A polidez e o decoro nos ensinaram a carregar lenços. Em razão desse hábito os selvagens nos acusam de imundície – porque, dizem eles, depositamos o que é impuro em um belo pedaço de linho branco e o guardamos em nossos bolsos como algo muito precioso, enquanto eles o lançam ao solo. Assim aconteceu que, quando um selvagem certo dia viu um francês dobrar o lenço depois de ter assoado o nariz, disse-lhe às gargalhadas: 'Se gostas dessa imundície, dá-me teu lenço e eu logo o encherei'" (Thwaites 44, p. 297).
4. Douglas, p. 9.
5. Douglas, p. 55.
6. Douglas, pp. 54 e segs.
7. Douglas, p. 35.
8. Douglas, p. 35.
9. *Kojiki* I, 16:3 (Philippi, p. 79). As antigas fontes da mitologia xintoísta são o *Kojiki* e o *Nihon shoki*. Usei a tradução para o inglês de Donald Philippi do *Kojiki*. Os textos se contradizem um ao outro e a si mesmos, e há muito debate sobre passagens consideradas espúrias. Como resultado, qualquer interpretação da história envolve considerável especulação. Baseei minha glosa nas oferecidas por Philippi, Herbert e Ellwood. Ver especialmente Philippi, pp. 68-87, 402-6; Herbert, pp. 284-300; e a totalidade de Ellwood.
10. *Hino a Hermes*, versos 293-98.
11. Herbert, p. 299.
12. *Kojiki* I, 16:8 (Philippi, p. 80; p. 80n).
13. *Kojiki* I, 17:1-3 (Philippi, p. 81).

MATÉRIA FORA DO LUGAR

14. Herbert, p. 298.
15. Jung, *Memories*, p. 36.
16. Jung, *Memories*, p. 39.
17. Jung, *Memories*, p. 40.
18. Jung, *Memories*, pp. 8, 40.
19. Jung, *Alchemical Studies*, p. 237.
20. Jung, *Alchemical Studies*, p. 242.
21. Jung, *Alchemical Studies*, pp. 242-43.
22. Jung, *Alchemical Studies*, p. 241.
23. Jung, *Alchemical Studies*, p. 241.
24. Jung, *Alchemical Studies*, p. 232.
25. Jung, *Alchemical Studies*, p. 241.
26. Jung, *Alchemical Studies*, p. 198.
27. Jung, *Alchemical Studies*, p. 242.
28. Jung, *Alchemical Studies*, p. 245.
29. Jung, *Alchemical Studies*, p. 245.
30. Jung, *Alchemical Studies*, p. 244.
31. O ensaio de Jung sobre o Espírito de Mercurius é uma exploração do que poderíamos chamar de "a Sombra Cristã". Jung apresentou o ensaio pela primeira vez em duas conferências em Ascona, na Suíça, em 1942. Embora conclua com uma referência oblíqua a Hitler e ao "crepúsculo dos deuses" que vem com a tentativa de suprimir uma porção da psique, é estranho – especialmente considerando a época e o local – que, ao falar das coisas que a pureza cristã exclui e demoniza, ele não mencione os judeus.
32. Ver *The New York Times*, 3 de junho de 1995. O acadêmico é Richard Noll, autor de *The Jung Cult* (Princeton University Press, 1994). Noll teria dito: "Todo o sistema de crença jungiana vai desmoronar se o inconsciente coletivo for uma falácia, caso fique provado que Jung mentiu intencionalmente." Franz Jung, filho de Jung, classificou os escritos de Noll de "puro *nonsense*", depois desligou o telefone na cara do repórter que havia ligado para ele. Ver também as cartas que se seguiram, *Times*, 10 de junho de 1995.
33. Freud citado por Carlo Ginzburg, "Morelli, Freud and Sherlock Holmes: Clues and Scientific Method", *History Workshop Journal* 9 (primavera, 1980), p. 10.

34. Douglas, p. 39.
35. Radin, p. 54.
36. Radin, pp. 4-7.
37. Radin, p. 54.
38. Masayevsa (videoteipe).
39. Greenblatt, p. 1.
40. Citado de Jung *in* Radin, p. 197.
41. Greenblatt, p. 5; Jung *in* Radin, p. 198.
42. Para uma discussão-chave sobre o carnaval, Bakhtin, *Problem of Dostoevsky's Poetics*, pp. 122-32.
43. Ver especialmente a introdução a Stallybrass e White. Em dado momento, escrevem: "Na verdade, não faz muito sentido discutir sobre a questão de se os carnavais são ou não *intrinsecamente* radicais ou conservadores (...) O máximo que pode ser dito em abstrato é que durante longos períodos o carnaval pode ser um ritual estável e cíclico sem nenhum efeito politicamente transformador observável, mas que, dada a presença de um antagonismo político aguçado, ele pode com frequência funcionar como *catalisador* e *local de luta concreta e simbólica*" (p. 14). Para mais exemplos de mudança periódica em torno do carnaval, ver pp. 15 e segs.
44. O termo "drenagem psíquica" vem de um ensaio de Bernard Wolfe sobre o Coelho Quincas, "Uncle Remus & the Malevolent Rabbit", *in Commentary* 8 (1949), pp. 31-41; citado em Dundes, *Mother Wit*, pp. 524-40.
45. Sobre o carnaval e a Reforma na Alemanha, ver Robert Scribner, "Reformation, carnival and the world turned upsidedown", *Social History* III:3 (1978), pp. 303-29, citado por Stallybrass, p. 15.
46. Davis, p. 131.
47. Davis, p. 131.
48. Davis, p. 143.
49. Davis, p. 144.
50. Davis, p. 151.
51. Swanton, p. 4. Para outro conto de trickster sobre o trabalho sujo e as origens das coisas, ver a versão karok de como o Coiote roubou o fogo, em Lopez, pp. 11-13.

52. Serrano, citado por Fox, p. 22.
53. Bakhtin, p. 130.54. Bakhtin, p. 130.
55. *The New York Times*, 18 de outubro de 1990.
56. *The New York Times*, 18 de outubro de 1990; *Cincinnati Enquirer*, 2 de outubro de 1990.
57. *Cincinnati Enquirer*, 2 de outubro de 1990.
58. *The New York Times*, 10 de outubro de 1990.
59. *The New York Times*, 10 de outubro de 1990.
60. *Cincinnati Enquirer*, 7 de outubro de 1990.
61. *The Columbus Dispatch*, 6 de outubro de 1990.
62. *The New York Times*, 18 de outubro de 1990.

PARTE IV **A armadilha da cultura**

A armadilha da cultura

9. Hermes escapa da armadilha

Hermes da luz, Hermes das trevas

Quando Hermes volta para casa após ter roubado o gado de Apolo, ele e a mãe, Maia, têm a arcaica discussão mamãe-filho sobre o comportamento dele. Em resposta à repreensão dela, Hermes explica-lhe que não acredita que eles deveriam continuar vivendo de maneira obscura em uma caverna. Merecem algo melhor:

> Estou disposto a fazer o que for necessário para que você e eu nunca passemos fome. Você está errada em insistir que vivamos em um lugar como este. Por que deveríamos ser os únicos deuses que jamais aproveitam os frutos dos sacrifícios e das súplicas? É melhor vivermos para sempre na companhia dos outros imortais – ricos, deslumbrantes, desfrutando de uma fartura de grãos – do que ficarmos para sempre sozinhos em uma caverna penumbrosa. Quanto à honra, meu plano é ter uma parcela do poder de Apolo. Se meu pai não a entregar a mim, pretendo ser – e falo sério – o Príncipe dos Ladrões.[1]

Quando fala do "poder de Apolo", Hermes pode estar se referindo à arte da profecia ou à guarda dos rebanhos, mas, de qualquer maneira que interpretemos essa frase, o ponto geral não é obscuro: se seu pai não lhe der honra e riqueza, Hermes vai roubá-las.

Essa oposição entre dádiva e roubo foi uma das coisas que inicialmente me atraíram para a figura do trickster, e para essa história sobre Hermes em particular. Sempre houve comunidades

A ASTÚCIA CRIA O MUNDO

nas quais alguma riqueza circula por meio da troca de presentes, mais do que por meio da compra e venda. Grupos tribais são o caso típico; em muitas tribos é considerado impróprio comprar e vender comida, por exemplo. Em vez de um mercado, um elaborado sistema de trocas de presentes assegura que todas as bocas tenham alimento para comer. Essa circulação de dádivas é um agente de coesão social; pode-se até argumentar que um grupo não se torna um grupo até que seus membros tenham um senso avançado de débito, gratidão e obrigação mútuos – todos sentimentos sociais que mantêm os seres humanos juntos e que seguem automaticamente na esteira de um sistema de troca de presentes.[2] Esses fenômenos também não estão limitados a situações tribais ou "primitivas". Cientistas individuais se reúnem em uma "comunidade científica", por exemplo, unicamente até o momento em que tratam seus dados e ideias como contribuições para o grupo (enquanto, ao contrário, a comunidade se fragmenta quando ideias se tornam patenteadas, protegidas por sigilo e remuneração).

Tudo isso é muito bom se você for um dos membros do grupo. Mas e se você for um forasteiro ou se estiver dentro do grupo, mas as relações comerciais usuais sempre o mantiverem abaixo dos "superiores"? Todas as maravilhosas trocas de presentes na tribo A de pouco servem se você perdeu a safra e pertence à tribo B. A associação de microempresas no fim da rua talvez tenha um bom programa para obtenção de capital inicial, mas e se ele se destinar apenas a pessoas brancas? E se todos os cientistas homens trocarem dados, mas você, por acaso, for mulher? E se os alunos do seu colégio sempre conseguirem bolsas para escolas profissionalizantes, nunca para universidades de elite? Em casos como esses, você pode precisar recorrer a algum tipo de subterfúgio para seguir em frente; se os outros não lhe derem, talvez você tenha de roubar.

A julgar por sua descrição, algumas dessas tensões estão por trás dos roubos de Hermes. Por essa e outras razões, leio o *Hino homérico* como a história sobre como um intruso penetra em um

HERMES ESCAPA DA ARMADILHA

grupo ou sobre como membros marginalizados de um grupo podem alterar a hierarquia que os restringe. Hermes tem um método que permite que um estranho ou subalterno possa participar do jogo, mudar as regras e tomar parte na ação. Sabe como escapar da armadilha da cultura.

O roubo é apenas uma parte do seu método, é claro, assim como a exclusão das trocas de presentes é apenas um dos meios pelos quais um grupo pode manter alguém em seu lugar. Há muitos mais. Iniciei este livro com uma discussão sobre armadilhas reais atribuídas à inteligência do trickster, mas logo ficou claro que o trickster opera com ardis mais etéreos do que os usados pelos caçadores. As redes de significação por meio das quais as culturas são tecidas são os campos mais complexos e duradouros do trabalho do trickster. Ver para Hermes discutindo sobre dádiva e roubo é assistir a um trickster perturbando apenas um nó do número quase ilimitado de nós que mantêm essa rede coesa. Culturas forjam sua forma com base em distinções como "dádiva e roubo" ou, para recordar outras que já vimos aqui, "o limpo e o sujo", "o recatado e o vergonhoso", "essência e acidente". Esses são exatamente os pontos de junção da rede cultural e, portanto, os potenciais espaços de atuação do trickster.

Há tantas artimanhas quanto há armadilhas, é claro, e pretendo recorrer ao roubo de Hermes apenas como ponto de partida, acrescentando, à medida que avançamos, os outros embustes astuciosos pelos quais ele desfaz um determinado artifício cultural e tece um novo no lugar. Desse modo, descrevendo-o cuidadosamente, eu gostaria de abstrair do método de Hermes um padrão ou modelo com o qual examinar outros casos de marginalizados desfazendo as tramas que os aprisionam.

Quanto a outros casos, voltarei minha atenção no capítulo seguinte para a história de um escravo afro-americano que se libertou da cultura escravista na qual nascera. Assim como abordei o *Hino homérico*, vou, do mesmo modo, justapor ao meu texto a

A ASTÚCIA CRIA O MUNDO

linguagem do clássico *Narrative of the Life of Frederick Douglass, an American Slave* [História da vida de Frederick Douglass, um escravo norte-americano]. Pretendo citar Douglass sem muitos comentários, pois as conexões não são obscuras, embora possa ser útil de início saber fatos simples da sua vida. Douglass nasceu em 1818, no condado de Talbot, em Maryland, na costa oriental da baía Chesapeake. Seu senhor (e provavelmente seu pai) era um pequeno proprietário de terra, Aaron Anthony, que trabalhava como capataz na fazenda de um certo coronel Edward Lloyd. Douglass foi por vezes escravo de plantação no condado de Talbot, porém mais frequentemente escravo doméstico na residência dos sogros de Anthony em Baltimore, Hugh e Sophia Auld. Fugiu da escravidão em 1838 e estabeleceu-se em New Bedford, em Massachusetts, onde se tornou ativo nos círculos abolicionistas, dando um famoso primeiro depoimento sobre suas experiências a uma convenção antiescravagista em Nantucket, em 1841.

Tendo isso em mente, retornemos a Hermes e o *Hino*.

Como convém a uma interpretação guiada por Hermes, quero ler o *Hino* em vários níveis, analisando-o como uma história sobre a criatividade, sobre a psique, sobre mudança social e sobre uma história real. Para começar com esta última, a questão é: se os tricksters desorganizam culturas que os excluem ou confinam, existe um contexto histórico ao qual o próprio *Hino* pertença e, se existir, que mudanças históricas ele registra? Norman O. Brown propôs uma resposta a essas perguntas em seu livro de 1947 *Hermes, the Thief* [Hermes, o Ladrão]. Brown dispôs-se a mapear as maneiras como a mitologia de Hermes se alterava de uma era para a seguinte, do período heládico para o clássico, mil anos – de 1500 a 500 a.C. – durante os quais a sociedade grega saiu do tribalismo, atravessando um longo período de realeza agrária, para terminar, de acordo com o interesse de Brown em Hermes, com a democracia ateniense do século V. Brown situa o

Hino durante o último desses períodos, argumentando que ele foi escrito em Atenas por volta de 520 a.C., próximo do fim de uma longa tensão entre a realeza agrária e a democracia mercantil.[3]

Ele, então, propõe este paralelo: assim como Hermes conquista um lugar ao lado de Apolo no decorrer do *Hino*, do mesmo modo, no decorrer do século VI, as "classes industrial e comercial atenienses alcançaram a igualdade com a aristocracia".[4] Essa igualdade não foi conquistada facilmente; exigiu a resolução de toda uma série de diferenças. Na era aristocrática, a riqueza vinha dos rebanhos e do cultivo do solo; na democracia ateniense, essas fontes de riqueza ainda existiam, mas eram progressivamente desafiadas por uma economia manufatureira e pelo intercâmbio comercial com estrangeiros. A aristocracia agrária organizava-se em torno de laços hierárquicos de parentesco; a democracia ateniense conservou esses laços, mas acrescentou uma nova ética da igualdade simbolizada pelo fato de que muitos cargos políticos em Atenas eram preenchidos por uma loteria da qual todos os cidadãos podiam participar, independentemente de família ou status. Mais importante, a democracia cosmopolita emergente trouxe com ela uma "nova ética do individualismo aquisitivo [que] entrava em conflito com a moral tradicional, que os gregos chamavam de Themis – o conjunto de costumes e leis herdados dos tempos do coletivismo familial".[5] A antiga moralidade considerava *qualquer* desvio da "forma arcaica de comércio pela mútua troca de bens"[6] como um roubo imoral (mesmo o que hoje chamamos de comércio justo era considerado pilhagem). Em resumo, durante o século VI, o mundo organizado por meio de relações de parentesco e de uma ética coletiva da troca de bens deu lugar a um mundo no qual a hierarquia poderia ser periodicamente revista e as relações sociais eram crescentemente articuladas por meio da ética individualista (o que equivale a dizer que rouba) do mercado.[7]

Quanto àqueles que eram excluídos ou marginalizados, devemos lembrar que, em uma sociedade na qual os valores dominantes

A ASTÚCIA CRIA O MUNDO

são os laços de parentesco e a riqueza agrária, aqueles cuja identidade é ligada ao comércio são tipicamente destinados a um lugar subordinado na ordem das coisas. São, por assim dizer, de "baixa casta" (como têm sido historicamente na Índia, onde mercadores e artesãos integram as duas mais baixas das quatro *varnas*). Se, no caso grego, essas pessoas esperam se colocar em pé de igualdade com os guerreiros e as famílias agricultoras dos tempos antigos, terão de subverter essa ordem e reconfigurá-la em seus próprios termos. Isso, defende Brown, foi exatamente o que aconteceu: o "regime da aristocracia proprietária de terras foi derrotado, sua economia agrária cedendo lugar a uma nova economia baseada no comércio e na indústria manufatureira, sua oligarquia política cedendo lugar à política da antiga democracia".[8] O *Hino* reflete essa mudança: "O tema da discórdia entre Hermes e Apolo traduz em linguagem mítica a insurgência das classes baixas gregas e suas reivindicações de igualdade com a aristocracia".[9]

As alegações de Brown cobrem um grande terreno e sua argumentação sobre conflito de classes tem um ar de marxismo retrospectivo, mas o próprio *Hino*, como quer que o situemos na história grega real, constrói uma tensão condizente com aquela que sugere Brown. Há pouca dúvida de que no período clássico Hermes estivesse associado a artesãos, mercadores e ladrões, e o próprio poema deixa claro que algum tipo de "alteridade" está em questão, e que Hermes espera mudá-la.

Para efetuar essa mudança ele tem, como afirmei anteriormente, um método pelo qual os excluídos podem entrar em um grupo, mudar sua estrutura e conquistar um lugar à mesa. Toda uma gama de truques astuciosos compõe esse método, mas sua estrutura básica é bastante simples: não importa o que faça, Hermes é um encantador ou um desencantador. O modo mais simples de imaginá-lo nesse duplo campo de ação é retratá-lo naquele momento, no início da história, em que emerge da caverna da mãe:

HERMES ESCAPA DA ARMADILHA

Ele não ficou deitado em seu berço sagrado, não, no minuto em que deslizou para fora dos braços imortais da mãe, deu um salto e partiu para encontrar os rebanhos de Apolo. Ao atravessar o limiar da ampla caverna, encontrou casualmente uma tartaruga e obteve para si uma interminável fonte de riqueza.[10]

"Ao atravessar o limiar": eis aqui o atravessador de fronteiras exatamente na fronteira. Está deixando a mãe, o berço, a terra, o submundo, o retiro, a escuridão; está adentrando a luz solar, o público, o descoberto, o mundo exterior e os mundos superiores dos deuses celestes (Zeus, Apolo, Hélio). Posicionado no limiar, está no *seu* mundo, o espaço crepuscular, sombreado, mosqueado, ambíguo, andrógino e intermédio das operações herméticas, aquela fina camada de solo arável onde todas essas coisas não estão ainda diferenciadas. De sua posição, Hermes pode mover-se em qualquer direção ou, mais precisamente, atuar como o agente por meio do qual outros são conduzidos em uma ou outra direção.

É esse duplo movimento que faz de Hermes ao mesmo tempo encantador e desencantador. Na fase encantadora, frequentemente começa procurando os guardas de fronteira, pois se estes estiverem atentos ele não pode operar. Anteriormente, vimos como ele lança um indolente alheamento sobre os cães que guardam o gado de Apolo. Quando falamos sobre a vergonha, vimos como ele mesmerizou Argos com canções e histórias, depois selou os olhos adormecidos do gigante com um bastão mágico. Hermes coloca as sentinelas que vigiam as periferias em um estupor, e fronteiras impermeáveis se tornam porosas.

Esse é só o início do seu poder encantador/desencantador, também, pois, uma vez que o limite é rompido, Hermes libertará uma alma em seja lá qual for o mundo ou estado mental que se encontre além do limite. Transporta suas cargas para o submundo ou para fora dele, para dentro dos sonhos ou para o mundo desperto, para as mitologias ou para fora delas, para países

A ASTÚCIA CRIA O MUNDO

estrangeiros ou de volta para casa. Quando Odisseu chacina os pretendentes, é Hermes quem conduz suas almas para o Hades;[11] em outra história, é Hermes quem guia Perséfone para fora do Hades e para a luz do dia.[12] Em certa narrativa, é Hermes quem adormece as sentinelas em torno do acampamento de Aquiles;[13] em outra, é Hermes quem desperta Odisseu quando ele caminha para a casa de Circe, para se certificar de que a magia dela não será capaz de afetá-lo.[14]

Dependendo do sentido que ele tome ao atravessar o limiar, eu o chamo de Hermes da Escuridão ou Hermes da Luz. Hermes da Escuridão é o encantador ou hipnagogo que nos conduz ao submundo do sono, do sonho, das histórias e dos mitos. Esse movimento de obscurecimento é uma precondição da crença; por meio dele Hermes o entrega a um dos deuses ou deusas e o coloca sob a influência dele ou dela. Dissolve o tempo no rio do esquecimento e, uma vez que o tempo desaparece, os eternos se manifestam. Hermes da Escuridão é o tecelão dos sonhos, o encantador que desfia um conto cativante, o orador que fala sua língua materna com fluida convicção.

Hermes da Luz é o desencantador ou o anjo despertador que o conduz para fora da caverna. Lá a luz fulgurante prepara o terreno para a dúvida. Lá ele mata e assa as reses sagradas. Dissolve os eternos no rio do tempo e, quando eles desaparecem, o mundo se torna contingente e acidental. Hermes da Luz traduz os sonhos para a linguagem analítica; tira o encanto das velhas histórias até que pareçam irremediavelmente inventadas e mecânicas. Ele o conduz terra adentro até que pare de sonhar na língua materna.

O próprio Hermes não é um desses dois isoladamente, mas ambos ao mesmo tempo. Não é o deus da porta de saída nem o da porta de entrada – é o deus das dobradiças. É a figura mosqueada à meia-luz, o amnigogo que simultaneamente assombra e desassombra, cujo bastão ao mesmo tempo "enfeitiça os olhos dos homens para que durmam e desperta os adormecidos",[15] como diz Homero

HERMES ESCAPA DA ARMADILHA

na *Ilíada*. Algumas vezes me pergunto se todas as grandes mentes criativas não participam deste movimento duplo, sussurrando uma nova e cativante teogonia mesmo quando desmistificam os deuses sobre os quais seus ancestrais cantavam. Pablo Picasso tinha esse duplo movimento, perturbando a perspectiva clássica enquanto apresentava um estranho novo modo de ver, tão hipnótico que aparece décadas depois de sua morte em outdoors e estampas de pijamas infantis. Sigmund Freud tinha esse duplo movimento, trazendo atos falhos à força para a luz do dia, ou "explicando" Moisés, enquanto ao mesmo tempo reconta a velha história de Édipo de uma maneira tão instigante que, décadas após a sua morte, os críticos literários da Ivy League não conseguem tirá-la da cabeça. E há Vladimir Nabokov: se você acha que a destreza de sua linguagem mágica é séria, está enganado, e se acha que é apenas um jogo, está enganado.

Para entender como esse duplo movimento serve aos propósitos de Hermes no próprio *Hino*, comecemos observando-o desencantar o mundo em que nasceu. Ele tem vários modos de arrastá-lo para a luz. O roubo necessariamente vem primeiro. De algum modo, ele tem de fazer sua entrada; poucos grupos se desdobram para receber o marginal ou o forasteiro. Todas as culturas posicionam cães vigilantes ao redor do seu gado eterno. Todas as culturas protegem suas essências. Se Hermes espera criar um novo lar para si em contraposição ao velho, só pode começar estupefazendo esses cães e realizando um ataque surpresa no meio. E assim rouba o gado, desloca-o até Piéria, abate duas reses e assim por diante. Esse roubo, por si só, é um desencantamento, pois com ele Hermes, como Loki e o Macaco, leva o tempo e a morte ao que antes era atemporal e imortal. (No contexto da Grécia arcaica, no qual Brown interpreta o *Hino*, as "vacas sagradas" são a realeza, a troca de bens e outras coisas do gênero; no período clássico, tipos como Hermes "roubam" esses eternos e arrastam-nos para a temporalidade, onde se tornam história.) O roubo de Hermes prova que a fronteira entre o seu mundo e o de Apolo é porosa; implica que as regras pelas quais Apolo opera são contingentes e arbitrárias. Realizado de maneira habilidosa, o roubo de um trickster põe em questão os direitos de propriedade locais. Quem deu aquele gado a Apolo em primeiro lugar? Quem decidiu que ele podia pôr cães de guarda em volta daquele campo?

> [Da narrativa de Frederick Douglass:] O coronel Lloyd mantinha um pomar amplo e cuidadosamente cultivado (...) Era abundante em frutos de quase todos os tipos, da robusta maçã do norte à delicada laranja do sul. Esse pomar era uma das principais fontes de encrencas na plantação. Seus excelentes frutos eram uma tentação considerável para os enxames de garotos famintos, assim como para os escravos mais velhos pertencentes ao coronel, poucos dos quais tinham a virtude ou o vício de resistir-lhes. Dificilmente se passava um dia, durante o verão, sem que algum escravo recebesse o açoite por roubar frutos.[16]

> Toda a educação que tenho, posso dizer, roubei enquanto era escravo. Consegui roubar um pequeno conhecimento de literatura, mas sou agora, aos olhos da lei norte-americana, considerado um larápio e um ladrão, uma vez que roubei não apenas um pequeno conhecimento de literatura, mas também meu corpo.[17]

Para pôr em dúvida os direitos de propriedade locais, deve-se renunciar aos prazeres de obedecer ao código moral local. Hermes submete-se de livre e espontânea vontade a ser visto como um ladrão em termos locais, ainda que em seu espaço amoral ou de acordo com uma moralidade diferente o termo não se aplique. Quando o código local é insuficiente para descrever a situação (roubar do coronel Lloyd é "virtude ou... vício"?), a pessoa criativa é aquela que vai prontamente resistir a essa insuficiência e, adotando uma atitude "imoral", comporá um novo conjunto de regras.

Essa imoralidade espontânea nos traz de volta a questão da vergonha. Como vimos, as comunidades com frequência estabelecem limiares de vergonha para demarcar suas fronteiras internas; para os que estão contidos nelas, uma rede dessas fronteiras é fortalecedora ou restritiva, dependendo da situação. Para Hermes, a rede confina – ou melhor, confinaria, não fosse a ausência de vergonha com a qual corta os nós de sua autoridade. E onde estão os limiares da vergonha no *Hino*? Qual é o conteúdo da vergonha no que diz respeito a Hermes? Para começar com a leitura histórica, podemos encontrar uma resposta em Hesíodo, a quem Brown aponta como o nostálgico porta-voz da época mais antiga do coletivismo agrário, uma era de ouro que, para Hesíodo, morreu e foi substituída por uma era de ferro. Brown resume sua queixa:

> "Roubo", "indecência", "coerção", "discórdia" são as rudes realidades da vida na geração de ferro; "vergonha" e "justiça", as filhas de Themis, os padrões ideais do comportamento humano, existem apenas no paraíso. Hesíodo recomenda a agricultura como o melhor modo de vida porque oferece a máxima autossuficiência, o máximo isolamento da nova economia; seu calendário em *Os trabalhos e os dias* destina-se a tornar o fazendeiro tão autossuficiente quanto possível, tão independente quanto possível do artesão, mesmo quando tal política é economicamente irracional. Hesíodo é um isolacionista: "É melhor permanecer em casa, uma vez que o mundo exterior é pernicioso"; ele volta as costas firmemente para a nova cultura comercial.[18]

O limiar da vergonha de Hesíodo, portanto, separaria (entre outras coisas) o "roubo" representado pelo mercado da troca de bens, o sagrado comércio do parentesco. Aqueles que forem dotados da vergonha apropriada não ultrapassarão essa linha. Hermes, é claro, o faz. Como Brown salienta, o poeta do *Hino* pôs na boca de Hermes uma paródia do conselho de Hesíodo para "permanecer em casa": ao carregar a tartaruga consigo para dentro da caverna, ele diz: "É mais seguro lá dentro, aqui fora você pode se meter em encrencas." Então ele a mata. Lá se vai a sabedoria pastoral. Hermes decididamente dá as costas a Hesíodo e – artífice da lira, patrono do comércio – abraça "a nova cultura comercial" sem sentir o constrangimento recomendado. Muito pelo contrário, como os mercadores nos tempos arcaicos devem ter feito, assume uma "imoralidade" espontânea e segue adiante, sem o impedimento do enquadramento ético recebido.

Na circunstância do nascimento de Hermes encontramos o segundo limiar de vergonha da narrativa. Não é apenas o "roubo" que está além dos limites aqui; supõe-se que Hermes sinta vergonha de suas origens. A primeira parte do *Hino* estabelece isso: Zeus e Maia conduzem seu caso amoroso em profunda e mútua vergonha; cada um dos seus movimentos é secreto, reservado, praticado na escuridão. Hermes é, portanto, um filho do amor roubado; seus laços de parentesco não são claros. Seu nascimento apresenta uma questão da legitimidade e ilegitimidade; a que família essa criança pertence? (Quando Hermes finalmente se dirige a Zeus, continua chamando o pai de pai, fazendo da paternidade indeterminada um assunto de domínio público.)* Hermes é como o filho de uma

---

* Carl Kerényi sustenta que a linguagem do *Hino* sugere que Maia é uma cortesã.[19] Quer ele esteja certo quer não, Maia certamente não é a mulher de Zeus. Para levar a leitura do mito a uma situação social, poderíamos então perguntar sobre o status de uma criança nascida de um cidadão e de sua concubina, ou de filhos ilegítimos em geral.[20]

A indagação não conduz a uma resposta simples. Sob Péricles, ambos os pais tinham de ser cidadãos para que o filho fosse também um cidadão, mas a lei não era imposta de maneira muito rígida. No final do século V, Aristófanes propôs que o filho de um cidadão com uma mulher forasteira não poderia herdar propriedades, mas a própria proposta sugere que algumas dessas crianças *de fato* herdaram.

O simples fato de que as regras pudessem não estar claras, porém, embasam o argumento que quero apresentar: uma criança como Hermes está em uma posição potencialmente ambígua, e pode querer esclarecê-la. Muito mais significativo aqui é o argumento apresentado por Jenny Strauss Clay de que essa cena olímpica reflete a família grega clássica, na qual "o pai detém o direito exclusivo de reconhecer os filhos como seus, de legitimá-los e admiti-los na família".[21]

Por fim, para voltar ao mito, nem todos os filhos extraconjugais de Zeus se tornaram deuses do Olimpo. Hêracles, Perseu, Helena, Minos, Dárdano e os gêmeos Castor e Pólux: Zeus é o progenitor de todos eles, mas nenhum deles consegue o que Hermes consegue, fazer com que o pai o reconheça no alto do monte, diante dos outros deuses reunidos.

HERMES ESCAPA DA ARMADILHA

escrava negra e de um senhor de escravos branco; ficará confinado para sempre ao lugar que o sistema designou para ele, a não ser que consiga arquitetar algum modo de entrar na propriedade do pai.

> [Douglass:] Os rumores de que meu senhor era meu pai podem ou não ser autênticos; mas, verdadeiros ou falsos, isso traz poucas consequências em meu proveito, pois permanece o fato, em toda a sua refulgente odiosidade, de que senhores de escravo decidiram, e por meio da lei estabeleceram, que os filhos de mulheres escravas devem em todos os casos seguir a condição da mãe; e isso é feito muito obviamente para que deem vazão à sua luxúria e tornem a compensação por seus desejos perversos tão lucrativa quanto prazerosa...[22]

Contra a possível "vergonha das origens" de Hermes logo encontramos o garoto com a lira recém-criada, "difundindo a história de sua famosa concepção". Famosa *agora*, na verdade, depois que ele fabricou um instrumento e encontrou sua voz. Com frequência os poderosos (ou os decorosos) caçoam dos indefesos (ou dos impudentes) e os insultam, invocando o Legítimo e o Ilegítimo como se fossem categorias da natureza, depois atando as línguas ilegítimas para que não possam falar da própria condição. Apolo e Maia desempenham ambos esse papel, lembrando a Hermes o seu lugar. Se tivesse um senso hesiódico apropriado de certo e errado, eles parecem dizer, ele permaneceria na caverna onde é seu lugar. É um menino do bairro pobre – para reformular um pouco – e, se não fosse tão presunçoso, ia se contentar em lá ficar e se calar.

> [Douglass:] A verdade era que eu me sentia como um escravo, e a ideia de falar com pessoas brancas me oprimia. Falei apenas em alguns momentos, quando senti um certo grau de liberdade, e disse o que desejava com considerável facilidade. Daquela época até agora, engajei-me na defesa da causa dos meus irmãos (...)[23]

Uma espécie de mágica coletiva ativa um limiar de vergonha. O grupo demarca uma fronteira, e aqueles que tentam atravessá-la, caso sintam os olhos comunais de Argos sobre eles, sofrerão o embargo físico da vergonha, a pele corada, a língua presa. Talvez quando Maia diz que Hermes "veste o manto do descaramento" devamos imaginar uma vestimenta que o protege desse feitiço coletivo. Qualquer que seja o caso, ele tem a liberdade de movimento e a liberdade de fala que deixam a mágica coletiva impotente. Os ganchos da vergonha não conseguem encontrar nenhum ponto de apoio nesse rapaz com os calçados ardilosos. Ele recusa de maneira absoluta o retrato do mundo sugerido pela moralidade dos seus ancestrais e recusa também a hierarquia que vem com ele. Quando outros poderiam ficar sentados em silêncio, ele improvisa uma nova canção, "do modo como os adolescentes cantam ultrajes pelas feiras".[24]

A falta de vergonha de Hermes não é o único recurso por meio do qual ele apaga os limiares, desarruma os marcos de fronteira e enlameia as divisões claras que um dia organizaram o mundo de Apolo. Tricksters às vezes falam de um modo que confunde as distinções entre mentira e verdade ou (para preservar as úteis palavras "verdadeiro" e "falso") elimina as ficções vigentes por meio das quais a realidade é moldada. A afirmação de que "Hermes não roubou o gado eterno" é uma mentira no contexto inicial do *Hino*, quando o mundo de Apolo ainda está intacto, mas depois – quando o gado não é mais eterno, quando Hermes passa a ter o açoite do boiadeiro – parece um tanto estranho chamar isso de uma mentira. De maneira similar, a declaração de que "os escravos não roubaram os frutos do coronel Lloyd" pode ser uma mentira no mundo fictício de uma cultura escravista, mas verdadeira em um mundo que considera a própria escravidão uma forma de roubo. Antes que essa mudança possa ocorrer, porém, a velha história deve perder o encanto. Deve ser deslocada para o espaço onde seus desígnios são perspectivos e temporais, não eternos. Para

HERMES ESCAPA DA ARMADILHA

fazer com que isso aconteça, o trickster penetra na velha história de um modo que faz com que sua antiga clareza desabe em uma contradição desorientadora, como o polvo preenchendo o mar transparente com sua tinta obscurecedora.

> [Douglass:] É (...) evidente que uma classe de pessoas de aspecto muito diferente vem florescendo no sul, e atualmente é mantida em escravidão, a partir daqueles originalmente trazidos da África para este país; e se o aumento deles nenhum outro bem trouxer, trará o de desfazer a força do argumento de que Deus amaldiçoou Cam e, portanto, a escravidão na América é correta. Se os descendentes de Cam são os únicos que podem ser escravizados de acordo com as Escrituras, é certo que a escravidão no sul vai em breve se tornar contrária a elas...[25]

Quase exatamente como as mentiras e os roubos de Hermes, a criação da lira a partir da carapaça de uma tartaruga produz a própria desorientação, a própria confusão de categorias. Os gregos arcaicos consideravam que se a riqueza não fosse conquistada com o suor no rosto ou recebida como uma dádiva de um amigo, então devia ter sido roubada.[26] Ganhada ou roubada, presente ou furto: por meio dessas oposições a consanguinidade agrária entendia a aquisição de riquezas. Um golpe de sorte, um *hermaion* como a lira, ludibria essas categorias. O *Hino* diz que Hermes "encontrou casualmente uma tartaruga e obteve para si uma inesgotável fonte de riqueza";[27] essa riqueza não é um presente familiar nem um roubo imoral, mas uma terceira coisa, criada em um momento frenético a partir do acaso e de um *insight* mental. Como qualquer uma dessas combinações de técnica e acaso, aparenta, portanto, sair do nada e, a princípio, não ter um lugar claro na ordem das coisas. Parece algo um tanto duvidoso, como as fortunas repentinas dos barões do petróleo no início do século XX, como as fortunas repentinas dos desenvolvedores de softwares mais recentemente.

A ASTÚCIA CRIA O MUNDO

Aplicar a sorte astuciosa à tartaruga é, em certo sentido, a primeira de duas operações do acaso desencantadoras que Hermes executa no traçado do mundo com o qual se defronta ao nascer. A segunda é a loteria particular que realiza quando sacrifica o gado, o momento em que corta a carne em doze porções, "distribuídas por lotes, fazendo com que cada um fosse exatamente igual ao outro". Para esboçar o efeito desestabilizador desse ato, provavelmente preciso apenas reafirmar conclusões anteriores. Com ele, temos o truque da redistribuição e do cancelamento (ou da reformulação) da hierarquia. Hermes simbolicamente faz de si um participante (aspira a ser um dos doze deuses, por isso separar doze porções é incluir a si mesmo na distribuição); ele submete a ordem existente a um ataque de acidentes, deixando que as coisas caiam como for; e se a ordem existente tinha um ar de necessidade em torno de si, ele dissipa esse ar, deixando claro que qualquer ordem é em parte uma questão de acaso. Não admira que o trickster por vezes seja o deus daqueles que não controlam o próprio quinhão na vida, mas têm esperança de fazê-lo.

[Douglass:] Meu antigo senhor, o capitão Anthony, morreu (...) Não deixou testamento dispondo sobre sua propriedade (...) Fui imediatamente chamado, a fim de ser avaliado com as outras posses. Nesse momento novamente meus sentimentos se revoltaram em abominação à escravidão (...) Antes disso, havia me tornado, se não insensível à parcela que me cabia, ao menos parcialmente insensível (...)

Depois da avaliação, veio a divisão. Não tenho palavras para expressar a grande excitação e a profunda ansiedade sentidas por nós, pobres escravos, durante esse período. Nosso destino para o resto da vida estava então para ser decidido. Não tínhamos mais voz naquela decisão do que os animais entre os quais fomos classificados (...) Fui designado à porção que coube à senhora Lucretia [Auld] e mandado imediatamente para Baltimore (...)[28]

HERMES ESCAPA DA ARMADILHA

Considerar Hermes um deus da redistribuição condiz muito bem com a maneira como Brown relaciona o *Hino* à vida social grega. "Hermes (...) era o patrono da loteria (...)", escreve Brown, "e a loteria era uma das instituições características da democracia grega; o extensivo uso da loteria na seleção dos funcionários públicos atenienses era a expressão suprema do princípio democrático da igualdade absoluta de todos os cidadãos."[29] Não que todos *fossem* cidadãos, é claro, mas para aqueles que eram, a loteria cancelava potenciais hierarquias de riqueza e família.*

Quanto aos que não eram (escravos, estrangeiros, mulheres),** se tinham esperança de reconfigurar o mundo e redividir os bens, teriam de esperar pelas próprias descobertas de sorte, contingências e meios de evasão. Não pode haver truque de prestidigitador se não se tem mãos para jogar. Hermes, por meio de seus roubos e descobertas, conseguiu para si a mão; torna-se um jogador do próprio jogo. É um jogo *oculto*, claro, mais como um ritual secreto de infância, no qual algo é encenado em segurança como precondição para uma ação posterior, mais pública. Como consequência de sua privacidade, então, a cena em que Hermes divide a carne em porções tem o ar de uma redivisão simbólica ou mental que pressagia outra, real. Estamos assistindo a uma mudança de consciência (a *mente* jogando com bens roubados) que augura uma fuga posterior e verdadeira da armadilha da cultura.

---

* Surge a questão sobre se o trickster não pode ser o deus da democracia. Não é, é a resposta curta: Hermes, como o livro de Brown demonstra, pode se alinhar com qualquer sistema político (é o servo de Zeus sob a realeza, o ladrão de carne no período da caça e assim por diante). Dito isso, se o trickster é uma figura deste mundo, vernácula, se é o baixo e o comum, talvez se desloque mais para o centro na democracia, onde o "comum" pode periodicamente se rebelar e reconfigurar o poder. Além do mais, nesse caso particular, há uma ligação entre Hermes e a democracia, pois a loteria das eleições é um modo de quebrar a aristocracia.

** Em Atenas, as mulheres algumas vezes eram cidadãs no sentido de que os filhos herdavam a cidadania; além disso, não tinham direitos políticos.[30]

A ASTÚCIA CRIA O MUNDO

[Douglass:] Eu não tinha completado doze anos de idade e a ideia de ser um *escravo por toda a vida* começou a pesar no meu coração. Bem nessa época consegui um livro intitulado *The Columbian Orator* [O orador de Columbia]. Toda vez que tinha uma oportunidade, lia esse livro. Entre muitos outros assuntos interessantes, encontrei nele um diálogo entre um senhor e seu escravo (...) Nesse diálogo, toda a argumentação em favor da escravidão era apresentada pelo senhor, e toda ela era descartada pelo escravo. O escravo diz umas coisas muito inteligentes e impressionantes em resposta ao senhor – coisas que surtiam o efeito desejado, ainda que inesperado, pois a conversa resultava na emancipação voluntária do escravo por parte do senhor.[31]

Mude a canção e fuja do alçapão[32]

Para uma comunidade humana, tornar seu mundo algo bem ordenado é uma coisa; preservar sua forma é outra inteiramente distinta, especialmente se, como é sempre o caso, a forma é em algum grau arbitrária, e se o ato de moldá-la requer exclusão, e os excluídos estão famintos. Assim, com o equilíbrio das formas vem um conjunto de regras destinadas a preservar o formato. "Não roube. Não minta. Não blasfeme. Não aposte. Não apanhe coisas na rua. Comporte-se. Você deveria se envergonhar..." Quem quer que tenha a sagacidade de quebrar essas regras, quem quer que ponha os guardas para dormir, ultrapasse o limiar e inunde os pastos sagrados com a contingência, quem quer que roube os marcos de fronteira de distinção clara, essa pessoa destitui o formato de seu glamour protetor. Hermes faz tudo isso e, ao fazê-lo, desencanta o mundo em que nasceu.

Depois de ter feito isso, de ter arrastado o modelo para a luz, onde suas costuras aparecem e se desfiam, volta-se sobre os próprios rastros e vai em direção à escuridão, tecendo um novo mundo no lugar do antigo. Afinal, suas rupturas de modo nenhum garantem a Hermes a honra que ele diz à mãe que ambos merecem. Travessuras, por si sós, provavelmente um garoto proscrito e fora da lei, ainda mais excluído do que era no início. Por esse motivo, encontramos Hermes se invertendo para atuar também como o encantador lisonjeiro. Ou talvez eu deva dizer que ele banca o encantador dúplice, pois consegue mover a mente consciente em uma direção e a inconsciente em outra. Quando Apolo o acusa de roubo, por exemplo, sua resposta combina uma mensagem superficial com outra subliminar. Mesmo quando nega o roubo, sugere alguma coisa mais. "Eu o aconselharia a não falar assim em público", diz em dado momento. "Os deuses imorredouros acharão isso realmente estranho." Duas vezes se declara disposto a jurar inocência perante Zeus; em dado momento dá um salto, perguntando a Apolo "para onde está me levando?", e por fim começa a caminhar rapidamente pela areia, conduzindo Apolo rumo ao Monte Olimpo.

Destacado dessa forma, vemos que, mesmo quando Hermes protesta abertamente contra as acusações, veladamente espera levar a disputa até o Monte Olimpo, de forma que possa ser apresentada perante os outros deuses. Segundo minha interpretação, ele quer esse deslocamento por dois motivos, um dos quais já mencionei (fazer com que Zeus reconheça sua paternidade). O outro é que Hermes quer uma mudança de jurisdição. Ele é como um criminoso menor que procura levar seu caso à corte federal de forma a elevar seu status. Se vai ser um ladrão, que seja pelo menos acusado em nível olímpico. E leva Apolo a ajudá-lo inadvertidamente a encenar o roteiro que conduzirá a esse fim. Se dependesse dos seus planos, o irmão mais velho teria atirado o bebê na escuridão do Tártaro, mas, sob o encanto daquela língua jovem e eloquente, Apolo o acompanha até o céu, onde Hermes se investe de uma espécie de nobreza (o *Príncipe* dos Ladrões, não um trapaceiro saído de uma caverna) e reivindica publicamente sua linhagem.

A ASTÚCIA CRIA O MUNDO

Mas esses são apenas frutos menores dos poderes encantatórios de Hermes; sua aquisição do açoite do boiadeiro e de outros ofícios é muito mais substancial, pois com esses ganhos vêm as mudanças da própria ordem social. Aqui, mais uma vez, a lira é seu instrumento. Quando Hermes está pronto para parar de brigar e estabelecer uma ligação com Apolo, saca o instrumento e canta uma teogonia, uma

> história dos deuses (...) e da terra em trevas, e de como cada um deles veio a existir no princípio dos tempos, e como cada um passou a ter o que agora lhe pertencia (...) [Hermes] louvou os (...) imortais, todos ordenados de acordo com a idade; contou como cada um tinha nascido, citando-os um a um enquanto tangia a lira aninhada sob o braço.[33]

A canção enfatiza a honra, a ordem e a posição hierárquica, em marcante contraste com todos os momentos de desordem anteriores (é especialmente o oposto da desavergonhada canção inicial de Hermes). Esse trickster cujas transgressões revelaram a artificialidade do mundo de Apolo não é, apesar de tudo, inimigo do artifício; ele pode cantar um cosmos bem ordenado, se quiser.*

A performance de Hermes inicia uma troca com Apolo que acaba por conduzir o recém-chegado para dentro da ordem das coisas. No momento em que a canção se conclui, Apolo já está apaixonado pela lira. Com uma narrativa acrescentada à música, Hermes cativou (em mais de um sentido) o grande arqueiro. História e canção: esses são dois dos hipnóticos por meio dos quais a ordem social mantém seu autoencantamento, o rádio tocando o

---

* Na tradição indo-europeia, a ordem do sacrifício e a ordem do cosmos deveriam refletir uma a outra e, portanto, sacrifício e teogonia andam juntos. "Isso fica claro (...)" diz-nos Bruce Lincoln, "nos (...) ritos persas em que se diz que os Magos cantaram uma 'teogonia' (...) durante o desmembramento de uma vítima animal."[34] No *Hino*, então, a separação dos dois eventos corrobora a ideia de que, com seu sacrifício, Hermes está desordenando um mundo existente e, com sua teogonia, ordenando um mundo novo.

dia inteiro nas lavanderias e nos postos de gasolina, um zumbido de fundo com baladas fáceis para manter uma realidade consensual no devido lugar e aparentemente viva.

Depois que a canção é entoada, Apolo fica como que hipnotizado:

> E Apolo foi tomado por uma nostalgia contra a qual nada podia fazer; abriu a boca e as palavras fluíram: "Açougueiro do meu gado, trapaceiro, menino laborioso, amigo dos galhofeiros, as coisas pelas quais você se interessa valem cinquenta vacas. Logo, creio que devemos pacificar nossa desavença."[35]

Apolo não apenas responde à lira e anseia por ela, ele também deixa claro que está disposto a chegar a algum tipo de acordo sobre o gado. Logo sugere uma troca de dádivas ("Pelo meu cajado de abrunheiro juro que farei de você o guia renomado dos deuses imorredouros (...) dar-lhe-ei presentes maravilhosos").[36] Hermes, então, oferece a lira a Apolo e este o "sagra Guardião dos Rebanhos".[37] No fim do *Hino*, há muito mais: Hermes recebe seu bastão mágico e a arte da profecia; é encarregado dos leões, dos javalis e dos cães, assim como dos rebanhos; é designado mensageiro dos deuses e guia das almas para o Hades.

Em resumo, o estrangeiro parece ter-se tornado um membro do grupo. Um membro com uma diferença, na verdade, pois desloca o centro do grupo ao ingressar nele. No nível mais simples, o interior do grupo passa a contar com ele, e essa é uma mudança significativa. Quando Hermes canta seu catálogo de deuses e como "cada um passou a possuir o que agora lhe pertence", incluiu a si mesmo? Suponho que sim, da mesma maneira que fez de si objeto do sacrifício. Não é uma velha narrativa melódica que ele canta, tampouco; é uma nova história, uma nova cantiga ("mude a canção e fuja do alçapão"). Além do mais, acompanha o canto com um novo instrumento, e isso também significa uma mudança. Um pouco de sorte e um truque de artifício proporcionaram a Hermes um objeto de negociação que não fazia parte da velha economia. Como a pessoa que encontrou um tesouro enterrado ou o artesão que inventou uma nova técnica, Hermes aparece com um tipo de riqueza que escapa ao enquadramento moral herdado e, padroeiro da sorte astuciosa, tira boa vantagem dela e troca dádivas com Apolo.

Com todo esse encantamento e desencantamento, portanto, Hermes consegue resolver o dilema que propõe ao falar com a mãe ("Ou me *concedem* a honra ou a *roubo*"). Ele resolve isso com um furto que confunde a definição de furto, com mentiras que turvam a verdade, com uma fala que desloca o limiar da vergonha, com operações de acaso que dissolvem a hierarquia – *e* com uma língua musical que lança novos sortilégios precisamente quando os velhos são desfeitos. Quando conclui, a redistribuição com a qual ele havia sonhado é real, não apenas mental. Os desígnios fictícios com que se depara ao nascer são alterados de forma a incluí-lo e a suas criações. O ladrão ingressou na comunidade das dádivas. O intruso se tornou um membro do grupo.

Uma questão final surge nesse ponto. Depois de ter reescrito o roteiro, Hermes vai segui-lo ou vai continuar sendo um criador de problemas? Vai entrar na casa dos deuses ou vai permanecer no limiar? Há um momento, logo depois que Hermes e Apolo juram lealdade mútua, em que Apolo subitamente hesita. É verdade que Hermes lhe dera o aceno de cabeça, sinal tradicional de um juramento sério, mas, ainda assim, trata-se de um mentiroso sem pudores, o menino que inventou o sinal evasivo, mestre dos gestos vazios. Que garantia teria Apolo – e nós – de que está sendo sincero quando diz que não vai arrombar a casa do irmão para roubar seus caldeirões?

Para responder, devo falar um pouco sobre o perfil ou enredo geral das histórias de trickster.

O teórico literário Vladimir Propp certa vez procurou demonstrar que todos os contos populares russos podiam ser vistos como variações de poucos elementos subjacentes ao enredo. De maneira geral, uma situação preliminar é seguida de "Infortúnio ou Perda"[38] e depois por uma sequência de eventos que reparam o que o Infortúnio ou a Perda desequilibraram. De acordo com esse modelo, o desordeiro e ladrão é um dos principais motores da narrativa. Maquinador original dos enredos, põe a história em movimento, e ela só chega ao fim quando ele e suas malfeitorias tiverem sido controlados.

Há apenas algumas formas de lidar com ele, também, apenas um número limitado de enredos. Da periferia de um grupo ou do limiar de uma casa há poucas maneiras pelas quais um trickster pode se mover: pode entrar, pode se retirar por completo ou pode ficar exatamente onde começou, resistindo a todas as tentativas de civilizá-lo ou exilá-lo. Do ponto de vista do trickster, esta última opção, permanecer no limiar, deve ser a ideal; ela nos dá o enredo que nunca se resolve, a meada interminável de narrativas do Coiote, cada uma ligada à outra pela frase "o Coiote andava por aí..."; ou (na Europa) as narrativas picarescas nas quais o pícaro, o cavaleiro das estradas, erra de cidade em cidade, os episódios individuais se encerrando, mas não a narrativa propriamente dita, pois o pícaro nunca muda, nunca se estabelece de fato ou em espírito. O *Pinóquio* de Carlo Collodi é um desses picarescos intermináveis até que a marionete ganha uma consciência, momento a partir do qual a história se apressa até o encerramento (assim como a narrativa do Macaco termina quando ele se torna um bom budista). A consciência despertada é o potencial fim da narrativa; sem ela, o conto pode continuar indefinidamente, por mais uma noite, por mais uma estação.

Em um segundo tipo de história, o trickster é finalmente domesticado. Sai da periferia para dentro da cidade e concorda em jogar de acordo com as regras. Paul Radin diz que se lermos o ciclo trickster winnebago com cuidado, podemos identificar passagens nas quais o narrador parece contrariar-se com as façanhas bizarras

A ASTÚCIA CRIA O MUNDO

do seu herói e por isso insere momentos de acomodação à vida doméstica. Assim, depois de um dos episódios mais estranhos (um casamento travesti no qual o trickster usa uma falsa vulva feita de fígado de alce!), a narrativa volta-se bruscamente rumo ao decoro. "Nosso contador de histórias expressou [seu] choque levando a narrativa a uma interrupção completa (...) De repente, e pela primeira vez nesse ciclo, [o trickster] é representado como um homem normal, com uma mulher com quem é legalmente casado e um filho para o qual é ainda necessário prover. Em resumo, ele é subitamente representado como um bom cidadão, como um indivíduo completamente socializado."[39] Aparentemente as comunidades humanas consideram difícil viver com o caos que os tricksters pressagiam, ou com a ambiguidade e a anomalia que trazem, por isso há sempre esse esforço de empurrar o trickster do limiar para dentro da casa, não apenas fazendo com que Wakdjunkaga se case, mas afastando Exu das encruzilhadas e introduzindo-o na casa de Ifá, tirando o Macaco do Jardim dos Pessegueiros e fazendo com que se curve a Buda, tornando Loki um convidado decoroso quando há uma festa na casa dos Aegir, arranjando uma mulher para o Coiote a fim de que ele não conserve o tabaco apenas para si, mas permute-o com os outros, como fazem as pessoas decentes.*

O terceiro enredo possível termina com o exílio, a destruição ou imobilização do trickster. Se ao menos o Coiote pudesse ser conduzido mais para o oeste, para a vastidão selvagem, longe das aldeias estabelecidas! Ou então, para resoluções mais violentas, pensemos no fim do filme *Sem destino*, no qual os motoqueiros entediados, desenraizados e famintos são simplesmente eliminados, uma escopeta aparecendo na janela de um caminhão e fazendo-os voar para longe de suas motocicletas. Fim do filme. Muitas

---

* No capítulo anterior, vimos como combinar esses dois tipos de enredo – domesticação e permanência no limiar –, tendo períodos ritualizados de desordem anuais, toques contidos mas interminavelmente recorrentes de picaresco.

HERMES ESCAPA DA ARMADILHA

histórias de trickster têm pelo menos um momento de um impulso como esse (Apolo ameaçando atirar Hermes na escuridão do Tártaro, todas as vezes que o Coiote é "morto"). Em uma história do Alasca, O Sábio se cansa dos roubos incessantes do Corvo e queima-o até a morte.[40] Infelizmente, todos os seres humanos imediatamente desaparecem, e O Sábio precisa ressuscitar o Corvo a fim de recuperá-los. Mais frequentemente, o enredo para de repente pouco antes da morte do trickster e se conforma com tentativas de atá-lo ou detê-lo, como vimos com Loki, preso debaixo da terra.

Com determinadas reservas das quais tratarei em breve, defenderia a tese de que o Hermes do *Hino* é domesticado. Sua promessa, seu aceno de cabeça para Apolo, são verdadeiros. Para começar, ele parece domesticar-se em alguns momentos. Se se inclui na nova teogonia que canta, então faz de si parte de um cosmos, não do caos. Ou tem seu momento de contenção, *não* comendo a carne do sacrifício, por mais faminto que esteja. Aqui Hermes não se limita a apagar uma antiga delimitação; ele desenha uma nova. Pelas regras antigas, *não é* um dos deuses do Olimpo, *não é* um membro do grupo, *não é* um objeto de sacrifício. Hermes cancela esse "não" e, em segredo e sorrateiramente, se inclui no círculo. Uma vez que está dentro do círculo, porém, precisa desenhar um novo, precisa refazer a fronteira em seus próprios termos, o que faz ao não comer. Com esse "não" produz a carne-não-comida simbólica e rearticula o cosmos consigo no panteão.

De maneira mais ampla, se sairmos dessa história em particular e olharmos para Hermes em outros textos homéricos, encontraremos uma tendência doméstica. Com muita frequência ele é o fiel servidor de Zeus. No fim da *Ilíada*, por exemplo, Príamo deve ir até Aquiles para resgatar o corpo de Heitor, e Zeus manda Hermes para guiar o velho ao passar pelos guardas. E é isso que ele faz. Executa lealmente a vontade de Zeus. Não é difícil imaginar um servo ou mensageiro infiel, um atravessador de drogas, por exemplo, que ludibria a alfândega, mas depois trapaceia igualmente seus contratantes. Mas não é assim que Hermes é retratado. Zeus pede-lhe que faça algo, e ele o faz fidedignamente; nunca há ansiedade a respeito de como agirá. Todos os anos ele traz Perséfone do submundo; na *Odisseia*, conduz fielmente as almas dos pretendentes até o Hades. Ele é o guia de confiança.

Dito isso, devo refinar um pouco esse ponto, pois há certas áreas nas quais Hermes não merece confiança de maneira nenhuma. Antes de mais nada, quando os deuses estão em desavenças, Hermes ainda é o trickster, favorecendo o amor roubado, o furto e o comportamento indecente. Nesse patriarcado, matará Argos para ajudar Zeus a enganar Hera (ou, em um momento menos patriarcal, para ajudar a enlutada Deméter, usará sua fala doce para convencer Hades a libertar a cativa Perséfone). Em segundo lugar, considerando que ele está domesticado, seu *domos*, seu lar, é entre os deuses, mas ele nunca toma jeito no que concerne aos mortais: as linhas finais do *Hino* dizem que "na maior parte do tempo, quando a noite cai, engana a raça daqueles que devem morrer".[41]

Além de tudo isso, mesmo que Hermes em certo sentido se torne um servo fiel no mundo dos deuses, é importante lembrar um aspecto visto anteriormente: ainda que se comporte, faz isso em um mundo que alterou. A arte do sacrifício, uma nova maneira de fazer fogo, a flauta de Pã e a lira, um mensageiro para o Hades, novas formas de riqueza, novos limites para a troca – tantas coisas mudam quando Hermes chega que não parece correto dizer que ele está "domesticado" quando faz as pazes com os outros deuses. Melhor dizer que é um herói cultural que chega a um acordo com o grupo, e que os termos desse acordo são em parte seus.

E, no entanto, para complicar a questão uma última vez, devo salientar que o *Hino* parece dizer que todas as travessuras de Hermes acontecem "na mente de Zeus",[42] por assim dizer; parece

HERMES ESCAPA DA ARMADILHA

que o velho havia previsto e autorizado tudo. A concepção e o nascimento de Hermes são descritos como o "propósito"[43] de Zeus sendo alcançado; quando retorna para casa depois da noite de furtos, Maia diz: "Seu pai pretendia que você fosse um grande transtorno, tanto para os deuses (...) quanto para os homens."[44] Apolo, mais tarde, diz: "Zeus concedeu-lhe a honra de iniciar as atividades mercantis entre os homens de todo o prolífico mundo."[45] Mais revelador ainda, quando Zeus dá fim à discórdia entre os dois filhos, lemos: "Então [Zeus] fez um aceno de cabeça e o bom Hermes obedeceu, pois a vontade de Zeus (...) persuade sem esforço."[46] Como um pai que tolera certo nível de mau comportamento, conhecendo os resultados melhor do que os filhos que acreditam ser livres, ou como um político que permite determinadas rupturas, sabendo que na verdade servirão aos seus propósitos, começa a parecer que Zeus havia imaginado todo o enredo desde o início. Em certo sentido, ele "contém" todas as mudanças que Hermes traz, e elas não implicam, portanto, uma ruptura profunda.

Aqui será útil lembrar mais uma vez que a história de Hermes pode refletir a história real. Brown supõe que o *Hino* foi escrito por volta de 520 a.C.[47] e, se estiver certo, então essa narrativa surge *no fim* de um período de tensão e mudanças. Sendo esse o caso, não surpreende que o modo de articular a mudança – admitindo o novo mas preservando o antigo – é dizer: "Bem, era isso o que tínhamos em mente o tempo todo." Quer pensemos no *Hino* como o registro das mudanças forjadas por um herói cultural mítico ou por uma classe real de mercadores e artesãos na Grécia do fim da era arcaica, dizer que toda a história de ruptura teve lugar "na mente de Zeus" pode ser um modo, depois do ocorrido, de enquadrar a mudança de forma a contê-la. Fazer com que o Hermes mentiroso e ladrão brote da semente de Zeus é representar Zeus como o autor último das invenções herméticas, como se Hermes nunca tivesse realmente sido um intruso, como se não houvesse um período na história da Grécia quando o limiar de vergonha mantinha os negociantes distantes dos aristocratas. Fazer com que Zeus conceba Hermes é alegar que as mudanças que ele traz fazem parte do eterno e *não* são contingentes, relativas ou dependentes de situações históricas. Isso leva a história de volta ao mito.

Esse pode ser o destino frequente dos agentes de mudanças radicais, serem cooptados, cercados e englobados pela cultura maior, serem contidos antes de uma completa redistribuição apocalíptica. Mas quais são exatamente as opções? Uma observação de Claude Lévi-Strauss oferece uma maneira de imaginar os possíveis destinos daqueles que ameaçam determinado grupo com uma mudança fundamental. Lévi-Strauss contrasta dois tipos de sociedade: "Aquelas que praticam o canibalismo – isto é, que consideram a absorção de certos indivíduos que têm poderes perigosos como o único meio de neutralizar esses poderes e até mesmo se beneficiar deles – e aquelas que, como a nossa (...) adotam a prática que pode ser chamada de *antropemia* (do grego *emein*, vomitar)."[48] A segunda expulsa os indivíduos perigosos; abandona-os na floresta, ou constrói cadeias especiais para separá-los do grupo e mantê-los isolados. Em resumo, os grupos podem expelir ou ingerir seus encrenqueiros. Os mais bem-sucedidos agentes de mudanças evitam ambos os destinos e conseguem ficar no limiar, nem dentro nem fora, mas, além desse equilíbrio difícil, o próximo melhor destino pode ser acabar devorado, ser incorporado ao mito local.

Digamos, então, que o *Hino homérico a Hermes* registra uma incorporação; é um registro *a posteriori* de uma ruptura contida e reapresentada como algo que Zeus "tinha em mente o tempo todo", não um apocalipse. As disrupções do trickster sempre são potencialmente apocalípticas, mas nesse caso são convertidas em travessuras gerenciáveis. Para uma ação apocalíptica, é necessário voltar a atenção para o Macaco perturbando os imortais taoistas ou para o Loki medieval, depois de cujas disrupções os deuses nórdicos *não* renasceram na Escandinávia, mas foram suplantados pelo cristianismo.

O *Hino* não é tão apocalíptico, e esse pode ser o caso mais comum. É o que se pode esperar quando um intruso penetra no grupo: em dado momento deve haver um entendimento, uma série de concessões para formalizar a mudança, uma convivência negociada. Nesse caso, os termos são em grande parte estabelecidos por Hermes, mas não perturbam toda a ordem das coisas; a ordem se adapta para conter o introjetado, o objeto estranho que engoliu, e nesse ponto devemos dividir o enredo da "domesticação" em duas formas. Uma coisa é se submeter a um antigo conjunto de regras domésticas, outra inteiramente diferente é entrar em uma casa que você mesmo ajudou a construir.

Notas

1. *Hino a Hermes*, versos 166-75.
2. Ver Hyde, *The Gift*, cap. 5, especialmente pp. 77-84.
3. N.O. Brown, *Hermes the Thief*, p. 126. Sobre a datação do *Hino*: Richard Janko, em *Homer, Hesiod, and the Hymns*, fornece um resumo conciso das tentativas de datar o *Hino*; ele conclui que a obra provavelmente data de algum momento entre 535 e 515 a.C. (pp. 140-43).
4. N.O. Brown, *Hermes the Thief*, p. 110.
5. N.O. Brown, *Hermes the Thief*, p. 60.
6. N.O. Brown, *Hermes the Thief*, p. 61n.
7. N.O. Brown, *Hermes the Thief*, pp. 45, 47, 60, 61n, 85, 110.
8. N.O. Brown, *Hermes the Thief*, p. 47.
9. N.O. Brown, *Hermes the Thief*, p.85. Há pelo menos outra leitura sociopolítica do *Hino*, além da de Brown. Um estudioso alemão sugeriu que a reconciliação de Hermes e Apolo no fim do *Hino* representa "as relações políticas entre o democrático Temístocles e o partido aristocrático de Címon, por volta de 475 a.C." (ver Clay, p. 100n).
10. *Hino a Hermes*, versos 21-24.

A ASTÚCIA CRIA O MUNDO

11. *Odisseia*, XXIV:1-18.
12. *Hino a Deméter, in Hesiod, The Homeric Hymns and Homerica*, pp. 334 e segs.
13. *Ilíada*, XXIV:334 e segs.
14. *Odisseia*, X:274 e segs.
15. *Ilíada*, XXIV:353-44.
16. Douglass, *Narrative*, p. 59.
17. Douglass, citado por Gates, *Figures in Black*, p. 118.
18. N.O. Brown, *Hermes the Thief*, pp. 60-61.
19. Kerényi, *Hermes*, pp. 28-29.
20. M.M. Austin, p. 95; Sealey, pp. 14-15.
21. Clay, p. 136n.
22. Douglass, *Narrative*, p. 49.
23. Douglass, *Narrative*, p. 151.
24. *Hino a Hermes*, verso 56.
25. Douglass, *Narrative*, p. 50.
26. Ver o verso 356 de *Os trabalhos e os dias*, de Hesíodo; também N.O. Brown, *Hermes the Thief*, pp. 60-61n.
27. *Hino a Hermes*, verso 24.
28. Douglass, *Narrative*, pp. 89-91.
29. N.O. Brown, *Hermes the Thief*, p. 101.
30. Sealey, pp. 12-13.
31. Douglass, *Narrative*, p. 83.
32. A expressão é uma mudança no título de um ensaio de Ralph Ellison, "Change the Joke and Slip the Yoke" (*Shadow and Act*, p. 45), uma reclamação contra a tentativa de Stanley Edgar Hyman de ler *Homem invisível* em termos do arquétipo trickster.
33. *Hino a Hermes*, versos 426-33.
34. Lincoln, p. 169.
35. *Hino a Hermes*, versos 434-38.
36. *Hino a Hermes*, versos 460-62.
37. *Hino a Hermes*, verso 498.
38. Propp, p. 39.
39. Radin, p. 139; ver também pp. 153-54.
40. Ricketts, "The Structure", p. 163.

HERMES ESCAPA DA ARMADILHA

41. *Hino a Hermes*, versos 577-78.

42. Minhas observações sobre as rupturas de Hermes terem ocorrido "na mente de Zeus" foram baseadas na argumentação do crítico literário Sacvan Bercovitch sobre aspectos semelhantes na história norte-americana. Bercovitch começa com a suposição de que "o protesto fundamental" sempre envolve tomar as pretensões de uma cultura em relação a verdades supremas e demonstrar que essas verdades são relativas, que elas dependem de situações históricas.

Como uma cultura ou ideologia responde a essa historicização? Ela se apressa em sair da história para a eternidade. Toma o protesto presente e o recompõe em termos dos próprios ideais atemporais. Para fazer isso, diz Bercovitch, "a ideologia procura concentrar sua atenção na distância entre visão e fato, teoria e prática", de modo a selecionar falhas em fatos ou em práticas e reapresentá-las contidas na linguagem sagrada da visão ou do ideal. "Condenar um rei por meio de preceitos derivados do direito divino dos reis", por exemplo, "é definir o próprio governo como monárquico; assim como condenar cristãos imorais contrastando-os com o sagrado exemplo de Cristo é sacralizar a moralidade cristã. Definir injustiça por meio de violações particulares da livre iniciativa (ou de seus elementos constituintes, tais como mobilidade social, oportunidades abertas e realização pessoal) é consagrar a livre iniciativa como *a* sociedade justa" (Bercovitch, p. 644).

43. *Hino a Hermes*, verso 10.

44. *Hino a Hermes*, versos 160-61.

45. *Hino a Hermes*, versos 516-17.

46. *Hino a Hermes*, versos 395-96; ver Nagy, *Greek Mythology and Poetics*, p. 59.

47. N.O. Brown, *Hermes the Thief*, pp. 113-32.

48. Lévi-Strauss, citado por Berstein, p. 14.

10. Frederick Douglass e o chapéu de Exu

A réplica

> "A todas essas acusações (...) o escravo nunca deve responder com uma só palavra. O coronel Lloyd não toleraria ser contradito por um escravo."
>
> Frederick Douglass[1]

> "Quando Odeio-ser-contradito morreu, Ananse cortou sua carne em pedacinhos e espalhou por toda a parte. Foi assim, dizem os axântis, que a contradição surgiu entre os povos."
>
> Robert Pelton[2]

Eu entendo que pode parecer estranho procurar um traço de consciência trickster em uma pessoa tão séria e moralizante quanto Frederick Douglass. Há certamente casos mais óbvios de norte--americanos cheios de astúcia. Poderíamos tomar P.T. Barnum, contemporâneo de Douglass, caso quiséssemos uma figura pública jocosa e criativa. Ou, se quiséssemos um artista canônico que imaginava a criatividade disruptiva em grande detalhe, poderíamos nos voltar para Herman Melville e seu retrato do vigarista. Mas nem Barnum nem Melville estavam situados tão claramente à margem. O nascimento de uma consciência limiar semelhante à de Hermes é em parte uma questão de temperamento e em parte uma questão de contexto. No limiar, a mente trickster pode

A ASTÚCIA CRIA O MUNDO

despertar em quase qualquer um. Aqueles que são inclinados aos prazeres da liminaridade podem procurar ativamente esses contextos (como fizeram artistas como Duchamp ou Ginsberg), mas esses contextos também deixam suas marcas em pessoas de outra forma não predispostas.

Frederick Douglass, em todo caso, pode ter sido um moralista por temperamento, mas nasceu em um mundo onde dois sistemas morais distintos estavam em conflito e viu-se forçado a servir de mediador entre eles. Ele era filho de um homem branco e de uma mulher negra em um mundo no qual as raças eram radicalmente separadas. Depois da fuga, tornou-se um "escravo livre", uma notável contradição em termos. Também tinha uma forte vontade de testar o proibido, e isso o mantinha no limite, quando outros poderiam ter aceitado as porções que lhes eram oferecidas. Quando ele escreve que a "amarga oposição" de seu senhor incitou-o a aprender a ler,[3] testemunhamos sua obstinação e, ao mesmo tempo, vemos seus frutos, pois foi por intermédio da leitura que Douglass produziu uma segunda miscigenação: por meio do acesso aos livros ele se tornou um filho de duas culturas, não apenas de duas raças.

Resumindo, Douglass vivia nas fronteiras da cultura escravista, e nesse contexto se tornou um arguto intermediário, um ladrão de redistribuições que deixou a periferia e se deslocou para o centro. Um artista como Melville ou um vigarista como Barnum nunca precisaram efetuar uma mudança dessa magnitude, mas Frederick Douglass precisou.

Para escapar de uma armadilha da cultura, Hermes ao mesmo tempo encanta e desencanta o mundo à sua volta. Onde, no caso de Douglass, está o gado sagrado cujo roubo pode dar início ao desencantamento? Grande parte de sua história tem a ver com direitos de propriedade e com determinar quem é e quem não é ladrão, de escravos roubando frutos do pomar da casa-grande a

FREDERICK DOUGLASS E O CHAPÉU DE EXU

Douglass roubando a si mesmo da escravidão. Mas nada disso é o objeto central do ataque de Douglass à cultura escravista. Seu principal roubo é a alfabetização.

Ler e escrever foram oferecidos pela primeira vez a Douglass aos oito anos, como presentes: sua senhora em Baltimore, Sophia Auld, ensinou-lhe "o ABC" e como soletrar palavras simples.

> Exatamente nesse ponto do meu progresso, o sr. Auld descobriu o que estava acontecendo e imediatamente proibiu a sra. Auld de continuar me ensinando, dizendo-lhe, entre outras coisas, que era ilegal, assim como arriscado, ensinar um escravo a ler. Para usar suas próprias palavras, além disso, declarou: "(...) Um crioulo não deveria saber nada além de obedecer seu senhor – fazer o que lhe ordenam. Estudar *estragaria* o melhor crioulo do mundo. "Assim", ele disse, "se você ensinar aquele crioulo (falando de mim) a ler, não haverá o que o segure (...) Imediatamente se tornaria ingovernável e sem valor nenhum para o seu senhor (...) Isso o deixaria descontente e infeliz."
>
> Essas palavras penetraram fundo no meu coração (...) Era uma revelação nova e especial, explicando coisas sombrias e misteriosas (...) Hoje entendo o que havia sido para mim de uma dificuldade das mais desconcertantes – o saber, o poder do homem branco para escravizar o negro. Foi uma grande conquista, e eu a valorizei imensamente. Daquele momento em diante, compreendi o caminho que leva da escravidão à liberdade.[4]

Douglass sabe que está à beira de um pasto sagrado porque o alarme soa, os cães de guarda começam a latir. Agora entende o que quer e por quê; em segredo e clandestinamente ao longo dos anos seguintes, "rouba" a alfabetização do mundo à sua volta. (Consegue que garotos brancos, na rua, o ensinem a ler e, em um golpe de sorte essencial, depara-se com o livro de Caleb Bingham *The Columbian Orator*, uma coletânea de falas eloquentes, incluindo um diálogo que Bingham havia escrito, no qual um escravo demole com argúcia cada um dos argumentos pró-escravidão de seu senhor.)

Ao roubar a alfabetização, é como se Douglass furtasse todos os livros da casa-grande e os levasse para as dependências dos escravos. A proibição de ensinar um escravo a ler se destinava a evitar exatamente esses movimentos. Lembremos que quando Odisseu transporta seu remo terra adentro eventualmente objeto acaba sendo confundido com uma pá de joeirar; o próprio movimento, a mudança de contexto, cria os múltiplos significados. Como argumentei anteriormente, uma regra que classifica determinadas apropriações como "roubo" e as proíbe é, portanto, uma proibição do ato de criar novos significados. Douglass viola essa proibição e, ao fazê-lo, cria um mundo de sentido onde o sentido estava previamente ausente. A Bíblia, por exemplo, é lida de maneira diferente no chão de terra da cabana e na casa-grande. Uma leitura do capítulo 9 do Gênese na senzala pode encontrar pouco sentido na maldição de Cam, mas um modelo significativo na franca exposição da embriaguez de Noé por Cam.

Isso não é tudo, porém, pois o roubo de Douglass faz algo ao mesmo tempo mais simples e mais complexo do que deslocar o lugar da leitura. Depois de aprender a ler e escrever e de estudar retórica, Douglass passa, simples assim, a escrever e falar, e esses atos *por si sós* minam a cultura escravista, pois essa cultura tinha como um de seus "eternos" a ideia de que escrever e falar pertenciam inerentemente aos brancos, e que sua ausência era inerente aos negros. Em um de seus ensaios, Henry Louis Gates Jr. oferece um bom sumário dos lugares onde essa divisão racista é defendida na alta filosofia europeia:[5] ela aparece em Hume, Kant e Hegel; nos Estados Unidos a encontramos em Thomas Jefferson. Para citar apenas um exemplo, Hegel diz que a África "não faz parte da história do mundo; não tem movimentos ou desenvolvimento a exibir (...) O que entendemos propriamente por África é o a--histórico, o espírito não desenvolvido, ainda envolto nas condições da mera natureza (...)".[6] Para Hegel, os negros africanos eram parte da natureza e diferentes em gênero dos brancos pois não tinham história escrita. "A ausência e a presença da escrita", diz Gates, "de uma voz negra coletiva que pudesse ser ouvida em algum sentido, foram impostas pelos filósofos europeus para privar os escravos africanos de sua humanidade."[7] Não admira que Hugh Auld entrasse em pânico ao ver a mulher ensinando Douglass a ler. De acordo com essas premissas, o sucesso dela teria tornado a criança negra tão humana quanto seus próprios filhos brancos, confundindo distinções essenciais a todo o empreendimento da escravidão.

Como o furtivo Hermes, que inicialmente opera sob o manto de sua aliada, a noite, Douglass também se educa em segredo. Mas, em ambos os casos, uma vez que o roubo é consumado, o enredo não pode prosseguir sem a sua revelação. Se Douglass espera ser o desencantador ativo do mundo de seu senhor, deve falar e escrever em público, ainda que para um bom escravo um senso adequado de decoro, de vergonha, paralisasse a língua e a mão.

Não é inteiramente correto chamar a cultura escravista de uma "cultura da vergonha"; foi, antes de tudo, uma cultura do terror, do derramamento de sangue e do medo. Mas, ainda assim, o açoite produzia um sistema de barreiras de vergonha como seu produto ancilar. A punição física estava sempre de prontidão, mas muitas vezes apenas as inibições adquiridas eram suficientes para manter as coisas na linha. O uso repetido da palavra "impudente" por Douglass evidencia esse limiar internalizado (impudência é a falta de vergonha; a raiz latina é *pudere*, sentir vergonha). Alguns exemplos bastarão, começando com a exceção que comprova a regra: foi a ingênua Sophia Auld que, sem saber como tratar um escravo, deu a Douglass sua primeira noção da natureza arbitrária do decoro escravista: "Ela não considerava impudente (...) que um escravo a olhasse no olho."[8] Em outras passagens, é claro, o que

A ASTÚCIA CRIA O MUNDO

Douglass recebia era a própria regra, uma aprendizagem constante do silêncio apropriado ao seu lugar. Assim, narra que os escravos eram proibidos de fazer "perguntas (...) referentes à sua idade", pois "tais perguntas eram consideradas pelos senhores como evidências de uma curiosidade impudente".[9] Ele nos conta que o escravo que tentasse justificar sua conduta ao ser censurado por ela seria considerado "culpado de impudência, um dos maiores crimes de que um escravo poderia ser culpado".[10] Um certo capataz cruel até se divertia com essas regras: "Era um daqueles que podiam deturpar o mais leve olhar, palavra ou gesto por parte do escravo, tomando-os como impudência, e tratando-os da maneira apropriada. Não podia haver réplica a ele."[11] Devo acrescentar, também, que essas regras de silêncio eram também uma questão legal na cultura escravista. A palavra de um escravo (e de um negro livre) não tinha valor legal; escravos não podiam testemunhar em um tribunal; nenhum mandado poderia ser expedido com base na palavra deles e assim por diante. Na lei, como na prática, escravos deveriam permanecer calados e a cultura escravista – como outras que vimos – organizava-se, assim, por meio de esferas de fala e de silêncio. Escravos aprendiam que "uma língua imóvel faz uma cabeça sábia".[12]

Douglass se apresenta na *Narrativa* como uma pessoa raramente presa a essas regras; ele surge diante de nós como um falante heroico e inabalável; seu próprio livro atesta sua ousadia. Mas, se olharmos com cuidado, o livro também demonstra que ele teve de lutar até encontrar a impudência necessária. Sua descrição da primeira vez em que falou em um comício abolicionista em Nantucket merece uma leitura atenta:

> Nunca me senti mais feliz do que em um encontro antiescravagista. Eu raramente tinha muito a dizer nos encontros, pois o que eu gostaria de dizer já havia sido dito com muito mais propriedade por outros. Mas, quando compareci a uma convenção antiescrava-

gista em Nantucket, em 11 de agosto de 1841, senti-me fortemente compelido a falar e fui ao mesmo tempo instigado a isso pelo sr. William C. Coffin, um cavalheiro que havia me ouvido falar em um encontro de pessoas de cor em New Bedford. Era uma pesada cruz e eu a carreguei com relutância. A verdade era que eu me sentia como um escravo, e a ideia de falar com pessoas brancas me oprimia. Falei apenas em alguns momentos, quando senti um certo grau de liberdade, e disse o que desejava com considerável facilidade. Daquela época até agora, engajei-me na defesa da causa dos meus irmãos – com que sucesso e com quanta devoção deixo que aqueles que estão inteirados dos meus esforços decidam.[13]

É a menção ao "encontro de pessoas de cor" que me surpreende nesse relato. Enfraquecer essa frase é pôr em primeiro plano o que Douglass menciona rapidamente: ele *não* está descrevendo a primeira vez que falou contra a escravidão em público; está descrevendo a primeira vez que falou com *brancos*. O limiar de vergonha que proibia essa fala não sumiu com o desaparecimento do açoite. Douglass, no Norte há quase três anos, ainda sente a proibição internalizada e tem de se esforçar para rompê-la. (Douglass revisou sua autobiografia várias vezes; a versão de 1855 da mesma cena é ainda mais minuciosa: "Foi com a maior dificuldade que consegui permanecer ereto ou que pude ordenar e articular duas palavras sem hesitação ou gagueira. Cada um dos meus membros tremia.") Douglass conseguia falar livremente nos "encontros de pessoas de cor", mas essa fala não fazia com que se sentisse livre (nunca fora proibida). É apenas quando consegue falar através da linha de cor, quando consegue romper a regra do silêncio e contestar as ficções do mundo branco sobre a escravidão, que ele se sente verdadeiramente livre.

Em certo sentido, é apenas recusando as regras de silêncio da cultura escravista e falando das suas fronteiras internas e através delas que Douglass desfaz o encantamento. Sua principal

A ASTÚCIA CRIA O MUNDO

ferramenta nesse empreendimento é uma modalidade de discurso expressamente proibida a escravos, a "contradição" ou "réplica". A contradição é o análogo verbal ao ato de Hermes conduzir o gado de trás para a frente ou do Coiote encurralando seu jantar em um túnel com uma fogueira de cada lado. Confunde a polaridade; desconcerta aqueles que se movem em uma linha reta e pura; desvela a duplicidade oculta. Ouvimos o traço contraditório da voz de Douglass em parte em sua constante ironia e nas regulares construções antitéticas,* porém de maneira mais sutil e significativa nas descrições aparentemente simples da vida na escravidão. Observemos estas poucas sentenças da primeira página da *Narrativa*:

> De longe a maior parte dos escravos tem tão pouco conhecimento da própria idade quanto os cavalos têm da deles, e é a vontade da maioria dos senhores dos quais tenho conhecimento manter os escravos nessa ignorância. Não me recordo de ter conhecido um escravo que soubesse dizer a data do seu nascimento; raramente têm uma ideia mais aproximada dessa data do que do período do plantio, da época da colheita, da estação das cerejas, da primavera ou do outono.[14]

Como Henry Louis Gates Jr. mostra em um ensaio sobre o capítulo inicial da *Narrativa*, essas linhas e as que se seguem apresentam uma série de oposições características da cultura escravista: os negros contam o tempo pelas estações, os brancos pelo calendário; os negros não sabem sua idade, os brancos sabem; os negros

---

* Dos muitos truques retóricos que Caleb Bingham recomenda, "a antítese, ou uma sentença que consiste de partes opostas",[15] parece ter sido a favorita de Douglass. A antítese produz a prosa da contradição, como neste exemplo tirado da *Narrativa*: "O que [Auld] mais temia era o que eu mais desejava. O que ele mais amava era o que eu mais odiava. O que para ele era um grande mal, a ser cuidadosamente evitado, era para mim um grande bem, a ser buscado diligentemente; e o argumento que ele frisava tão acaloradamente contra minha alfabetização serviu apenas para insuflar em mim o desejo e a determinação de aprender."[16]

FREDERICK DOUGLASS E O CHAPÉU DE EXU

são regulados pela natureza, os brancos pela cultura; os negros pertence à noite e à terra, os brancos à luz do dia e aos céus. Os negros, resumindo, são como as bestas, e os brancos são seres humanos.[17] A configuração da cultura escravista parte dessa rede de oposições. Quando os brancos negam aos negros o acesso ao tempo marcado pelo calendário, criam uma diferença entre negros e brancos e um sistema interligado de "barreiras de diferença",[18] como Gates as chama, produz o mundo articulado, o cosmos, o tecido cultural dessa sociedade, uma ficção que começará a parecer real tão logo todos esqueçam que foram os seres humanos que a criaram.

Douglass, porém, contradiz esse cosmos simplesmente por descrevê-lo: vinda da suposta esfera do silêncio, qualquer dicção é contradição. Vinda da esfera do silêncio, a própria fala é impudente, não importa o conteúdo, e ameaça a conformação deste mundo. A prova dessa afirmação reside na resposta imediata dos fazendeiros do sul à voz de Douglass: alegaram que ela não existia. Logo depois que a *Narrativa* foi publicada, por exemplo, um homem de Maryland que afirmava ter conhecido Douglass como escravo escreveu aos jornais para dizer que o livro era uma farsa: "Não nutro animosidade contra os forjadores da *Narrativa*, nem mesmo os conheço, mas positivamente declaro ser a totalidade dela um sortimento de falsidades, do início ao fim."[19] Douglass e seus amigos sabiam que isso aconteceria, daí o paratexto peculiar às narrativas de escravos – o subtítulo, *Escrito por ele mesmo*, e as sérias introduções nas quais homens brancos declaram que o livro "é essencialmente verdadeiro em todas as suas declarações (...); nada foi (...) traçado pela imaginação".[20]

Mas, uma vez que o leitor aceita que um escravo negro está de fato falando, então, como disse, a simples dicção conduz à contradição. A voz lentamente ocupa as porções "brancas" das oposições da cultura e, ao fazê-lo, representa as categorias da cul-

A ASTÚCIA CRIA O MUNDO

tura escravista como autocontraditórias. A simples dicção passa a um registro mais pleno, acrescido dos primos da contradição, a ironia e o escárnio. Já consideramos esses tons, nas observações de Douglass sobre como a escravidão seria "contra as Escrituras" se os homens brancos continuassem a ter filhos negros, por exemplo, ou na descrição dos "ladrões" furtando os frutos do coronel. Há muito mais, é claro, como uma explicação sobre por que é mais conveniente para as mulheres brancas vender os filhos mulatos dos maridos, mas o ponto principal é que não demora para os leitores descobrirem que estão em um mundo onde os homens civilizados são selvagens. Cristãos são pagãos, a impudência é gentílica, mulheres gentias são bestas, ilegalidades são previstas em lei, ladrões são nobres e homens honestos são ladrões.[21]

Por essa via, o padrão cultural entra em colapso. Torna-se insensível. Como formula Gates, tendo penetrado em todas essas oposições, Douglass agiu "como mediador e como trickster para reverter as relações [entre elas]".[22] Suas reversões tornam o leitor cada vez mais atento às anomalias e ambiguidades, cuja negação é essencial para preservar a pureza da cultura escravista. A contradição, desse modo, revela o material cuja exclusão criou pela primeira vez a ordem e sua ilusão de pureza. Uma vez exposta sua sujeira, o código da cultura escravista deixa de fazer sentido; não "significa" mais o que significava. As coisas que pareciam ser nobres verdades (a gentileza das mulheres, a piedade dos homens) revelam-se ficções locais e contingentes, se não completas mentiras. Quanto mais ouvimos a voz de Douglass, mais os eternos se revelam acidentais, unidades se revelam confusões e purezas se revelam obscenidades. Não admira que "o coronel Lloyd não toleraria réplica de um escravo".[23]

Anteriormente esbocei alguns enredos típicos de histórias de trickster, contrastando as que acabam em domesticação com aquelas nas quais o trickster permanece na borda ou no limiar – o picaresco interminável, por exemplo, ou os festivais da desordem que têm recorrências regulares mas são contidos por um calendário ritual. Para classificar o traço de inteligência trickster de Douglass em um desses enredos, quero começar com sua análise do desgoverno periódico. Era costume na cultura escravista conceder férias aos escravos entre o Natal e o ano-novo.

> Nessa época éramos tratados como se fôssemos donos de nossas vidas, pela graça de nossos senhores; e por isso usávamos e abusávamos do fato quase ao nosso bel-prazer (...) Os mais sérios, sóbrios, pensativos e industriosos de nós se dedicavam a fazer vassouras de palha de milho, esteiras, coalheiras e cestas; e outro grupo entre os nossos passava o tempo caçando gambás, lebres e guaxinins.
>
> Mas a grande maioria se dedicava a esportes e diversões como jogar bola, lutar, apostar corridas, tocar rabeca, dançar e beber uísque; este último modo de passar o tempo era de longe o mais agradável aos sentimentos dos nossos senhores. Um escravo que trabalhava durante as férias era considerado por eles como não merecedor delas. Era tratado como alguém que rejeita o favor de seu mestre. Julgava-se uma descortesia não se embebedar no Natal, e era visto como extremamente preguiçoso aquele que não se munia dos meios necessários, ao longo do ano, para adquirir uísque suficiente para terminá-lo (...)[24]

Esse costume corresponde quase exatamente ao padrão da Saturnália na Roma antiga. O calendário romano incluía festivais para as divindades maiores; o feriado dedicado a Saturno durava uma semana no fim de dezembro e era o mais festivo – uma generosidade incomum deveria prevalecer, as restrições morais eram relaxadas e os escravos ficavam temporariamente livres para fazer e dizer o que lhes aprouvesse. Este último é notável aqui: a Saturnália romana incluía a permissão, por um período limitado, de retrucar, de contradizer.

A ASTÚCIA CRIA O MUNDO

Douglass é perspicaz em relação à função social dessa soltura contida:

> Pelo que sei dos efeitos dessas férias sobre o escravo, creio que estão entre os meios mais eficazes nas mãos dos proprietários para sufocar o espírito da insurreição. Caso os senhores de escravos abandonassem de todo essa prática, não tenho a menor dúvida de que isso levaria a uma imediata rebelião dos escravos.
>
> Essas férias servem como condutores ou válvulas de segurança para esvaziar o espírito rebelde da humanidade escravizada (...) Ai do senhor de escravos que um dia se aventurar a remover ou obstruir o funcionamento desses condutores! Eu o advirto de que, em tal eventualidade, um espírito se manifestará no meio deles, mais temível de que o mais apavorante terremoto.[25]

Essa passagem oferece uma maneira de repensar o momento do *Hino homérico* em que Hermes não come a carne em favor do posterior acesso ao alimento dos deuses. Poderia a cena trazer à memória uma virada histórica, na qual o ritual carnavalesco (a festa da carne dos carnívoros) foi preterido em favor de uma mudança de condição social? É assim, em todo caso, que Douglass representa a saturnália dos escravos e sua relação com ela: ser indulgente para com os apetites é domar o dissenso; remover essa indulgência é cortejar a rebelião.

Douglass sabia por experiência própria como a saturnália operava. Durante as férias de fim de ano de 1834, escravo na fazenda de um certo William Freeland, foi um dos que aceitaram a bebida do senhor. A bebida local era aguardente de maçã e o Douglass de dezesseis anos descobriu que gostava muito dela. Bebeu sua cota depois tomou tudo o que conseguiu mendigar ou obter à custa de companheiros menos interessados. A bebida "fazia com que me sentisse um grande homem", escreveu mais tarde. "Costumava pensar que era um presidente." Como não era de se surpreender, a sensação estava em desacordo com os efeitos reais. Aparentemente, em uma ocasião Douglass acordou depois de um dia de bebedeiras e descobriu que havia passado a noite com os porcos na pocilga.[26] Mais tarde, escreveu sobre esses feriados:

> [O] objetivo parece ser despertar aversão (...) dos escravos à liberdade, submergindo-os na mais profunda dissipação (...) Muitos de nós achavam que havia pouco a escolher entre a liberdade e a escravidão. Sentíamos (...) que não havia diferença entre sermos escravos de um homem ou do rum. Por isso, quando as férias acabavam, cambaleávamos para fora da imundície na qual havíamos chafurdado, respirávamos fundo e marchávamos para o campo.[27]

Apesar do "nós" distanciador, essa é a voz da experiência. E Douglass havia não apenas chafurdado, mas de algum modo entendera que para escapar à armadilha e provar um gosto autêntico de liberdade precisaria refrear a sede que os predatórios senhores de escravos estavam todos muito dispostos a estimular.

Suas escolhas podem trazer à mente os tricksters gregos e suas batalhas contra o apetite. Lembremos que tanto Prometeu quando Hermes tentam mudar a maneira como o cosmos fora repartido, mas com diferentes resultados. O truque de Prometeu falha; para sempre, depois disso, seus herdeiros passam a comer carne, mas são, por isso, "meros estômagos", incessantemente famintos e confinados à esfera mais baixa. Hermes, por outro lado, nega seu estômago e troca assim o alimento terrestre pelo celestial. No sul dos Estados Unidos, se os senhores conseguissem realizar seu intento, os escravos jamais teriam essa opção. O próprio Douglass sentira-se em algumas ocasiões selvagemente faminto (quando menino, foi forçado a lutar com outras crianças por mingau de milho em um cocho de porcos),[28] mas também havia conhecido a saciedade dos que comem regularmente e são confinados às esferas mais baixas: Freeland alimentava bem os escravos e mantinha-os

A ASTÚCIA CRIA O MUNDO

supridos de álcool,[29] o que equivale a dizer que em sua fazenda Douglass correu o risco de cair no enredo prometeico, trocando o desejado destino mais elevado por uma barriga cheia e uma bebedeira anual de aguardente de maçã.

Mas não seguiu esse caminho. A 1º de janeiro de 1836, precisamente após um segundo feriado de bebedeiras, Douglass resolveu dar as costas aos prazeres transitórios e arriscar as satisfações mais duradouras que uma fuga poderia trazer.[30] Recusou o ritual interminável da soltura restrita em favor de algo um pouco mais apocalíptico. Abandonou o tempo cíclico do ritual por um tempo linear em que os indivíduos conhecem a data de nascimento e em que o que era de fato um "apavorante terremoto" – uma guerra civil – em breve marcaria o calendário com datas como 1º de janeiro de 1863 (Lincoln assina a Proclamação de Emancipação); 1º de novembro de 1864 (a escravidão é abolida em Maryland); e 17 de novembro de 1864 (Douglass retorna a Baltimore, um homem livre em um estado livre).[31]

Anteriormente, neste livro, propus que uma armadilha de vergonha surge quando padrões culturais são ligados à maneira como o corpo é imaginado, especialmente quando as ligações se tornam invisíveis. Dadas essas ligações, a experiência que uma pessoa tem do próprio corpo "prova" os padrões culturais, e alterar os padrões parece tão impossível quanto alterar o corpo. No caso em questão, pensemos em Douglass dizendo que a razão das férias de fim de ano era "despertar a aversão dos escravos à liberdade", para submergi-los "na mais profunda dissipação", a fim de fazê-los "chafurdar" na imundície. Ele está descrevendo uma autoaversão derivada do apetite corporal. Jogando com esse apetite, os senhores criam a lógica inexorável da armadilha: um escravo deseja a aguardente de maçã, sua bebedeira o envergonha, portanto sua posição na vida faz parte da natureza.

Como desfazer uma constelação como essa? Uma opção seria, é claro, simplesmente declará-la falsa (apontando para brancos

FREDERICK DOUGLASS E O CHAPÉU DE EXU

bêbados ou negros sóbrios), mas com frequência é necessário penetrar no mito e mudar seus termos a partir de dentro. Hermes escapa da armadilha refreando o apetite, depois do que as associações culturais entre carne e fome, quaisquer que sejam, não mais se aplicam. Douglass faz a mesma coisa. Recusando o próprio desejo, corta a ligação entre o artifício social e o corpo. Para dizê--lo de outro modo, como o mundo e o corpo devem ter padrões recíprocos, quando ele reimagina seu corpo, reimagina também seu mundo.

Assim, ouvir Douglass contar a história da bebedeira escravista e sua relação pessoal com ela é ouvir um encantador oferecer novas verdades eternas para substituir aquelas que destruiu. Para entender como esses eternos emergem, lembremos que é pela contenção da fome que Hermes faz de si um deus. Sua loteria particular apaga a linha que o separa dos outros deuses; sua abstenção traça uma nova linha que o une a eles. Dessa forma, os marcos de fronteira são deslocados; assim ele se torna um eterno. Acreditar nessa história é entrar em uma ficção nova, um novo contorno do mundo.

No caso de Douglass, aquele que recusa a aguardente de maçã também recusa a contradição contida na saturnália e por meio disso cria a possibilidade da contradição *in*contida. As esferas de silêncio da cultura escravista possibilitam a "verdade eterna" de que as raças são essencialmente diferentes. Recusando a saturnália, Douglass rompe tanto o elo entre o apetite e a subordinação quanto aquele entre a subordinação e o silêncio. Em lugar disso tudo, oferece uma voz que promete retrucar a qualquer momento e em qualquer lugar, e essa voz pressagia um novo mundo moldado não pela diferença de raças, mas pela "verdade eterna" da igualdade racial. Caso terminássemos a história de Douglass nesse ponto, poderíamos classificá-la naquele enredo no qual o marginalizado desfaz com sucesso a armadilha cultural que o contém e constrói outra em seu lugar.

A linha de cor

> "Um Douglass multiforme não era desejado
> por nenhum dos seus biógrafos".
>
> Peter F. Walker[32]

> "Enquanto vocês pensarem que são brancos,
> eu tenho de pensar que sou negro."
>
> James Baldwin[33]

Na época em que Douglass morreu, em 1895, grande parte da cultura escravista havia ruído e suas distinções orgânicas haviam se apagado. Mas nenhuma utopia se ergueu das ruínas; a cultura ianque tinha as próprias divisões orgânicas, algumas odiosas e notavelmente indeléveis. Penso especialmente no modo como os Estados Unidos dividem a população entre brancos e negros e na questão de a que lado Douglass pertencia em relação a essa linha de cor. A resposta poderia ser óbvia (Douglass era negro; pertencia ao lado negro), mas quanto mais atentamente se observa, menos óbvio isso se torna.

Antes de me ocupar dessa história sutil, gostaria de intercalar um famoso conto trickster do oeste africano, a narrativa iorubá de dois amigos que se esqueceram de Exu. Essa história do Velho Mundo proporciona uma maneira útil de falar sobre as armadilhas e ciladas da cor nos Estados Unidos. Entre os iorubá,

> todos conhecem a história dos dois amigos que tiveram sua amizade desfeita por Exu. Fizeram votos de eterna amizade recíproca, mas nenhum dos dois levou Exu em consideração. O orixá percebeu suas ações e decidiu fazer algo a respeito.
>
> Quando chegou o tempo propício, Exu decidiu fazer um de seus pequenos testes com a amizade deles. Preparou um chapéu de tecido. O lado direito era preto, o esquerdo era branco.

FREDERICK DOUGLASS E O CHAPÉU DE EXU

Os dois amigos se encontravam no campo, lavrando sua terra. Um estava capinando o lado direito, o outro ceifava os arbustos do lado esquerdo. Exu chegou montado, cavalgando entre os dois homens. O que estava à direita viu o lado preto do chapéu. O que estava à esquerda notou a brancura absoluta do chapéu de Exu.

Os dois amigos fizeram um intervalo para o almoço sob a sombra fresca das árvores. Disse um deles: "Você viu o homem de chapéu branco que nos cumprimentou enquanto estávamos trabalhando? Era muito gentil, não era?"

"Sim, era simpático, mas é de um homem de chapéu preto que me lembro, não branco."

"Era um chapéu branco. O homem estava cavalgando um cavalo magnificamente ajaezado."

"Então deve ser o mesmo homem. Eu lhe digo, o chapéu dele era retinto."

"Você deve estar fatigado ou cego pelos raios quentes do sol para confundir um chapéu branco com um preto."

"Eu lhe digo que o chapéu era preto e não estou enganado. Lembro-me dele distintamente."

Os dois amigos começaram a brigar. Os vizinhos vieram correndo, mas a luta era tão intensa que não conseguiram contê-la. No meio desse rebuliço, Exu retornou, parecendo muito calmo e fingindo não saber o que estava acontecendo.

"Qual é a causa de toda esta zorra?", reclamou, com modos duros.

"Dois amigos íntimos estão brigando", foi a resposta. "Parecem dispostos a matar um ao outro e não querem parar nem para nos contar a razão da peleja. Por favor, faça alguma coisa antes que se matem."

Exu prontamente interrompeu a luta. "Por que vocês dois, amigos de toda a vida, estão dando um espetáculo público desses?"

"Um homem atravessou a fazenda a cavalo e nos cumprimentou enquanto passava", disse o primeiro amigo. "Estava usando

A ASTÚCIA CRIA O MUNDO

um chapéu preto, mas meu amigo me diz que era um chapéu branco e que devo estar cansado, cego ou as duas coisas."

O segundo amigo insistiu que o homem estava usando um chapéu branco. Um dos dois devia estar enganado, mas não ele.

"Ambos estão certos", disse Exu.

"Como pode ser isso?"

"Sou o homem que fez a visita por causa da qual vocês agora estão brigando, e eis o chapéu que causou o dissenso." Exu pôs a mão no bolso e tirou o chapéu de duas cores, dizendo: "Como podem ver, um lado é branco e o outro é preto. Cada um de vocês viu um dos lados e, portanto, está correto sobre o que viu. Não são vocês os dois companheiros que fizeram votos de amizade? Quando prometeram um ao outro ser amigos para sempre, fiéis e verdadeiros, levaram Exu em consideração? Sabem que aquele que não põe Exu em primeiro lugar em todos os seus feitos só pode culpar a si mesmo se as coisas não dão certo?"

E é por isso que se diz:

> Exu, não me arruíne,
> Não torne falsas as palavras de minha boca,
> Não confunda os movimentos de meus pés.
> Você, que traduz as palavras de ontem
> Em novas afirmações,
> Não me arruíne,
> Eu lhe trago oferendas.[34]

Na África, essa história é conhecida em muitas versões e em muitos locais. Durante o tráfico negreiro, viajou para as Américas, onde necessariamente assumiu diferentes aspectos. De acordo com Lydia Cabrera, há uma versão cubana na qual Exu "havia raspado os pelos de um lado da cabeça, e mantido a barba e os cabelos intactos do outro. Para aumentar a confusão, se transformou em um homem branco do lado com cabelos, parecendo assim completamente diferente para cada amigo."[35] Quando os amigos discutem, um diz ter visto um homem negro, o outro, um branco.

Frederick Douglass acreditava que seu primeiro senhor, Aaron Anthony, era seu pai; sua mãe, Harriet Bailey, era escrava de Anthony. Os Bailey eram um grupo familiar coeso, antigos habitantes da costa oriental de Maryland. A mãe de Douglass, pelo que se conta, sabia ler, e a mãe *dela*, embora escrava, era relativamente independente (casada com um negro livre, tinha uma cabana para chamar de sua). O tetravô de Douglass nasceu na Maryland colonial, em 1701. Os pais dele, por sua vez, provavelmente foram levados para a América não da África, mas da colônia britânica de Barbados, o que significa, entre outras coisas, que a família Bailey era falante da língua inglesa havia pelo menos cinco gerações. Em resumo, por meio da mãe, Douglass era herdeiro de uma tradição afro--americana incomumente estável e duradoura.[36]

Aaron Anthony nasceu de pais pobres e iletrados, cujos ancestrais tinham vindo da Inglaterra. Anthony aprendeu a ler e escrever de maneira sofrível; trabalhava em escunas de carga – primeiro como marujo e por fim como capitão – até que um homem rico do local, o coronel Lloyd, tornou-o capataz-chefe das suas fazendas. Anthony casou-se com uma mulher de família proeminente, por meio da qual adquiriu seus escravos. Sua considerável disciplina era perturbada regularmente pela melancolia e pela concupiscência; em sua pequena biblioteca havia um livro chamado *The Pleasant Art of Money Catching* [A prazerosa arte de ganhar dinheiro] e uma Bíblia de nove dólares.[37]

Então, de que cor era o chapéu? E onde devemos nos posicionar para dizer qual era a cor de Douglass? Onde *ele* teria de se posicionar? Tendo herdado o sangue "branco" do pai, poderia herdar também alguma porção de tudo o que esse "branco" supostamente significava? Ou, para deixar de lado a linguagem biológica, em que tradição Douglass poderia habitar? Quando falei de Maxine

A ASTÚCIA CRIA O MUNDO

Hong Kingston, imaginei uma criança imigrante que cria uma história de vida original no caminho entre a casa e a escola. Se essa criação é uma luta, o que Douglass tem de fazer é ainda mais, pois nesse caso a própria família é dividida, e nenhuma via pública conecta as duas partes (elas se unem apenas no estupro e no filho do estupro). Pode a criança ainda assim forjar uma identidade que tenha algo da mãe e do pai? Pode servir-se de porções da casa-grande anglo-saxã, com sua sabedoria de almanaque, seus laços de casamento, sua Bíblia familiar e sua avidez por dinheiro, ou deve se manter confinado ao lar negro-barbadiano de Harriet Bailey, com seu chão de terra batida, suas raízes mágicas e suas batatas-doces?

Deve se confinar, seria a resposta seca da cultura escravista. Onde a paternidade branca não é nada mais do que um sussurro, onde a lei e os costumes declaram que a criança deve "acompanhar" a mãe, qualquer identidade mista como essa é absurda, impensável e irreal. Atormentando os leitores com a própria cegueira deles para o novo e o original, Melville uma vez escreveu: "Quando o castor com bico de pato da Austrália [o ornitorrinco] foi pela primeira vez empalhado e levado para a Inglaterra, os naturalistas, recorrendo a suas classificações, sustentaram que não havia, na realidade, tal criatura."[38] Em Talbot County, Maryland, não havia, na verdade, ingleses negros nem barões da batata-doce.

É claro que essa ausência não segue uma determinação de um deus ou da natureza, nem podemos encontrar inscrito em algum lugar fora da cultura humana a inventiva matemática segundo a qual negro + branco = negro. Surge, então, a questão de se Douglass, nascido na fronteira e tomado por uma sabedoria disruptiva, seria ou não capaz de deslocar a linha de cor. Poderia drogar os guardas e então deslocar-se livremente, por assim dizer, entre a casa da mãe e a do pai? Poderia alterar a taxonomia que o exclui da realidade?

FREDERICK DOUGLASS E O CHAPÉU DE EXU

Não legalmente, mas, como diz Hermes, "se meu pai não a conceder a mim (...) vou roubá-la". Nesse contexto, isto é, por meio da alfabetização roubada, Douglass não apenas adquire uma voz, mas adquire uma voz branca. Tomando o livro de Caleb Bingham como cartilha, desfere um ataque ao patrimônio anglo-saxão. Os modelos de Bingham são Sheridan, Washington, Filo, Franklin, Catão, Milton, Sócrates, Cícero, Fox, Pitt e Addison. O próprio Bingham escreveu a discussão entre senhor e escravo e ela provém diretamente do Iluminismo europeu. Clássicos gregos, romanos e europeus: para Douglass, aprender os discursos do livro de Bingham era sentir-se em casa no lar do pai, mesmo antes de deixar Baltimore.

No caso de Hermes, o roubo foi eventualmente seguido pelo riso olímpico, pela divertida aceitação de "seu filho" por parte de Zeus. Para saber se Douglass foi algum dia agraciado com tal relaxamento da tensão, devemos segui-lo para o norte até New Bedford e Nantucket, onde foi pela primeira vez acolhido por homens e mulheres brancos. O historiador Peter Walker escreveu um belo livro sobre os abolicionistas do século XIX, *Moral Choices* [Escolhas morais], cujos capítulos sobre Douglass concentram-se no seu envolvimento com o grupo que se formou em torno do jornal de William Lloyd Garrison, o *Liberator*. Walker argumenta que, por suas relações com os garrisonianos, e pelo modo como se adaptava ao círculo deles, vemos um impulso nada surpreendente por parte de Douglass de abandonar o mundo que lhe era disponível por meio da sua mãe e intensificar sua reivindicação por tudo que não fosse negro.

Tomemos, por exemplo, a história da autonomeação. Ao nascer, era Frederick Augustus Washington Bailey; quando se mudou para o norte, trocou de nome, primeiro para Dailey, depois Stanley, em seguida Johnson e, por fim, Douglass, adotando o nome de um herói, Douglas, do poema *A dama do lago*, de sir Walter Scott. "A característica básica do Douglas de Scott", escreve Walker,

A ASTÚCIA CRIA O MUNDO

"é sua resistência inabalável nas adversidades, provocadas pela perda injusta de seu patrimônio", e o enredo do poema conduz à restauração desse patrimônio.[39]

A identificação de Douglass com o herói de Scott foi além da simples adoção do nome e da reivindicação imaginária. Em 1846, quando viajava pelas Ilhas Britânicas ("para visitar o lar dos meus ancestrais paternos", disse),[40] passou seis meses na Escócia. Viajou sozinho. Por algum tempo, deixou de lado o trabalho antiescravagista. Aprendeu canções e baladas escocesas, cantando-as e tocando-as ao violino pelo resto da vida. "Se eu o encontrasse agora", escreveu ele a Garrison, "entre as livres colinas da velha Escócia, onde o antigo *black Douglass* [sic] um dia enfrentou seus inimigos (...) você veria uma grande mudança em mim!"[41]

Além disso, Walker interpreta a migração de Douglass para o campo garrisoniano como uma fuga da negritude, ou pelo menos do artifício linguístico da raça. Os garrisonianos pareciam prometer um apagamento da própria linha de cor. No barco que se dirigia à convenção de Nantucket, por exemplo, "houve uma altercação (...) quanto às acomodações separadas para os negros, que não se resolveu até que todos os abolicionistas, negros e brancos, concordaram em compartilhar o convés descoberto".[42] E, como vimos antes, o discurso de Douglass na convenção mostrou-lhe que a fronteira entre negros e brancos podia ser rompida. Falar e ser ouvido naquele grupo era deixar de ser definido pela brancura dos ouvintes e pela sua própria negritude.

Em resumo, os primeiros anos de Douglass em liberdade ofereceram-lhe uma esperança radiante de que poderia haver algo como uma comunidade que não se definisse em termos de cor. Como Douglass respondeu a essa promessa, Walker deduz do modo como ele mais tarde revisou o relatório da visita a Nantucket. Na autobiografia de 1855, um Douglass mais amadurecido olha para o passado e descreve seu eu mais jovem:

FREDERICK DOUGLASS E O CHAPÉU DE EXU

> Jovem, ardente e esperançoso, entrei nessa nova vida com todo o arrebatamento do entusiasmo insuspeitado. A causa era boa, os homens engajados nela eram bons, os meios para atingir seu triunfo, bons (...) Por algum tempo, fui levado a esquecer que minha pele era escura e meus cabelos encarapinhados.[43]

O que chama a atenção aqui é que Douglass não diz "minha pele escura não mais me definia", mas "esqueci que tinha a pele escura". De que cor é o homem que se esqueceu da própria pele? O que Walker argumenta é que, sob a influência desse esquecimento, deve ter parecido a Douglass que "pela primeira vez na vida foi capaz de revogar o código escravocrata de Maryland: 'os filhos das mulheres escravas deviam (...) seguir a condição das mães'. Ele 'foi levado a esquecer' que era filho de Harriet Bailey. Foi despido da pele escura e do cabelo encarapinhado. Cessara de ser negro".[44]

Se é esse o caso, revelou-se um esquecimento caro, mesmo para um homem rodeado de abolicionistas. "Descobri muito cedo que meu entusiasmo havia sido extravagante", suas memórias rapidamente acrescentam.[45] Mesmo a voz passiva de sua declaração ("*fui levado* a esquecer")[46] parece significativa: em seu entusiasmo se tornou um ator em um drama garrisoniano, não no próprio drama. Nos anos que se seguiram a Nantucket, tornou-se claro a Douglass que a linha de cor se manteve. De mil maneiras, sutis e brutais, o mundo à sua volta definiu-o como não branco. Calafates navais brancos de New Bedford recusaram-se a deixá-lo trabalhar em seu ramo de atividade; igrejas brancas em New Bedford fizeram-no sentar em um banco separado; foi forçado a viajar em vagões segregados nos trens nortistas e a dormir em alojamentos baratos quando foi para a Grã-Bretanha; em Indiana, foi atacado por uma turba que fraturou sua mão direita; e assim por diante. Mais corrosivo certamente era o racismo dos abolicionistas brancos. Em muitos aspectos, os garrisonianos tratavam Douglass como um espécime para a sua causa e faziam com que soubesse como achavam que um espécime deveria agir: "Dê-nos os fatos", disseram, "nós cuidaremos da filosofia."[47]

> Era impossível para mim repetir a mesma velha história, mês após mês, e manter meu interesse (...) "Conte a sua história, Frederick", sussurrava meu respeitável amigo, o sr. Garrison, quando eu subia no palanque. Não podia seguir sempre a injunção, pois agora lia e pensava.[48]

"O melhor é que você não pareça muito educado",[49] disseram-lhe. Um garrisoniano escreveu para outro descrevendo Douglass como apropriadamente recatado "para um crioulo".[50] Outro escreveu que gostaria que ele fosse um "preto puro-sangue [sem o] sangue branco que corre em suas veias".[51] Alertaram-no sobre suas amizades com mulheres brancas.[52] Não estavam felizes nem mesmo com sua eloquência duramente conquistada: o jornal uma vez noticiou que a linguagem de Douglass "(...) não tinha nenhuma das características dos homens de cor",[53] mas os garrisonianos disseram que prefeririam que mantivesse "um pouco da fala das fazendas" em suas palestras.[54] Queriam o orador "negro", não um "branco", e certamente não uma anomalia afro-saxã, o castor com bico de pato de Talbot County.

No início deste livro, eu disse que o trickster é um personagem mitológico; não há tricksters humanos. Seres humanos participam dessa mitologia, mas participam simultaneamente de outras e da história. A história favoreceu Douglass com uma oportunidade de participar do deslindamento da cultura escravista; ela não o favoreceu tanto quando se tratou da linha de cor nos Estados Unidos. Um trickster mitológico poderia encontrar um meio de romper essa barreira, mas o que um homem histórico pode fazer, um homem cujas mãos são quebradas por turbas e cujos amigos manifestam má vontade contra seu sangue mestiço e seu dialeto ausente?

FREDERICK DOUGLASS E O CHAPÉU DE EXU

O que Douglass fez foi abandonar o limiar no qual pretos e brancos se misturam, no qual havia nascido, no qual culturas se tocavam mutuamente e submetiam-se ao artifício da linguagem racial. Fixou residência na casa materna. Tornou-se um negro.

Um local para se ver esse movimento com clareza é na história cambiante da sua infância. Douglass escreveu a autobiografia três vezes e permitiu-se rever sua vida, e especialmente suas origens, a cada edição.[55] Na primeira (1845), cita o pai como um homem branco; na segunda (1855), o pai é "envolto em mistério", é branco "ou", estranhamente acrescenta, "quase branco"; na terceira (1881), encontramos apenas a seca frase "de meu pai nada sei". Enquanto a porção branca da paternidade era assim apagada, a porção negra preenchia o espaço. Na primeira autobiografia, a mãe era-lhe uma estranha; nunca a vira à luz do dia, não conseguia visualizá-la e não sentiu pesar quando ela morreu.[56] Na terceira autobiografia, trinta e sete anos depois, consegue imaginá-la vividamente. A imagem dela está "indelevelmente estampada em minha memória",[57] nos diz, e reconta uma época em que ela lhe levava comida e o protegia da crueldade. Acima de tudo, na época dessa versão final, havia descoberto na mãe a fonte dos seus talentos.

> Descobri (...) que ela era a única de todas as pessoas de cor de Tuckahoe que sabia ler (...) Diante desse fato, estou feliz em atribuir qualquer amor pelas letras que eu possa ter não à minha presumível paternidade anglo-saxã, mas ao gênio nativo da minha mãe preta, desprotegida e inculta (...)[58]

Enquanto em 1845 Douglass proclamava o progenitor branco e omitia a progenitora negra, em 1881 omitia o branco e proclamava a negra. Vê-lo redesenhar o início de sua vida é vê-lo tecer para si um novo mito de origem; ao mudar sua história, muda o que quer que tomemos por seu "eu verdadeiro". Esse eu não é o filho de um homem branco, mas o filho de Harriet Bailey, a escrava. Esse eu é negro.

Além disso, vemos Douglass afastando-se da porção anglo--saxã do seu ser se olharmos para a "cor", por assim dizer, de sua voz pública. Como já vimos, em 1855, Douglass revisou a história do pronunciamento em Nantucket, acrescentando uma noção retrospectiva de seu entusiasmo ingênuo. Quando descrevi pela primeira vez esse discurso, sublinhei o fato de que a tensão do momento teve a ver com o fato de ele falar para abolicionistas brancos: "no encontro das pessoas de cor" Douglass não teve problemas para encontrar sua voz. De acordo com seu posterior senso de entusiasmo mal dirigido, agora ressaltaria um segundo detalhe em sua narrativa: Douglass falou porque foi "instigado a isso pelo sr. William C. Coffin". O fato é que nos primeiros anos de sua liberdade um círculo de homens e mulheres brancos incitou, sancionou, apresentou e autorizou a voz de Douglass. Também foram sua plateia simpática, seus ouvintes. Sendo esse o caso, podemos perguntar até que ponto é o próprio Douglass quem está falando. E caso conseguíssemos encontrar o ponto de observação ideal para nos posicionarmos, poderíamos atribuir uma cor a essa voz?

Que o próprio Douglass teve de lutar com essas questões fica claro a partir de um curioso evento que ocorreu no outono de 1847. Douglass e Garrison estavam então viajando juntos pelo norte de Ohio, falando contra a escravidão; mas algum Exu deve ter passado a cavalo entre eles, pois discutiram, e suas diferenças levaram-nos a um rompimento irreconciliável.[59] (O tema que precipitou a desavença foi a oposição de Garrison ao desejo de Douglass de publicar o próprio jornal.) Walker escreve:

O rompimento foi doloroso para ambos. Ficaram fisicamente enfermos. Garrison ficou acamado durante semanas com seu "cérebro terrivelmente oprimido". Douglass sofreu com o que parece

FREDERICK DOUGLASS E O CHAPÉU DE EXU

> ter sido uma mais óbvia indisposição psicossomática (...) quando a plena força da "traição" de Garrison caiu sobre ele, Douglass perdeu a voz. Ficou literalmente emudecido (...)[60]

Podemos retornar agora ao momento crucial da história das transgressões de Hermes, o momento em que Zeus ri e as oposições da história se dissolvem. De repente, Apolo e Hermes são os melhores amigos; o velho mundo se foi, o novo mundo nasceu. Nenhum momento como esse ilumina a vida de Douglass; nenhum pai reconhece sua paternidade às gargalhadas, nem o pai biológico nem um pai espiritual/político como Garrison. Sem isso, Douglass carece igualmente de uma forma de "herança" paterna, uma estrutura na qual sua particularidade pudesse deixar de parecer anômala e se tornar parte do "real".

Na viagem com Garrison, Douglass descobriu que não tinha a plateia que pensava ter (e perder plateia é algo emudecedor). Nenhum garrisoniano estava interessado em um Douglass politrópico. Na Nova Inglaterra, na década de 1840, um homem de pele escura e cabelo encarapinhado que agia como se fosse o herdeiro de uma mansão branca e que cantava baladas escocesas pelos charcos, que extirpava o dialeto das fazendas da oratória, poderia não encontrar alguém disposto a dar-lhe ouvidos. Pelo contrário, poderia descobrir que queriam aquela fala de pretos e, com essa revelação, despertar e ver-se em uma terra onde a linha de cor persistia. Imaginei Douglass parado sobre essa linha, com esperanças de cruzá-la ou apagá-la, quando falou em Nantucket; lembremo-nos de sua descrição: "Foi com a maior dificuldade (...) que pude comandar e articular duas palavras sem hesitação ou gagueira."[61] Vemos então um homem deslocando-se do mutismo para a fala enquanto entra no que pensou ser um mundo organizado para incluí-lo. Então, em 1847, descobriu que esse mundo *não* o incluía e, por isso, foi forçado a retornar ao limiar onde, afetado até a mudez, com

A ASTÚCIA CRIA O MUNDO

"uma bandagem umedecida em volta da garganta",[62] teve de reencontrar sua voz.

Parece revelador nisso tudo que o assunto em questão fosse o desejo de Douglass de publicar o próprio jornal. Que tenha feito isso no ano seguinte, e que o tenha chamado de *Frederick Douglass' Paper* [Jornal de Frederick Douglass], deixa claro que não apenas descobriu essa voz, mas intencionalmente reclamou-a como sua. Quanto a como o jornal foi recebido, Walker encontrou uma carta notável, de 1847, na qual um colega negro de Douglass descreve-o para outro: "Você ficará surpreso ao me ouvir dizer que só depois que sua carreira editorial começou ele parece ter se tornado um homem de cor! Li seu jornal com muito cuidado e descobri-o, fase após fase, como alguém novamente nascido entre nós."[63] Do ponto de vista desse leitor, Douglass tem uma "voz de cor".

Se Exu é o deus da incerteza, o deus que pode fazer um rasgo no tecido do destino para que uma pessoa possa escapar de uma vida para outra, então estava presente quando Douglass enfrentou a cultura da escravidão. Mas nenhuma oportunidade como essa surgiu quando se tratou da linha que os norte-americanos traçaram entre pretos e brancos. Não é com frequência que vemos um trickster insistindo em uma fronteira, traçando uma linha, mas na história do chapéu de Exu temos essa narrativa. O erro que os dois amigos cometeram foi pensar que a amizade os unia, quando eram, como dizem os budistas, "nem um nem dois". Dizer que eram dois homens distintos não é inteiramente correto (seus campos eram separados por uma estrada). São não-um e não-dois. Exu recorda-lhes que são não-um; cavalga pela linha que os separa e mostra como a proclamação de amizade tornou-os inconscientes das adesões a pontos de vista particulares.

Dizer que Douglass era negro não é totalmente correto; dizer que era branco também não é inteiramente exato. Depois de Nantucket, era como uma criança imigrante tentando dar forma

FREDERICK DOUGLASS E O CHAPÉU DE EXU

a um lar, e a uma identidade, a partir de dois mundos que não têm um lugar comum para se situar. Embora a escravidão tenha chegado ao fim, a separação entre esses mundos não chegou. Aqui pareceria que o espírito-Exu não conseguiu encontrar um rasgo no tecido do destino. A contingência histórica serve a ambos os lados – algumas vezes abrindo novos mundos, outras vezes traçando um horizonte impenetrável. Onde a comunidade livre pode manter a ficção de sua linha de cor, um homem esquece a tonalidade da pele para o próprio risco. Se pensa que é amigo íntimo de Garrison, o espírito-Exu cavalgará entre eles e os lembrará de sua desafortunada dualidade. Depois disso, depois de 1847, Douglass não se esquece mais; e se torna negro, reimaginando a história familiar e redirecionando a voz para uma plateia mais receptiva.

Há sinais de que esse renascimento ocorreu com relutância (em carta posterior à Guerra Civil, lamenta-se: "Jamais deveria ter ido além de Fredk Douglass, o escravo fugitivo autodidata"),[64] mas quais eram suas opções? Se não há maneira de permanecer equilibrado na porta, qual é o melhor destino, canibalismo ou antropemia, ser devorado pela ideologia ou vomitado para o exílio? A não ser que quisesse deixar o país, teria de trabalhar com a mão que a história lhe dera. Como escreve Walker, logo depois de romper com Garrison, Douglass "acomodou-se ao lugar que lhe fora destinado na sociedade norte-americana (...) Ele se educou de acordo com o pensamento e os modos da comunidade negra livre, assimilando-os com (...) rapidez e facilidade (...)",[65] assim como anteriormente havia assimilado Caleb Bingham. Daquela época em diante, subjugou suas contradições em favor de apresentar um novo "eu essencial" e articular uma posição para a sua raça. Não mais um subordinado sem voz ou uma anomalia tartamudeante, ele fez de si próprio O Velho Eloquente, o Representante dos Homens de Cor dos Estados Unidos.[66]

Se queremos agora retornar à questão de qual é o enredo trickster que melhor se adapta à história de Douglass, devemos primeiro nos perguntar sobre o ponto de vista de quem o julgamento deve ser feito. O homem pode muito bem ser uma coisa se você for o proprietário de uma fazenda antes da Guerra Civil e inteiramente outra se você for um ianque do pós-guerra. Para o primeiro, diria que Douglass foi um verdadeiro Loki, um intermediário traiçoeiro que, acrescentando estratégicas amarras próprias aos já apertados grilhões, desejou mudanças apocalípticas para a terra natal. Mas, em termos da cultura norte-americana mais ampla que sobreviveu à Guerra Civil, Douglass é um pouco mais semelhante ao Hermes do *Hino*, um desencantador espontâneo de artificiosidade restritiva; mas também se parece com o Hermes das Trevas, que pode cantar uma nova teogonia quando quer, convertendo os acidentes de sua vida em essências quando necessário e misturando-as às porções imutáveis do mundo à sua volta.

Não que simplesmente esteja pretendendo fingir uma negritude mítica e essencial, embora isso faça parte da questão. Quando se trata de credo e país, também deixa o limiar e desloca-se para um centro estabelecido. Douglass havia-se convertido ao cristianismo quando jovem e, embora pudesse ser desmoralizantemente sarcástico em relação à hipocrisia cristã, geralmente deixava claro que não falava de fora da Igreja, mas do ponto privilegiado de uma cristandade "pura".[67] Quando criança, certa vez encontrou algumas páginas da Bíblia na sarjeta; levou-as para casa, lavou-as e secou-as e depois guardou-as em sua coleção secreta de material impresso.[68] Isso revela sintomaticamente seu anseio de melhorar, de não abandonar sua igreja, assim como uma típica observação do fim da *Narrativa*: "Amo a cristandade pura, pacífica e imparcial de Cristo: portanto odeio a corrupta, escravizadora (...) cristandade desta terra."[69]

Douglass ataca de modo semelhante a hipocrisia da terra natal sob o ponto de vista de uma América purificada. Embora tenha seguido por um tempo alguns abolicionistas ao rejeitar a Constituição dos Estados Unidos como um documento pró-

-escravidão, no início da década de 1850 estava convencido de que a Constituição era uma ferramenta útil para a emancipação dos negros.[70] Douglass jamais concordou com aqueles que diziam que os negros deveriam se recusar a votar ou emigrar para a África: negros nascidos na América eram norte-americanos; haviam ajudado a construir o país e deviam, portanto, viver nele, compartilhar do poder político e da riqueza. Nesses assuntos não era um apocalíptico agente de mudanças. Mencionei no capítulo anterior que é destino frequente daqueles que procuram mudanças fundamentais acabarem contidos pela cultura maior, tendo suas demandas reformuladas como coisas que "Zeus havia imaginado (...) desde o início". Douglass permitiu que algo semelhante a isso lhe acontecesse. Rompendo com os outros abolicionistas e apoiando a Constituição, compartilhou sua sorte com "os pais fundadores" – ou antes, com o *ideal* daqueles homens. Podemos quase ouvi-lo dizer: "Amo a pura democracia da América: portanto, odeio a democracia corrupta dos Fundadores escravocratas."

As palavras "pura" e "ideal" aqui nos alertam para o fato de que não estamos mais assistindo a alguém demolir eternos na temporalidade – estamos observando um novo cosmos emergir com suas verdades supremas obrigatórias. O homem que faz desmoronar as formas ajustadas da cultura escravista com ironia e réplicas não vê problema em promulgar o próprio conjunto de dualidades organizadoras.[71] Sagrado e profano, celestial e demoníaco, selvagem e civilizado, justo e injusto, decente e indecente – com esses termos e mais, o Velho Eloquente moldou e publicou sua visão de uma América *verdadeira* e *real*. Como Hermes lembra aos deuses em sua canção, como cada um veio a ter o que lhe pertence, assim Douglass pede que os norte-americanos se unam a ele ao recordar sua terra original, onde a cristandade e a democracia não eram corruptas. Pede-lhes que se recordem dele como um homem negro cujo amor pelas letras brotou diretamente do "gênio nativo" da "mãe preta".[72]

A ASTÚCIA CRIA O MUNDO

Trato tudo isso como uma espécie de domesticação porque não apenas oferece um novo encantamento, mas participa espontaneamente de algumas velhas "veracidades" norte-americanas. Vistas do limiar do trickster, nenhuma dessas purezas existe; são ficções úteis, talvez, mas ainda assim ficções. Sobre o limiar, tudo é mais ambíguo e o puro se casa com o impuro (na igreja de Jung há um monte de bosta caindo sobre o telhado reluzente, a sabedoria dos Fundadores é mesclada de estupidez, a Constituição é ao mesmo tempo racista e não racista, homens brancos falam em dialeto e negros cantam baladas escocesas).

E, no entanto, como acontece com Hermes, não parece inteiramente correto dizer que Douglass é "domesticado". Por mais que possa ter se acomodado à ideologia e à religião norte-americanas, fez isso em um mundo que ajudou a mudar. Se Douglass se vê devorado em vez de exilado, devemos reconhecer que a ideologia norte-americana se alterou por tê-lo absorvido. Um Douglass verdadeiramente domesticado teria permanecido como escravo em Maryland; verdadeiramente domesticado, não teria visto em seu tempo de vida a abolição da escravidão e a Constituição emendada com tanta regularidade.

A questão é simplesmente que Douglass entra em uma casa que ajudou a construir. Como Hermes, quando se desloca da periferia para o centro, muda o centro. Para demonstrar o sabor dessa mudança, para proporcionar a sensação do que significa ser um ex-escravo residindo no coração alterado de sua nação, vou concluir com um pequeno e representativo incidente do fim da vida de Douglass. Um dos descendentes diretos do segundo senhor dele, Thomas Auld, era um médico chamado Thomas Sears. Por volta de 1883, esse dr. Sears precisou pedir emprestados quinhentos dólares para garantir uma hipoteca. A quem recorreu? Não recorreu ao banco, foi até Douglass, naquela época Oficial do Registro de Títulos do Distrito de Columbia, no governo do presidente James Garfield, e proprietário de um terreno de quinze acres em Anacostia.[73] Mais

FREDERICK DOUGLASS E O CHAPÉU DE EXU

de cinquenta anos antes, quando o irmão de Thomas Auld proibiu a mulher de ensinar o jovem Douglass a ler, alertou que um escravo alfabetizado "imediatamente se tornaria ingovernável e sem nenhum valor para o seu senhor".[74] Estava certo. Uma grande redistribuição havia acontecido naquele meio século. O escravo doméstico que um dia comeu mingau de milho de um cocho no chão *havia* se tornado "sem nenhum valor" para o senhor, havia de fato ajudado a alterar a tal ponto a noção de seu país de como a riqueza deveria ser representada que viveu para ver um dos herdeiros do mestre bater à sua porta em busca de um empréstimo.

A história do chapéu de Exu termina com este declarando aos dois amigos: "Vocês estão ambos certos." O chapéu é preto e é branco. Pareceria, então, que o conflito entre verdades perspectivas no qual os dois amigos entraram poderia ser dirimido por um ponto de vista mais elevado, a declaração de um olhar zenital, como "o chapéu de Exu é preto de um lado e branco do outro". Mas duvido que o espírito de Exu possa ser contido em uma conclusão tão simples. Há, em primeiro lugar, outras versões da história nas quais o chapéu tem quatro cores. Mas mesmo que tenha apenas duas, qual é a cor do lado de dentro? Só as pulgas na cabeça de Exu sabem com certeza (a não ser que esteja escuro lá dentro, mas, nesse caso, que cor continua sendo cor na escuridão?). Ou então, não é verdade que a neve branca assume um tom azul-pálido ao luar e que o mais escuro dos africanos não é negro como o carvão? Os termos são contextuais e não há fim para o contexto. E, mesmo que houvesse, a ideia de que o chapéu tem duas metades é uma espécie de simplificação para facilitar a narrativa. De que cor é a *fronteira* entre o preto e o branco? Que largura tem essa fronteira? E se Exu, como um topógrafo matemático moderno,[75] começasse a esticar o chapéu, depois a espremê-lo, depois a dobrá-lo – esticando, espremendo, dobrando, esticando, espremendo, dobrando – uma centena ou um milhar de vezes? Como então

A ASTÚCIA CRIA O MUNDO

traçar a divisão entre preto e branco? Às vezes uma simples divisa torna-se inimaginavelmente complexa.

Para deixar nossa história com um toque de complexidade norte-americana, um último sinal de turbulência nesse baile de máscaras histórico, vou observar que há evidências consideráveis sugerindo que Douglass era descendente de nativos norte-americanos por parte da avó materna. Afinal, *parecia* um pouco índio. Havia um primo Tom que dizia que isso era verdade. Aaron Anthony costumava chamá-lo de "meu pequeno indiozinho". E além disso houve uma vez, durante um discurso no Carlisle Indian Institute, em que Douglass olhou para a multidão e disse: "Fiquei conhecido como negro, mas gostaria de ser reconhecido aqui e agora como índio."[76] De que cor *era* esse chapéu?

Notas

1. Douglass, *Narrative*, pp. 60-61.
2. Pelton, p. 27.
3. Douglass, *Narrative*, p. 79.
4. Douglass, *Narrative*, p. 78.
5. Gates, *Figures in Black*, pp. 5-6, 17-21, 104-5.
6. Gates, *Figures in Black*, p. 20.
7. Gates, *Figures in Black*, p. 104.
8. Douglass p. 77.
9. Douglass, *Life and Times*, p. 2.
10. Douglass, *Narrative*, p. 118.
11. Douglass, *Narrative*, p. 65.
12. Douglass, *Narrative*, p. 62.
13. Douglass, *Narrative*, p. 151.
14. Douglass, *Narrative*, p. 47.
15. Bingham, p. 28.
16. Douglass, *Narrative*, p. 79. Sobre antítese, ver V. Smith, p. 24; Gates, pp. 286-87.

FREDERICK DOUGLASS E O CHAPÉU DE EXU

17. Gates, *Figures in Black*, pp. 88-92.
18. Gates, *Figures in Black*, p. 89.
19. Citado por Houston Baker em sua introdução à *Narrativa* de Douglass, p. 21.
20. Da introdução de William Lloyd Garrison à *Narrativa* de Douglass, p. 38.
21. Douglass, *Narrative*, pp.49-50.
22. Gates, *Figures in Black*, p. 92.
23. Douglass, *Narrative*, p. 61.
24. Douglass, *Narrative*, pp. 114-15.
25. Douglass, *Narrative*, p. 115.
26. Preston, p. 132.
27. Douglass, *Narrative*, pp. 115-16.
28. Douglass, *Narrative*, p. 72.
29. Douglass, *Narrative*, pp. 119, 121.
30. Preston, p. 133.
31. Preston, p. 160-61.
32. Walker, *Moral Choices*, p. 214.
33. Baldwin *in* Thorsen (videoteipe).
34. Citei a versão contada na Nigéria por Baderinwa Esubunmi (Ogundipe II, pp. 133-35). Há muitas outras: Ogundipe II, pp. 132-33; Frobenius I, pp. 240-42; Herskovits, "Tales in Pidgin English from Nigeria", p. 455; Bascom, p. 311. Bascom diz que há quatro versões registradas (p. 132). Gates comenta a versão de Ogundipe, *Signifying Monkey*, pp. 32-35. Pelton comenta a versão de Frobenius, pp. 141-43.
35. Cabrera, pp. 93-94; versão inglesa em Thompson, parte IV, p. 4.
36. Preston, cap. 1.
37. Preston, cap. 2 (sobre seus livros, p. 27).
38. Melville, p. 59.
39. Walker, *Moral Choices*, p. 256.
40. *In* Preston, p. 201.
41. Walker, *Moral Choices*, p. 256.
42. Walker, *Moral Choices*, p. 241.
43. Douglass, citado em Walker, *Moral Choices*, p. 244; Douglass, *Life and Times*, p. 184.

44. Walker, *Moral Choices*, p. 244.
45. Walker, *Moral Choices*, p. 244; Douglass, *Life and Times*, p. 185.
46. Walker, *Moral Choices*, p. 244.
47. Douglass, *Life and Times*, p. 185.
48. Douglass, *Life and Times*, p. 185.
49. Douglass, *Life and Times*, p. 186.
50. Citado em Walker, *Moral Choices*, p. 245.
51. Walker, *Moral Choices*, p. 258.
52. Walker, *Moral Choices*, p. 366.
53. Citado em Preston, p.191.
54. Douglass, *Life and Times*, p. 186. A narrativa do próprio Douglass sobre alguns desses incidentes está em Douglass, *My Bondage and My Freedom*, pp. 243-47.
55. Ver Douglass, *Narrative*, p. 48; *My Bondage and My Freedom*, p. 38; *Life and Times*, p. 3; e Walker, *Moral Choices*, pp. 249-50.
56. Douglass, *Narrative*, p. 48-49.
57. Douglass, *Life and Times*, p. 10.
58. Douglass, *Life and Times*, p. 10.
59. Douglass, *My Bondage and My Freedom*, pp. 240-42.
60. Walker, *Moral Choices*, p. 258. Para a narrativa de Garrison sobre a doença de ambos, ver Merrill, pp. 516-27; para a história de Douglass sobre essa briga, ver *My Bondage and My Freedom*, pp. 240-42. Walker acrescenta em uma nota que não encontrou "nenhuma menção a Douglass 'perdendo a voz' antes do rompimento com Garrison" (p. 366).
61. Douglass, *Life and Times*, p. 183.
62. Merrill, p. 519.
63. Walker, *Moral Choices*, p. 246.
64. Citado em Walker, *Moral Choices*, p. 261.
65. Walker, *Moral Choices*, p. 259.
66. Ver Gates, *Figures in Black*, pp. 117-19, que pela primeira vez me fez pensar nesse sentido.
67. Preston, pp. 96-98.
68. Preston, p. 97.
69. Douglass, *Narrative*, p. 153.

70. Douglass, *My Bondage and My Freedom*, pp. 242-43.
71. Para exemplos, ver Douglass, *Narrative*, pp. 53, 67, 79, 82, 129.
72. Douglass, *Life and Times*, p. 101.
73. Walker, *Moral Choices*, p. 231; Preston, p. 203.
74. Douglass, *Narrative*, p. 78.
75. Gleick, p. 51, em que o topágrafo é Stephen Smale.
76. Preston, p. 9.

11. Arte trickster e as obras de *artus*

> "Os humanos (...) não podiam se mover porque tinham membros palmados, sem articulações, por isso o herói [Maui, o trickster polinésio] livrou-os das membranas importunas e criou as juntas articuladas."
>
> Laura Makarius[1]

> "A essa ciência da partilha, da divisão, da descontinuidade, eu me refiro (...) como 'artrologia'."
>
> Roland Barthes[2]

> "A palavra "arte" me interessa muito. Se vem do sânscrito, como soube, significa 'feitura' (...) Todo mundo faz alguma coisa."
>
> Marcel Duchamp[3]

Mire nas juntas

Para situar essas reflexões sobre Hermes e Frederick Douglass na estrutura mais abrangente do meu projeto, pode ser útil neste momento recuar um passo e esboçar apenas uma imagem unificadora do trabalho que o trickster faz em relação às armadilhas da cultura. Minha intenção era escrever não simplesmente sobre tricksters mitológicos, mas também sobre a imaginação disruptiva e a arte que nos proporciona. O termo "arte" cobre um grande território; que

A ASTÚCIA CRIA O MUNDO

porção desse terreno se cruza com o que o trickster faz? E em que lugar dele Hermes ou Douglass deveriam ser posicionados, agora que vimos como operam? Se Douglass é um trickster em alguns sentidos, mas não em outros, quais são esses sentidos e para quais outros artistas podemos nos voltar para descrever o espírito trickster agindo em casos reais de fazer artístico?

Em 1948, o francês George Dumézil, folclorista e historiador das religiões, sugeriu que a história nórdica de Loki matando Balder com o visco está ligada por uma raiz comum a um grupo de lendas contadas pelos ossetas das montanhas caucásicas do sul da Rússia. Entre os ossetas, o trickster semelhante a Loki chama--se Syrdon e o herói semelhante a Balder – puro, bom, bonito e associado ao sol – é Soslan. De acordo com essa história, o belo Soslan é invulnerável, exceto por um ponto fraco oculto no joelho, uma fraqueza que o dissimulado Syrdon, disfarçado de mulher, consegue descobrir. Os outros heróis ossetas se divertem muito com a invulnerabilidade de Soslan e, por esporte, deixam rolar uma roda dentada colina abaixo apenas para vê-la ricochetear ao atingir o corpo dele. Syrdon, é claro, incita-os a apontar a roda para os joelhos de Soslan e assim, o puro é ceifado.[4]

A partir dessa breve história gostaria de tecer a generalização seguinte: os eternos são vulneráveis nas articulações. Para matar um deus ou um ideal, mire nas juntas.

A história de Loki não contém joelho, mas articulações ainda assim e são instrumentos para a morte de Balder. Para vê-las, reflita sobre o visco fatal. Quando a mãe de Balder tentou protegê--lo de todo perigo, pediu que "todas as coisas no céu e na terra" se abstivessem de feri-lo; não pediu ao visco porque esse parecia muito pequeno e porque *não é do céu nem da terra*. Uma planta parasita que cresce nos galhos das árvores, o visco vive entre o alto e o baixo e não pertence a nenhum dos dois, não diferente do trickster. Além do mais, como mencionei no capítulo 4, há uma época do ano em que essa planta é especialmente importante: nos países do norte da Europa, o visco era colhido ritualmente na festividade da metade do verão, o que equivale a dizer no solstício de verão.[5] Em um ano solar, ou em um ciclo vegetal, o solstício é uma das chanfraduras no tempo pelas quais o ciclo anual se articula; marca o ponto de crise ou virada na vida do sol, quando esse parece parar de subir e começa a morrer.[6]

O ponto *entre* o céu e a terra e o momento em que o sol deve inverter seu sentido: o visco representa ambos e ambos, por sua vez, representam a vulnerabilidade de Balder. Pode ser atacado na junção entre o céu e a terra (é quando pomos os ideais em prática que revelam suas imperfeições) e é vulnerável no solstício. Denominamos os locais onde o sol deve mudar de direção de "trópicos". No verão do hemisfério norte, o sol muda a trajetória no Trópico de Câncer e nesse ponto qualquer politrópico, conhecendo o segredo de que o próprio tempo tem articulações, pode armar um truque e ferir o deus da luz. Esses, então, são os sentidos em que Loki procura os joelhos de Balder; ele sabe como interpretar o visco e por isso está inteirado das junções ocultas onde a pureza pode ser ceifada.

Ocorre-me que se as histórias de Loki e Syrdon fossem traduzidas para o latim, poderíamos nos ver falando sobre "articulação do joelho" e "solstício de verão" usando os mesmos termos, pois uma única palavra latina, *articulus*, pode significar tanto uma junta do corpo quanto um ponto de virada no ano solar. Por que exatamente essa palavra tem tal alcance torna-se claro se cavarmos um pouco na história das línguas indo-europeias. *Articulus* pertence a um grande grupo de termos relacionados que preservam uma antiga raiz, *-ar*, que originalmente significava "unir", "adaptar" e "fazer".[7] Muitas palavras em grego, latim e nas línguas modernas vêm dessa raiz, todas tendo a ver com juntar, em um sentido ou outro. Descrever os usos dessas palavras é começar a esboçar a imagem unificadora que pretendo para a ação que o trickster realiza em relação às armadilhas da cultura.

A ASTÚCIA CRIA O MUNDO

Há duas palavras gregas que podem significar "junta". A primeira é *árthron*. "A *árthron* que liga a mão ao braço é o pulso", diz Aristóteles.[8] *Árthron* pode também ser um vocábulo conectivo em linguagem, um "e" ou um "mas", por exemplo, como se o fluxo da fala exigisse pequenos pulsos e cotovelos para se tornar inteligível. A segunda palavra, *harmós*, também significa uma junta do corpo (especialmente a articulação do ombro), porém mais comumente denota as juntas feitas pelos artesãos: o pedreiro construindo uma parede, o construtor naval ajustando pranchas, o metalúrgico soldando uma fresta, o carpinteiro fixando uma porta – todos esses trabalhadores estão fazendo *harmoí*.

Os dois substantivos relacionados em latim são *ars* e *artus*. Embora o primeiro derive da raiz *-ar*, não ser refere tanto a "juntas", mas a tudo a que nos referimos hoje como "arte": *ars* é habilidade, artifício, profissão e ação astuciosa; é uma arte liberal, um negócio, uma performance e uma obra de arte. O termo latino que significa mais propriamente uma articulação do corpo é *artus* (a palavra com a qual comecei, *articulus*, é um diminutivo de *artus*).

Um bom número de palavras atuais em nossa língua ainda ecoa esses protótipos clássicos. Temos, por exemplo, "artesão" (um marceneiro ou alguém que faz coisas), "artifício" (uma coisa feita) e termos que têm a ver com articulações do corpo, como "artrite". *Articular*, nos dias de hoje, geralmente tem a ver com a fala, mas também significa a junção dos ossos, como nesta descrição de um velho livro de anatomia: "As juntas mais móveis [do corpo] são aquelas em que os ossos adjacentes se articulam conforme o princípio de um pivô ou de uma dobradiça."[9]

Na maioria dos casos gregos e latinos, as juntas que essas palavras descrevem não são soltas, como as do pulso ou do cotovelo, mas rígidas e fixas. Ninguém quer junções flexíveis quando um pedreiro constrói uma casa. Mesmo em referência ao corpo, as juntas em questão são algumas vezes inflexíveis: uma sutura fixa entre os ossos chatos do crânio, por exemplo, é uma *árthron* ou

ARTE TRICKSTER E AS OBRAS DE *ARTUS*

artus, assim como a junção que se forma quando um braço quebrado se cura. De tais juntas fixas vem tudo o que é bem ajustado, bem ligado, bem fixado; em ambas as línguas clássicas, o vocábulo para "junção" conota estabilidade e ordem. A *harmonía* grega vem de *harmós* e, assim como acontece com a palavra moderna, ela implica predominantemente um traçado firme e prazeroso. Com a *harmonía* vem o navio bem construído, a lira bem afinada, a casa de pedra sólida, com "cada bloco tendo um corte plano e bem ajustado", os planetas convenientemente dispostos nas órbitas e a estrutura estável do corpo, da mente, do governo, do cosmos.

Quando essas palavras descrevem junções na linguagem, conotam novamente clareza e precisão. A fala "articulada" tem separações claras, assim como uma boa parede de alvenaria tem linhas claras entre os tijolos; essas divisões transformam os sons que qualquer animal pode fazer na linguagem inteligível humana. Aristóteles escreve:

> O golfinho (...) emite um guincho e se lamenta quando está fora d'água e exposto ao ar (...) Esse animal tem uma voz, pois tem pulmões e traqueia; mas como sua língua não pode se mover livremente, e como não tem lábios, não há articulação na sua voz.[10]

Na fala humana, a língua e os lábios são os órgãos da articulação. Desempenham a conexão em uma corrente sonora. Na linguagem escrita, também há conexão a ser feita. Quebrar um fluxo ininterrupto de letras em palavras, frases, parágrafos e capítulos (ou nos mais primitivos "artigos"), separá-los por espaços, vírgulas, pontos finais e interrupções, é articulá-los, tornar evidentes os locais onde o pensamento tem junções pontos de demarcação.

A partir dessa etimologia, e das histórias de Loki e Syrdon, eu gostaria de sugerir que pensemos nos artistas tricksters como criadores de *artus*, conectores. Não que estejam muito envolvidos

A ASTUCIA CRIA O MUNDO

em fazer as junções firmes e bem-assentadas que conduzem à harmonia clássica, é claro. Do que os tricksters gostam são junturas *flexíveis* ou *móveis*. Se uma junção se desfaz ou se desloca de um ponto para outro, ou se simplesmente afrouxa quando havia começado a se fixar e enrijecer, algum trickster provavelmente estava envolvido. De várias maneiras diferentes, tricksters são perturbadores das junções. Uma dessas maneiras acabamos de ver: tricksters às vezes matam um imortal atacando a articulação que é a fraqueza oculta.

Um segundo tipo de distúrbio que já vimos: tricksters frequentemente fazem o trabalho de rearticulação. As histórias sobre carne ofertada proporcionam os melhores exemplos aqui, porque sacrifício na verdade envolve trinchar um animal nas juntas. Na Parte I, referi-me a Prometeu e Hermes como tricksters que tentam mudar a maneira como o mundo está partilhado. Prometeu teve esperança de mudar a porção humana, mas falhou. Hermes teve esperança de alterar a própria porção e teve sucesso. Em cada um desses casos há um esforço para rearticular o cosmos e cada um deles começa trinchando o corpo de um animal. Prometeu é considerado o primeiro açougueiro e o antigo termo para açougueiro, *artamos*, refere-se a "aquele que corta nas juntas".[11] Quando Prometeu dividiu aquele boi aborígine, articulou (juntou) um animal e um cosmos simultaneamente, como fez Hermes quando trinchou suas vacas imoladas.

As implicações mais amplas dessas histórias, então, residem nem tanto em como um animal é desmembrado, mas na alegação de que um desmembramento reflete outros de maneira significativa. As histórias entrelaçam simbolicamente o corpo articulado do animal a maiores articulações sociais e espirituais. No ritual do sacrifício, o animal primeiramente é cortado em pedaços: as vísceras (fígado, pulmões, rins etc.) são removidas e separadas; as patas, os quartos dianteiros, os cascos, as coxas, e assim por diante, são cuidadosamente separados uns dos outros.

ARTE TRICKSTER E AS OBRAS DE *ARTUS*

Todos esses pedaços são então distribuídos entre humanos e deuses.[12] O sacerdote que preside o ritual pode receber um dos rins; pedaços preferenciais de carne – coxa, quartos traseiros e dianteiros – podem ir para o rei e os altos magistrados da cidade; as entranhas podem ser usadas para fazer salsichas e entregues àqueles que estão na periferia do banquete sacrificial. Os deuses recebem os ossos e o sangue e às vezes também alguns órgãos específicos (a língua ia para Hermes, por exemplo).[13] Desse modo, a configuração do animal passa a representar a configuração dos mundos social e espiritual.

Há duas ordens de articulação aqui, então. Em um nível, temos o contorno do corpo do animal, o grupo, o mundo espiritual; em outro nível, temos o contorno de segunda ordem criado pela distribuição e que entrelaça esses mundos. Os padrões se correspondem de maneira significativa, é o que implica o ritual, cada um sendo signo e prova dos outros. O ritual contrapõe o animal articulado à articulação dos mundos social e espiritual e pretende demonstrar pela congruência destes que os vários níveis de existência participam em uma só grande e estável harmonia. Uma harmonia estável, aliás, desde que algum trickster não altere o modo como as porções são distribuídas, perturbando a articulação de segunda ordem e assim mudando a maneira pela qual a natureza, a comunidade e o espírito articulam-se uns aos outros.*

---

* As pretensões de congruência com as juntas do corpo frequentemente estendem-se igualmente ao pensamento e à fala. Um açougueiro desmembrando um animal "abre caminho ao longo das juntas esqueléticas", observa Jean-Louis Durand, acrescentando que "no *Fedro*, Sócrates não encontra melhor comentário sobre o método dialético: 'é... ser capaz de separar os detalhes até as juntas naturais...; é esforçar-se para não quebrar parte alguma e evitar os modos de um açougueiro incapaz'".[14] Não que aqueles equipados com facas mentais vão sempre concordar sobre a melhor maneira de trinchar o mundo. Há um momento nos *Segundos analíticos* em que Aristóteles repudia Platão: "Por isso, adeus às formas platônicas. É blá-blá-blá em demasia e nada tem a ver com nossa fala".[15] Para Aristóteles, naquele momento, a desarticulação metafísica de Platão revela um açougueiro desajeitado. A fala do velho não é articulada; seus lábios e sua língua não o põem muito adiante do golfinho queixoso.

A ASTÚCIA CRIA O MUNDO

Como o sacrifício grego envolve animais reais trinchados ao longo das juntas, ele oferece um exemplo particularmente bom para se falar dos tricksters como trinchadores, mas não pretendo limitar essa imagem a algo tão literal. Em muitas culturas, como vimos, grande parte da ação dos tricksters corresponde a uma reconfiguração (desarticulação, rearticulação) do mundo que os cerca. Exu, por exemplo, posicionando-se entre a humanidade e os deuses, representa a possibilidade de redistribuição, a chance de que os elos entre as coisas sobre a terra e as coisas do céu possam se afrouxar. Uma vez que Exu tenha sido invocado, o próprio destino deixa de ser tão fortemente atado aos eventos terrenos; o padrão moldado no céu não precisa determinar como as coisas acontecem aqui embaixo.

Em todos os casos como esse, a arte do trickster envolve jogar com o que venho chamando de articulação de segunda ordem; o trickster desloca os padrões em relação uns aos outros e, por meio disso, redefine os padrões em si. Onde uma grande *harmonía* reúne a natureza, a sociedade e o céu, o trickster interfere com as *harmoí*. Nisso ele não é o assassino que vimos com Loki e Syrdon, mas é um criador de *artus* ainda assim, desfazendo velhas harmonias e algumas vezes, especialmente se tiver própria lira, cantando novas para preencher o silêncio que se segue.

Atacar as juntas para realmente destruir algo ou atacá-las para mudar o perfil das coisas: esses são os primeiros dois sentidos pelos quais tricksters são criadores de *artus* e suas realizações, obras de *artus*. Há mais um. Em um ensaio sobre o *Hino a Hermes*, Jenny Strauss Clay pergunta por que, entre todos os deuses cujas histórias os *Hinos homéricos* narram, Hermes é o último a nascer e a conseguir seu "quinhão das coisas", suas honras.[16] Os hinos indicam que na época em que Hermes aparece todos os outros deuses têm prerrogativas e esferas de influência; o cosmos parecia estar completo.

ARTE TRICKSTER E AS OBRAS DE *ARTUS*

No entanto, algo essencial para seu funcionamento ainda está faltando. A natureza do elemento ausente emerge tão logo observamos que o plenamente articulado sistema olímpico de divisões e delimitações permanece estático e sem vida, a menos que adquira a possibilidade de movimentação entre suas esferas e limites. Introduzido apenas depois que a configuração hierárquica do cosmos havia sido alcançada e seus limites definidos, Hermes personifica esse princípio de movimento. Hermes permite assim que o cosmos retenha sua estrutura ordenada enquanto simultaneamente *institui movimento entre seus componentes articulados*.[17]

É como se um corpo humano fosse construído, cada um dos órgãos no devido lugar – fígado, coração, cérebro etc. – e cada um devidamente separado dos outros, membranas protetoras revestindo os ossos, barreiras impenetráveis protegendo o cérebro contra o sangue desgarrado e assim por diante. Mas e se as barreiras fossem tais que nenhum órgão pudesse se comunicar com qualquer outro? Antes que um corpo possa ganhar vida, toda separação, toda delimitação, deve ser permeada de algum modo; cada órgão deve ter seus poros e passagens através dos quais algo (linfa, sangue, bile, urina, eletricidade, neurotransmissores) possa fluir. A menos que possam incorporar forças internas de transgressão, as estruturas orgânicas estão em perigo de morrer pela própria articulação.

No caso do Olimpo, pareceria que cada um dos deuses e deusas tem uma tendência a se aperfeiçoar e, com essa perfeição, solidificar todos os limites. A deusa da castidade não permite licenciosidade, o deus da razão não permite confusão, a deusa do lar não permite estranhos na cozinha, o deus da guerra não permite covardes. Até o ponto em que cada esfera é assim aperfeiçoada, ela se manterá afastada das outras e a estrutura mais geral perderá a vitalidade. É da natureza de Hades selar os portões do submundo; nenhuma alma escapa. Mas quando a plena expressão de sua natureza significa que Perséfone não pode retornar para a terra, a primavera nunca chega e o mundo começa a morrer. Então os deuses mandam Hermes para trazê-la de volta.

O sistema olímpico não é de forma nenhuma o único exemplo de um trickster conectando um cosmos articulado. O mesmo padrão aparece na África Ocidental – com algumas variações interessantes. Tome-se como exemplo a história iorubá de como Exu trouxe o oráculo dos coquinhos para a humanidade (o que foi discutido no capítulo 5). Os 16 deuses estavam famintos porque seus filhos errantes sobre a terra haviam se esquecido deles e não faziam mais oferendas. Com fome, eles ficaram enraivecidos e briguentos. Para dominar a fragmentação crescente, Exu presenteou os seres humanos com algo que faria com que eles *quisessem* fazer oferendas, a arte da divinação. Essa arte envolve 16 coquinhos, um para cada deus, e, para aprendê-la, o próprio Exu teve de viajar ao redor do mundo, indo para cada um dos "16 lugares" para "ouvir 16 ensinamentos".[18]

Um detalhe latente nesse conto iorubá – que os deuses briguentos tinham um problema de comunicação entre eles – é tratado com mais nitidez em uma narrativa paralela originária dos povos vizinhos dos iorubás a oeste, os fon. Na cosmologia fon, a deusa suprema teve sete filhos no início dos tempos. Os primeiros seis deles reinam sobre domínios específicos: a terra, o céu, o mar, os animais, a caça e o ferro. Cada filho fala uma língua diferente, um idioma único de seu território. Não conseguem falar uns com os outros, nem, ao que parece, recordar-se de como se comunicar com a deusa suprema que é a mãe. O sétimo e mais jovem dos filhos é o trickster Legba. Há certa indicação de que Legba causa o estranhamento dos outros seis filhos. Como Exu, Legba é um deus das disputas. Em uma história, foi quem fez com que o céu e a terra brigassem e se separassem; em outra, aprendemos que a deusa suprema que costumava caminhar pela terra se retirou por causa dos modos traiçoeiros e sujos de Legba.

Quaisquer que sejam suas origens, os fon imaginam um cosmos tão bem dividido em esferas de influência que se fragmentou

ARTE TRICKSTER E AS OBRAS DE *ARTUS*

em domínios que não falam mais as línguas uns dos outros – ou melhor, teria se fragmentado não fosse por Legba, que exerce a tradução entre as esferas. É o linguista cósmico: conhece cada uma das línguas que os irmãos falam e sabe igualmente a língua da mãe.[19] Se qualquer um destes desejar falar com outro, deve procurar Legba. Os seres humanos estão em posição similar; como Exu, Legba é um deus da divinação, o portão pelo qual devemos passar se quisermos entrar em contato com os deuses. No vodu haitiano, os requerentes pedem: "Papa Legba, retire as barreiras para mim",[20] pois apenas com a ajuda de Legba as outras deidades podem se manifestar.

Essas histórias expandem nossa noção do que pode acontecer se não houver uma figura que se desloque entre os componentes articulados de um cosmos. Em primeiro lugar, haverá a fome espiritual ("os deuses estavam famintos" é o problema inicial da história iorubá). Em segundo, quando a articulação se torna fragmentação, os deuses não discutem simplesmente, começam a falar línguas tão distintas que precisam de um tradutor. Finalmente, esses dois detalhes juntam-se em uma nova guinada na genealogia do sacrifício, pois aqui esse não apenas alimenta a fome dos deuses, mas o trickster que é seu agente deve também ser o tradutor, o intermediário que atravessa as barreiras linguísticas. Tanto a tradução quanto o sacrifício, então, estão situados, ou passam a existir, exatamente nos pontos de articulação e mantêm esses pontos abertos; são as obras de um trickster criador de *artus*, o artista da fome que habita as fendas entre os idiomas ou entre o céu e a terra.

Tricksters que fazem essa espécie de obra de *artus* interior talvez pareçam reanimar o cosmos sem realmente ameaçá-lo. Hermes, pelo menos de acordo com Clay, torna o sistema olímpico mais flexível "*dentro* da ordem estabelecida"; seus cruzamentos de fronteiras não desfazem a hierarquia, diz ela, nem superam a

A ASTÚCIA CRIA O MUNDO

"insistência de Apolo em limites ordenados".[21] De maneira semelhante, os fon jamais imaginam a "explosividade demoníaca" de Legba chegando ao centro do lar ou do reino. Como diz Robert Pelton, "o poder [de Legba] de abrir e fechar passagens servirá à vida humana e não a corromperá, desde que ele não seja autorizado a assumir o controle sobre seu centro".[22]

Ambos esses retratos me parecem apropriados se os matizarmos imaginando que as histórias de vida dos tricksters dividem-se em duas partes: há um período passado de "primeiras proezas" e depois há ações em andamento no presente. As primeiras proezas da maioria dos tricksters realmente *anulam* a hierarquia, ultrapassam limites, assumem o controle do centro, desordenam o cosmos. No caso de Hermes, para das apenas um exemplo, se é correto dizer que o gado, uma vez roubado, transforma-se em bestas domésticas, e depois disso passa a se reproduzir de maneira sexuada e é abatido e devorado pelos seres humanos,[23] ou se é certo afirmar que quando Apolo entrega o látego do boiadeiro para o ladrão desse gado há uma significativa redistribuição de poderes, ou se o sacrifício hermético transfere seu autor ao panteão, então vários dos "movimentos de passagem e penetração" do deus recém-nascido alteram a estrutura do cosmos. No exemplo da África Ocidental, Legba claramente chega ao centro das coisas quando o mundo está sendo feito, separando a terra e o ar, este mundo e o celestial. Quer tragam a morte ao mundo, roubem o fogo ou causem constrangimento a um criador pudico, nas primeiras proezas os tricksters perturbam o velho cosmos e criam (ou revelam) as linhas de demarcação que moldam o novo, este mundo.

Depois disso, porém, se são do gênero de criadores de *artus* interiores que estou descrevendo aqui, podem muito bem deixar essas velhas divisões intactas e dedicar sua atenção a mantê-las porosas e flexíveis. Um trickster pode tolamente trazer a morte ao mundo, mas afinal, em vez de abolir as distinções entre os vivos e os mortos, assumirá seu posto como um dos poucos personagens

ARTE TRICKSTER E AS OBRAS DE *ARTUS*

que conseguem transpor essa fronteira. O detalhe revelador que sustenta a noção que Clay tem de Hermes como, finalmente, um cruzador de fronteiras não disruptivo é sua amizade com Apolo no fim do *Hino*. Clay vê Apolo como o oponente natural de Hermes no poema porque "em Apolo os gregos reconhecem o deus que mantém a ordem e observa as hierarquias e distinções, especialmente as que separam deuses e mortais".[24] Para que Hermes e Apolo se desloquem do antagonismo para a amizade, isso implica portanto uma espécie de equilíbrio ou estabilidade entre essas duas funções.* No caso da África Ocidental, Legba certamente ajuda a precipitar as rixas que colocam o mundo em desacordo, mas depois retorna e junta o que havia posto fora do eixo. Separa a terra e o céu, mas depois induz a chuva a cair, para que ambos estejam conectados mesmo estando desconectados.[25] Faz com que a deusa suprema se retire deste mundo, mas depois se torna o agente da divinação, para que haja algum intercâmbio entre as partes. Uma observação de Pelton capta belamente a ambiguidade dessas ações: "Para tornar-se um mediador, Legba deve criar uma distância que só ele possa abarcar (...) Seu feito é unir pela separação."[26]

De início, então, tricksters criam separação, lançam os outros em discórdia ou colocam os marcos de fronteira em lugares novos e não usuais. Inicialmente, são os criadores de *artus* não domesticados que fazem ou refazem o mundo articulado. Uma vez que esse trabalho se realiza, e uma vez que tenham criado um lugar para si, podem assentar-se para se tornar figuras mais domésticas que mantêm o vigor das coisas por meio de um tipo de comportamento que chamamos de travessura. No *Hino*, Hermes avança da primeira fase para a segunda: no início há rupturas profundas e mudanças cósmicas, mas, uma vez que ele e Apolo fazem as

---

* O paralelo no panteão iorubá é a amizade entre Exu e Ifá. Se o segundo é ordem e desígnio, então um equilíbrio semelhante é representado por ter ele o mais inconstante Exu como seu "melhor amigo".

A ASTÚCIA CRIA O MUNDO

pazes, torna-se um agente interno de mudanças cujas ações não mais alteram a conformação do cosmos (nunca mata Zeus; nunca traz o apocalipse). O mesmo é verdade para Legba: no princípio das coisas desorganiza profundamente o mundo, mas depois disso joga conforme a estrutura que ajudou a criar.

Tal jogo não assegura exatamente estabilidade, porém. Travessuras sempre encerram as sementes de rupturas mais perigosas. Assim como qualquer animal está em risco por conter poros no corpo e juntas entre os ossos, também qualquer cosmos corre risco simplesmente por ter um criador de *artus* domesticado por perto. Se há momentos históricos durante os quais grandes mudanças são iminentes, podem ser exatamente os (em outras ocasiões benignos) criadores de *artus* que as trazem. O trickster domesticado é como o fogo domesticado. O fogo contido por uma chaminé bem construída não porá a casa em risco, mas ao longo dos anos a argamassa entre os tijolos pode rachar e desabar e então, naquele dia mais frio do ano, quando alguém empilha os gravetos para avivar as labaredas, as chamas se estendem entre os tijolos, acendem as ripas e a estrutura de madeira e incendeiam a casa. Um museu *viking* na Dinamarca tem uma pedra de forja em que algum ferreiro nórdico entalhou a face de Loki com os lábios costurados, uma imagem vívida do fogo selvagem bem contido.[27] Mas, na arquitetura mais ampla do mito nórdico, chega um tempo em que Loki se liberta das amarras de couro e reúne as forças que levarão o cosmos ao fim.

Essa ideia de que a articulação ativa requer uma espécie de força ambivalente embutida que pode "juntar pela separação" sugere um novo modo de descrever as invenções e atividades do trickster. Para citar a invenção do sacrifício como primeiro exemplo, uma coisa que chama a atenção – pelo menos na tradição grega – é que o ritual simultaneamente separa e conecta. O ritual grego do sacrifício liga os humanos aos deuses, mas ao mesmo tempo, como

ARTE TRICKSTER E AS OBRAS DE *ARTUS*

reencena a trapaça prometeica (separando a carne dos ossos), novamente os divide. Prometeu é, assim, um separador-conector e no sacrifício, como expressa Marcel Detienne, "o consumo da carne efetua um distanciamento entre deuses e homens no momento mesmo em que obtém a comunicação entre este mundo terreno e aquele dos poderes divinos".[28]

Um tipo similar de conexão/não conexão pode ser encontrado na maioria dos outros lugares onde vimos a imaginação trickster em ação. Onde ele é o primeiro ladrão, por exemplo, seu roubo é geralmente *furtivo*, o que significa que se desloca de uma esfera para outra sem realmente romper a delimitação (quando o Corvo furta a luz do sol, não elimina a demarcação entre céu e terra, encontra um buraco nessa demarcação; Hermes não arromba a porta da caverna da mãe, desliza pelo buraco da fechadura).* Onde o trickster é o autor do mercado de trocas, cria uma forma de comércio que permite que estranhos se reúnam sem se tornar parentes; pessoas entram em contato nesse mercado, mas não estão conectadas com o resultado disso. Por fim, nas histórias da África Ocidental, onde o trickster traduz para os deuses e adivinha para os seres humanos, ambas essas artes – tradução e divinação – conectam sem conectar. Cada uma delas constrói uma ponte, mas ao fazer isso revela a distância. Nenhuma delas envolve *união*, o puro triunfo da separação. Na divinação, os humanos lançam um olhar aos propósitos divinos, mas a revelação é sempre enigmática. A divinação simultaneamente revela e obscurece, assim como faz uma de suas formas modernas, a interpretação psicanalítica dos sonhos. Essas são artes traiçoeiras e não deveria causar admiração

---

* Descrever o roubo como uma arte conectora/não conectora esclarece algo que me intrigou por um longo tempo: por que os deuses simplesmente não entregam à humanidade as coisas de que precisamos para viver nesta terra? Por que o trickster tem de *roubá-las* do céu? A resposta é que um comércio de dádivas poderia apagar as distinções entre os dois reinos e os deuses deixariam de ser deuses; o roubo furtivo, por outro lado, permite tanto o comércio quanto a delimitação. Com o trickster em ação, o céu e a terra podem se tocar sem se tocar.

A ASTÚCIA CRIA O MUNDO

que os sábios iorubás entalhem a face de Exu nas bordas dos tabuleiros divinatórios (como deveria estar entalhado na mesinha de centro do analista, ao lado da caixa de lenços de papel).

De forma semelhante, a tradução de uma língua para outra é obra de Exu, obra de Legba, Hermes-nêutica, e embora pareça conectar dois falantes ou comunidades, não pode realmente fazer isso enquanto o tradutor ganhar a vida no espaço entre eles. Se a mãe de Legba e seus seis irmãos fossem realmente uma família unida, não precisariam do sétimo irmão para conseguir conversar entre si. Podemos por vezes presumir que uma tradução proporciona uma janela para o original, mas com a mesma frequência, como diz Derek Walcott, "traduzir é trair".[29] Um velho trocadilho italiano – *traduttore, traditore*; tradutor, traidor – lembra-nos de que o tradutor que conecta duas pessoas sempre permanece entre elas.

Tradução, divinação, sacrifício, roubo e mais: essas são as artes conectoras/não conectoras e cada uma delas é, portanto, bem simbolizada como a *artus,* que é uma junção flexível ou a limitação que é uma membrana permeável. Afirmar isso é, em certo sentido, meramente reafirmar a velha ideia de que os tricksters e suas ações corporificam a ambivalência, mas isso é reafirmado em uma linguagem que torna claro por que motivo podemos considerar os tricksters que praticam tais coisas como artistas em um antigo sentido e suas criações como obras de arte.

"Aquele que chamam de sétimo filho"

Esses vários modos de imaginar o fazer ou refazer articulações oferecem-nos uma oportunidade não apenas de redescrever o *Hino homérico a Hermes* e a *Narrativa* de Douglass, mas também esclarecer suas diferenças. O Hermes do *Hino* é um criador de *artus* em dois dos três sentidos que esbocei. Não é Syrdon, almejando as juntas para matar os eternos, mas rearticula o cosmos

ARTE TRICKSTER E AS OBRAS DE *ARTUS*

e, tendo feito isso, mantém vívida sua forma articulada. Para a primeira dessas tarefas traz a bolsa de truques com os quais pode desarranjar a configuração do mundo de Apolo ou mesmo refazer suas juntas se assim desejar.* O riso de Apolo diante das mentiras descaradas de Hermes marca o momento em que se torna claro que o recém-chegado será capaz de se deslocar da obra de *artus* externa para a interna. O riso de Apolo contém a promessa da amizade deles, depois da qual Hermes, com a mesma bolsa de truques, certificar-se-á de que nenhuma fronteira olímpica se transformará em uma barreira, nenhuma junta ou ponto de articulação se congelará ou calcificará. No fim do *Hino*, de fato, o próprio Apolo concretiza essa promessa ao indicar os ofícios particulares nos quais Hermes operará como um conector/não conector interno: tem a honra de presidir o mercado; é o mensageiro dos deuses e o condutor para o Hades; tem até sua própria forma de divinação, o oráculo das Donzelas-Abelhas, que às vezes mentiam e às vezes diziam a verdade.

Além do mais, agora que estou imaginando as operações do trickster em termos de junções, deveria salientar que outra obra de *artus* e outro criador de *artus* estão ocultos no *Hino*, escondidos como a carta roubada de Edgar Allan Poe, quero dizer, porque a obra é o próprio *Hino* e o criador é o autor desse. Uma boa quantidade de versos do poema inclina-nos a essa conclusão por chamar a atenção para o próprio autor, igualando-o ao tema. No início do hino, por exemplo, o poeta descreve Hermes experimentando a lira recém-criada ("cantou a canção de Zeus (...) e Maia (...); difundiu a história de sua famosa concepção"),[30] uma descrição exata do

---

* Para reapresentar apenas um exemplo de rearticulação nessa nova terminologia, diria que a carne que Hermes pendura no celeiro como um "troféu de seu roubo juvenil" não apenas assinala o fato de que ele não a comeu, mas é, portanto, uma nova *artus* ou ponto de demarcação em relação ao qual ele se torna um dos imortais. É como um novo sinal de pontuação, uma nova junta na amplitude deste abundante mundo, cuja colocação muda a maneira como o terreno é lido.

A ASTÚCIA CRIA O MUNDO

que qualquer plateia assistindo ao hinodo executar essa canção acabara de ver e ouvir. Em segundo lugar, se entendemos que o *Hino homérico* era cantado em celebrações gregas como prelúdio de apresentações mais longas, então ouviremos outra fusão entre Hermes e o hinodo quando chegarmos ao verso que diz que o deus canta a teogonia a Apolo "à guisa de prelúdio".[31] O hinodo está cantando um prelúdio em que descreve Hermes cantando um prelúdio. Por fim, essa canção sobre como Hermes nasceu e veio a ter seus poderes contém uma descrição dele cantando como os deuses nasceram e passaram a ter seus poderes. Em cada uma dessas passagens o *Hino* é autorreflexivo, como um desenho que contém um desenho de si mesmo, ou como a exagerada história dos nativos norte-americanos que contém o Coiote contando uma história exagerada, ou ainda como o músico negro norte--americano de *blues* que canta "sou o cara, aquele que chamam de sétimo filho",[32] de forma que os ouvintes podem saber que sua arte brota de Legba, o trickster cujos labores mantêm as juntas da criação flexíveis.

Se aceitarmos essas dicas internas e virmos o trickster no artista, então onde está o antagonista? Se Hermes é o hinodo, então onde iremos encontrar Apolo? Apolo é a plateia que escuta o *Hino* e a performance do hinodo é uma espécie de ataque de Hermes ao lado apolíneo dela. Imagine essa plateia por um momento. Chegaram a algum evento festivo vindo do mundo ordenado de todos os dias, com hierarquias, regras e ataques de vergonha contra aqueles que saem da linha. Como acontece com qualquer um de nós, uma parte da sua psique é apolínea; parte dela segue a regra do jogo, nada faz em excesso, espera receber os pesos e medidas exatos no mercado, mantém-se a distância do meramente humano, talvez tenha um toque do compulsivo que lava insistentemente as mãos e assim por diante. Então, diante de tais cidadãos chega um cantor que tange a lira e desfia um conto melódico sobre um bebê encantador e inofensivo.

ARTE TRICKSTER E AS OBRAS DE *ARTUS*

O que acontece com a plateia enquanto escuta pode ser algo semelhante ao que acontece a Apolo no fim do *Hino*. Chama a lira de "cura para as inquietações desesperançadas"; diz que ela combina "deleite, eros e doce sonolência"; claramente ela é o agente da preguiça e da lassidão, não da diferenciação ensolarada e da disciplina, e enquanto opera sua mágica arrasta quem estiver ouvindo para longe dos limites apolíneos e rumo a um mundo expandido de possibilidades herméticas. Sob sua influência, torna-se "Apolo sonhando em ser Hermes".[33] Com isso sou lembrado de que os psicanalistas às vezes recebem bem o sonho do ladrão: alguém cuidadoso e respeitável sonha certa noite com alguma sombra entrando furtivamente na casa, bem, excelente! – agora existe a possibilidade do movimento psíquico; agora aquelas coisas a que o ego havia se negado podem ir adiante.[34] Na mesma linha, uma amiga analista uma vez me contou que quando tem pacientes que parecem incapazes de imaginar como a vida pode ser diferente sugere que comprem um bilhete de loteria: é muito difícil manter as asas da fantasia aparadas quando a esperança de um ganho de sorte está guardada no bolso. Encantando com sua canção, o hinodo invoca esses (o ladrão, o jogador) e outros movimentadores psíquicos. Essa canção particular é uma fantasia de liberdade originária das demandas coletivas, uma fantasia de roubar dos parentes e conseguir que riam disso, de deuses tornados felizes por casualidade, de amoralidade a serviço da barriga, de falar do verdadeiro desejo perante a mãe, o pai e aquele brilhante e bem-sucedido irmão mais velho. É um manual prático compacto sobre como permanecer em movimento quando o mundo coloca barreiras no caminho. Você já experimentou os sapatos invertidos? E andar para trás? E que tal o peido estratégico?

Além do mais, o manual prático parece indicar que as regras podem ser quebradas sem destruir o apolíneo. A história avança da ordem para a ruptura e para um equilíbrio entre ambas, representado pela amizade dos protagonistas. Desse modo, o *Hino*

A ASTÚCIA CRIA O MUNDO

encena um ritual de inversão, uma espécie de festival psíquico do desregramento, seguido, como tais festivais costumam ser, pelo retorno do propósito, ou melhor, pelo propósito revitalizado pelo contato com tudo o que normalmente exclui. Idealmente, a experiência de tal história deixa o ouvinte não tão liberto de todas as restrições quanto de sua tirania e, portanto, mais flexível e aberto à mudança. O contador da história oferece "Apolo e Hermes" (ou "o Filho do Chefe e o Coiote", ou "Yasoda e Krishna") como símbolos abertos no interior dos quais qualquer ouvinte pode verter seu drama de transgressão e comedimento e explorar as possíveis resoluções. A plateia que ouve qualquer narrativa de trickster passa por uma espécie de obra de *artus* interior, um relaxamento e uma pausa para respirar em relação às limitações psíquicas. Exatamente como Hermes e Apolo acabam ligados um ao outro e o panteão articulado por meio disso se revigora, assim a psique do ouvinte pode ter suas funções relacionadas a um outro (conectado/não conectado, articulado sem ser dividido) e, portanto, revigoradas. Isso não significa que o trickster unifica a alma, mas que seu comércio politrópico põe seus poderes em contato uns com os outros por meio de seus divisores necessários.*

Em resumo, não é apenas em Hermes que encontramos vários tipos de obra de *artus*; as próprias narrativas trickster fazem a dupla tarefa de demarcar e violar as fronteiras entre as culturas em que são contadas. O trickster na narrativa é a própria narrativa. Ela cria e habita um espaço ambivalente. Uma das poucas

---

* Essa linha de pensamento converte em termos psicológicos a imagem do trickster que é o necessário criador de *artus* das religiões politeístas. A imagem poderia também ser traduzida em termos políticos, caso em que o trickster se torna um agente de situações policulturais, aquelas em que os grupos mantêm uma espécie de comércio entre si, o qual nem se converte em conflito nem proporciona unidade, de modo que podem ter identidades distintas sem jamais se tornar integralmente separados uns dos outros. A maioria dos debates sobre "multiculturalismo" divide-se em dois campos: aqueles que argumentam por unidade (temos de ser uma nação!) e os que argumentam por separação (devemos preservar nossa identidade!) e assim fracassam para encontrar uma terceira posição (*e pluribus unum*).

vezes em que Lévi-Strauss comentou diretamente sobre tricksters fala desse aspecto. "Por que", uma vez perguntou, "por toda a América do Norte o papel [do trickster] é designado praticamente em todo lugar ao coiote ou ao corvo?" Sua resposta começa com a hipótese de que "o pensamento mítico sempre progride da consciência das oposições para a resolução delas", uma resolução que requer a descoberta de um terceiro termo, um termo de ligação.[35] Como exemplo, Lévi-Strauss oferece um conjunto de oposições paralelas – vida e morte, agricultura e guerra, herbívoro e carnívoro – e depois sugere algumas resoluções: a "caça" é a ponte entre "agricultura e guerra"; os que se alimentam de cadáveres fazem a mediação entre "herbívoro e carnívoro" (o comedor de cadáveres pasta como um herbívoro, mas come carne como um carnívoro). E o "comedor de cadáveres" proporciona a chave para o enigma do trickster de Lévi-Strauss, pois Corvo e Coiote alimentam-se ambos de animais mortos: o "pensamento mítico", portanto, descobre neles o espaço entre os comedores de plantas e de carne e, a partir disso, no caso norte-americano, designa-lhes o papel genérico de mediador cultural.

Essa é uma explicação arguta e, embora não funcione tão bem quanto Lévi-Strauss pode ter imaginado,* sinto-me atraído pela ideia de que as narrativas de trickster aparecem onde o pensamento mítico procura mediar oposições. Assim como o Corvo comendo cadáveres se posiciona entre herbívoro e carnívoro (ou, na versão que apresentei anteriormente, assim como o Corvo roubando a isca se posiciona entre predador e presa), há uma categoria de narrativas míticas, uma categoria de arte, que ocupa o intervalo entre as polaridades e com isso as articula, simultaneamente marcando suas diferenças e estabelecendo uma ponte entre elas. No conto

---

* Coiotes não são exclusivamente comedores de cadáveres, por um lado, e, por outro, o terceiro mais importante animal trickster norte-americano, a lebre, não é de modo algum um comedor de cadáveres.[36]

A ASTÚCIA CRIA O MUNDO

em que o Coiote tenta resgatar a mulher da terra dos mortos, mas falha e cria a morte como a conhecemos, ele *vai* para o submundo e assim supera a barreira entre a vida e a morte, mas ao mesmo tempo seus impulsos o superam e a barreira permanece. A própria narrativa é uma espécie de junção flexível, mostrando que os dois polos que são seu tema podem e não podem ser ligados. A história de Krishna roubando a manteiga ultrapassa, mas também preserva, a separação entre o menino e a mãe; a história oculta aquele terreno intermediário em que a ambivalência da dependência e da independência familiar pode ser representada.

No caso do *Hino homérico*, tanto Hermes quanto o hinodo que canta sua história mostram que sempre haverá passagens ocultas através de qualquer barreira apolínea, mas não suprimem Apolo; *jogam* com a mente opositiva de forma que quando a narrativa acaba, como ao fim de uma boa sessão com o quiroprático, as juntas psíquicas do ouvinte foram todas manipuladas, destorcidas e relaxadas. Todas as narrativas de trickster são obras de *artus*, nesse sentido. Não são, como às vezes se afirma, simples narrativas profiláticas destinadas a mostrar a transgressão para que as pessoas a evitem; são experiências revigorantes de transgressão, embriaguezes salutares de ambivalência. Se a articulação flexível é uma necessidade, assim também são essas histórias; se forem suprimidas, se não houver lugar para encenar a contradição, os próprios deuses ficarão zangados e briguentos, ou melhor, sonharão com bebês furtivos e ladrões passando sorrateiramente pelos guardas de fronteira adormecidos.

É claro, se um dos "deuses" em questão é um senhor de escravos que odeia ser contradito e o bebê é Frederick Douglass, a história resultante será algo mais apocalíptico do que qualquer bebedeira salutar. Eu me delonguei, espero, amplamente sobre as similaridades entre a *Narrativa* de Douglass e o *Hino*; essas reflexões sobre os vários tipos de obras de *artus* ajudam a marcar as diferenças, os

ARTE TRICKSTER E AS OBRAS DE *ARTUS*

sentidos porque Douglass não é, de fato, como Hermes. Douglass é antes de tudo um Syrdon ou Loki, um trickster de um só truque atacando a cultura escravista nas juntas. A *Narrativa* é uma roda dentada atirada nos joelhos das verdades eternas da escravidão. Douglass não almeja o projeto da cultura escravista para reconciliar seus opostos; em vez disso, pretende penetrar o código daquela cultura e torná-lo sem sentido. Faz a mediação entre seu lar escravista e seus leitores do norte e entre a compreensão do senhor e do escravo sobre suas vidas em comum, não como agente neutro que conecta duas comunidades enquanto deixa suas diferenças intactas, mas como tradutor/traidor, aquele cujas mediações deixam o mundo em que nasceu desconjuntado, inexprimível.

Acima de tudo, então, Douglass nunca é o criador de *artus* que mantém vivo o cosmos articulado. Jamais nutre a travessura jocosa que deixaria o todo intacto enquanto dá às juntas uma esticada terapêutica. Vimos isso claramente na recusa às festividades de fim de ano. A saturnália da escravidão norte-americana nunca foi uma inversão tão completa quando a do festival romano, em que senhores podiam de fato trocar de lugar com escravos e servi-los à mesa, mas os efeitos eram similares, como Douglass descobriu: no fim da licença, a velha articulação retornava com autoridade renovada.[37] Tendo participado duas vezes dessa liberação contida da tensão, Douglass conteve-se em favor do terremoto da mudança histórica. Aqui novamente é mais um Loki do que um Hermes, pois são as lutas do Loki contido que provocam os terremotos, e pior: havia um Loki anterior cujas travessuras animavam Asgard, mas aquele não era o deus do terremoto e não era Douglass.

Na verdade, a recusa juvenil à saturnália por parte de Douglass é um claro sinal precoce de que não é aparentado por temperamento àqueles tricksters que lubrificam as juntas internas, que beiram o palhaço. Na América, teríamos de nos voltar a alguém como P.T. Barnum para descobrir essa função. Uma visita ao museu de Barnum faz rir como cócegas; uma leitura da autobiografia de

A ASTÚCIA CRIA O MUNDO

Barnum ainda tem esse efeito hoje.[38] Pouca coisa em Douglass faz isso. Há sabedoria em sua obra, mas ela é sempre mais opositiva do que jovial. Nenhum momento de humor comunal marca a *Narrativa* como faz com o *Hino*. Douglass nunca tendeu para a brincadeira amoral, nem, como o trickster mítico, praticou "o bem e o mal sem saber a diferença entre eles". Sua obra sempre teve intenções claras; jamais cortejou a fertilidade do acaso. Em questões de igualdade sempre foi a mosca na sopa pela vida inteira, mas em outros sentidos era notavelmente convencional, operando por dentro do cristianismo e do capitalismo democrático, participando de corpo e alma no mito norte-americano do *self-made man* e assumindo noção de masculinidade dos opressores. Para Douglass, um "homem" era sempre definido em termos de força física, nunca, por exemplo, em termos de intimidade, ternura ou extravagância. Ele não era um profeta do amor entre camaradas e certamente não era o transformista que encontramos no Coiote ou em Duchamp. Houve alguns homens limiares por toda vida no século XIX, aqueles que perenemente procuravam rachaduras nas boas maneiras norte-americanas, mas Douglass não foi um deles.

Dizer tudo isso é na verdade sustentar de maneira mais completa os limites implicados no início do capítulo anterior. Minha análise não é a de que Douglass é um trickster, mas que há tendências e momentos de consciência trickster em sua vida. Eles aparecem, como podíamos esperar, quando a história o coloca em múltiplos limiares – entre a escravidão e a liberdade, entre o sul e o norte, entre o preto e o branco. O cruzador de fronteiras desperta em Douglass principalmente durante aqueles anos pouco antes e depois de sua fuga, quando de fato fazia parte de dois mundos e transitava entre eles, quando ambos esses mundos ainda estavam disputando autoridade, quando a cultura escravista ainda alegava ser natural e pura e quando ele próprio era aquela anomalia dúbia, um escravo livre e um filho nativo de branco e preta. Uma vez que

ARTE TRICKSTER E AS OBRAS DE *ARTUS*

se tornou de fato livre, uma vez que se reconciliou consigo mesmo no que diz respeito à divisão de cor, uma vez, enfim, que ele não mais se situava entre aquelas múltiplas encruzilhadas, a porção trickster de seu espírito retrocede.

Retrocede mas está sempre conosco, pois dessas encruzilhadas veio aquela duradoura obra de *artus*, a *Narrative of the Life of Frederick Douglass, an American Slave* [Narrativa da vida de Frederick Douglass, um escravo norte-americano]. Assim como os contos de trickster fazem obras de trickster, a *Narrativa* de Douglass age nas juntas da cultura racista como um ataque de artrite. Com isso, as velhas divisões formais (preto e branco, tempo do calendário e tempo das estações do ano etc.) desmoronam e são substituídas por outras (verdadeiro e falso cristianismo, roubo honroso e desonroso etc.). Na claridade daquela nova articulação a fala impudente e insolente de uma comunidade torna-se subitamente a fala apropriada e comunal de outra. O livro, em si, é a marca dessa inversão, o ponto de mudança. Além do mais, como todas as narrativas de escravos, o livro emperra o velho sistema simplesmente por sua presença, pois presenteia a cultura escravista com uma anomalia letal, a voz negra articulada. Dessas várias maneiras, a *Narrativa* é a obra de *artus* do momento trickster de Douglass. Como o visco de Loki, fere as velhas purezas; como o trinchador Prometeu ou o açougueiro desajeitado de Platão, torna a seccionar o universo abundante em novas porções para um mundo novo; como o "signo do roubo juvenil", é pendurada para que o mundo veja, um novo marco de fronteira em cuja referência os negros norte-americanos devem ser interpretados como agentes livres e seguros de si, não escravos, como Hermes deve ser interpretado como um deus, não uma ilegítima criança da caverna. Se o livro ainda atrai leitores hoje, deve ser em parte porque o drama da rearticulação que antevê continua a ser encenado. Nunca foi uma obra a ser vivificada com travessura, mas uma obra que levanta questões mais substanciais sobre os vivos e

A ASTÚCIA CRIA O MUNDO

os mortos, dizendo, de fato, que a "América" não pode ser uma coletividade vital sem que possa incorporar (sem que seu corpo possa conter) obras de *artus* como ela própria.

Um corredor de humor

Quando afirmei ainda há pouco que Douglass assumiu a noção de masculinidade dos opressores, estava pensando especialmente na descrição de uma briga que teve com um cruel capataz chamado Edward Covey e como sentiu um orgulho considerável por ter deixado o homem branco ensanguentado. ("Ele não tirou sangue de mim, mas tirei dele").[39] Na *Narrativa*, antes de contar essa briga, Douglass faz do sangue a marca da própria escravidão: sua tia Hester havia sido açoitada com "um couro de vaca cheio de sangue coagulado", e a visão do espancamento foi, para Douglass, "o portão manchado de sangue, a entrada para o inferno da escravidão".[40] Justapor ambos os momentos é ver que quando Douglass tira sangue de Covey ele reverte o sistema, mas não escapa a ele. Torna-se um homem nos termos que a escravidão determinou. Fazendo isso, compromete-se com uma espécie de contradição, na verdade, mas nesse caso podemos ver que a contradição, enquanto simples negação de um imperativo, é apenas o começo da rearticulação. Não remodela as coisas suficientemente a fundo. Se apenas espelha a coisa a que se opõe, não descobre passagem secreta para novos mundos.

Se nos voltarmos, neste ponto, a uma história sobre uma das verdadeiras representações populares de trickster negro da América, não apenas encontraremos um modelo de libertação dos limites da contradição, mas poderemos ao mesmo tempo deixar o humano e histórico Douglass e voltar ao modo como a inteligência mitológica do trickster atua em relação às armadilhas da cultura. Até os dias atuais, a cultura vernácula dos negros norte-

ARTE TRICKSTER E AS OBRAS DE *ARTUS*

-americanos conserva uma história sobre um Leão, um Elefante e um Macaco trickster que é o mestre da "significação", ou seja, de todos os milhares de truques figurativos que podem ser feitos com a linguagem. No enredo típico, esse Macaco Significante, ou *Signifying Monkey*, induz o Leão a uma fúria cega contra o Elefante, contando com deleite coisas que esse supostamente disse sobre a família do Leão.

> "Ele falou sobre a sua família até meu cabelo ficar branco.
> Ele diz que o seu pai é uma bicha e a sua mãe é uma puta,
> Diz que viu seu mano atravessar a floresta vendendo o rabo
> de porta em porta."[41]

Et cetera. O Leão acaba ficando tão zangado que sai em disparada para atacar o Elefante, ao passo que esse surra-o até transformá-lo em uma polpa sanguinolenta. Em algumas versões, o Macaco subsequentemente fica tão arrebatado ao provocar o Leão espancado que escorrega e cai da árvore. O Leão se lança sobre ele e está prestes a rasgá-lo em tiras quando o Macaco rapidamente sugere que deveriam começar de novo e ter uma luta justa (afinal, ele escorregou e caiu). O Leão concorda, mas é claro que o Macaco volta em disparada para cima da árvore tão logo é libertado. Às vezes o Leão espancado fere o Macaco arrogante, mas geralmente esse fica sentado em segurança sobre seu galho no fim.

> De longe se podia ouvir o macaco dizer:
> "Enquanto essas ervas e a grama crescem,
> Estarei por aqui significando um pouco mais."[42]

Nessa história se constrói uma espécie de jogo de *dozens* unilateral, uma espécie de duelo verbal em que os antagonistas insultam publicamente um ao outro com elaborados versos rimados. O vencedor é o jogador que improvisa mais rapidamente, que retruca

A ASTÚCIA CRIA O MUNDO

com mais habilidade as rimas do outro, que sempre responde à sagacidade com mais sagacidade e que em tudo isso supera o outro e deleita mais a plateia reunida, pois o jogo é sempre disputado para um ajuntamento. O derrotado é o jogador que perde a cabeça e começa uma briga. O objetivo do jogo é brincar com a linguagem, não a levar a sério, ou melhor, manter-se em equilíbrio sobre a linha entre o jocoso e o sério enquanto se tenta fazer com que o oponente perca esse equilíbrio, confundindo-o com um turbilhão de palavras. A palavra *dozen* [dúzia] de fato nada tem a ver com o número 12; é uma sobrevivente moderna de um verbo inglês – *to dozen* – que remonta, no mínimo, ao século XIV e significa "atordoar, estupefazer, pasmar" ou "tornar insensível, entorpecido ou impotente".[43] O objetivo do jogo é estupefazer e pasmar com uma fala rápida e habilidosa. O perdedor que começa a brigar é *put in the dozens* [posto em estupor], atraído para uma espécie de inconsciência em que ela ensurdece para a parcela figurativa da língua e toma tudo pelo valor literal. O vencedor é um *Signifying Monkey*, um mestre da linguagem politrópica cujo método com o Leão é (a piada continua) aplicar *a trampa do tropo*,[44] pasmar com um rápido círculo de significados. Cair no *dozen* é ser estupidificado até uma espécie de parvoíce, uma perda da língua em que se deixa de ser uma criatura significante para se tornar um bruto limitado aos músculos, que não tem a menor noção sobre mentiras ou metáforas, uma besta que poderia ser um carnívoro ou um herbívoro, mas nunca um mediador.

Um jogo de *dozens* constrói-se sobre insultos à família, especialmente às mães. A história do *Signifying Monkey* deve vir, então, de um mundo em que essas coisas são levadas a sério, em que uma criança é instruída a "defender sua família", a "respeitar sua mamãe" e onde essas injunções, ainda que deem forma e segurança ao mundo da criança, devem confiná-la de algum modo. Por que jogar o jogo se não há ambivalência nas regras com as quais ele brinca? O simples fato de o jogo existir indica

ARTE TRICKSTER E AS OBRAS DE *ARTUS*

que as regras algumas vezes enfraquecem e constrangem, em vez de capacitar e alentar. Onde o alçapão de tal constrangimento é sentido, as micagens do *Signifying Monkey* apontam para uma saída: acorde, dizem elas, para a porção simbólica de todos os mandados culturais e, com essa consciência, pare de levar tudo tão a sério. O Macaco da Mente desperta-nos para a rede de signos mutáveis que nos modela e brinca conosco até que tenhamos a perspicácia para moldá-la e brincar com ela. Subir na árvore do Macaco é se destacar das categorias rasteiras da própria cultura e "significar" com elas, e isso implica reconhecer que são sérias (não há insulto se não for sério), mas que seriedade pode ser infundida de humor (o jogo exige esperteza e mais esperteza, não a resposta muscular do Leão).

Os antagonistas em uma partida de *dozens* jogam com as diferenças entre querer dizer algo e apenas dizê-lo, entre fato e ficção, entre amor familiar e desprezo, entre sagrado e profano, entre sua mamãezinha de fato e sua mamãezinha em uma rima. O jogo requer equilíbrio no campo de força em que todas essas coisas se juntam. Demanda estabilidade nas junções, por assim dizer, balanço no limiar. O perdedor, a pessoa cuja estabilidade fracassa e que se entrega ao lado culturalmente aprovado dessa cadeia de dualidades, escorrega para fora da mente significante, com velocidade e leveza, e cai corpo adentro. O perdedor é superado por meio da gravidade; fica sério, imobilizado, em posição defensiva de sua mamãe de fato; seu senso de humor evapora, enquanto o vencedor, com sua leveza corporal, permanece empoleirado na árvore, com seu humor intacto.

Onde há ambivalência real, então, onde é possível verdadeiramente dizer "*dou* importância à minha mamãe" e "*não* dou importância à minha mamãe", o perdedor é aquela pessoa que escolhe um só lado da contradição. O sintoma dessa obstinação é o retruque sem humor, em vez do retruque com um sorriso. Aqui pode ser útil ressuscitar o velho significado de "humor": a

A ASTÚCIA CRIA O MUNDO

palavra um dia referiu-se a fluidos (daí os "humores" corpóreos) e vem originalmente de uma raiz latina (*umor*), tendo a ver com orvalho, líquido, umidade.[45] Tratar a ambivalência com humor é mantê-la livre; o humor lubrifica as juntas onde as contradições se encontram. Se o humor evapora, então a ambiguidade se torna polarizada e segue-se o conflito. Vimos isso na história de Exu e os dois amigos; esses levam seus lados a sério e brigam, *a menos* que reconheçam Exu, a menos que honrem e deem as boas-vindas à figura leve e sorridente na estrada que ao mesmo tempo divide e não divide seus campos.

Uma observação de Marcel Duchamp proporciona uma imagem maravilhosa para o equilíbrio que estou tentando descrever e sua consequência criativa. Uma vez, falando sobre a história dos movimentos artísticos em que ele e seu amigo pintor Francis Picabia estiveram envolvidos, Duchamp observou que o riso acrescenta algo de útil à contradição: "Enquanto o dadaísmo era um movimento de negação e, pelo próprio fato dessa negação, tornava-se um apêndice da mesmíssima coisa que estava negando, Picabia e eu quisemos abrir um corredor de humor que conduzisse imediatamente a imagens de sonho e, consequentemente, ao surrealismo".[46] A ideia, creio, é que o dadaísmo agia *contra* a burguesia cultural francesa, mas, assim como Douglass deriva sua "masculinidade" de seus opressores e desse modo não escapa deles, o dadaísmo jamais poderia ser mais do que uma resposta a termos estabelecidos alhures. A fuga dessa armadilha da mera oposição é uma terceira coisa (o ladrão de iscas, o comedor de cadáveres), aqui chamada de "corredor de humor", um poro através do qual o fluido pode se deslocar para novas áreas. E deveria se acrescentar que uma vez que Duchamp se viu nesse corredor de humor e penetrou no surrealismo, ele logo começou a procurar o corredor que dá para fora. O próprio surrealismo tornou-se programático muito rapidamente. André Breton ficou muitos anos zangado com Duchamp pelo fato de esse haver abandonado o surrealismo e começado a

ARTE TRICKSTER E AS OBRAS DE *ARTUS*

jogar xadrez; o papa do surrealismo não queria que artistas totalmente politrópicos se libertassem do seu mundo de sonhos, mas Duchamp era um homem sempre à procura da porta.*

Um toque de humor ou frivolidade, então, é uma das marcas pelas quais sabemos que um espírito criativo agindo no campo de força das contradições manteve a estabilidade, sem cair do galho, e portanto pode realmente ir além das oposições encarcerantes. Para dar outro exemplo, considere um verso como aquele com que Allen Ginsberg terminou seu poema precoce *America*: "América, estou encostando meu delicado ombro na roda".[47] Essa voz não se opõe à "América" e nem a "delicado", mas mira diretamente na junta. É a declaração de um patriota/ex-patriota, um *insider/outsider* que não quer ser apanhado em nenhum dos polos. Esse equilíbrio age como parte do talento, do apelo e da arte de Ginsberg. Na política, conseguiu ser um dos poucos artistas modernos a causar desconforto a comunistas e capitalistas da mesma forma. O FBI e a CIA guardavam vastos arquivos sobre ele, mas agentes policiais expulsaram-no de Cuba e da Tchecoslováquia, também. Nos Estados Unidos, o Bureau Federal de Narcóticos uma vez orquestrou uma investida contra Ginsberg tomando emprestada a linguagem de um ataque impresso na Tchecoslováquia (ambos os lados declararam que Ginsberg tinha "modos (...) diante dos quais um homem normal – lamento dizer – cospe"), um raro caso de colaboração entre inimigos da Guerra Fria unidos no temor à anomalia.[48]

A questão é que quando ouvimos Duchamp falar de seu "corredor de humor" ou Ginsberg bancar a bicha-patriota, ouvimos a voz do ágil Macaco que espera permanecer equilibrado sobre a

---

* Duchamp manteve seu estilo até o fim, aqui descrito por Francis Neumann: "Quase todas as noites, antes de se recolher..., [madame Duchamp] e seu marido tinham o hábito de ler histórias engraçadas em voz alta um para o outro. A brincadeira fazia com que ambos rissem na hora de dormir. Na noite de 2 de outubro de 1968, era a vez de ele ler e, como de costume, quando a piada chegou ao clímax, ambos riram com exuberância. Mas nessa noite em particular, enquanto ria, Duchamp calmamente fechou os olhos e expirou".[49]

A ASTÚCIA CRIA O MUNDO

junção, sem cair na negação solene e assim acabar contido na própria coisa a que se opõe. Não que não seja possível haver contradição, mas essa nada pode nutrir sem as águas do riso. "A contradição é uma alavanca da transcendência",[50] escreveu uma vez Simone Weil, mas essa alavanca não funcionará a não ser que esteja acompanhada de um óleo que conserve sua liberdade de movimento, um fluido que nomeamos "humor", o sorriso do primeiro surrealismo, o riso de Apolo ouvindo Hermes mentir, o sorriso de Yasoda ao ouvir Krishna, o de Atena encontrando Odisseu na praia, o daquele naturalista citado anteriormente que diz "é difícil escapar à conclusão de que os coiotes (...) têm senso de humor"[51] quando o caçador descobre que sua armadilha nada apanhou além do fedorento cartão de visitas do animal daninho. O *rapper* que aperfeiçoa a história do *Signifying Monkey*, o cantor de *blues* que se intitula o Sétimo Filho, Duchamp abrindo um corredor de humor, Ginsberg se esgueirando através dos corredores sem humor da burocracia policial – esses não são os leões da história, são os macacos criadores de *artus* que, no mínimo, mantêm vívido o mundo articulado e que algumas vezes põem em marcha o truque mais complicado de roubar os marcos de fronteira para que novos mundos possam surgir da plenitude que aqueles mundos particulares necessariamente escondem.

Na primeira parte deste livro interpretei uma história em que outros animais repetidamente diziam "este é o meu jeito, Coiote, não o seu" como tratando de uma inteligência despida, ou fugida, de qualquer modo de vida instintivo no mundo e deixada livre para tecer o próprio "jeito" imitando outros e elaborando mentiras/ficções criativas. Na história do *Signifying Monkey* o Leão tem um "jeito" e isso é parte do problema. Ele está preso a um código pelo qual lutas são válidas, por exemplo, e a um código de honra a respeito da família, e não tem a sagacidade do Macaco para considerá-los inventados e mutáveis.

ARTE TRICKSTER E AS OBRAS DE *ARTUS*

Em outro gênero de histórias, a dedicação do Leão ao seu "jeito" seria uma virtude, é claro, assim como tal dedicação era a virtude de Douglass. Quando esse não era o ágil mestre da retórica significante (mudando de sobrenome três ou quatro vezes, chamando a si mesmo de índio, desencantando o código de honra dos brancos), era o musculoso Leão insistindo que o código da Igreja cristã fosse honrado e dizendo ao mundo que sua mamãe "preta" era bela como uma rainha do Egito e além disso letrada. Ele se tornou um protagonista da história e, como o Leão, foi espancado por suas encrencas. Há um poema de Ishmael Reed sobre Ralph Ellison que poderia muito bem ser sobre Douglass:

> estou fora
> da história e queria
> ter uns amendoins; ela
> parece faminta ali dentro
> da sua jaula.
> estou por dentro
> da história, ela é
> mais faminta do que eu
> pensei.[52]

É como se dissessem ao homem: "Frederick, você não vai acreditá no que a América andô dizendo sobre seus pais! Frederick, você não imagina as história que andaram contano sobre tua mamãezinha!" Isso o deixou furioso; ele foi atrás da besta e bateu-se com ela. A história devorou-o. Justapor as histórias do *Signifying Monkey* e de Douglass é voltar à imagem que emprestei de Lévi-Strauss dois capítulos atrás: uma vez que o aborrecido Douglass encontrou seu caminho até o centro das coisas, *não* foi expulso, *nem* vomitado, mas incorporado, devorado. Ele agora está dentro da "América". Tem seu retrato em selos postais. Depois de brincar com a retórica dos brancos, promulgou uma retórica própria com a qual se identificar, e com essa identificação o Macaco se transforma no Leão, uma besta disposta a agir e sofrer no mundo carnal.

Mas seguir o enredo em que um humano real desloca-se do limiar para a ação distancia-nos do Macaco em questão e sua crítica aos Leões da História. Para o *Signifying Monkey* o Leão deixa-se tolamente enredar no próprio código cultural. Para o Leão provavelmente não há "código" algum, mas sim O Modo Como as Coisas São. E o Macaco, para quem não é esse o caso, pode, portanto, zombar dele brincando com palavras. O Leão é como o peixe que não enxerga as camadas de significado em um anzol com isca e por isso acaba se tornando o jantar de alguém. O Macaco pode fazê-lo sair em disparada rumo a uma briga com meras figuras de linguagem, assim como o Coiote pode fazer com que os búfalos fujam em debandada rumo a um penhasco usando espantalhos, pegando-os na armadilha das próprias defesas instintivas, das maneiras enraizadas.

Melhor operar com desprendimento, então; melhor ter um jeito, mas infundi-lo de um certo humor; melhor, talvez, não ter jeito, mas ter em vez disso a sabedoria de criar constantemente uma maneira nova a partir dos materiais à mão. Tal sabedoria é, de fato, a dádiva que os negros norte-americanos atribuem às suas figuras tricksters, um talento incomum para criar uma "maneira da ausência de maneira", como diz o ditado. O Coelho Quincas, diz Robert Hemenway, é "o representante entre os espinheiros de um povo que vive de sua capacidade de criar uma maneira da ausência de maneiras".[53] Outro trickster negro norte-americano, High John de Conquer, faz o mesmo, de acordo com Zora Neale Hurston: "Old Massa, Old Miss e seus jovens riram com e do Coelho Quincas (...) e o tempo todo havia High John de Conquer aplicando seus truques para criar um jeito da falta de jeito".[54] Uma vez ouvi Eugene Redmond, poeta laureado do leste de Saint Louis, dizer que os negros diaspóricos, aqueles espalhados pelo mundo e cujas tradições ficaram puídas, ensinam aos seus filhos: "Vocês têm de criar um caminho da ausência de caminho."[55]

ARTE TRICKSTER E AS OBRAS DE *ARTUS*

Poderia facilmente haver um debate interno na comunidade negro norte-americana sobre até que ponto levar a sério tal conselho, uma discussão entre aqueles que trabalham para descobrir e recuperar a tradição e aqueles que consideram frutífero jogar livremente com essa receita negra sobre a habilidade norte-americana de prosperar no contexto da ausência de contexto. Em qualquer debate como esse, a história do *Signifying Monkey* tende para o lado do jogo livre. Ela implica, em primeiro lugar, que seguir o caminho do não caminho será particularmente útil para homens e mulheres negros em um mundo racista. Quando todos os modos de vida disponíveis têm uma hierarquia de cor embutida neles, em que "preto" pode literalmente significar "indefeso" ou "desempregado", as pessoas de cor podem muito bem ensinar os filhos a liberdade do sentido figurado. Sabendo que aqueles que usam a linguagem de maneira literal podem sofrer o cativeiro dos seus artifícios, eles podem muito bem ensinar a história do *Signifying Monkey* como um manual de retórica, um conto didático para desobstruir o terceiro ouvido, que escuta os múltiplos significados de cada afirmação.

Mas ler isso como uma história unicamente sobre raças é cair na própria armadilha contra a qual ela alerta. É uma história sobre a leitura do mundo, uma ferramenta útil, não importa a cor da pele. O Elefante inexorável e punitivo contra o qual o Leão investe pode ser as pessoas brancas, é claro, mas pode também ser a violência de qualquer um que deixa de ler o mundo com suficiente profundidade, não importando sua situação racial. As histórias de tricksters negros norte-americanos, em certo contexto, tratam da recusa de um certo povo oprimido a ser marginalizado; em outro contexto, são sobre liberdade da mente humana atenta, uma liberdade que os que estão no poder não necessariamente adquiriram. O Macaco é como um mestre de artes marciais que usa a brutalidade do fundamentalismo do Leão para derrubá-lo, para mostrar a ele com que crueldade suas interpretações rasteiras

A ASTÚCIA CRIA O MUNDO

o restringem. Essa é uma história didática, então, destinada a fazer com que sua os ouvintes recorde que o mundo simbólico no qual cada um de nós nasceu e que, em certo sentido, nos criou é, em outro sentido, nossa própria criação. Assim como os linguistas dizem que palavras individuais derivam seu significado do contexto da linguagem como um todo, mas que a linguagem como um todo deriva seu significado das palavras que contém, também os seres humanos são criados por sua cultura e no entanto essa cultura é também criação deles. A maneira como vivemos existe independentemente de nós, mas não existe a não ser que a vivamos. Sempre habitamos uma história que outros compuseram, mas também sempre participamos da composição. Grandes poetas vieram antes de nós, mas ainda podemos ser os poetas das vidas individuais. Os deuses estão acima de nós, mas precisam de nós para protegê-los da fome.

Quando nos esquecemos da segunda porção desses paradoxos, quando a maneira como vivemos se fecha à nossa volta, parecendo uma teia tecida por estrangeiros, um padrão mortífero e não vivificador, então, se tivermos sorte, o Macaco da Mente começará seu palavrório travesso para nos despertar de nosso torpor. Para aqueles que são particularmente obtusos, começará com os tropos rotineiros, mostrando-lhes como levar o código muito a sério os conduz repetidamente a uma espécie de tortura autoinfligida (cuja dor passará tão logo percebam que o próprio código lhes pertence para jogar como queiram).

Em um ensaio sobre o similarmente disruptivo jovem Krishna, John Stratton Hawley pergunta em dado momento por que qualquer comunidade pode afinal tornar esses personagens desregrados deuses e heróis culturais. Para encontrar a resposta, sugeriu que viremos a pergunta do avesso: talvez não seja o trickster quem é desregrado; talvez nossas próprias regras e necessidade de ordem sejam os verdadeiros autores da arbitrariedade e da crueldade.

ARTE TRICKSTER E AS OBRAS DE *ARTUS*

Vivemos em uma era de ordem selvagem. Vimos a sutileza buro-crática usada para causar e ao mesmo tempo justificar extremos inimagináveis de sofrimento humano. E somos diariamente des-pertados para o fato de que a cada vez que o relógio tecnológico dá mais uma volta a possibilidade da nossa total destruição se arrasta para mais perto. Essas realidades, embora especialmente aterrorizantes na forma que assumem no século XX, têm profun-das raízes na história e são tão endêmicas na sociedade indiana quanto na nossa.

Mas a experiência mais duradoura da Índia com a opressão estrutural da sociedade produziu uma noção de Deus que é pecu-liarmente liberativa. Perceber Deus como uma espécie de ser que perambula do lado de fora dos nossos muros de razão e discrição, à procura de uma chance para uma investida, é questionar o sentido último e a autoridade das estruturas que erigimos em tão gloriosos e orgulhosos detalhes. Essas máquinas da mente, essas fronteiras e perímetros, frequentemente nos custam caro; por isso é de se admirar pouco que quando as vemos se desagregarem na mitologia de Krishna, experimentemos um certo divertimento.[56]

Nesse modelo, quando a cultura humana se volta contra os próprios seres humanos, o trickster aparece como uma espécie de salvador. Quando nos esquecemos de que participamos da moldagem deste mundo e nos escravizamos aos moldes que nos foram deixados pelos mortos, então um astuto criador de *artus* pode aparecer, às vezes apagando as velhas fronteiras de maneira tão completa que apenas o não caminho permanece e a criação pode recomeçar como se partisse do esboço; outras vezes, apenas afrouxa as velhas divisões, engraxando as juntas para que possam se mover em consonância umas com as outras, ou abrindo-as para que o comércio floresça onde "as regras" o proíbem. Em resumo, quando o perfil da cultura se torna um alçapão, o espírito do trick-ster nos conduzirá rumo a uma profunda modificação do perfil. Se o código de silêncio decoroso da antiga vila chinesa não serve

A ASTÚCIA CRIA O MUNDO

mais, então o Macaco impudico (esse chamado Sun Wu-K'ung, "Desperto Para o Não Caminho") aparecerá aos filhos dos imigrantes e os ajudará a articular seu novo mundo. Se a história bíblica de Cam foi usada para justificar a posse de humanos como escravos, então um Douglass surgirá com a sagaz inversão que nos mostra como, por sua lógica interna, a própria escravidão "deve logo se tornar contrária às Escrituras".[57] Se, por algum motivo, em outros casos a venerável injunção à honra materna começa a insensibilizar em vez de fortalecer, o *Signifying Monkey* aparecerá para transmutar Sua Mamãe, a Pura, em "sua mamãe", a parte do código, em cuja presença você não precisa mais reagir com um reflexo inconsciente como se fosse o tolo Coiote mergulhando atrás de frutos em um riacho. O Macaco da Mente está ciente de que a mão dos seres humanos está no mundo que habitam e por isso sabe que podem refazê-lo quando necessário. Despertar esse Macaco é despertar a possibilidade de brincar com as juntas da criação, as possibilidades da arte.

Notas

1. Makarius *in* Hynes e Doty, p. 78.
2. Barthes, p. 132.
3. Duchamp *in* Cabanne, p. 16.
4. Dumézil, *Gods of the Ancient Norsemen*, p. 65; e Dumézil, *Loki*, pp. 166-72, especialmente 170, 172. Os ossetas do Cáucaso são descendentes dos nômades iranianos variavelmente conhecidos como citas, sármatas e alanos. Os *narts* são os heróis folclóricos da Ossétia e suas lendas são as histórias desse povo. Não existe muita coisa dessa tradição disponível em inglês, mas fontes em outras línguas podem ser encontradas na bibliografia de Dumézil, *Loki*, pp. 136-37.
5. Para a simbologia do visco, ver Ad de Vries, s.v. *"mistletoe"*. A obra clássica de sir James Frazer, *The Golden Bough* [*O ramo de ouro*],

ARTE TRICKSTER E AS OBRAS DE *ARTUS*

trata inteiramente do visco; ver especialmente pp. 229-35 da edição listada na bibliografia.

6. Na América do Norte, grupos kwakiutl do sul atribuem a criação de estações alternadas ao Corvo (Ricketts, "The Structure", p. 143). Há um tema semelhante no Japão, onde Susa-nö-o traz o inverno e as tempestades primaveris, como é discutido no capítulo sobre a sujeira. Comumente, então, o trickster reverte o clima, o que pode ser uma das razões pelas quais suas histórias são contadas no inverno na América do Norte, e não no verão. Invocar o trickster no verão provoca o seu fim, e ninguém quer isso; invocá-lo no inverno, porém, apressa a primavera.

7. A etimologia das palavras derivadas da raiz -*ar* foi obtida em *The Oxford English Dictionary*; *The Oxford Latin Dictionary*; *Greek--English Lexicon*, de Liddell e Scott; e de Barhart, Klein ınn e Pokorny.

8. Aristóteles, *Historia Animalium*, 494a.

9. *Oxford English Dictionary*, s.v. "*articulate*".

10. Aristóteles, *Historia Animalium* 353b, pp. 33 e segs. A citação vem da tradução de Peck, da Loeb Classical Library, mas alterei a última frase, "não há articulação da voz", para seguir o texto grego mais literalmente.

11. Detienne, *Cuisine of Sacrifice*, p. 101.

12. Detalhes da divisão social e espiritual do sacrifício grego vêm de Detienne, *Cuisine of Sacrifice*, especialmente pp. 10, 13, 87-105.

13. Farnell V, p. 30.

14. Detienne, *Cuisine of Sacrifice*, p. 101 (citando Platão, *Phaedrus* [*Fedro*], p. 265c). Quando descreveu o pensamento comparando-o ao ato de entalhar, Sócrates estava analisando os tipos de loucura e a diferenciação entre eles. Ele afirma que procedimentos de pensamento envolvem coletar e dividir. O segundo é o procedimento "por meio do qual podemos dividir em formas, seguindo a articulação objetiva; não devemos tentar arrancar partes fora como um açougueiro descuidado", mas separar onde as partes já estão divididas umas das outras, "segundo a analogia de um só corpo natural" (Platão, *Collected Dialogues*, p. 511).

A ASTÚCIA CRIA O MUNDO

15. Aristóteles, *Posterior Analytics*, 83ª32-34, citado por Nussbaum, p. 256. Nussbaum mantém "blá-blá-blá em demasia" no original, *teritismata*, explicando que "*teritismata* são sons sem sentido que fazemos quando estamos cantarolando para nós mesmos; podemos exprimi-los como 'dum-de-dum-duns'" (Nussbaum, p. 256).

16. Clay, p. 98.

17. Clay, p. 98. Ênfase acrescentada.

18. Frobenius I, pp. 229-32.

19. Pelton, pp. 72-78; Herskovits, *Dahomean Narrative*, pp. 125-34 e 149-50.

20. Cosentino, pp. 261-62. Em uma comunidade haitiana no Brooklyn, dizem: "*Papa Legba, ouvri bàryè*" [Papa Legba, abra o portão]. Ver Cosentino, pp. 261-62; K. Brown, *Mama Lola*, p. 46.

21. Clay, pp. 101-2.

22. Pelton, p. 88.

23. Detienne, *Cuisine of Sacrifice*, p. 165.

24. Clay, p. 101.

25. Pelton, p. 75.

26. Pelton, p. 78.

27. Pendlesonn, p. 24.

28. Detienne, *Cuisine of Sacrifice*, p. 7.

29. A observação de Walcott está no prefácio a *O Babylon*, uma peça sobre jamaicanos e rastafáris; devo a citação, e o jogo de palavras em italiano, a um ensaio de Edward Chamberlin.

30. *Hino a Hermes*, versos 57-59.

31. *Hino a Hermes*, verso 426; Nagy, *Greek Mythology and Poetics*, pp. 53-55. Nagy e outros supõem que os *Hinos homéricos* fossem cantados como prelúdios a performances mais longas, mas eu devo acrescentar que Jenny Strauss Clay tem uma opinião um tanto diferente sobre como situá-los: ela crê que os *Hinos* "eram apresentados ao fim de um banquete (*dais*) ou do que foi mais tarde chamado de *symposion*" (p. 7). Em sua leitura do *Hino a Hermes*, Clay também argumenta que a história de Hermes trinchando o gado é um mito de origem do festim, e não do sacrifício (considero a argumentação persuasiva, embora não ache que exclua a outra interpretação)

ARTE TRICKSTER E AS OBRAS DE *ARTUS*

(pp. 119-26). Esses dois pontos de vista juntos somam-se a mais uma maneira pela qual o *Hino* funde o hinodo e Hermes. Segundo a linha de pensamento de Clay, vemos Hermes cantar sua teogonia depois de um banquete, exatamente como o próprio hinodo teria feito.

32. Barlow, p. 49.
33. *Hino a Hermes*, versos 447-49.
34. López-Pedraza, p. 85.
35. Lévi-Strauss I, p. 224.
36. Marvin Harris, pp. 200-1; Carroll, pp. 302-4.
37. Frazer, p. 189.
38. Especialmente da primeira edição; nas versões posteriores ele se torna mais recatado.
39. Douglass, *Narrative*, p. 113. A respeito da noção de Douglass de masculinidade em geral, ver David Leverenz, *Manhood and the American Renaissance* (Ithaca: Cornell University Press, 1989), pp. 108-34.
40. Douglass, *Narrative*, p. 51. Uma observação de Valerie Smith pela primeira vez me fez pensar em Douglass invertendo os termos da cultura escravista, mas ainda assim trabalhando com ela. Ver *Self--Discovery and Authority in Afro-American Narrative*, p. 22. Smith cita Houston Baker no sentido de que Douglass "está preso nas mesmas estruturas retóricas e ideológicas que ele procura solapar".
41. Dance, p. 198. Há muitas fontes para as histórias do *Signifying Monkey*. Ver especialmente Dance, Jackson e Abrahams.
42. Abrahams, *Deep Down in the Jungle*, p. 155.
43. Para as raízes do termo *dozen*, ver *Oxford English Dictionary*.
44. Kimberley Benston, citada por Gates, *Signifying Monkey*, p. 52.
45. Barnhart, pp. 496-97.
46. Citado por Paz, p. 81.
47. Ginsberg, *Collected Poems*, p. 148.
48. Hyde, *On the Poetry of Allen Ginsberg*, pp. 240-51; ver especialmente pp. 244-45.
49. Naumann, p. 67.
50. Simone Weil, citada por Robert Hass, *Twentieth Century Pleasures* (Nova York: Ecco Press, 1984), p. 202.

A ASTÚCIA CRIA O MUNDO

51. Leydet, p. 65.
52. Reed, p. 50.
53. Hemenway, p. 9.
54. Hurston *in* Dundes, *Mother Wit*, p. 543.
55. Ouvi Eugene Redmond falando no rádio. Seu livro sobre poesia afro-americana é *Drumvoices* (Garden City: Anchor Books, 1976).
56. Hawley, *Parabola*, p. 12-13.
57. Douglass, *Narrative*, pp. 50.

Conclusão

12. Profecia[1]

> "Não sou profeta. Meu trabalho é abrir janelas onde antes havia paredes."
>
> Michel Foucault[2]

> "Uma cultura poetizada (...) não insistiria em que encontrássemos a parede real por trás das pintadas, os verdadeiros critérios para avaliar a verdade em oposição aos critérios que são meros artefatos culturais. Seria uma cultura que, precisamente por avaliar que todos os critérios são artefatos dessa natureza, assumiria como seu objetivo a criação de artefatos cada vez mais variados e multicoloridos."
>
> Richard Rorty[3]

Fartura

Viajando da China para a Índia, o Rei Macaco e o bom peregrino Tripitaka adentram cidade após cidade nas quais monstros malignos esperam para devorá-los. Os monstros estão sempre disfarçados, com frequência vestidos como velhos e sábios taoistas, e o bom Tripitaka sempre se deixa enganar. Mas não o Macaco. Quando os monstros mentem, Tripitaka pensa estar ouvindo a verdade (como o porqueiro ouvindo as mentiras cretenses de Odisseu), mas o Macaco grita: "Há alguém aqui que o reconhece!"[4] "Eu,

Macaco Velho, consigo com este par de olhos flamejantes e pupilas de diamante discernir o bem e o mal."[5] O Macaco é "aquele que tem a percepção".[6] Tem a visão especial que consegue dissipar "o miasma demoníaco"[7] e distinguir o perverso do real.

Há um tema recorrente ao longo deste livro, a sugestão de que os tricksters podem ajudar alguém a enxergar o coração das coisas e que, portanto, têm um toque de profetas. Ao encerrar, quero puxar esse único fio da minha narrativa, assim como os fabricantes de velas puxam um só filamento do pavio para que ele se dobre ao queimar e conduza melhor a chama. No fim da Parte I, por exemplo, argumentei que os tricksters oferecem um *insight* especial com "mentiras que contam uma verdade mais elevada". A Parte II menciona várias vezes a ideia de que há uma espécie de "contingência profética". Tanto com Hermes quanto com Exu, por exemplo, eventos casuais são portadores de mensagens, oportunidades de enxergar os desígnios ocultos das coisas. Mesmo a falta de vergonha pode ter seu lado profético. O *Evangelho de Tomé* conta de Jesus o seguinte: "Seus discípulos perguntaram: quando você será revelado a nós e quando o veremos? Jesus respondeu: quando vocês se despirem sem sentir vergonha."[8] Esse é um tema bem desenvolvido nas histórias sobre São Francisco (que pediu para ser despido das vestes quando jazia moribundo), a implicação sendo que o divino reside além de qualquer distinção entre pudor e despudor, de forma que um desnudamento aparentemente impudico é precondição para a entrada no paraíso. Assim, todas as histórias nas quais os tricksters "roubam as coberturas das vergonhas" ou, mais literalmente, roubam as vestes de pessoas pudicas (como Krishna, Exu e o Macaco fazem) podem ser lidas como histórias da falta de vergonha profética.*[9]

---

* "Profético", aqui, não se refere a prever o futuro. A profecia tradicional tem uma relação distinta com o tempo, mas prever o futuro é apenas parte dela. O profeta não diz que a bolsa de valores vai cair no próximo mês de outubro ou que alguma celebridade vai se casar em breve. Na verdade, o profeta fala de coisas que serão verdadeiras no futuro porque são verdadeiras todo o tempo. O profeta perturba o mundano para revelar o eterno.

PROFECIA

Há o tema do *insight* profético, portanto, mas é um tema aparentemente em discordância consigo mesmo. Se associamos profecia com probidade, moralidade e conhecimento não mediado, então é um tanto estranho falar de um profeta amoral, mentiroso, ladrão e mediador. Algumas distinções precisam ser feitas. No *Hino homérico*, Hermes quer uma parcela dos dons proféticos de Apolo, mas Apolo se recusa a cedê-los. Hermes *tem* uma visão especial, mas se é um profeta, não o é ao estilo de Apolo e Zeus. De maneira semelhante, as mentiras de Krishna podem apontar a verdade, mas profetas geralmente não operam dessa maneira invertida. Isso é profecia com uma diferença.

As histórias do jovem Krishna roubando a manteiga parecem um bom lugar para se começar se quisermos saber em que ponto o *insight* do trickster converge com o da profecia tradicional e onde reside a diferença. Como mencionei muitos capítulos atrás, o Krishna menino é famoso por entrar na despensa quando a mãe está fora e quebrar os potes proibidos de manteiga. Quando Yasoda mais tarde o confronta, o ladrão mente e diz que não comeu manteiga nenhuma, algumas vezes acrescentando a pergunta: "Como eu poderia roubá-la – tudo na casa não pertence a nós?"[10] Há aventuras posteriores que ainda não mencionei: quando essa criança cresce, os seios das amas de leite fazem com que se lembre dos potes da doce manteiga e seus ardis se tornam sexuais. Aparentemente perdido de amor, o jovem deus vaga pelas florestas à noite, cantando e tocando sua flauta para atrair as mulheres da vila.

> Uma flauta, a melodiosa flauta de bambu
> – ou seria a vara de um pescador? –
> O nome é o mesmo, assim como a função:
> Enredar, atrair e caçar.[11]

A armadilha de pesca, o mais antigo truque do livro, é agora uma flauta cuja melodia não respeita nenhum muro de jardim, janela

A ASTÚCIA CRIA O MUNDO

ou porta, e quando, em outras situações, as castas e fiéis mulheres de Braj a ouvem, abandonam a limpeza e a coleta de água, dão as costas rudemente para as sogras, levantam-se do leito conjugal (algumas deixando até os abraços do marido) e vão dançar com Krishna à luz da lua. A noite culmina em uma dança circular durante a qual Krishna multiplica-se dezesseis mil vezes de forma a aparecer por inteiro para todas as mulheres, satisfazendo o desejo de cada uma delas de se tornar sua amante. Então, ao amanhecer, desaparece.[12]

Nem no roubo da manteiga nem no amor, a propósito, a disrupção de Krishna é motivada pela escassez. Ele tem fome e é concupiscente, é verdade, mas seus apetites sugerem outra coisa que não a carência. Não há histórias de Krishna com problemas para atrair mulheres, e quanto à fome, na história típica do ladrão da manteiga, sua mãe tentara fazê-lo comer a manhã inteira. Só quando ela desiste e sai o menino se anima e entra escondido na despensa.[13]

Se comida e amor estão prontamente disponíveis, por que todos esses embustes, essa ruptura de lares estabelecidos, esse arrombamento e essa invasão? Porque a abundância que Krishna quer (ou simboliza) só está disponível quando a estrutura é removida. Os alimentos com os quais Yasoda queria alimentar o filho são preparados e, portanto, contêm uma boa porção de regras e costumes locais, e também da ideia materna de como as coisas devem ser (comemos isto, e não aquilo; comemos agora, e não mais tarde; esses temperos são especiais, aqueles são inferiores; pode comer um doce, mas só depois de terminar as lentilhas). Comidas preparadas são alimentos filtrados por uma rede de condições culturais. A manteiga roubada, por outro lado, é não condicionada, imediata, concentrada. Como a isca habilmente retirada de uma armadilha, alimenta sem confinar.[14]

Quanto ao amor sexual, poderíamos dizer aqui que o casamento é a refeição preparada da vida erótica. Nos casamentos arranjados

PROFECIA

da cultura hindu, em especial, a união não expressa uma atração particular, mas um contexto social mais amplo de alianças familiares, propriedade, terra e herança. Na verdade, em algumas partes da Índia, conta-nos John Stratton Hawley, o amor "jamais deveria ser a base do casamento, pois introduzir atração nos domínios da estrutura conduziria a uma confusão de sua natureza, enfraquecendo-a e até conspurcando-a. É a natureza da atração contradizer o que a estrutura determina, produzir ligações que cruzam fronteiras em vez de reforçá-las".[15] Distinções similares refletem-se na maneira pela qual alguns tratados interpretam a imagem de Krishna como um ladrão de corações. O que se espera que entendamos, segundo eles, é que Krishna roubará o coração de qualquer uma que for tola o suficiente para pensar que seu coração pertence a ela, e não a deus.[16]

A comida preparada, o casamento arranjado – eles podem ter sua plenitude, porém ainda mais plena é a comida roubada, o amor roubado. A convenção pode proporcionar suficiência, mas além de seus muros, além "das estruturas que erigimos em tão gloriosos e altivos detalhes", reside uma plenitude espiritual que as estruturas humanas necessariamente obscurecem. Na verdade, é justamente porque a essa plenitude reside além do que foi designado que a revelação de Krishna deve vir pela ruptura: se viesse de qualquer outro modo, teria de ser por algum tipo de estrutura, e toda estrutura – não importa quão "boa" ela seja – existe com a exclusão de algo. Se há um amor além da lei, só um ladrão pode ser seu profeta (embora de seu ponto de vista não seja absolutamente um ladrão; os verdadeiros ladrões são aqueles que trancam as portas, os que guardam seus corações).

Por um lado, então, se a profecia tradicional envolve romper com o mundano para revelar as verdades mais elevadas do paraíso, então Krishna age de acordo com essa tradição: suas mentiras e seus roubos apontam para vastidões divinas além da rotina da vida

A ASTÚCIA CRIA O MUNDO

cotidiana. Mas é claro que tricksters não são profetas tradicionais, e um dos detalhes das histórias que acabei de mencionar ajudará a assinalar a diferença. No fim da dança na floresta com as dezesseis mil leiteiras, Krishna desaparece, deixando suas amantes desoladas, iludidas, saudosas.[17] O último roubo do ladrão é furtar a si próprio. Mas que tipo de revelação é essa que se segue à perda? Qual é o significado da ausência? Há uma tendência negadora nas ações do trickster; ele extingue a lei e a propriedade mundanas, mas não para substituí-las por outra coisa. Assim, se dizemos que as disrupções de Krishna oferecem uma compreensão da plenitude do divino, deveríamos pelo menos salientar que a interpretação é nossa, pois o mensageiro partiu sem deixar mensagem nenhuma. A única coisa que fez foi quebrar os potes de manteiga, lançar as notas da flauta por sobre o muro do jardim, roubar algumas roupas, arrancar algumas plantas de arjuna – ele nunca diz o que tudo isso significa. Não é o falante declarativo da profecia tradicional, mas um anjo anulador que cancela o que os humanos construíram com tanto cuidado, depois suprime a si próprio.

Se Krishna tem um lado profético, então seu desaparecimento deixa claro que não se trata de uma profecia como é normalmente descrita. Em geral, o profeta pode falar declarativamente porque o divino interveio diretamente na ordem humana. "O próprio deus é quem fala" quando o profeta abre a boca, diz Platão.[18] "Na Israel anterior ao Exílio", diz um estudioso da Bíblia, "o profeta era um homem com uma mensagem vinda diretamente de Deus."[19] No misticismo do Islã, um profeta é "a união de um Nome divino e da forma sensível (...) na qual o Nome se torna visível", diz Henry Corbin.[20] Helenística, hebraica, islâmica – há uma vasta tradição segundo a qual a profecia é a revelação não mediada, o divino se manifestando como presença, não como ausência.

Mas Krishna nunca se declara dessa forma e, portanto, é difícil extrair um sentido positivo de suas anulações. Como o monte de pedras sobre uma sepultura, o símbolo que representa uma coisa

PROFECIA

que se perdeu (não "Krishna", mas "Krishna ausente") pertence a uma estranha classe de símbolos. Não podemos ler seu significado "através dele", pois o que representa está ausente. Opera não como um ponto de entrada para o significado, mas paradoxalmente como gerador de múltiplos significados. Isso equivale a dizer que, quando tentamos encontrar o sentido de um desses "símbolos da perda", descobrimos apenas sentidos que nós mesmos lhes atribuímos e podemos facilmente atribuir significados novos a cada vez que os abordamos. (Um famoso exemplo é a observação de Thoreau em *Walden*: "Muito tempo atrás perdi um cão, um cavalo baio e uma pomba-rola e ainda estou seguindo o rastro deles."[21] Cento e cinquenta anos depois de essa frase ter sido escrita, o que se nota não é que seus leitores tenham lentamente determinado seu verdadeiro significado, mas que os significados têm proliferado a cada vez que alguém a analisa.)[22] Símbolos de coisas ausentes atraem mentes interpretativas do mesmo modo como a música da flauta atrai as gopis. Se múltiplos significados é o que você quer, um cão perdido é uma melhor fonte deles do que qualquer totó real. Krishna apaga o mundano, depois apaga a si mesmo, e essas remoções – precisamente porque *não* declaram – abrem o território para que os seres humanos desfiem interminavelmente suas ideias sobre o que aconteceu.

Uma bela imagem moderna desse aspecto não declarativo (e portanto multiplicador de significados) do tipo de profecia que quero descrever pode ser encontrada na famosa parábola que Franz Kafka oferece em um dos capítulos finais de *O processo*. Em seu livro sobre a arte da interpretação, *The Genesis of Secrecy* [A gênese do sigilo], Frank Kermode fornece uma boa sinopse:

> Um homem chega e pede para ser admitido perante a Lei, mas é barrado por um porteiro, o primeiro de uma longa sucessão de porteiros, cada um com aspecto cada vez mais terrível, que

A ASTÚCIA CRIA O MUNDO

manterão o homem do lado de fora caso o primeiro fracasse em fazê-lo. O homem, que imaginara que a Lei estivesse aberta para todos, surpreende-se ao descobrir a existência de tal arranjo. Mas espera do lado de fora da porta, sentado ano após ano em seu banquinho, e conversando com o porteiro, a quem suborna, embora sem sucesso. Por fim, quando está velho e próximo da morte, o homem observa uma radiância imortal fluindo da porta. Enquanto está morrendo, pergunta ao porteiro por que apenas ele fora ter àquela entrada para tentar sua admissão perante a Lei. A resposta é: "Esta porta era destinada somente a você. Agora vou fechá-la."[23]

Kermode está interessado no problema de como conhecemos o significado de uma parábola, e particularmente na divisão comum entre os "iniciados", que o conhecem, e os "não iniciados", que o ignoram; e está especialmente interessado no não iniciado, o hermeneuta a quem Hermes guia através da porta para que passe a compreender o sentido oculto das coisas. Embora Kermode seja cético a respeito da sorte que os não iniciados possam ter, abre uma exceção no que se refere à impressionante narrativa de Kafka e declara seu significado: Kafka está dizendo que o significado (a verdade, a Lei, o sentido unívoco) é como a breve radiância que cintila do outro lado de uma porta que não se pode atravessar. As coisas que tentamos entender atualmente têm apenas "radiâncias intermitentes",[24] e elas são "impossíveis de interpretar".[25]

Note-se que não é necessariamente o caso de que não haja verdade, nem que nunca tenhamos uma insinuação dela, apenas que não podemos em nenhum sentido chegar definitivamente a ela. Podemos nos orientar, mas não chegar ao destino.

> Entrevemos o segredo através da urdidura de um texto; isso é divinação, mas o que se adivinha é o que é visível do nosso ângulo. É uma radiância momentânea, ilusória ou não (...) Quando passamos a relacionar essa parte ao todo, o vislumbre adivinhado

PROFECIA

do fogo que supomos ser sua fonte, vemos por que Hermes é o patrono de tantos outros ofícios além da interpretação. Tem de haver trapaça. E interpretamos sempre *como seres em trânsito* (...)[26]

Kermode fala em "texto" aqui, mas sua noção de hermenêutica não se confina à linguagem. Somos seres em trânsito no mundo, "que se assemelha ao livro. O mundo é nosso códice amado".[27] Lemos livros, é verdade, mas também lemos os ramos oscilantes do pinheiro, a tartaruga nadando sob o gelo, o fragmento de sonho evocado pelo odor das folhas de eucalipto, os pedaços de código genético não usados nas cadeias de DNA, o bamboleio no voo do *frisbee* – e cada uma dessas coisas tem uma radiância a oferecer, a ideia de que certamente há segredos ainda por revelar, se ao menos os portões se abrirem livremente. Mas na parábola de Kafka eles nunca se abrirão de todo; uma luz distante é tudo o que há, e ela é vista apenas brevemente.

Deixe-me retomar o fio da minha argumentação. Comecei observando que alguma espécie de *insight* especial é regularmente atribuída aos tricksters, o que implica que podem ter um toque de profetas em si. As histórias de Krishna fornecem um bom exemplo, pois nelas encontramos alguém que faz o que os profetas fazem, que rompe a crosta dos assuntos mundanos e da moral convencional para revelar verdades mais elevadas. Na leitura costumeira dessas histórias, as ações de Krishna apontam para o mundo espiritual, para a plenitude e a complexidade do divino.

Esse verniz tradicional pode ser complicado, porém, se nos detivermos no modo como Krishna desaparece no fim da dança na floresta. Se sai às escondidas sem dizer o que tudo aquilo significa, talvez fosse melhor dizer que Krishna perturba o mundano e o convencional não para revelar uma lei suprema, uma verdade oculta, mas antes a plenitude e a complexidade deste mundo. Abordar o problema de como ler a imagem de algo que desaparece, como

A ASTÚCIA CRIA O MUNDO

atribuir significado ao nosso anseio por coisas ausentes, revela-se um modo de expandir esse argumento sobre a plenitude: no caso de Krishna, ou de Thoreau, ou de Kafka, a ausência de uma verdade revelada produz uma pluralidade de leituras. Suprimir o mundano e depois abandonar as coisas abre os livros. Quando Krishna desaparece, é como se as gopis tivessem visto uma breve radiância, mas já não tivessem nenhum modo de obter o seu "verdadeiro" significado, ou como se tivessem despertado de um impressionante sonho de desejo alcançado cuja presença noturna evapora à luz do dia. E o que esse sonho, essa radiância significa? Há tantas respostas quanto há anseios humanos. O trickster revela a plenitude deste mundo: se ele, então, desaparece, vemos a mesma revelação repetida nas múltiplas maneiras como os seres humanos entendem a plenitude das coisas uma vez que o entendimento convencional é retirado.

A ideia de que tricksters proféticos oferecem uma revelação da plenitude está no cerne do que quero dizer aqui, mas não é a história toda. Há um padrão de eventos que conduz à revelação da plenitude e a ultrapassa, e agora quero recuar e descrever a maneira como vejo esse padrão desde o início. No caso de Krishna, a primeira parte da ação não é a revelação, é o desejo. O ladrão da manteiga tem fome de comida não mediada, e é por isso que contraria as regras locais. As gopis desejam Krishna, e é por isso que desprezam por completo o decoro. A fome e a luxúria, não suas coibições, são os primeiros acontecimentos nessa jornada profética. O Macaco tem "pupilas de diamante" que podem enxergar através das superfícies, mas, antes de a história revelar esse fato, há o Macaco se banqueteando com os pêssegos proibidos. Antes que Hermes se torne um hermeneuta, ele "anseia por comer carne".

Na verdade, posso expandir essa declaração sobre o apetite voltando-me novamente para o *Hino homérico* com a questão da profecia em mente. No *Hino*, Hermes dá a lira a Apolo

PROFECIA

precisamente porque quer uma parcela dos poderes proféticos dele. Mas Apolo dará ao recém-chegado apenas um oráculo menor, conhecido como as Donzelas-Abelhas, cujos poderes evocam um tempo em que os videntes bebiam mel fermentado para induzir seu transe divinatório. Apolo as descreve:

> "Há certas irmãs sagradas, três virgens elevadas por asas velozes (...) Elas ensinam seu próprio tipo de previsão do futuro (...) As irmãs voam para dentro e para fora do lar, alimentando-se de favos cerosos (...) Gostam de contar a verdade quando já se alimentaram de mel e estão tomadas pelo espírito; mas se tiverem sido privadas dessa doçura divina, elas zumbem a esmo e resmungam mentiras."[28]

O *Hino* deixa claro que os poderes de Apolo são maiores do que os das Donzelas-Abelhas. Como devemos entender essa diferença? No capítulo 3, falei em linhas gerais de como o classicista Gregory Nagy distingue dois tipos de poetas gregos antigos, um que varia seu repertório enquanto se desloca, contando "mentiras" (ou pelo menos "verdades locais") para encher o estômago, e outro cujas canções permanecem constantes enquanto ele viaja de cidade em cidade – este último se alimentou figurativamente com o próprio estômago e, portanto, teve acesso a um tipo de verdade que não depende de sua situação. Odisseu corresponde ao primeiro modelo; o poeta Hesíodo, elevado acima de seu antigo estado de pastor de ovelhas, segue o segundo. O próprio Nagy estende essa distinção até o caso em discussão:

> Hermes cede a lira a Apolo e restringe-se à primitiva flauta doce. Desse modo, Apolo (...) assume a esfera do profeta em um nível pan-helenístico altamente evoluído (seu oráculo em Delfos), deixando para Hermes a esfera mais primitiva do profeta como expoente local de um tipo de "verdade" que é induzida por mel fermentado.[29]

A ASTÚCIA CRIA O MUNDO

Devemos chamar a atenção para o fato de que o mel que as Donzelas-Abelhas comem é um alimento especial, o alimento dos deuses, de forma que não estamos exatamente nos domínios dos estômagos humanos, que comem carne e padecem de uma morte precoce.[30] E ainda assim não estamos exatamente livres desses estômagos, pois o restante dos detalhes condiz com o velho padrão: é uma flauta doce que Hermes toca agora (como Hesíodo *antes* da sua transformação) e não importa quão elevada seja sua dieta, as Donzelas-Abelhas mentem se estiverem com fome.

Não temos uma história extensa sobre as Donzelas-Abelhas, mas o que temos oferece o suficiente para o argumento que procuro. A profecia pura pertence a Apolo, e algum tipo de profecia dos mentirosos ou impura pertence a Hermes. Esta última, além do mais, *não* é livre de apetite. O próprio Hermes pode ter-se recusado a comer carne, mas seu oráculo preserva a conexão entre um estômago cheio e o ato de dizer a verdade. Isso nos diz algo sobre as alegações de verdade em um mundo no qual Hermes está presente. As Donzelas-Abelhas contam mentiras como as que Hermes conta? Mentem da mesma maneira que Legba e Krishna? Se é assim, deveríamos voltar a um ponto tratado anteriormente no livro, compreendendo a afirmação de que "meros estômagos" dizem mentiras por oposição: quando os bem-alimentados falam a verdade, estão fazendo o artifício de sua situação se passar por uma verdade eterna. Nesse caso, as mentiras que vêm dos estômagos vazios servem para despir o "eterno" da "verdade", expondo-o como o que é, uma criação humana sujeita a mudanças. Quando a "verdade" não satisfaz o apetite, um criador de *artus* encontrará as juntas frágeis das supostas essências e as abrirá. No mundo do trickster, o apetite é um poder buscador de poros, e assim também o vaticínio dos apetites. As profecias deste revelam as junções ocultas que mantêm um mundo coeso, os poros escondidos que conduzem

PROFECIA

para fora. Se não acredita nisso, tente manter Hermes afastado do seu gado; tente manter o Macaco fora do pomar quando os frutos estiverem maduros.

Esta é a primeira parte da profecia do trickster – o apetite procurando os poros do artifício –, e isso leva diretamente à segunda parte, a revelação da plenitude. Lembremos que Krishna, o ladrão da manteiga e dos corações, não rouba porque os objetos dos seus desejos são intrinsecamente escassos. Rouba porque são abundantes, mas a ordem humana reduziu sua circulação. Há amor no casamento, mas ele é necessariamente governado por regras. Há fartura de comida na casa de Yasoda, mas ela é restringida por regras locais sobre quem deve comê-la, quando e sob que condições. A manteiga depositada nos potes é um alimento vedado, uma força contida pela convenção que só se torna disponível em todo lugar depois que Krishna quebra os recipientes.*

Ele se assemelha bastante a esses vasos quebrados, pois a criança ainda não disciplinada tem o mesmo potencial incontido. As mulheres nativas com as quais Hawley conversou em Braj, cidade considerada o local de nascimento de Krishna, disseram-lhe que ficariam preocupadas com uma pequena criança que nunca roubasse ou contasse uma mentira:

> Qualquer mãe, sentem elas, (...) ficaria altamente desapontada se sua jovem criança não demonstrasse nenhum elemento de travessura (*saitani*, literalmente "diabrura"). Esse sentimento é particularmente forte em relação aos meninos, mas se aplica também a meninas, pelo menos até os cinco anos, quando geralmente se pensa que uma criança deve se tornar moralmente responsável.[31]

---

* Um tema similar aparece em relação a Exu, conhecido por quebrar cabaças. Em outros contextos da África Ocidental, as cabaças simbolizam a criação controlada (e pequenas cabaças são usadas para armazenar poderosos medicamentos). Exu quebrando-as é um símbolo da energia catabólica, "não de poder contido", diz Joan Wescott, "mas de potencialidade liberada".[32]

A ASTÚCIA CRIA O MUNDO

Uma mãe, em outras palavras, ficaria desapontada se o filho não tivesse um toque de Krishna, pois tal criança é puro potencial engatinhando entre nós. Poderia crescer para se tornar qualquer uma das coisas que um ser humano tem a possibilidade de ser.

Essa é a criança que come *qualquer coisa*, que rasteja pelo chão pondo na boca por reflexo tudo o que encontra. Em uma das histórias mais famosas, os companheiros de Krishna chegam correndo para contar à mãe que o menino peralta estava comendo terra.[33] Quando ela o confronta, primeiro ele nega a acusação, mas por fim abre a boca para que ela veja. Imediatamente, ela cai desfalecida, pois dentro da boca de Krishna vê o universo inteiro em turbilhão. A criança comendo terra ainda não sofreu o enquadramento na estrutura que começa depois dos cinco anos. Ainda não refinou os gostos e desgostos que estabelecerão as fronteiras do ego. Seu bocado de terra é, portanto, anagógico para o olhar de qualquer que o ame, embora o que o olho vá ver não seja a pureza celestial, mas a plenitude deste mundo antes que a ordem determinasse a exclusão da sujeira.[34]

Então, agora temos duas coisas que o trickster profético revela, os poros ocultos que conduzem para fora do mundo terreno e a plenitude que reside além deles. Há uma terceira coisa, à qual chegarei a uma pequena distância.

Em 1964, Mac Linscott Ricketts concluiu uma tese de doutorado que é um levantamento notavelmente extenso das histórias de trickster norte-americanas. Nela e em ensaios posteriores, Ricketts argumentou que os contos localizam o trickster em oposição à prática e às crenças do xamanismo. Segundo a maneira de pensar de Ricketts, a humanidade teve duas respostas quando confrontada com tudo o que engendra assombro e temor neste mundo: o caminho do xamã (e dos sacerdotes), que supõe um mundo espiritual, curva-se perante este e procura fazer alianças; e o caminho do trickster (e dos humanistas), que não reconhece

422

PROFECIA

poder além de sua inteligência, que procura apreender e subjugar o desconhecido com razão e astúcia.[35] "O trickster (...) personifica [uma] experiência de Realidade (...) na qual humanos sentem-se como seres autossuficientes para os quais os espíritos sobrenaturais são poderes não para serem adorados, mas para serem ignorados, superados ou, em última análise, escarnecidos."[36] O xamã entra no mundo espiritual e trabalha com ele, mas "o trickster é um *outsider* (...) Ele não tem amigos nesse outro mundo (...) Tudo o que os humanos ganharam dos poderes invisíveis do além – fogo, peixes, jogo, água fresca e assim por diante – foi obtido, por necessidade, por meio de trapaça ou roubo (...)".[37] Ao obter esses bens, o trickster, ao contrário do xamã, "não obtém também poderes sobre-humanos ou parceria espiritual (...) Parece não necessitar de amigos: vira-se muito bem por conta própria (...)".[38]

Para explorar essa ideia, Ricketts mostra como um determinado número de histórias de trickster pode ser lido como paródia do xamanismo. Na iniciação xamânica, por exemplo, o espírito mata e ressuscita o iniciado, muitas vezes depositando algo no interior do corpo ressuscitado – um cristal de quartzo, por exemplo – que o xamã pode mais tarde invocar de dentro de seu corpo durante os rituais de cura.[39] Se alguém do grupo alega ter esses poderes, você pode achar de um humor perverso as histórias nas quais o Coiote, quando precisa de conselho, invoca (com muitos grunhidos) seu próprio excremento. De maneira semelhante, sonhos de voo são considerados premonições da iniciação xamânica, e o xamã em transe pode supostamente voar para o céu, para o submundo, para as profundezas da floresta.[40] Com isso em mente, é difícil não ouvir o tom paródico nas histórias quase universais do trickster tentando voar com os pássaros, apenas para cair ignominiosamente na terra. O fracasso do trickster implica que essas pretensões xamânicas são devaneios, na melhor das hipóteses, e embustes, na pior. "Humanos não foram feitos para voar (...). O trickster, como os seres humanos, é uma criatura presa à terra, e

A ASTÚCIA CRIA O MUNDO

seu desejo de voar (e de escapar à condição humana) é (...) uma fantasia frívola."[41]

De maneira semelhante, as histórias do "anfitrião atrapalhado" podem não ser apenas sobre os métodos instintivos dos animais, como argumentei em um capítulo anterior, mas sobre a alegação do xamã de que é capaz de adquirir os poderes de outros seres. O trickster fracassa em adquirir poderes porque isso simplesmente não pode ser feito. "O trickster, ao tentar conseguir sua comida à maneira do Martim-Pescador, por exemplo, (...) está em busca de habilidades sobre-humanas. Está, na verdade, tentando transcender a condição humana e viver de um modo diferente daquele que é próprio dos humanos. Esforços desajeitados de fazer o que os animais fazem", conclui Ricketts, "podem ser vistos como zombaria contra xamãs e todos os outros que acreditam adquirir poderes mais elevados dos espíritos animais."[42]

Se o xamã em contato com espíritos mais elevados é o profeta da América nativa, então o trickster, sua sombra risonha, é um profeta com uma diferença. Repetidas vezes as histórias chamam a atenção para as reais restrições da vida humana: humanos não podem voar como os pássaros; os mortos não voltam. Essas são espécies de "verdades eternas", mas apontá-las conduz o olhar para este mundo, não para outro. É uma revelação de corpos feitos de carne, não de corpos celestiais. Além disso, quando a paródia é capaz de despir as coisas, ela zomba de seus encantos, abre espaços onde algo novo pode acontecer. É verdade que quando o trickster quebra as regras, nós as vemos com mais clareza, mas também temos um vislumbre de tudo o que excluem. Comentando histórias dos navajos, Barre Toelken escreve: "O Coiote funciona na literatura oral como um símbolo daquele Todo caótico com o qual os rituais humanos criaram uma ordem para a sobrevivência."[43] Zombar dos rituais abre a porta para o retorno daquele Todo caótico. Do ponto de vista do xamã, as regras que o trickster viola articulam o mundo ideal, mas do ponto de vista privilegiado do

PROFECIA

trickster, se pensarmos que o ideal é o real, estaremos seriamente enganados e não veremos metade do que está bem diante de nós. Podemos desejar que nossos corpos produzam cristais de quartzo, mas as vísceras em geral nos contam outra história.

Nesse sentido, ver o Coiote como um xamã-com-uma-diferença pode nos levar de volta ao ponto previamente discutido sobre a revelação da plenitude de outro modo oculta por trás da forma convencional. Não apresentei a ideia de Ricketts para elaborar esse ponto, mas para introduzir a questão do que acontece depois que essa plenitude, esse "Todo caótico" aparece. Parte da resposta reside nas consequências de o trickster ter criado a categoria do "falso xamã" para contrapô-la à do "xamã real". Assim como a simples adição de um anzol de pesca produz as categorias "minhoca verdadeira" e "minhoca falsa", a presença de um trickster em uma tradição xamânica pede o reconhecimento das complexidades do próprio reconhecimento. Se há falsos xamãs entre nós, teria sido melhor aprendermos a interpretar, e nesse ponto reside o elemento final do padrão da profecia trickster. A revelação da plenitude exige uma revelação da mente.

Talvez eu consiga esclarecer o que pretendo dizer aqui abordando o argumento a partir de uma tradição diferente. Em hebraico, a palavra para "profetas" (*nebî'îm*) pode ter dois sentidos: pode se referir àqueles que trazem, sem mediação, a revelação do deus supremo, ou àqueles que falam às pessoas por meio da imaginação. O erudito Alan Cooper argumenta que a profecia não mediada é um caso especial; Moisés é o único exemplo.[44] Na Bíblia hebraica, todas as profecias não mosaicas são "imaginadas", e os profetas que falam desse modo podem ser verdadeiros ou falsos, pois a própria imaginação pode criar tanto formas verdadeiras quanto formas falsas. A imaginação de Jeremias era clara, e ele era um verdadeiro profeta; a de Hananias ben Azur era nebulosa, e ele era um falso profeta.

Mas como as pessoas que ouvem podem saber quem é quem? A questão por enquanto é não tanto responder a essa pergunta

A ASTÚCIA CRIA O MUNDO

difícil, mas assinalar o que ela pressupõe, que a possibilidade da falsa profecia significa que a profecia é mediada pela imaginação e que um ouvinte precisa ao menos estar consciente da própria imaginação se não pretende ser enganado. Do mesmo modo, na divinação iorubá, a amizade entre Exu e Ifá nos mostra que aquele *insight* das coisas celestiais nunca é desprovido de mediação, de forma que é necessário ter igualmente um *insight* dos veículos do *insight* (linguagem, imaginação, consciência simbólica etc.) e esses veículos, como afirmei no capítulo sobre Exu, não são exatamente instrumentos de alta fidelidade; assemelham-se mais à atmosfera, mutáveis, nebulosos, cheios de estática.

De forma semelhante, Gary Lindberg, em um belo livro sobre contos do vigário como um tema literário norte-americano, ofereceu uma definição útil de um trapaceiro: é alguém no ramo da criação de crença.[45] Isso equivale a dizer que o trapaceiro *não é* necessariamente um vigarista, e é essa a razão por que ele é problemático. Alguns criadores de crenças são verdadeiros: profetas, idealistas, carismáticos, políticos inspiradores, e assim por diante. Especuladores de terras no século XIX estavam no ramo da criação de crença ("Venha para Nova Jerusalém, em Minnesota, onde a praça central logo estará em burburinho, as fontes fluirão, as crianças sorrirão nos amplos parques!"). Alguns eram verdadeiros (P.T. Barnum criou East Bridgeport, em Connecticut, dessa forma) e outros eram vigaristas no sentido criminal, criando apenas rudes despertares.[46] O despertar é o ponto-chave: se há uma falsa crença entre nós, precisamos ter consciência de como a fé é criada; necessitamos estar atentos àquilo que faz com que a mente se desloque da desconfiança para a credulidade.

Uma coisa interessante sobre Barnum, a propósito, é que seu museu em Nova York criou um jogo público com base no problema da diferenciação entre o real e o falso. Muitas das maravilhas do museu eram autênticas, outras não eram, e cabia ao visitante adivinhar quais eram quais. As exposições podiam fazer de bobos tanto

PROFECIA

os crédulos quanto os céticos, pois cada um julgaria erroneamente uma parte do material em exibição. Os céticos nunca viam o que o ornitorrinco com bico de pato realmente era, e os crédulos nunca percebiam o que era de fato a Sereia de Fiji. Barnum transformou um problema da vida urbana norte-americana – como saber o que está acontecendo em um ambiente tão inconstante – em uma forma de entretenimento. Aqueles que visitam o museu de Barnum têm sua perspicácia aguçada para a vida na cidade.

Seja lá o que a "vida na cidade" represente, porém, deve ser muito antigo, pois o essencial é o mesmo em cada um desses cenários. O trickster entre os xamãs, o falso mensageiro em uma tradição profética, o trapaceiro em um mundo de estranhos: cada situação requer que a esperteza aguce a esperteza, a imaginação imagine a si própria, a mente desperte para a mente. Nem toda mente pode fazer essas coisas, é claro. A tartaruga aligator com sua língua chamariz tem um truque astuto, mas não tem uma mente astuta. A jovem garota em uma busca espiritual que vai se sentar sobre um certo cogumelo cor-de-rosa por que o Coiote lhe disse para fazer isso – essa garota tem uma mente, mas ainda não se deu conta de suas complexidades. O xamã pode muito bem ter a forte crença que permite que ele opere no mundo dos espíritos, mas a fé tem ideia fixa e não pode fazer o que o trickster faz, abrir os corredores do humor que permitem que a mente brinque consigo mesma e com suas criações. Com a revelação de plenitude, portanto, vem a revelação de uma consciência complexa que opera nas junções, uma consciência que pode sempre encontrar esses corredores de humor, que brinca com qualquer conceito, não importa quão sério ele pareça (brinca com o xamanismo, com a verdade, com as Maçãs da Imortalidade), e que pode, se necessário, criar um novo artifício, que pode passar a moldar quando cansar de deslocar.

Uma analogia um tanto simples vai me ajudar a resumir a argumentação que fiz sobre estrutura e plenitude e sobre a consciência

A ASTÚCIA CRIA O MUNDO

que esta última exige. Estruturas sempre se constroem a partir da exclusão. Pensemos, por exemplo, em como poderíamos elaborar o desenho de uma bandeira. Neste mundo há um sem-fim de cores; os tons de verde nos campos e florestas são infinitos, assim como os da água sob céus inconstantes. Para compor uma bandeira, selecionamos apenas duas ou três das cores disponíveis e entre as infinitas maneiras como podemos arranjá-las nos decidimos por uma só. Apenas por meio dessa delimitação a bandeira pode adquirir identidade. Então ela significa algo. Então podemos reconhecê-la, saudá-la, ser os seus heróis, protegê-la da sujeira. Ainda que a insultemos, estamos respondendo a ela como um receptáculo de significado, como uma particularidade extraída da vastidão.

O oposto dessa estrutura é variegado – o multicor, o sarapintado, o maculado,[47] as cravinas matizadas,[48] o real se exibindo como "trapos variáveis". Uma vez que uma superfície mosqueada surge, ela tem uma estrutura particular, é claro, mas a sensação é sempre de que ficou dessa forma por acaso, a partir de fragmentos, e que pode ser que isso não dure. O variegado indica ausência de identidade. A pele multicolorida às vezes representa a carne esfarrapada dos mortos em decomposição, aqueles cuja identidade se dissolve rapidamente. Entre os vivos, o personagem que veste roupa multicolorida nunca é o herói, jamais o rei, embora tenha uma liberdade de movimentos de que estes carecem.

A imagem da força desestruturadora do variegado percorre as histórias de trickster. Está nos pôneis malhados que Susa-nö-o solta nos arrozais; no não delineamento da Via Láctea que o Coiote coloca no céu; nas pegadas indecifráveis que Hermes deixa com as sandálias de sola de junco; no rosto com marcas de varíola de Exu; nas bochechas escuras de Krishna lambuzadas de manteiga. Cada uma dessas é uma figura de possibilidades mais amplas – não as constelações fixas, mas o borrão de estrelas das quais as constelações podem ser feitas; não os arrozais ordenados, mas a chuva transbordante que nutre toda a vida; não a luz solar de

PROFECIA

Apolo, mas a luz que penetra pela entrada da caverna onde sonhos e razão se misturam; não a energia contida do desígnio, mas o calor catabólico que se desprende dos montes de adubo.

Até mesmo o matizado não consegue representar os extremos mais abundantes da plenitude, porém. Para isso precisamos do que pode ser chamado de matizado-em-movimento, como acontece com o polvo errante que pode mudar os padrões de sua pele para se adaptar ao fundo sempre cambiante. E por dentro dessa pele vive algo ainda mais fluido. Para Aristóteles, o polvo é uma imagem de sua própria "inteligência de numerosas volutas",[49] e para Homero representa a mente de Odisseu, aquela capacidade muito viajada que pode adaptar-se a qualquer situação que encontra neste mundo em expansão. A paisagem é um potencial constante para essa inteligência viajante, porque a situação presente está sempre em dissolução e as coisas que o horizonte uma vez obscureceu se tornam visíveis.

Essa inteligência pertence ao andarilho que ouviu o mesmo objeto ser chamado por diferentes nomes em diferentes cidades. Pertence ao viajante do tempo, a criança imigrante em cada um de nós. Quando Maxine Hong Kingston era jovem, sua família costumava dizer que a mãe tinha cortado o seu freio da língua, o tecido que a conecta ao assoalho da boca. "Eu era a que tinha a língua sem freio (...)",[50] diz, e, como se para demonstrar o efeito causado, prossegue lendo a história de diversas formas, imaginando em dado momento que a mãe fez essa proeza para manter a filha calada,[51] e em outra passagem imaginando o oposto, que ela o havia cortado para que Maxine pudesse falar, particularmente para que pudesse traduzir do chinês para o inglês.[52] As circunstâncias haviam posto Kingston em uma situação de multiplicidade linguística. A criança imigrante forçada a traduzir quando faz compras com os pais: este deve ser o mito de origem da hermenêutica. É uma história de viajante, uma história *não* sobre encontrar a única língua verdadeira, o original que se perdeu, a ânfora intacta,

A ASTÚCIA CRIA O MUNDO

mas sobre ser forçada a mediar situações incomensuráveis que se apresentam incessantemente. "É só você traduzir", a mãe lhe dizia, como se fosse tão simples.[53] "Minha boca ficou permanentemente arqueada pelo esforço (...)."[54]

Aqui posso trazer à tona algo que jaz implícito em tudo isso, que se há uma revelação de plenitude ela vai incluir uma plenitude de linguagens. O matizado-em-movimento pode ser representado como a Babel das línguas, e seu reflexo mental como a mente poliglota. Ouvimos com regularidade sobre tricksters envolvidos nas origens da multiplicidade linguística. Na América do Norte, os bella coola acreditam que "o criador pensou que um idioma seria suficiente, mas o Corvo pensou diferente e criou muitos".[55] Os paiute acreditam que quando o Coiote teve fome de carne, os outros animais aprenderam a desconfiar uns dos outros e cada um adotou uma língua distinta: "A linguagem comum se perdeu."[56] Tanto Legba quanto Exu parecem ter causado as brigas que significam que os deuses não mais falavam os idiomas uns dos outros e por isso precisavam que o trickster se deslocasse entre eles, traduzindo.

De fato, a história de Exu fazendo com que os dois melhores amigos briguem indica que por "linguagem" não deveríamos entender apenas coisas tão amplas quando inglês, francês, iorubá, paiute. Os amigos que Exu engana acham que falam cada um a língua do outro, apenas para descobrir que não o fazem e chegar às vias de fato. Exu inventa uma situação que cria uma elocução distinta em cada homem e – sem levar Exu em consideração – cada um é incapaz de compreender o sentido do que o outro diz. Isso acontece na estrada, nas encruzilhadas, onde a experiência do novo se manifesta de maneira contingente, e por isso a nova fala deve também se manifestar. Platão pensava não apenas que Hermes havia inventado a linguagem, mas que tinha feito isso em relação à "barganha", o que implica que um lugar primordial da invenção linguística é o mercado, outro local onde é provável

PROFECIA

que encontremos estranhos com bens desconhecidos e, dotados da inteligência das encruzilhadas, sejamos forçados a articular de maneira nova.

Além disso, o mercado e os cruzamentos podem ser uma metáfora para a própria metáfora, ou para qualquer fala original, as flores linguísticas que brotam nas encruzilhadas da mente. A mente articula de maneira nova onde há coincidência real, onde estradas paralelas e estradas contrárias repentinamente convergem. Este mundo está coberto de tempo e espaço e, portanto, a fala renovada está sempre surgindo, sempre sendo inventada. O mundo fervilha, assim como a fala. Não há fim para a contingência, tampouco para a linguagem. Fazemos poesia como seres em trânsito. Seria a morte para nós caso alguma Real Academia um dia tivesse sucesso em codificar a linguagem. Os construtores de nações que insistem em uma só língua oficial estão determinados a atar o trickster novamente, na esperança de parar o tempo, de tirar Exu da estrada. Mas e se um dia alcançassem a utopia da linguagem, o ansiado esperanto, que força policial iria impor a lei? Se houvesse uma linguagem única, imutável, o mundo, os céus e os governos seriam duros conosco, e ansiaríamos por um poeta viajante que nos contasse a velha história de como o Coiote foi dormir durante o conselho de todos os animais e sonhou em comer carne.

A história hebraica da Torre de Babel trata da perda de uma língua original unitária e divina e é o pano de fundo para muitas discussões sobre tradução e profecia. Alguns dizem que tanto o tradutor quanto o profeta esperam recuperar aquela língua original e assim chegar ao real sentido das coisas por trás do ruído corrente.[57] A tradição profética padrão imagina uma espécie de bardo que é capaz de reingressar na Era de Ouro e falar sem a interferência do ruído temporal, proferindo verdades essenciais em uma língua essencial. O trickster profético está relacionado a essa situação imaginária em dois sentidos distintos. Ou *existe* uma linguagem mais elevada mas nosso único acesso a ela é esse sujeito indigno de confiança, de modo que as mensagens que recebemos são turvas e ambíguas. Ou então "a verdade mais elevada" é ela própria uma desafortunada fantasia que só serve para obscurecer o que acontece de fato.

O trickster profético aponta para o que está realmente acontecendo: a turvação, a ambiguidade, o ruído. Eles são parte do real, não algo a ser filtrado. Muitas mensagens chegam simultaneamente, cada uma em uma língua diferente. Significado inexaurível, linguagem inexaurível, mundo inexaurível, é tudo a mesma coisa. Hermeneutas cristãos e judeus acreditam que há quatro níveis de significado em um texto;[58] na tradição cabalística, há 49 níveis. Mas esses são números pequenos para leitores que usam o *petasos*, o chapéu dos viajantes. A complexidade está conosco desde o início dos tempos e uma mente tão dúctil quanto a pele de um polvo surgiu para trabalhar com ela. Na última parte de sua profecia, o trickster revela-se, pois ele é essa mente. Quando uma mente humana reconhece o que foi revelado, reconhece a si própria. O caçador encontra duas coisas ao mesmo tempo quando finalmente enxerga o polvo oculto sobre a rocha.

Beleza frágil

Quando *O uivo e outros poemas*, de Allen Ginsberg, foi publicado, em 1956, os oficiais de costumes dos Estados Unidos deram início a um julgamento por obscenidade em San Francisco. Muitos luminares literários falaram em defesa do livro, incluindo Kenneth Rexroth, que disse ao promotor público:

> O termo mais simples para a escrita [de Ginsberg] é profética, é mais fácil chamá-la disso do que de qualquer outra coisa, porque temos um grande *corpus* de escritos proféticos como referência. Há os profetas da Bíblia, aos quais se assemelha no

PROFECIA

propósito, na linguagem e na temática (...) O tema é a denúncia do mal e a indicação da saída, por assim dizer. Trata-se de uma literatura profética. "Ai! Ai! Ai! A cidade de Jerusalém! Os sírios estão prestes a cair ou já caíram, e vocês devem fazer tais e tais coisas, e devem se arrepender e agir assim e assado." E (...) as quatro partes de [*Uivo*] (...) fazem isso de maneira muito específica. Assumem essas várias especificidades sucessivamente, uma após outra (...)

"Notas de pé de página para *Uivo*" (...) é bíblico em sua referência. A referência é à bênção, que é dita repetidas vezes: "Bendito é o fogo, bendita é a luz, benditas são as árvores, bendito seja isto e bendito seja aquilo", e [Ginsberg] está dizendo que "tudo o que é humano é sagrado para mim" e que a possibilidade de salvação nessa situação terrível que ele revela se dá por meio do amor e por meio do amor por tudo o que é sagrado no homem. Por esse motivo diria que isso praticamente cobre todo o terreno da típica poesia profética.[59]

Mas é claro que o contexto dessa afirmação era aquele carnaval da liturgia democrática, um julgamento por obscenidade, e a maioria dos escritos proféticos não segue seu caminho até esses tribunais. *Uivo* pertence à tradição, mas também é distinto dela (que nunca fala em se deixar "foder no rabo por motociclistas santificados").[60] *Uivo* pode juntar-se à bênção ao dizer que "o mundo é santo!", mas esta não acrescenta: "A língua e o caralho e a mão e o cu são santos!"[61] Rexroth certamente está correto quanto a isso, mas agora que o oficial de costumes liberou o livro, podemos refinar a descrição. Ginsberg é profético à maneira do Coiote, saindo da jaula para invocar o Todo caótico.

Um amigo uma vez ouviu uma palestra de Ginsberg sobre profecia; no fim da fala, um jovem perguntou: "Sr. Ginsberg, como alguém se torna um profeta?" Ginsberg respondeu: "Conte seus segredos." Desvelar segredos é apocalíptico em um sentido simples (a raiz grega significa "uma revelação"). Nesse caso, levanta as coberturas da vergonha. Permite que a articulação entre onde o silêncio um dia vigorou. "Conte seus segredos" é uma prática para relaxar as delimitações do eu, para abrir o ego. "A luta pelo direito de ter segredos dos quais os pais são excluídos é um dos fatores mais poderosos na formação do ego",[62] diz-nos a psicanálise, mas uma vez que esse direito é adquirido, lá está você no interior do ego, que pode muito bem levar seu trabalho a sério demais, provando com antecedência todos os seus alimentos e dizendo aos amigos que telefonam que não há ninguém em casa. Aquele que conta os segredos que estou tentando descrever espera criar um continente mais poroso no interior do qual habitar. Para escrever seu registro de poesia profética, Ginsberg foi para a costa oeste, a bons cinco mil quilômetros de distância dos pais, e convenceu-se de que estava escrevendo em segredo para alguns amigos seletos. Esse é um bom e geralmente necessário começo, mas no fim produz apenas uma gaiola mais espaçosa ("nós" temos um segredo), e não liberdade. Publicar os seus segredos para que estranhos nas ruas possam conhecê--los (sem mencionar aqueles pais) – isso é o que torna a obra de Ginsberg profética no sentido que procuro.

Como vimos alguns capítulos atrás, os primeiros "segredos" de Ginsberg tinham a ver com sua sexualidade e a loucura da mãe; enquanto amadurecia, suas revelações se tornaram mais amplas, de forma que o homem mais velho parecia o analisando freudiano ideal levantando-se do divã para caminhar entre nós, articulando livremente o que lhe vinha à cabeça. A maior parte dessas falas não é poesia, claro, exceto se o falante for um poeta, e exceto particularmente se for o tipo de poeta que treinou durante décadas para trabalhar com os padrões de sua cognição, acreditando que "se a mente é aguçada, a arte será aguçada" (ou um dos aforismos de Ginsberg). Se é esse o caso, então esse método apocalíptico é uma chave para a arte prolífica. Vastos territórios de silêncio estão

PROFECIA

abertos à articulação. O artista que não está sempre guardando suas obras tem mais material disponível do que aquele que tem de alimentar uma tropa de oficiais de costumes. Pensemos, por exemplo, em Anatole Broyard, que, durante quase toda a vida adulta, manteve a ascendência negra em segredo dos amigos e até dos filhos – e jamais concluiu o romance que pretendia escrever.[63] Algumas estruturas do ego ficam no caminho da plenitude criativa e precisam ser suspensas ou perfuradas para que a obra possa prosseguir. O poeta que *não é* devotado às estruturas que o segredo engendra tem uma profusão de materiais à mão. A fala brota como a água borbulhante. A própria voz espontânea é parte do que tem a professar.

Que tipo de poema essa voz espontânea compõe? Se a mente aguçada é a de alguém que atua nas junções ou de um alterador da forma, pode sua arte ser também aguçada? Se é regularmente arrastada para o ruído excluído, que harmonias tem a possibilidade de oferecer? Pode criar beleza duradoura sendo tão dedicada à transgressão? Em que sentido a arte dos criadores de *artus* é uma arte profética?

Para esboçar uma resposta a essas perguntas, eu começaria recordando a descrição anterior de Hermes como encantador e desencantador. Por meio dela sugiro que um tipo de trickster tenta permanecer sempre no limiar; não sendo nem Hermes da Luz nem Hermes das Trevas, mas Hermes, o Deus dos Gonzos. Isso não é exatamente o que vemos no *Hino homérico*, contudo, pois nele Hermes canta uma nova teogonia para encantar o irmão mais velho. Deixa o limiar onde ruído e harmonia se misturam e entrega-se à beleza. Uma tensão desse tipo anima a prática daqueles artistas que têm um estilo cruzador de fronteiras para começar. Deveriam permanecer nas articulações ou atravessá-las seguindo na direção da beleza? Ou deveriam ser como Cage, que achava que "o mais elevado dever do artista é esconder a beleza"[64] e que

A ASTÚCIA CRIA O MUNDO

opunha a qualquer harmonia emergente o acaso, para que algo fundamentalmente novo pudesse constantemente surgir? Ou deveriam ainda ser como Douglass (deslocar-se da arte para a política), que ajudou a destruir a cultura escravista, mas depois entregou-se à estrutura de uma Constituição com emendas; que conseguiu que as regras mudassem, mas depois tomou as novas a sério?

Situarei brevemente Ginsberg nesse âmbito de possibilidades antes de concluir, mas, antes de poder fazê-lo, será útil reforçar a substância dessas escolhas com observações sobre dois outros artistas modernos que já mencionei, Marcel Duchamp e Maxine Hong Kingston. Um deles permanece nas articulações; a outra segue rumo à beleza.

Duchamp é famoso por ser um artista complicado e elusivo, mas acontece que alguns momentos representativos podem nos levar com bastante rapidez até o cerne de suas preocupações. Em 1913, Duchamp escreveu para si uma curta meditação tratando das vitrines nos subúrbios de Paris. O historiador da cultura Jerrold Seigel situa o contexto: "Na França anterior à Primeira Guerra Mundial havia muita discussão sobre a maneira como o comércio moderno procurava submeter os poderes do desejo e da fantasia ao propósito mais baixo de vender bens. Anúncios de todo tipo (...) envolviam as coisas em busca de compradores em uma aura de exotismo e sugestão sexual."[65] Duchamp toca nesse ponto, dizendo (de maneira um tanto enigmática):

> Quando alguém se põe a interrogar as vitrines das lojas, esse alguém sempre pronuncia a própria sentença. Na verdade, sua escolha é uma "viagem circular". Com base no apelo das vitrines, na inevitável resposta às vitrines das lojas, a fixação da escolha é determinada. Nenhuma obstinação, *ad absurdum*, de ocultar o coito por meio de um painel de vidro com um ou muitos objetos da vitrine. A punição consiste em cortar o vidro e roer as unhas [sentindo arrependimento] tão logo a posse é consumada.[66]

PROFECIA

Isso significa, creio, que os mostruários das vitrines dão início a uma espécie de julgamento. Os compradores que passam pela vitrine sendo julgados, e aqueles que respondem ao apelo dos bens condenam a si mesmos ao agir sobre seu desejo despertado. Adquirir os bens equivale a uma espécie de congresso sexual e é seguido de arrependimento.

Para deslindar isso um pouco mais, salientemos que o vidro da vitrine da loja separa o consumidor e os bens, mas o faz de maneira ambivalente, permitindo a posse visual e mental ao mesmo tempo em que evita a tomada de fato. O vidro é uma membrana permeável, conectando/não conectando. Para Duchamp, cortar o vidro e apossar-se dos bens acabaria com essa ambiguidade, deslocando o observador da vitrine da fantasia para o fato do qual se arrepender – arrepender-se, porque a posse é com frequência menor e mais restrita do que a fantasia. A fantasia tem liberdade para brincar; a posse tem seu objeto único, limitado. O desejo literalizado é, portanto, uma espécie de armadilha do apetite. Obtém-se a carne, mas, depois, carne é só o que consegue. Assim como o *Signifying Monkey* cai na armadilha se leva o jogo muito a sério, a consumação do desejo circunscreve a liberdade de movimento e mudança. É melhor equilibrar-se na linha de fronteira, estar simultaneamente dentro e fora do jogo. Nas mesas de aposta de Montecarlo, Duchamp costumava tentar jogar de forma a nem ganhar nem perder.

Para um sentido mais amplo de como esse equilíbrio opera, consideremos *O grande vidro*, uma das mais famosas criações de Duchamp. Na verdade intitulada *A noiva despida por seus celibatários, mesmo*, é uma pintura sobre dois grandes painéis de vidro posicionados um acima do outro. O título, as anotações e os comentários de Duchamp convidam o espectador a imaginar que as pinturas abstratas sobre o painel superior representam uma "noiva" e que o painel inferior representa os "celibatários". Há um "horizonte" entre eles, uma fina tira de vidro posicionada nos

A ASTÚCIA CRIA O MUNDO

ângulos certos; e eles se comunicam, essa noiva e esses celibatários, mas nunca se conectam.[67]

"Noiva" é um termo-chave na obra de Duchamp e pode ser mais bem entendido como parte da sequência virgem-noiva--mulher.* Uma mulher conheceu o coito; uma virgem, não. E a noiva? Ela é a categoria entre categorias. Para continuar com a analogia sexual da observação sobre o ato de olhar a vitrine, a noiva representa uma espécie de excitação sem consumação. O estado escolhido localiza-se entre a cerimônia de casamento e a consumação, um estado mais bem definido por um dos termos favoritos de Duchamp: "adiamento".

A noiva despida, diz Duchamp, é um "adiamento em vidro". Um "adiamento" que tanto suspende quanto não suspende a atividade. (Se você se demora em uma viagem, não para exatamente de viajar – ainda está em uma viagem – mas tampouco continua.) O observador da vitrine que responde ao apelo dos bens mas não age sobre a resposta sabe como se demorar no vidro, como ficar suspenso entre a fantasia e o fato. *O grande vidro* articula um estado de similar. Como diz Seigel, os celibatários, as figuras masculinas que ocupam o painel inferior, "permanecem para sempre na condição de observadores de vitrine, cujo estado de ser é expandido e animado pelo desejo, sem jamais experimentar o arrependimento e a desilusão que se segue à posse material (...) Nunca têm de completar a 'viagem circular' que é a penalidade por quebrar o vidro."[68] A figura feminina permanece para sempre uma "noiva".

Tanto *O grande vidro* quanto a observação sobre daquele que olha a vitrine apontam para uma espécie de equilíbrio ou balanço entre desejo e fantasia, entre agir no mundo material e

---

* Há outra sequência possível: virgem-noivo-marido. No mundo de Duchamp nada ouvimos sobre o noivo e o marido. O artista em questão é um homem, um celibatário em grande parte da vida. A energia erótica cresce quando os celibatários consideram a noiva.

tomá-lo como um campo para o jogo simbólico desinteressado. É importante não ignorar o lado material desse balanço; por mais intelectual que Duchamp possa se tornar, seus conceitos estão sempre conectados ao mundo corpóreo, especialmente ao desejo (chamava seu *alter ego* feminino de Rose Sélavy, *éros c'est la vie*, eros é vida). Ele queria que o observador de *O grande vidro* visse "algo da natureza"[69] para além da obra. Por outro lado, também é importante notar como, para Duchamp, o equilíbrio do desejo dissociado desperta o jogo da fantasia. Nisso, Duchamp, como Hermes, tem fome de carne mas não a come, uma imagem mítica que anteriormente interpretei como "uma pequena história da criação do *nóos*", uma descrição de como o próprio intelecto simbólico ganha vida. Interpretar essa imagem de volta ao contexto da obra de Duchamp sugere que ela é apenas em parte sobre celibatários e noivas; e é em grande parte sobre a mente.

Devolver a mente à pintura foi um dos projetos de vida de Duchamp. Ele odiava o ditado francês *bête comme un peintre*,[70] estúpido como um pintor, e sentia que algo havia se perdido com a sensualidade impressionista, seu deleite em beijar superfícies com os olhos. "Desde Courbet, acredita-se que a pintura se destina à retina. Esse foi o erro de todos (...) Antes, a pintura tinha outras funções: ela podia ser religiosa, filosófica, moral (...)."[71] "Eu queria pôr a pintura mais uma vez a serviço da mente."[72]

Mas que tipo de expressão intelectual a arte contém e como descrever melhor a mente do artista? Se a pintura religiosa não tratava da pintura, era sobre fé e doutrina, a arte "a serviço da mente" de Duchamp não era exatamente sobre ideias; não era didática; não tinha lições a ensinar. Sua obra era tão cheia de ironia que alguém pode sentir-se um pouco tolo por tentar determinar seu "assunto", a não ser que procure em si, ou antes, a ironia como outro tipo de equilíbrio entre dois polos.

A mente que tem esse equilíbrio é a mente-dobradiça. Ao descrever *O grande vidro*, Seigel diz que é "como se duas metades da pintura estivessem unidas por uma dobradiça invisível (...) Na versão original, as duas metades não eram mantidas rigidamente no lugar".[73] Essa dobradiça invisível é um símbolo-chave e relaciona-se ao que já descrevi – "noiva" é a dobradiça entre a virgem e a esposa; a vitrine é a dobradiça entre a coisa à venda e a fantasia. Mas as dobradiças não eram sempre invisíveis. Em 1927, Duchamp tinha um estúdio na rue Larrey nº 11, em Paris, e contratou um carpinteiro para fazer uma curiosa porta no canto de uma sala, uma porta que, nas palavras de Seigel, "girava nas dobradiças de tal forma que quando bloqueava a entrada para um cômodo, abria o acesso para outro (...) Muitas pessoas viram nisso um modo de desafiar o lugar-comum do provérbio francês 'uma porta deve estar aberta ou fechada'".[74]

Nada atraía mais Duchamp do que uma oportunidade de fazer um furo nas platitudes do senso comum – o seu próprio ou o de sua cultura. "Eu me obrigo a me contradizer" é um famoso dito seu, "de forma a evitar conformar-me ao meu próprio gosto."[75] Como vimos no capítulo anterior, ele não era apenas um contraditor; era um contraditor *divertido*, alguém à procura de "um corredor de humor" que pudesse levá-lo além da polaridade estabelecida entre portas abertas e portas fechadas. Na entrada do estúdio na rue Larrey, um corredor está sempre aberto porque a porta volteia em vaivém. O humor está nas dobradiças. Enquanto os pinos estiverem lubrificados, a obra sempre se esquivará das jaulas do senso comum.

(Aqui é também onde eu posicionaria Ginsberg, na vizinhança da dobradiça bem lubrificada. Como Duchamp, ele prefere se estabelecer nas juntas. Um único exemplo: *Kaddish*, a longa elegia de Ginsberg à mãe, acaba com uma cena no cemitério onde Naomi Ginsberg foi sepultada, uma cena em que uma voz que louva a Deus se mistura aos gritos dos corvos que de fato vivem no lugar. O último verso do poema diz: "Senhor Senhor Senhor có có có Senhor Senhor Senhor có có có Senhor".[76] O poema oscila para

PROFECIA

a frente e para trás; o próprio poeta parece localizado no ponto pivotante entre "Senhor" e "có". Cada frase evoca imediatamente o seu oposto. Se pensarmos que tudo pertence ao Senhor, estaremos errados, pois os corvos são os proprietários desse cemitério; se pensarmos que tudo pertence aos corvos, estaremos errados, pois o mundo material esconde o espiritual. Os mortos estão conosco; são cadáveres para os mais negros dos pássaros. Entre essas afirmações é onde encontramos Ginsberg, o profeta irônico, esperando que o próprio universo conte seus segredos, mas opondo-se a eles caso se endureçam na forma de verdades mundanas dos homens.)

A contradição bem lubrificada de Duchamp – como o uso do acaso, o vício em trocadilhos ou a inclinação para o desenho mecânico – era uma ferramenta não apenas para evitar o arrependimento do consumidor mundano, mas para evitar o arrependimento de viver uma vida derivada de uma linguagem, uma tradição e um hábito não examinados. Indivíduos que nunca sentiram as contradições de sua herança cultural correm o risco de se tornar pouco mais do que hospedeiros de gestos envelhecidos, metáforas e ideias recebidas, todos os gostos e desgostos estereotípicos por meio dos quais as culturas se perpetuam. Como Carl Andre certa vez afirmou, "cultura é algo que é feito conosco. Arte é algo que fazemos com a cultura".[77] Quando a coisa "feita conosco" deixa de satisfazer e fortalecer, ela se torna uma espécie de parasita, uma vespa *ichneumonoidea* depositando os ovos nos corpos tenros de crianças que estão aprendendo a se comportar. Melhor, então, se uma dessas crianças puder levar vantagem sobre o parasita; melhor ainda se ele se revelar um criador de *artus*, um Hermes dos Gonzos, cuja travessura mantém as barreiras protetoras que rodeiam as formas culturais porosas e abertas a mudanças.

Duchamp tinha uma despreocupação notória em relação a muitas coisas – fama, dinheiro, política, casamento, preservação de seu trabalho –, mas a indiferença o abandonava sempre que algo prometia a espécie de identidade fluida, pessoal ou cultural, que pode escapar de si mesma, de forma que haja ao menos a possibilidade de real descoberta e mudança. Falando da vez em que projetou um moedor de café como presente para o irmão e descobriu que o desenho "mecânico" o libertava, afirmou:

> Sem saber, havia aberto uma janela para outra coisa (...) Era uma espécie de fuga. Você sabe, sempre senti essa necessidade de escapar de mim mesmo (...)[78]

> Comecei a pensar que podia evitar todo contato com a pintura artística tradicional (...) Fundamentalmente, tinha uma mania de mudança (...)[79]

Duchamp gostava de John Cage porque ele pensou em introduzir o silêncio na música; "ninguém havia pensado nisso", disse.[80] Gostava de Francis Picabia porque o homem "tinha o dom do total esquecimento, o que o capacitava para lançar-se em novas pinturas sem se influenciar pela lembrança das anteriores".[81] Sobre os artistas que conseguiram produzir algo que ninguém havia visto antes, Duchamp diz: "Essa é a única coisa que provoca admiração no mais íntimo do meu ser – algo completamente independente – nada a ver com grandes nomes ou influências."[82]

"Uma mania", "o mais íntimo do meu ser" parecerão palavras fortes para um artista que certa vez supostamente jogou cara ou coroa para decidir se mudava-se ou não para os Estados Unidos. Parecem palavras fortes até nos darmos conta de que são exatamente o que motiva o cara ou coroa, uma constante busca por modos de abrir rotas de fuga para que ele e seus amigos possam sair de qualquer gaiola na qual estejam (embora sem nenhum objetivo em mente).

Em resumo, a prática artística de Duchamp é dedicada a conservar os corredores abertos ou, como expressei anteriormente, permanecer nas articulações. Os outros que arrumem os salões de arte;

PROFECIA

André Breton que cuide dos fundamentos filosóficos do surrealismo; Duchamp preferia dormir no vestíbulo, com sua maleta de vendedor (sua *boîte en valise*) feita, pronto para mudar-se para os Estados Unidos, a América do Sul, Paris, onde quer que pudesse se libertar dos "pressupostos" de seja lá qual fosse a lógica que estivesse mais em voga. Ele não tem programa, exceto engraxar as dobradiças e ver o que acontece.

Para outros artistas, isso não é suficiente. Por quaisquer razões de temperamento ou circunstância histórica, outros esperam combinar ruptura com reparação. Hermes pode mover-se em duas direções – para a luz, a fim de desfazer as coisas, e de volta para a escuridão, a fim de cerzi-las novamente. Às vezes os ruídos que perturbam a velha harmonia deveriam ser reunidos em uma nova música. No trabalho de Maxine Hong Kingston, por exemplo, não somos deixados no limiar, nem com uma plenitude de som ambiente, mas carregados para um mundo novo e simétrico. Embora ela respeite o chinês que trouxe o espírito do Macaco para a América, e embora imbuída desse espírito ela tenha uma vez traído seus ancestrais e contado seus segredos, Kingston é ainda assim uma ardente idealista. Tem seus pomares de pessegueiros a proteger. Ela se importa com beleza e verdade ("A imaginação forte imagina a verdade", diz). Certa vez disse que esperava escrever um romance com um herói confucionista, "que chegue a um cenário caótico e traga ordem, comunidade, verdade e harmonia".[83]

Em sua arte ela é uma espécie de combinação do Rei Macaco com o bom peregrino Tripitaka (ou talvez do Macaco com Kuan Yin, a divindade feminina que zela pela jornada para o oeste). Quando era uma jovem escritora, sabia que recusar as antigas barreiras da vergonha significava desmembrar "a 'lei', o caminho, as regras que mantêm a vila intacta"; mas também sabia que não as rejeitar significava desistir de falar por si. Incapaz de seguir adiante sem trair a família e de *não* seguir adiante sem se reprimir, encontrou a solução no processo artístico.

No começo de [*The Woman Warrior*], escrevi (...) sobre uma comunidade desfeita por uma mulher que quebra tabus (...) Mas pensei: "Não vou publicar isto; estou contando meus segredos de família." Disse isso a mim mesma porque então esse pensamento me deu liberdade para escrever. Mas quando terminei de escrever – talvez dez, doze rascunhos – e polir o texto, vi que havia feito uma resolução. Tinha uma bela história e, o mais importante de tudo, dei à vida dessa mulher um significado. Então me senti bem. "Agora posso publicar isso."[84]

Há duas estratégias aqui, privacidade e aprimoramento. Privacidade significa seguir adiante sem tornar público. No caso de Kingston, essa é a temporada do Rei Macaco, que vai quebrar todos os tabus que precisem ser quebrados, não importa quais. "Mestre, por favor, ponha sua compaixão de lado só por hoje!"[85] Mas a privacidade que permite essa liberdade pode tornar-se solitária e, por fim, estéril. "É uma alegria se esconder", diz o psicólogo infantil Donald Winnicott, "mas uma desgraça não ser encontrado."[86] Há grande liberdade ao se trabalhar em segredo, mas é uma liberdade impotente se o claustro nunca se rompe. A segunda parte do processo de Kingston, então, envolve "cantar uma nova teogonia". Após ter rompido com a forma de vida na aldeia, Kingston trabalha os fragmentos (os chineses e alguns novos norte-americanos) até que encontra nova forma e novo significado, até chegar à beleza. Sabendo que as circunstâncias exigem impudor para que a jornada avance, mas resistindo à ideia de ignorar seu senso de *aidos* (vergonha-reverência-assombro), Kingston se decide por um processo que permite o duplo movimento outrora representado pelo companheirismo entre o Macaco e Tripitaka.

Uma prática artística como essa cria uma beleza crioula. O herói do romance de Kingston *O livro apócrifo do macaco chinês* é muito ligado ao jazz e ao blues norte-americanos, e quando Kingston foi indagada sobre música semelhante em sua própria

PROFECIA

situação, disse ter tentado "tomar esse sotaque sino-americano e torná-lo parte da América".[87] O projeto do imigrante não é meramente aprender inglês, mas infundir as suas inflexões na língua local. Em vez de abandonar seu sotaque, essa tradutora quer cantar uma melodia crioula tão cativante que os falantes locais inconscientemente adotem seus ritmos. Tal música reside no coração da parábola que Kingston constrói para encerrar o primeiro livro, *The Woman Warrior*, a história recontada de uma mulher chinesa do século II que viveu cativa por doze anos entre os bárbaros, até ser por fim resgatada e retornar à sua gente:

> Ela trouxe canções das terras bárbaras e umas das três que chegaram até nós foi *Eighteen Stanzas for a Barbarian Reed Pipe*, uma canção que os chineses cantam com seus instrumentos. Foi bem traduzida.[88]

Aqui, porém, devemos perguntar qual, em termos de "verdade" ou "beleza", é a condição da melodia crioula ou da nova teogonia de Hermes. Tendo passado pela experiência de desfazer um velho mundo e redescrevendo suas partes para seus próprios fins, o cantor deve pelo menos suspeitar que uma canção crioula, por mais bela e verdadeira que possa ser, é um artifício e está sujeita ao mesmo tipo de obra de *artus* que a tornou possível em primeiro lugar. Imagino o hinodo do *Hino homérico* sorrindo para a plateia enquanto canta sobre Hermes encantando Apolo com uma nova canção sobre os deuses, pois em certo nível está zombando de Hesíodo e de sua alegação arrogante de ter cantado a única verdadeira teogonia livre do estômago (é o Coiote fazendo uma paródia do xamã novamente). Essa nova canção pode encantar, mas não por ser verdadeira no velho sentido. De maneira similar, a beleza que Kingston criou nasceu de uma mudança fundamental e deve carregar consigo uma noção da própria mutabilidade. Uma vez que as barreiras da vergonha tenham sido removidas, uma vez que os muros em volta do paraíso tenham sido rompidos, nunca mais poderá haver novamente a beleza do jardim de pessegueiros taoista, do pomar de maçãs nórdico, dos pastos não ceifados onde pasta o gado de Apolo. Hermes canta tão docemente que Apolo perdoa o roubo, mas aquele gado depois não caminha de volta para o velho curral. Hermes é um encantador, mas se seus encantamentos puxassem os arreios da eternidade, ele levaria seus ouvintes de volta ao limiar em que os eternos encontram os acidentes do tempo.

Na ilha de Calipso, Odisseu é autorizado a escolher entre voltar para a mulher mortal ou continuar vivendo com a deusa imortal, uma escolha entre dois tipos de beleza, na verdade, e ele escolhe o tipo humano, o tipo que é sem dúvida o mais belo para nós mortais, porque vai findar, assim como nós findaremos.[89] Quando Kingston continua a tradição da história oral chinesa em uma nova língua, quando toca a *sua* flauta de junco bárbara, deve saber, depois de ter quebrado uma velha "circularidade", que não há maneira de a bela harmonia da sua obra conseguir protegê-la do ruído futuro. Verdadeira e bela ela pode ser, mas nenhuma criança imigrante alegaria que ela reside fora do tempo. Esse entendimento, na verdade, é o que faz de Kingston uma autora norte-americana, a "América" significando aqui a terra fabulosa dos imigrantes, da traição da geração anterior, da oportunidade, do blues nas encruzilhadas e dos contos do vigário; a terra cujo governo surgiu "no curso dos eventos humanos" e cuja bandeira mudou de desenho uma dúzia de vezes.

Obviamente recorri a esses exemplos de prática artística porque acho que frequentemente se sobrepõem aos padrões de revelação que aponto nos tricksters proféticos. Há um fazer artístico que começa com a busca pelo poro (levantar as coberturas das vergonhas, encontrar a escapatória, recusar-se a guardar os segredos), que revela uma plenitude do material oculto aos olhos convencionais

PROFECIA

(*readymades* estão por toda parte) e que aponta para um tipo de mente capaz de trabalhar com aquela complexidade revelada, que se pode chamar, nesses últimos casos, a mente-dobradiça, a mente tradutora.

No que se refere às maneiras como essas mentes trabalham com os padrões culturais recebidos, há algumas cujo prazer é simplesmente situá-las nas rachaduras; como os criadores de *artus* interiores do capítulo precedente, elas, no nível mais simples, criam a possibilidade de movimento entre as esferas e de movimento de saída (não *para* algo, apenas saída). Há outras que desarticulam aquilo para que se descobrem destinadas ao nascer, mas depois prosseguem para criar uma nova harmonia no lugar da antiga ("Eu tinha uma bela história"). Mesmo nesse último caso, porém, a nova harmonia não copia aqui na terra uma música imutável das esferas. A artista pode levar sua canção a sério, mas sua seriedade não é a mesma dos deuses que tentam imobilizar o trickster. A harmonia dela é terrena, feita por uma tradutora que sabe que não há uma linguagem definitiva, que, uma vez que a língua tenha sido solta, inventará interminavelmente uma nova fala, novas articulações complexas o suficiente para condizer com o cenário cambiante. Quando essa prática artística cria beleza, é uma beleza frágil e perecível.

Em consequência de suas viagens, Odisseu sabe que o que é um remo no litoral é uma pá de joeirar nas montanhas. Como mencionei muitos capítulos atrás, esses dois sentidos não exaurem os significados daquele fértil objeto. Uma pá de joeirar fincada pelo cabo em um monte de grãos significa que a colheita está concluída. Um remo plantado em um montículo de terra assinala a sepultura de um marinheiro. De fato, segundo a tradição, a tumba de Odisseu foi demarcada por seu remo fincado no solo.[90] Sugeri, no fim da Parte I, que quando um remo passa a marcar um jazigo ele talvez também tenha chegado ao fim de sua significação. Mas as coisas parecem menos acabadas enquanto escrevo esta conclusão. Como

A ASTÚCIA CRIA O MUNDO

são complicados os marcos sobre as sepulturas! Representam a perda e a memória. São demarcações da fronteira entre os vivos e os mortos. Às vezes nos recordam que não há passagem de volta do outro mundo e outras vezes sugerem que há um portão, desde que se consiga encontrar o porteiro que o abre (seu nome está escondido nas pilhas de pedras que os viajantes deixam sobre os túmulos). O remo que assinala a tumba de Odisseu não está lá para que ele o interprete; está plantado para os futuros viajantes, para que possam se lembrar daquele que foi roubado. Como um símbolo do que desapareceu, ele oferecerá novos significados enquanto houver alguém para vê-lo. É, portanto, um portão de volta à plenitude deste mundo. A beleza que criamos perecerá, mas não o mundo a partir do qual a criamos, nem a inteligência para realizar a criação. "O Coelho pulou sobre o Coiote quatro vezes. Esse voltou à vida e seguiu seu caminho."

Notas

1. Diversos livros fundamentaram o capítulo sobre profecia de maneira mais completa do que as notas poderiam indicar. Estou em débito com *After Babel*, de Steiner; *Contingency, Irony, and Solidarity*, de Rorty; e *Love's Body*, de Brown. Em *Aspects of the Novel*, de E. M. Forster, também há um capítulo esclarecedor sobre a voz profética.
2. Foucault fez essa observação para Hubert Dreyfus, professor de filosofia da Universidade da Califórnia, em Berkeley. Dreyfus mencionou isso em uma conversa no Kenyon College, em 27 de março de 1995.
3. Rorty, pp. 53-54.
4. *Journey* II, p. 238.
5. *Journey* II, p. 242.
6. *Journey* II, p. 236.
7. *Journey* II, p. 199.
8. J.Z. Smith, p. 1.

PROFECIA

9. Para Krishna roubando roupas, ver Hawley, *Parabola*, pp. 8-9, e Dimmitt, pp. 122-24. Tanto Exu quanto o Macaco engajam-se em um jogo semelhante com a tensão entre pudor local e verdades mais elevadas. Exu rouba as roupas de uma mulher, mas como resultado ela aprende a arte divinatória (Courlander, p. 67). Sobre o Macaco roubando coberturas das vergonhas, ver *Journey* III, pp. 369-73.

10. Hawley, *Krishna, the Butter Thief*, p. 266.

11. Hawley, *At Play with Krishna*, p. 115.

12. Dimmitt, pp. 124-27; Hawley, *Parabola*, pp. 6-7.

13. Hawley, *Thief of Butter, Thief of Love, passim*.

14. Hawley, *Krishna, the Butter Thief*, p. 299.

15. Hawley, *Krishna, the Butter Thief*, p. 275.

16. Hawley, *Krishna, the Butter Thief*, p. 43.

17. Dimmitt, p. 103.

18. Platão *in* Kugel, p. 16. Gregory Nagy tem coisas interessantes a dizer sobre as origens da profecia grega. Na Grécia, o *prophetes* é o "declarante", em contraposição ao *mantis*, o "vidente". O vidente é possuído e um tanto louco. O declarante está sempre alerta em relação a ele. Eles trabalham juntos: o vidente vê o que o oráculo tem a mostrar e profere, mas não – inferimos – de uma forma realmente útil. "O *prophetes* declara, formaliza como ato de fala as palavras do *mantis* inspirado" (*in* Kugel, p. 61). Portanto, o "profeta" é o poeta das palavras do vidente. Nagy diz que os videntes "controlavam o *conteúdo* do pronunciamento mântico (...) O *prophetes* controlava a forma (...) O *prophetes* ocupava-se da formalização poética da profecia" (*in* Kugel, p. 61). O *prophetes* tomava a algaravia mântica e transformava-a em hexâmetros datílicos.

19. Kugel, p. 14.

20. Corbin, citado por N.O. Brown, *Apocalypse*, p. 53. Ênfase eliminada.

21. Thoreau, *Walden*, edição crítica de Norton, 2ª ed. (Nova York: W.W. Norton, 1992), p. 11.

22. Johnson, *A World of Difference*, p. 49-56.

23. Kermode, p. 27; Kafka, pp. 213-15.

24. Kermode, p. 122.

A ASTÚCIA CRIA O MUNDO

25. Kermode, p. 128.
26. Kermode, pp. 144-45.
27. Kermode, p. 145.
28. *Hino a Hermes*, versos 552-63.
29. Nagy *in* Kugel, p. 58.
30. Scheinberg, p. 5.
31. Wescott, p. 346.
32. Hawley, *Krishna, the Butter Thief*, p. 269.
33. Hawley, *Krishna, the Butter Thief*, p. 269.
34. Mary Douglas fornece outro exemplo de como "comer sujeira" torna o mundo fértil. Na África, os lele dos kasai comem o pango-lim, um animal que não se encaixa em nenhuma das classificações locais e, portanto, costuma ser considerado perigoso e sujo. Mas ele pode ser comido ritualmente. "Em vez de causar repugnância (...) o pangolim é comido em cerimônias solenes por seus iniciados, que se tornam assim capazes de ministrar a fertilidade ao seu grupo (...) Por isso o culto do pangolim é capaz de inspirar uma profunda meditação sobre a natureza do puro e do impuro e sobre a limitação da contemplação humana da existência" (pp. 169-70). Mais uma vez, o ritual oferta sua sujeira ao grupo, o que deixa claro que este mundo é sempre maior do que as categorias humanas podem conter. "Comer imundície" no culto do pangolim é profético no sentido do qual venho tratando: ele suspende o mundano a fim de revelar como o mundo é de fato pleno. Douglas, pp. 166-70.
35. Ricketts, *The Shaman and the Trickster*, p. 88; Ricketts, "The North American Indian Trickster", p. 344.
36. Ricketts, "The Shaman", p. 87.
37. Ricketts, "The Shaman", pp. 91-92.
38. Ricketts, "The Shaman", p. 92.
39. Ricketts, "The Shaman", p. 89.
40. Ricketts, "The Shaman", pp. 89, 94.
41. Ricketts, "The Shaman", pp. 94-95.
42. Ricketts, "The Shaman", p. 95.
43. Toelken, "The 'Pretty Languages'", p. 164.
44. Cooper *in* Kugel, *Poetry and Prophecy*, p.37-40.

PROFECIA

45. Lindberg, introdução.
46. Ver Neil Harris sobre o museu de Barnum.
47. Minhas observações sobre o variegado embasaram-se em Detienne e Vernant, *Cunning Intelligence*, especialmente o capítulo sobre a Raposa e o Polvo, e em algumas partes de Mary Douglas, *Purity and Danger*, especialmente pp. 94, 160-61.
48. A cravina é uma das muitas coisas floridas em *Conto de inverno*, de William Shakespeare. "As flores mais belas da estação/ São nossos cravos e cravinas raiadas."
49. Aristóteles *in* Detienne, *Cunning Intelligence*, p. 39.
50. Kingston, *Woman Warrior*, p. 197.
51. Kingston, *Woman Warrior*, p. 192.
52. Kingston, *Woman Warrior*, p. 164.
53. Kingston, *Woman Warrior*, p. 170.
54. Kingston, *Woman Warrior*, p. 171.
55. Ricketts, "The Structure", p. 140.
56. Leydet, p. 78.
57. Ver Steiner, *After Babel*, cap. 2.
58. Steiner, p. 66.
59. Rexroth *in* Hyde, *On the Poetry of Allen Ginsberg*, p. 50.
60. Ginsberg, p. 128.
61. Ginsberg, p. 134.
62. Tausk, citado por N.O. Brown, *Love's Body*, p. 149.
63. Gates, *White Like Me*, pp. 74-75.
64. Ver Kostelanetz, p. 81.
65. Seigel, p. 29.
66. Seigel, pp. 29-30; Duchamp, *Salt Seller*, p. 74.
67. Duchamp, *Salt Seller*, p. 20.
68. Seigel, p. 97.
69. Naumann, p. 73.
70. Duchamp, *Salt Seller*, pp. 125-26.
71. Cabanne, p. 43.
72. Duchamp, *Salt Seller*, p. 125.
73. Seigel, p. 105.
74. Seigel, p. 108.

A ASTÚCIA CRIA O MUNDO

74. Duchamp, *Salt Seller*, p. 5.
76. Ginsberg, p. 227.
77. Citado por Copeland, p. 38.
78. Duchamp *in* Cabanne, p. 31.
79. Duchamp *in* Cabanne, p. 37.
80. Duchamp *in* Cabanne, p. 99.
81. Duchamp, *Salt Seller*, p. 167.
82. Duchamp, *Salt Seller*, p. 126.
83. Kingston *in* Moyers (videoteipe).
84. Kingston *in* Moyers (videoteipe).
85. *Journey* II, p. 235.
86. Philips, *Winnicott*, p. 167. Phillips retirou a observação de Winnicott sobre se esconder e ser achado do ensaio de 1963, *Communicating and Not Communicating*.
87. Kingston *in* Moyers (videoteipe).
88. Kingston, *Woman Warrior*, p. 209.
89. Quando falo de Odisseu preferindo a mulher mortal à imortal, e da fragilidade dessa beleza, estou trabalhando com ideias desenvolvidas no primeiro capítulo de *A fragilidade da bondade*, de Martha Nussbaum.
90. Nagy, *Greek Mythology and Poetics*, pp. 213-15.

Ofertório

> "A armadilha de pesca existe em função do peixe;
> uma vez que tenha apanhado o peixe, você pode
> esquecer a armadilha (...) As palavras existem
> em função do significado; uma vez que tenha
> compreendido o significado, você pode
> esquecer as palavras."
>
> Chuang Tzu[1]

No fim do século XIX, um certo padre J. Jetté, missionário jesuíta entre os índios atabascas, viveu em meio aos ten'a no baixo Yukon. Naqueles dias os ten'a contavam as histórias antigas no auge do inverno, entre o início de dezembro e a metade de janeiro (no hemisfério norte). O grupo com o qual o padre Jetté residiu deitava-se ao cair da noite, uma dúzia ou mais enrolavam-se em cobertores no meio da cabana, com as cabeças voltadas para a parede. O último a se deitar apagava a luz com um sopro, mergulhando o recinto em completa escuridão (cada fenda e cada fresta eram calafetadas para afastar o frio e sacos de juta eram pendurados nas janelas a fim de evitar que congelassem). Não demorava muito para que alguém começasse uma história – "Nos velhos tempos, dizia-se que (...)" – os ouvintes respondiam *anni! anni!* para que a voz prosseguisse. "Uma estranha coisa tinha ocorrido: o sol havia desaparecido e tudo ficou na escuridão. O que deveria ser feito?, perguntaram as velhas. Quem trará o sol de volta para nós?"[2]

A ASTÚCIA CRIA O MUNDO

Risos ressoavam quando o Corvo era atraído de seu isolamento com a promessa de receber carne de cachorro.

O padre Jetté queria muito fazer uma coletânea de histórias, mas enfrentou muitas dificuldades. Por exemplo, os ten'a relutavam em permitir que as histórias do Corvo fossem registradas por escrito (embora outro grupo de histórias – "as histórias sem importância", como Jetté as chamava – fosse mais acessível). Jetté tentou transcrever as histórias enquanto eram contadas, mas a escuridão completa frustrou seu intento. Ninguém repetia as histórias à luz do dia. E à noite, sempre que riscava um fósforo para acender uma vela e escrever, o contador de histórias ficava imediatamente em silêncio.[3]

Notas

1. Chuang Tzu *in* Keys, p. 64.
2. Jetté, p. 304.
3. Jetté, pp. 298-99.

APÊNDICE I **O hino homérico a Hermes**

Traduzido para o inglês por Lewis Hyde

Para Danielle Arnold

Hermes nasce

Musa, canta em honra a Hermes, filho de Zeus e Maia, senhor de Cilene, senhor da Arcádia com todos os seus carneiros, portador da sorte, mensageiro dos deuses. Sua mãe foi Maia de maravilhosos cabelos, ninfa tímida e de faces ruborizadas, que residia em sua caverna sombria, evitando a companhia dos deuses abençoados. No mais escuro da noite, quando o doce sono retinha com firmeza Hera de alvos braços, Zeus, o filho de Cronos, deitava-se com a ninfa de fabulosos cabelos. Ninguém sabia disso, nem os deuses, que nunca morrem, nem os mortais, que desse destino padecem.

Assim, depois de ter concluído o que tinha em mente e depois de dez terem surgido nos céus, Zeus trouxe o seu notório filho à luz. Maia deu vida a um astucioso menino,[*] lisonjeiro e habilidoso, usurpador e ladrão de gado, portador de sonhos, notívago, vigilante junto aos portões da cidade – Hermes, que logo conquistaria grande reputação entre os deuses, que não morrem.

Ao nascer do sol do quarto dia do mês, a senhora Maia o pariu; ao meio-dia ele tocou a lira e ao anoitecer havia roubado o gado de Apolo, que dispara suas flechas ao longe.

---

[*] Ou "astuto", "versátil", "muito viajado", "politrópico": *poútropon* (literalmente, o-que-toma-muitos-caminhos). Em toda a literatura grega, três personagens são politrópicos: Hermes, Odisseu e Alcibíades.

A ASTÚCIA CRIA O MUNDO

Hermes inventa a lira

De fato, ele não ficou deitado em seu berço sagrado, não, no minuto em que deslizou para fora dos braços imortais da mãe, deu um salto e partiu para encontrar os rebanhos de Apolo. Ao atravessar o limiar da ampla caverna, encontrou casualmente uma tartaruga e obteve para si uma interminável fonte de riqueza. Pois devemos saber que foi Hermes o primeiro a fazer da tartaruga algo capaz de produzir som. Seus caminhos se cruzaram no portão do pátio, por onde a tartaruga passava com seu andar gingado, mastigando o capim espesso diante da morada. Hermes, o portador da sorte, olhou mais atentamente, riu e disse:

"Eis um golpe de sorte que não posso ignorar! Olá, coisinha formosa, garota dançarina, alma da festa. Quanto prazer em vê-la. Para onde iria tão alegremente uma jovem montanhesa de carapaça lustrosa? Deixe-me levá-la para dentro! Que graça divina! Faça-me um favor, entre, eu a respeitarei. É mais seguro lá dentro, aqui fora você pode se meter em encrencas. Uma tartaruga viva, dizem, mantém os feitiços causadores de problemas bem longe. E ainda assim, se tiver de morrer, cantará da mais bela das maneiras."

Assim dizendo, Hermes apanhou a tartaruga com ambas as mãos e carregou seu adorável brinquedo para dentro da casa. Ele a virou de barriga para cima e, com uma colher de aço cinzento raspou o tutano da carapaça rochosa. E assim como um pensamento veloz pode atravessar voando o coração de uma pessoa assombrada por preocupações, assim como olhares inteligentes se projetam dos olhos, dessa forma, em um instante, Hermes soube o que fazer, e o fez. Cortou hastes de junco na medida certa, ajustou-os através da carapaça e prendeu as extremidades na parte de trás. Habilmente, esticou uma tira de couro, colocou as extremidades no lugar, fixou uma trave através delas e amarrou sete cordas de tripa de carneiro para soarem em harmonia.

O HINO HOMÉRICO A HERMES

Quando terminou, tomou aquele objeto adorável e testou cada corda sucessivamente com uma palheta. O objeto ressoou maravilhosamente ao toque de sua mão, e ele cantou lindamente, improvisando alguns fragmentos aleatórios do modo como os adolescentes cantam insultos em uma feira. Cantou a canção de Zeus, o filho de Cronos, e de Maia, de calçados maravilhosos, de como eles costumavam conversar em um companheirismo amoroso. Cantou a história de sua famosa concepção. E cantou em louvor às jovens servas de Maia e seus aposentos grandiosos, a todos os tripés e caldeirões que ela possuía em seu nome.

Hermes rouba o gado de Apolo

Enquanto cantava, porém, sua mente começou a vagar para outros assuntos. Pois Hermes ansiava por comer carne. Por isso, tomando a lira oca e guardando-a no berço sagrado, apressou-se pelos corredores de doce aroma até um ponto com vista para fora, com um esquema traiçoeiro fermentando no coração, do tipo que as pessoas maliciosas engendram no meio da noite.

A carruagem e os cavalos de Hélio estavam descendo para baixo da terra e rumo ao Oceano quando Hermes chegou correndo às montanhas cobertas de sombra de Piéria. Lá o gado divino dos deuses abençoados tinha seu estábulo e pastava em adoráveis campos não ceifados.

Naquele local e momento, o filho de Maia, o assassino de olhos aguçados de Argos,* separou cinquenta reses que mugiam alto do rebanho e conduziu-as em zigue-zague através do solo arenoso. Teve a ideia de guiá-las de trás para a frente também, outro truque

---

* Argos Panoptes (o cintilante, todo olhos) era um gigante vigilante. Tinha cem olhos ou mais por todo o corpo; alguns às vezes se fechavam para dormir, mas nunca todos ao mesmo tempo. Eu o tomo como uma imagem da vigilância de uma sociedade da vergonha. A história na qual Hermes mata Argos é discutida no capítulo 7.

A ASTÚCIA CRIA O MUNDO

engenhoso, misturando suas pegadas – as dianteiras para trás e as traseiras para a frente – enquanto ele caminhava em linha reta.

E bem à frente na praia arenosa teceu para si fabulosas sandálias, tais como ninguém jamais tinha pensado ou ouvido falar. Trançando os ramos recém-brotados de murta e tamargueira, atou-as, com folhas e tudo, firmemente aos pés, um par de calçados para aqueles que viajam sem bagagem. (O glorioso assassino de Argos havia apanhado galhos desses arbustos em Piéria quando se preparava para a viagem, improvisando na hora como alguém quando arruma os pertences às pressas para viajar.)

Mas enquanto acelerava o passo através dos campos gramíneos de Onquesto, foi visto por um velho que podava seus vinhedos florescentes.* O notório filho de Maia falou primeiro:

"Ei, velho curvado sobre a enxada, com certeza terá barris de vinho quando todas essas parreiras derem frutos. Se, quero dizer, me der atenção e puser na sua cabeça que não viu o que viu, não ouviu o que ouviu e, de maneira geral, mantiver sua boca fechada contanto que ninguém o incomode diretamente."

Depois de dizer tudo isso, Hermes reuniu o excelente rebanho de gado e conduziu-o através de numerosas montanhas umbrosas, desfiladeiros ecoantes e campos em flor.

E então a divina noite, sua sombria ajudante, havia quase chegado ao fim e o alvorecer, que obriga os mortais a trabalhar, chegava rapidamente. A brilhante Selene – filha de Palas, filho do senhor Megamedes – havia acabado de subir para o seu posto de observação quando o vigoroso filho de Zeus tangeu o gado de largas testas de Apolo até o rio Alfeu. Chegaram infatigáveis a um celeiro de teto alto, com um cocho de água defronte de uma bela pastagem.

---

* Por intermédio de outras versões da história, sabemos que o nome desse homem é Batus.

O HINO HOMÉRICO A HERMES

Um sacrifício aos deuses

Então, tendo alimentado o rebanho berrante e acomodado-o no estábulo, mascando o fresco lótus e o doce gengibre, reuniu uma pilha de madeira e se pôs a buscar a arte do fogo, pois Hermes, devemos saber, é o responsável pelas varetas de acender fogo e pela fogueira.*

Pegou um robusto ramo de loureiro, desbastou-o com uma faca e o girou em um bloco de madeira que segurava com firmeza até que uma fumaça quente começou a subir. Então empilhou grossos fardos de gravetos secos em uma vala funda. As chamas pegaram e se espalharam impetuosamente.

Enquanto o poder do glorioso Hefesto fazia o fogo arder, Hermes, pleno do próprio poder, arrastou dois mugidores de longos chifres para fora do estábulo e para junto das chamas. Ele os atirou ofegantes sobre os lombos, fez com que rolassem de barriga para cima, curvou sua cabeça para o lado e perfurou a medula espinhal.

Então Hermes tratou de suas incumbências sucessivamente. Primeiro cortou a abundante carne marmórea e atravessou-a com espetos de madeira; assou toda ela – os músculos e o lombo tão apreciado e a barriga de sangue escuro – e depositou os espetos sobre o solo.

As peles, ele as esticou sobre uma pedra áspera (ainda hoje, eras depois, esse couro está lá, e lá ficará durante eras a porvir). Em seguida retirou prazerosamente os nacos gotejantes de carne dos espetos, espalhou-os sobre uma pedra e dividiu-os em doze porções distribuídas por lotes, fazendo com que cada um fosse exatamente igual ao outro.**

---

* Hermes não inventou o fogo; criou um método de fazer fogo, um truque, uma *techne*.
** As doze porções são *moíras* ou "lotes", "cotas". Hermes destina uma a cada um dos doze deuses do Olimpo (Zeus, Hera, Poseidon, Deméter, Apolo, Ártemis, Ares, Afrodite, Hermes, Atena, Hefesto e Héstia).

A ASTÚCIA CRIA O MUNDO

E o glorioso Hermes ansiou por comer aquela carne sacrificial. O doce aroma o enfraquecia, divino que era; e, no entanto, por mais que a boca salivasse, seu coração orgulhoso não o deixaria comê-la. Mais tarde ele pegou a gordura e toda a carne e armazenou-as no amplo celeiro, pendurando-as no alto como um troféu* de seu roubo juvenil. Feito isso, reuniu gravetos secos e deixou que o fogo devorasse, inteiramente, os cascos das reses e também as cabeças.

E quando o deus terminou, lançou suas sandálias no Alfeu de poços profundos. Extinguiu as brasas e espalhou areia sobre as cinzas enegrecidas. E assim a noite transcorreu sob a brilhante luz da lua.

Hermes volta para casa ao amanhecer

Assim que o sol nasceu, o deus partiu para casa, nos picos reluzentes de Cilene. Nenhum deus abençoado, nenhum homem mortal o viu naquela longa jornada, e nenhum cão latiu à sua passagem apressada.**

E na casa da mãe, Hermes, portador da sorte, filho de Zeus, meteu-se obliquamente pelo buraco da fechadura, como a névoa em uma brisa de outono. Sem fazer nenhum dos ruídos que eram de se esperar, caminhou diretamente para o suntuoso coração da caverna. Então o glorioso Hermes saltou para dentro do berço, envolveu os ombros com as roupas de bebê, como se fosse um frágil infante, e ficou deitado ali, puxando o cobertor em volta dos joelhos e agarrando a adorável lira com a mão esquerda para mantê-la segura.

Mas o deus não passou despercebido pela deusa, sua mãe. "Aí está você, seu enganador furtivo!", disse-lhe ela. "Onde exatamente

---

* *Sêma* ou "signo".
** Há outra versão da história na qual cães guardavam o gado de Apolo. Hermes silenciou-os mergulhando-os em um estupor.

O HINO HOMÉRICO A HERMES

esteve até esta hora, você que se cobre de falta de vergonha?* Acho que preferiria ver Apolo carregá-lo para fora daqui, com as mãos e os pés amarrados em cordas indestrutíveis, a vê-lo crescer para perturbar as florestas com seus roubos sorrateiros. Mas vá em frente! Quem sou eu? Seu pai pretendia que você fosse um grande transtorno, tanto para os deuses, que não morrem, quando para os homens, destinados a morrer."

Hermes respondeu-a de olho no que poderia lucrar:** "Mamãe, por que está tentando me assustar, um frágil bebê que nunca ouviu palavras tão complicadas, uma tímida criança tremendo diante da ira da mãe?

"Mas, seriamente, estou disposto a fazer o que for necessário para que você e eu nunca passemos fome. Você está errada em insistir que vivamos em um lugar como este. Por que deveríamos ser os únicos deuses que jamais aproveitam os frutos dos sacrifícios e das súplicas? É melhor vivermos para sempre na companhia dos outros imortais – ricos, deslumbrantes, desfrutando de uma fartura de grãos – do que ficarmos para sempre sozinhos em uma caverna penumbrosa.

"Quanto à honra, meu plano é ter uma parcela do poder de Apolo. Se meu pai não a entregar a mim, pretendo ser – e falo sério – o Príncipe dos Ladrões. Se o glorioso filho de Leto vier atrás de mim, logo terá mais problemas do que tem agora. Irei até Pito, arrombarei sua grande casa e roubarei todos os seus trípodes maravilhosos, seus caldeirões e seu ouro, todo o seu ferro reluzente e suas roupas vistosas. Vai ver se não o faço!"

E então discutiram longamente, o filho de Zeus, que detém a égide, e a senhora Maia.

---

* Ou "vestindo o manto do descaramento": *anaideien epieimene*.
** Ou "com palavras astutas": *kerdaléoisi*. Uma das raízes dessa palavra é *kerdos*, "ganho", "lucro". Hermes está de olho na oportunidade principal.

A ASTÚCIA CRIA O MUNDO

Apolo procura pelo ladrão

A Manhã, filha da Aurora, erguia-se das profundas correntes do Oceano, trazendo a luz aos homens, quando Apolo atravessou Onquesto, o lindo bosque, sagrado ao deus que faz a terra tremer.* Lá encontrou um velho pastoreando seus animais ao longo do caminho que passava ao lado da cerca do jardim. O glorioso filho de Leto falou primeiro, dizendo:

"Velho, você que passou a vida arrancando cardos do gramíneo Onquesto, vim desde Piéria até aqui à procura do gado do meu rebanho – vacas, todas elas, com chifres recurvos. O touro negro como ardósia estava sozinho, pastando longe dos outros. Quatro dos meus cães de olhos aguçados, espertos como homens, perseguiram as vacas, mas todos ficaram para trás – o touro e os cães –, o que é bastante estranho. As vacas deixaram os pastos tenros e doces logo depois que o sol se pôs. Então conte-me, velho homem nascido tanto tempo atrás, viu passar alguém conduzindo essas vacas?"

Então o velho respondeu-lhe, dizendo: "Bem, meu filho, os olhos veem tantas coisas que é difícil saber por onde começar. Tantas pessoas passam por esta estrada, algumas boas, outras más. Não dá para saber quem é quem.

"No entanto, eu estava ontem no meu pequeno vinhedo, trabalhando com a minha enxada, da alvorada ao ocaso, e quando o sol se punha tive a impressão, caro senhor, embora seja difícil dizer com certeza, de ter visto uma criança – não pude realmente identificá-la – seguindo um rebanho de vacas de longos chifres, um bebê com um cajado que ziguezagueava de um lado para o outro e fazia os animais caminharem para trás, com as cabeças voltadas para ele."

Tão logo ouviu o que o velho disse, Apolo partiu apressado. Não demorou muito para que notasse um pássaro de amplas asas,

---

* Poseidon.

e soube imediatamente que o ladrão era um filho de Zeus, filho de Cronos. Então o senhor Apolo, ele próprio filho de Zeus, cobrindo os largos ombros com uma nuvem escura, seguiu veloz para a sagrada Pilos procurando seu gado extraviado.

E quando o Grande Arqueiro decifrou as pegadas dos animais, gritou: "Ora, ora! Isto é notável, o que estou vendo. Estes claramente são rastros do gado de chifres longos, mas todos apontam para trás, na direção do campo de narcisos silvestres! E estes outros, não são rastros de um homem ou uma mulher, nem de um lobo cinzento, de um urso ou de um leão. E não creio que o centauro de crina felpuda deixe tais pegadas. Que pés ligeiros deram essas longas passadas? As marcas deste lado do caminho são estranhas, mas aquelas do outro lado são mais estranhas ainda!"

A confrontação

Assim dizendo, o senhor Apolo, filho de Zeus, correu até chegar à montanha coberta de florestas de Cilene e à profunda caverna sombria entre as rochas, onde a divina ninfa dera à luz o filho de Zeus. Um doce aroma pairava sobre as adoráveis escarpas e muitas ovelhas pernaltas pastavam na grama. Passando pelo umbral de pedra e indo para o interior da caverna escura avançou o luminoso Apolo em pessoa.

Então, quando o filho de Zeus e Maia viu o arqueiro Apolo tomado de tamanha ira por causa de seu gado, estremeceu debaixo dos cobertores de suave aroma. Assim como as cinzas escuras escondem as brasas dos tocos de madeira, Hermes deslizou por sob a proteção das cobertas quando viu o Grande Arqueiro. Juntou cabeça, mãos e pés como um recém-nascido tomado pelo doce sono, embora na verdade estivesse plenamente desperto, com a lira enfiada sob a axila.

A ASTÚCIA CRIA O MUNDO

O filho de Leto viu tudo isso. Imediatamente, avistou a bela ninfa da montanha e seu querido filho, uma pequenina criança envolta em um engenhoso subterfúgio. Olhou cada canto da grande casa; com uma chave reluzente abriu os três santuários internos, cheios de néctar e doce ambrosia. Os armários estavam cheios de ouro e das vestes prateadas da ninfa, como é de hábito nos lares dos deuses abençoados. Então, tendo vasculhado cada canto da residência, o filho de Leto dirigiu-se ao glorioso Hermes:

"Pequeno garoto deitado no berço, é melhor me contar rapidamente o que aconteceu com o meu gado, ou nós dois logo estaremos em uma briga feia. Estou disposto a pegá-lo e atirá-lo na escuridão horrível e sem esperanças do lúgubre Tártaro. Nem sua mãe nem seu pai serão capazes de libertá-lo e trazê-lo de volta à terra. Você passará seus dias sob a terra, um líder de bebês mortos."

Hermes respondeu-lhe, de olho no que poderia lucrar: "Filho de Leto, por que grita como um tirano? Veio até aqui à procura das vacas de seu pasto? Não as vi. Não ouvi uma palavra sobre elas. Ninguém me contou absolutamente nada. Não posso lhe dar nenhuma informação, nem poderia reclamar a recompensa por tal informação.

"Pareço-me com um condutor de gado? Um homem grande e forte? Esse não é o meu tipo de trabalho. Estou interessado em outras coisas: trato de dormir acima de tudo, e de sugar o leite dos seios da minha mãe, e de ter um cobertor sobre os meus ombros, e de tomar banhos quentes.

"Aconselho-o a não falar assim em público; os deuses imortais achariam isso realmente estranho, uma criança com um dia de vida levando animais do campo para dentro do seu quintal. Você fala sem pensar. Nasci ontem meus pés estão sensíveis e o chão que pisam é áspero.

"Ainda assim, se você insiste, estou disposto a fazer um grande juramento pela cabeça do meu pai e declarar solenemente que não roubei suas vacas e que não vi outra pessoa roubá-las – seja lá o que 'vacas' possam ser, pois, para lhe dizer a verdade, só sei delas por ouvir falar."

Os olhos de Hermes cintilavam enquanto ele falava, mantendo as sobrancelhas arqueadas, olhando de lado a lado e produzindo longos silvos enquanto ouvia as próprias palavras mentirosas.

Apolo, o trabalhador que veio de longe, riu suavemente, então, e disse a Hermes: "Meu caro garoto, que impostor de coração astuto você é! Pelo modo como fala, estou bastante convencido de que invadiu muitas belas residências na noite passada, depenando silenciosamente todos os bens, deixando muitas pobres almas sem nem mesmo uma cadeira onde sentar. Você será um grande estorvo para os pastores solitários nos bosques montanhosos quando ficar sequioso de carne e se deparar com suas vacas ou carneiros lanudos. Até o fim dos tempos os deuses, que jamais morrem, certamente lhe concederão o título de Príncipe dos Ladrões. Mas agora vamos, ó, amigo da noite escura, a não ser que queira que seu último cochilo se torne um sono eterno, saia desse berço."

Dizendo isso, Febo Apolo ergueu a criança e começou a carregá-la. A essa altura, o poderoso matador de Argos tinha um plano. Erguido no alto pelas mãos de Apolo, deixou escapar um presságio, um exausto escravo do estômago, um rude arauto do pior que estava por vir. Ao mesmo tempo espirrou e Apolo, ouvindo tudo isso, colocou-o no chão. Embora estivesse ansioso para se pôr a caminho, ainda assim sentou-se ao lado de Hermes, zombando:

"Nada tema, bebezinho, filho de Zeus e Maia. Estou certo de que esses seus presságios acabarão me levando ao meu gado. Por que não me mostra o caminho?"

Hermes de Cilene deu um salto, com o cobertor sobre os ombros e as mãos cobrindo as orelhas. "Para onde está me levando, Trabalhador de Longe, o mais impaciente dos deuses?", disse. "Está me provocando de maneira tão raivosa só por causa do seu gado? Oh, céus! Quisera eu que todo o gado do mundo caísse morto! Não roubei suas vacas e não vi ninguém mais roubá-las,

A ASTÚCIA CRIA O MUNDO

tampouco, seja lá o que possam ser vacas, pois ouvi apenas falar delas. Não, faça a coisa certa. Leve isto a Zeus, o filho de Cronos."

E então, com os corações em desacordo, Hermes, o pastor, e o glorioso filho de Leto debateram o motivo da discórdia, ponto por ponto. Apolo, atendo-se aos fatos, tentou enredar o glorioso Hermes (que de fato era um ladrão de gado), enquanto Hermes de Cilene tentava induzir o deus do arco de prata ao erro com retórica e argumentos lisonjeiros.

A discussão perante Zeus

Mas quando descobriu que Apolo era páreo para todos os seus ardis, Hermes começou a caminhar rapidamente pela areia, conduzindo o filho de Zeus e Leto. Logo esses belos filhos de Zeus chegaram ao pico do fragrante Olimpo, junto ao seu pai, o filho de Cronos. Lá, para ambos, os pratos da balança da justiça foram dispostos. E lá, no nevado Olimpo, depois de a Aurora ter-se sentado no seu trono dourado, os deuses, que nunca morrem, reuniram-se para conversar.

Então Hermes e Apolo do Arco de Prata se posicionaram diante dos joelhos de Zeus e este, cujos trovões fazem os céus tremerem, dirigiu-se ao glorioso filho, perguntando: "Raio de sol, onde capturou prêmio tão fabuloso, um bebê recém-nascido com a face de um arauto? Este é um assunto sério que você traz perante o conselho dos deuses!"

O senhor que trabalha ao longe respondeu: "Pai, você pode zombar do meu amor por espólios, mas não é uma história tola o que eu tenho para contar. Eis uma criança, um ladrão talentoso, que encontrei depois de uma longa busca pelas colinas de Cilene. No que me diz respeito, por apanhar o povo da terra desprevenido, jamais vi alguém, deus ou mortal, tão imprudente quanto ele.

O HINO HOMÉRICO A HERMES

"Roubou minhas vacas do pasto e levou-as embora em plena noite ao longo da margem do mar estrondoso, seguindo diretamente para Pilos. Os rastros eram dúbios e de fato notáveis, obra intrincada de um espírito astucioso. Preservadas na areia escura, as pegadas das vacas conduziam de volta aos campos de narcisos, enquanto essa estranha criatura cruzava o solo arenoso, não com os pés nem com as mãos, mas como se – pode acreditar nisso! – estivesse caminhando sobre pequenos carvalhos. Quando conduziu o gado através do solo arenoso, os rastros sobressaíram com bastante clareza, mas quando deixou a larga faixa de areia e atingiu o chão duro, todas as pegadas desapareceram, tanto as dele quanto as do gado. Ainda assim, um homem mortal o viu conduzindo as bestas de largas testas diretamente para Pilos.

"Em silêncio as ocultou, depois se esgueirou para casa por alguma rota tortuosa para deitar-se – tão sereno quanto a mais negra das noites – em um berço em meio à escuridão de uma caverna sombria. Nem mesmo uma águia de olhos penetrantes poderia tê-lo visto ali. Esfregando constantemente os olhos com os pulsos, ele teceu falsidades e falou com audácia, dizendo: 'Não as vi; não ouvi falar delas; ninguém me contou sobre elas. Não posso lhe contar sobre elas, nem recompensa poderia ganhar por fazê-lo.'"

Quando o luminoso Apolo terminou de falar e sentou-se, Hermes se dirigiu a Zeus – filho de Cronos, senhor de todos os deuses – e respondeu, dizendo: "Zeus, meu pai, é claro que vou lhe dizer a verdade, pois sou um menino bom. Sou incapaz de contar uma mentira. Apolo veio ter à nossa casa hoje ao amanhecer, procurando por seu gado de andar manso. Não levou com ele nenhuma testemunha; nenhum dos deuses abençoados que tivesse presenciado esse roubo. Em vez disso, tentou arrancar com torturas uma confissão minha. Ameaçou insistentemente atirar-me nas profundezas do Tártaro. Ele está na poderosa flor da juventude, enquanto eu – como ele está muito bem ciente – nasci apenas ontem.

A ASTÚCIA CRIA O MUNDO

"Não sou ladrão de gado, nem um homem grande e forte. Você diz às pessoas que é meu querido pai, então, por favor, acredite em mim. Não tive o prazer de conduzir o gado até minha casa. Nem mesmo deixei a casa. Estou dizendo a verdade. Tenho grande reverência por Hélio e pelas outras divindades; a você eu amo; Apolo me enche de temor. Você sabe que não sou culpado. Farei até mesmo este grande juramento: *Verdadeiramente, pelas colunatas ricamente decoradas dos deuses, sou inocente!*

"Algum dia darei o troco a este valentão, por mais forte que seja, por seu interrogatório impiedoso. Mas por ora, por favor, ajude seu filho mais jovem."

Enquanto falava, Hermes de Cilene, o assassino de Argos, piscava e apertava o cobertor de bebê com força entre os braços. Zeus deu uma alta risada diante da visão daquela criança maquinadora negando com tanta facilidade sua culpa quanto ao gado. E ordenou que ambos entrassem em acordo e fossem encontrar o gado. Disse a Hermes, o guia, para ir na frente e, deixando de lado a travessura em seu coração, mostrar a Apolo onde o gado estava escondido. Então o filho de Cronos fez um aceno de cabeça e o bom Hermes obedeceu, pois a vontade de Zeus, que detém a égide, persuade sem esforço.

Hermes e Apolo trocam presentes

Então os dois belos filhos de Zeus seguiram apressados para a arenosa Pilos; no vau de Alfeu chegaram aos campos e ao amplo celeiro que abrigara o gado durante a noite. E enquanto Hermes tangia as vacas robustas para fora do recesso pedregoso em direção à plena luz do dia, o filho de Leto, olhando de lado, notou o couro das vacas estendido sobre as rochas. Imediatamente inquiriu o glorioso Hermes:

"E como conseguiu esfolar duas vacas, seu tratante engenhoso, seu bebezinho recém-nascido? Pensando bem, seus poderes me

O HINO HOMÉRICO A HERMES

assombram! Você não precisa de muito tempo para crescer, garoto cilênio, filho de Maia!"

Enquanto falava, Apolo trançava fortes cabos de salgueiro, pretendendo prender Hermes. Mas os cabos não conseguiriam deter o garoto; caíram a alguma distância e do chão onde pousaram imediatamente começaram a brotar, crescendo entrelaçados como estavam, e rapidamente cobrindo o gado errante, como Hermes, o ladrão, pretendia. Apolo, vendo aquilo, ficou assombrado.

Com fogo ardendo nos olhos, o forte matador de Argos olhou furtivamente à sua volta, na esperança de escapar do glorioso filho de Leto. Sutilmente, então, começou a aplacar aquele inflexível arqueiro de longa distância.

Com a lira aninhada sob o braço esquerdo, tocou cada corda sucessivamente com a palheta e o instrumento soou de maneira impressionante. O luminoso Apolo riu de deleite quando o doce palpitar daquele maravilhoso instrumento se infiltrou em seu coração e uma terna nostalgia se apoderou de alma atentas.

Tocando docemente a lira, o filho de Maia criou coragem e parou de pé à direita do radiante Apolo. E, deixando que a lira o acompanhasse, ergueu sua voz e cantou,* e seu timbre era adorável.

Cantou a história dos deuses, que nunca morrem, e da terra em trevas, e de como cada um deles veio a existir no princípio dos tempos, e como cada um passou a ter o que agora lhe pertencia. Mnemósine, a mãe das Musas, foi a primeira entre os deuses que ele honrou em sua canção, pois o filho de Maia era um de seus seguidores. Então esse bom filho de Zeus louvou os outros imortais, todos ordenados de acordo com a idade; contou como cada um tinha nascido, citando-os um a um enquanto tangia a lira aninhada sob o braço.

---

* Literalmente, "começou a cantar à guisa de prelúdio, com uma voz adorável". Estudiosos supõem que hinos homéricos como esse eram cantados como prelúdios para apresentações mais longas. Nesse momento, portanto, um bardo cantando o *Hino* descreve Hermes como ele próprio seria descrito: "cantando à guisa de prelúdio".

A ASTÚCIA CRIA O MUNDO

E Apolo foi tomado por uma nostalgia contra a qual nada podia fazer; abriu a boca e as palavras fluíram: "Açougueiro do meu gado, trapaceiro, menino laborioso, amigo dos galhofeiros, as coisas pelas quais você se interessa valem cinquenta vacas. Logo, creio que devemos pacificar nossa desavença. Mas agora venha aqui e conte-me, esperto filho de Maia: esse objeto maravilhoso estava com você ao nascer ou algum deus ou homem mortal lhe deu esse nobre presente e ensinou-lhe essa canção celestial? Pois esse é um som novo, uma maravilha para os meus ouvidos. Juro, nem os homens nem os deuses olímpicos jamais ouviram nada parecido, exceto você, oh, filho ladrão de Zeus e Maia.

"Que perícia você tem! Que cura para as preocupações sem remédio! Que estilo! Honestamente, três coisas parecem misturar-se nessa música: humor, libido e doce torpor. Sou um seguidor das Musas olímpicas – aquelas que amam a dança e o som luminoso da poesia, canções a plena voz e o adorável chamado das flautas – e no entanto nada jamais comoveu meu espírito como isso, nem mesmo as mais deslumbrantes canções dos jovens nos festivais. Em resumo, estou maravilhado, filho de Zeus, ao ver quão bem você toca a lira.

"Mas agora, uma vez que tem um talento tão notável, sente--se, garotinho, e mostre algum respeito pela sabedoria dos mais velhos. Saiba que agora você será famoso entre os deuses imortais, você e sua mãe. Estas palavras são verdadeiras: pelo meu cajado de abrunheiro juro que farei de você o guia renomado dos deuses imorredouros. A sorte o seguirá. Nunca o enganarei; dar-lhe-ei presentes maravilhosos."

Então Hermes respondeu de olho no que teria a lucrar: "Você tem uma mente inquiridora, Atirador de Longa Distância. Não me oponho a que você aprenda essa arte. Hoje você vai dominá-la com maestria! Pois quero ser seu amigo em pensamento e palavra.

"Você tem conhecimento intrínseco de todas as coisas, pois senta-se diante dos deuses imortais, que são bons e fortes. O sábio

O HINO HOMÉRICO A HERMES

Zeus o ama, e assim o deveria, e concedeu-lhe dádivas formidáveis. Dizem que você ouve da boca dele as honras que virão para os deuses; você conhece os seus oráculos, ó, Arqueiro, e sabe das suas leis. Por tudo isso, já estou ciente de sua grande fortuna.

"E, claramente, está livre para aprender o que quer que deseje. Uma vez que parece estar decidido a tocar a lira, vá em frente – toque-a e cante, entregue-se à alegria. Dê-me a honra, meu amigo, de aceitá-la como um presente meu.

"Você tem talento para a fala habilidosa e ordenada; pegue minha amiga de voz límpida em suas mãos e cante. Carregue-a livremente consigo quando for a um fabuloso banquete, uma dança cativante, uma festa célebre. Dia e noite ela traz alegria. É fácil se você a tocar despreocupadamente; ela odeia trabalho pesado e enfadonho. Se um homem culto a toca com perícia, os sons revelarão toda sorte de prazeres à sua mente. Se um homem ignorante a golpeia com violência, porém, ela matraqueará tolices frívolas ao seu ouvido.

"Mas você pode decidir aprender o que quiser, nobre filho de Zeus, e por isso lhe dou esta lira. Quanto a mim, cuidarei para que o gado que erra a esmo se alimente nos altos pastos e nas planícies gramíneas. As vacas vão se acasalar sossegadas com os touros e povoarão os campos com novilhos e bois.

"Você está sempre de olho no que há a ganhar, Apolo. Bem, agora não precisa ser tão rude e zangado."

Tendo dito tudo isso, Hermes estendeu a lira; o radiante Apolo recebeu-a e espontaneamente depositou seu chicote resplandecente nas mãos de Hermes, sagrando-o Guardião dos Rebanhos. O filho de Maia aceitou de bom grado a dádiva, enquanto o belo filho de Leto, o nobre Apolo que trabalha ao longe, aninhou a lira no braço esquerdo e testou cada corda com a palheta. Ela produziu um som maravilhoso, e enquanto o fazia o deus cantou com doçura.

Mais tarde, esses fascinantes filhos de Zeus conduziram as vacas de volta ao pasto sagrado, e se apressaram ao nevado Olimpo,

A ASTÚCIA CRIA O MUNDO

divertindo-se com a lira no caminho. O sábio Zeus ficou satisfeito e aprovou a amizade deles. Hermes então passou a amar o filho de Leto com constante afeição, assim como ainda hoje o faz. A dádiva da lira foi um símbolo de seu amor pelo Grande Arqueiro, que a tocava com perícia, apoiando-a no braço. Quanto a Hermes, estava ávido por conhecer outra arte e fez para si a flauta doce, cuja música cobre grandes distâncias.

Então o filho de Leto disse a Hermes: "Filho de Maia, menino e guia astuto, ainda temo que você roube meu arco recurvo e minha lira, pois Zeus concedeu-lhe a honra de iniciar as atividades mercantis entre os homens de todo o prolífico mundo.* Por favor, apazigue meu coração; faça um dos grandes juramentos dos deuses, acenando a cabeça ou invocando as águas do poderoso rio Estige."

Então o filho de Maia fez um aceno com a cabeça e prometeu que não roubaria nenhuma das posses do Grande Arqueiro, nem jamais se aproximaria de sua bela morada. E Apolo, filho de Leto, jurou ser amigo e companheiro de Hermes. De todos os imortais – sejam eles deuses ou filhos humanos de Zeus – jurou não dedicar a ninguém mais amor do que dedicava a Hermes.

Apolo concede a Hermes seus ofícios

Apolo, então, fez um importante juramento: "Para mortais e imortais da mesma forma, faço deste instrumento o sinal indubitável e sincero da nossa união.

"Além disso, agora lhe concedo o maravilhoso bastão com três ramos de ouro. Ele traz boa fortuna e riqueza e vai protegê-lo de ameaças enquanto você executar as boas palavras e intenções das quais tomei conhecimento por intermédio da mente de Zeus.

---

* Note-se que Apolo supõe que alguém envolvido com o mercado também será um ladrão. O mundo desse *Hino* não faz uma distinção clara entre roubar e lucrar.

O HINO HOMÉRICO A HERMES

"Mas, nobre filho de Zeus, quanto à outra coisa que você me pediu, a arte da profecia, nem você nem nenhum dos outros deuses imortais pode aprendê-la. Apenas a mente de Zeus conhece o futuro. Fiz uma promessa, fiz votos e um grande juramento, de que somente eu, entre todos os deuses imortais, posso conhecer seus intrincados planos. E assim, querido irmão, portador do bastão dourado, não me peça para revelar as coisas que Zeus, que tudo vê, tenciona.

"Quanto a mim, confundirei profundamente a não invejável raça dos homens, destruindo alguns e auxiliando outros. Se um homem vier até mim guiado pelo canto e pelo voo de pássaros ominosos, vai lucrar com as minhas palavras; não o enganarei. Mas o homem que acredita em pássaros que chilreiam à toa, que invoca minha arte profética contra a minha vontade, que pretende saber mais do que os deuses imortais, sua jornada será infrutífera, eu lhe juro. Ainda assim, ficaria satisfeito em receber suas oferendas.

"Eu lhe direi uma coisa mais, porém, filho da gloriosa Maia, filho de Zeus portador da égide, auxiliar auspicioso dos deuses. Há certas irmãs sagradas, três virgens elevadas por asas velozes; suas cabeças foram empoadas com alvo alimento; vivem sob um rochedo no Parnaso.* Elas ensinam seu próprio tipo de previsão do futuro. Pratiquei com elas quando era apenas um menino caminhando atrás do gado; meu pai não se importa. As irmãs voam para dentro e para fora do lar, alimentando-se de favos cerosos e fazendo com que coisas aconteçam. Gostam de contar a verdade quando já se alimentaram de mel e estão tomadas pelo espírito; mas se tiverem sido privadas dessa doçura divina, zumbem a esmo e resmungam mentiras.

"Dou-as a você, então. Indague-as bem e satisfaça seu coração. E se instruir homens mortais, eles podem ter boa fortuna e se tornar devotos a você.

---

* Essas são as chamadas Donzelas-Abelhas. Apolo concede a Hermes uma arte profética menor.

A ASTÚCIA CRIA O MUNDO

"E, filho de Maia, zele também pelo gado de chifres recurvos, os cavalos e as mulas trabalhadeiras. Que o glorioso Hermes seja senhor dos leões de olhos chamejantes e dos javalis de presas brancas, e também dos cães; que seja o senhor de todos os rebanhos e de todos os carneiros que a vasta terra alimenta. E apenas Hermes será nomeado o mensageiro do submundo, onde Hades concede a dádiva definitiva e nada toma em troca."

Desse modo, com a bênção do filho de Cronos, o nobre Apolo demonstrou amizade e boa vontade para com o filho de Maia.

Assim é que Hermes circula entre os deuses, que nunca morrem, e os seres humanos, que dela devem padecer. E embora sirva a alguns, na maior parte das vezes, quando a noite cai, engana a raça cujo tempo se esgota.

E assim adeus, filho de Zeus e Maia; pensarei em você com frequência enquanto prossigo para outras canções.

APÊNDICE II **Trickster e gênero**

Todos os tricksters-padrão são masculinos. Há três razões relacionadas para que isso aconteça. Primeiro, esses tricksters podem pertencer a mitologias patriarcais, aquelas cujos personagens principais, e até mesmo os antagonistas, são masculinos. Em segundo lugar, pode ser que haja um problema com o próprio padrão; pode haver tricksters femininas que foram simplesmente ignoradas. Por fim, pode ser que as histórias de trickster articulem alguma distinção entre homens e mulheres, de forma que até mesmo em um cenário matriarcal essa figura seria masculina.

É necessário fazer um esclarecimento antes que eu possa me estender em cada uma dessas respostas. Diz-se com frequência que os tricksters mais conhecidos não são figuras masculinas, mas sim andróginas, ou pelo menos de sexualidade indeterminada. O antropólogo Victor Turner diz, por exemplo: "A maioria dos tricksters tem uma condição sexual incerta: em várias ocasiões míticas Loki e Wakdjunkaga transformam-se em mulheres, enquanto Hermes era frequentemente representado em estátuas como hermafrodita."[1] Parece-me que isso exagera a questão. O hermafrodita clássico nasce da união entre Hermes e Afrodite; dizer que a figura representa Hermes é um insulto a Afrodite.

Os outros casos são um pouco mais complicados. Wakdjunkaga, o trickster winnebago, em uma ocasião se disfarça de mulher, casa-

A ASTÚCIA CRIA O MUNDO

-se com o filho de um chefe e gera três filhos.[2] Loki certa feita transformou-se em uma égua no cio para distrair o garanhão que estava ajudando a construir o muro em torno de Asgard. Não apenas isso, mas esse garanhão e a égua cruzaram e Loki assim deu à luz um potro, o cavalo de oito patas, Sleipnir.[3] Há também uma referência obscura a uma ocasião em que Loki teria comido o coração semicozido de uma mulher, tornando-se assim suficientemente feminino para gerar monstros.[4]

Esses são os melhores, e creio serem os *únicos*, exemplos de tricksters sendo tanto masculinos quanto femininos. Não me parecem, porém, indicar "condição sexual incerta". Em ambos os casos, *uma figura masculina* torna-se brevemente feminina, depois reverte a transformação. O masculino é a base, o ponto de partida. No caso winnebago, na verdade, o episódio de mudança de sexo termina com Wakdjunkaga perdendo o disfarce e dizendo a si mesmo: "Por que estou fazendo tudo isso? Já está mais do que na hora de voltar para a mulher com quem sou realmente casado. [Meu filho] deve ser um belo rapagão a esta altura."[5] Como observa Radin, essa é a única menção ao fato de Wakdjunkaga ter uma família; o narrador está salientando a constituição masculina do trickster, no âmbito da qual houve um episódio de feminilidade.

O melhor que podemos fazer, acredito, é modificar minha afirmação inicial: os tricksters-padrão são masculinos, e alguns deles em raras ocasiões se tornam femininos por um breve período.

Quanto aos tricksters serem parte de uma mitologia patriarcal, gostaria de abordar o tópico por outro lado, por meio de uma possível figura trickster feminina, Baubo.[6] Na religião grega dos mistérios de Elêusis, Baubo era uma mulher (às vezes uma rainha, às vezes uma ama) que conseguiu fazer com que Deméter risse em meio à dor e à raiva pela perda da filha Perséfone. A amarga tristeza de Deméter fizera com que a fertilidade abandonasse o mundo; as

TRICKSTER E GÊNERO

sementes dos cereais não germinavam. Quem conseguisse interromper seu luto seria também, portanto, portador da primavera e da fertilidade. E como Baubo fez Deméter rir? Erguendo suas saias e expondo suas partes pudendas, um ato desavergonhado e impudente por definição.* Baubo era também associada às piadas sujas, os gracejos obscenos que as mulheres faziam durante os ritos de fertilidade de Deméter. Durante o festival eleusino de Deméter, comentários indecentes eram gritados sobre "a ponte da zombaria", entre Atenas e Elêusis. (Essas brincadeiras são uma característica comum dos festivais de fertilidade e destinam-se a excitar a terra, assim como os humanos.)

Em todo caso, temos aqui uma figura feminina de grande antiguidade, uma fêmea exibicionista, por assim dizer, cuja falta de vergonha está ligada à fertilidade e ao retorno dos mortos, ambas parte do território mitológico do trickster.

Mas na verdade temos poucas *histórias* sobre Baubo. O primeiro registro data do século VII a.C. O *Hino homérico a Deméter*, no qual Baubo é chamada de Iambe e a interação crítica entre ela e Deméter é descrita de maneira restrita: "A solícita Iambe (...) levou a dama sagrada, com muitos gracejos e pilhérias, a sorrir e gargalhar e animou seu coração."[7]

O comentário-padrão sobre esse hino, ao mesmo tempo que explica que "na versão órfica" da história "Baubo, expondo-se, fez com que Deméter sorrisse", admite que "a dignidade épica do poeta do hino" suprimiu essa imagem impudica, uma observação que não leva a lugar nenhum, uma vez que o *Hino* deriva sua "dignidade

---

* Há um motivo semelhante no Japão. Depois dos ataques de Susa-nö-o, a deusa do sol, Amaterasu, esconde-se em uma caverna e o mundo fica às escuras, as estações do ano deixam de existir. Para tirá-la da caverna, uma deusa brincalhona (Ama No Uzume) dança na entrada, expondo os seios e genitais. Os outros deuses riem, o que instiga a curiosidade da deusa do sol, e ela começa a emergir. Esses dois exemplos acrescentam um corolário à ideia de que tricksters fazem os altos deuses reviverem aviltando-os. Se a figura suprema é uma deusa, pode ser necessário uma trickster feminina para fazer esse trabalho.[8]

A ASTÚCIA CRIA O MUNDO

épica" exatamente desse tipo de supressão.[9] Conhecemos a "versão órfica" completa por intermédio de Clemente de Alexandria, um padre da Igreja que cita as linhas cruciais de um antigo poema órfico ("Ela pôs seus mantos de lado e exibiu uma visão vergonhosa"), mas não sem uma justificativa prefacial: "[Os] atenienses e o restante da Grécia – coro só em falar – têm aquela história vergonhosa sobre Deméter."[10]

Assim, tanto com o poeta do *Hino a Deméter* quanto com Clemente de Alexandria, não apenas ouvimos uma velha história na qual há uma fêmea desavergonhada revertendo uma situação moribunda, mas podemos testemunhar a antiga história perdendo seus detalhes. Casos como esse (ou o de Sheela-na-gig, outra fêmea exibicionista cuja imagem aparecia nas igrejas da Irlanda até a Idade Média) sugerem que pode ter havido uma tradição de tricksters fêmeas que desapareceram ao longo dos séculos durante os quais os adoradores de Zeus e os padres cristãos consolidaram sua dignidade. Tem havido, é claro, muita especulação em décadas recentes sobre as relações de gênero na pré-história da mitologia. Uma observação de Charlene Spretnak a respeito da história de Deméter é típica: "É provável que a história do estupro da deusa [Perséfone] seja uma referência histórica à invasão dos adoradores de Zeus vindos do norte, assim como é a história do casamento tempestuoso de Hera, a rainha nativa que não se rendeu ao conquistador Zeus."[11] Spretnak considera o *Hino a Deméter* uma nova versão de histórias muito mais antigas sobre Ísis e Gaia, uma versão em um novo contexto no qual Zeus é o deus supremo e Baubo se tornou "a solícita Iambe", e no qual fica cada vez mais difícil recordar como exatamente ela fez Deméter rir.

O caso de Baubo sugere que talvez a literatura tradicional sobre tricksters não tenha lançado uma rede suficientemente ampla, que haja figuras femininas por aí; precisamos apenas aumentar o alcance do nosso olhar para encontrá-las. Minha pesquisa revelou duas ou três, mas antes de falar sobre elas devo dizer que minha concepção da categoria de "trickster" demanda uma figura mítica com uma extensa carreira de trapaças. Digo isso porque não é difícil pensar em mulheres que aprontaram uma ou duas trapaças; mentir, roubar e ter um comportamento desavergonhado não são ações essencialmente masculinas. Mas um ou dois episódios não fazem um trickster.

Maxine Hong Kingston certa vez me sugeriu que a mulher chinesa que finge ser um guerreiro para que o pai não tenha de ir para a guerra, Fa Mu Lan, era uma trickster. Sou cético; seu artifício é certamente uma trapaça, mas é a única; ela não é como o Rei Macaco, cujos engodos preenchem uma centena de capítulos. De maneira similar, houve algumas tentativas de descrever certas mulheres da Bíblia hebraica como tricksters femininas. Raquel engana Labão, por exemplo, quando ela e Jacó deixam a casa dele. Eles vão embora sem anunciar sua partida e, enquanto saem, Raquel rouba os terafim, os ídolos domésticos.[12] Ela evita que Labão a reviste à procura dos bens desaparecidos dizendo-lhe: "As regras das mulheres estão sobre mim."[13] Com base nesse evento, um crítico conclui: "Ela é o trickster que ludibria aquele que está no poder! Ela é um trickster por meio da inversão de papéis."[14] Novamente, não estou convencido. Ela trapaceia, é verdade, mas não há antecedentes. Esses são exemplos de trapaças femininas, não de tricksters femininas.

Quanto a essas, há várias, uma das quais comentarei em seguida. Há uma certa Tia Nancy na tradição afro-americana,[15] embora seja na verdade uma versão de Ananse, a trickster aranha ashanti, e o corpus de histórias sobre ela é pequeno. Há Inana, a "deusa enganadora" da antiga Suméria.[16] Há uma figura das montanhas de Chiapas, no México, chamada Matlacihuatl (também conhecida como *Mujer Enredadora*, a Mulher Enredadeira). Tem o que parece ser uma boca na nuca, mas que no fim das contas é uma vagina. Se um homem a seduz, *ele* fica grávido, não ela.[17]

A ASTÚCIA CRIA O MUNDO

E finalmente – o caso que quero explorar melhor – no sudoeste norte-americano há um trickster Coiote fêmea.

Depois de ler centenas de histórias de trickster de nativos norte-americanos, Franchot Ballinger descobriu cerca de vinte nas quais havia um Coiote fêmea, quase todas de dois grupos de índios pueblos, os hopi e os tewa. Nesses contextos, o Coiote fêmea existe junto com o Coiote macho, e a maioria das histórias ainda é sobre o segundo. Não obstante, ela existe de fato e difere da sua contraparte masculina em vários sentidos. É tão faminta quanto ele, mas não é movida pelo insaciável desejo sexual do macho. O Coiote macho ocasionalmente tem filhos, mas eles em geral são secundários na história. Os filhos do Coiote fêmea desempenham um papel mais significativo, como explica Ballinger:

> Às vezes [a história] começa com uma referência à sua procura de comida ou água para os filhos. Às vezes, quando ela decide que quer alguma coisa que não é dela por direito (por exemplo, pintas bonitas, uma canção, um esquema de caça mais eficiente), ela o quer (pelo menos de maneira ostensiva) para os filhos. Em outras histórias, seus filhos participam ativamente dos acontecimentos que demonstram ou revelam a tolice, a falta de autocontrole e os desejos inaturais da mãe trickster...[18]

Por fim, Ballinger não encontrou nenhuma história na qual o Coiote fêmea seja um herói cultural. Ela não é conhecida como uma ladra do fogo, uma professora de danças ou uma inventora de armadilhas de pesca.*

---

* Aqui devemos reconhecer como as anormalidades da coleta podem afetar a evidência. A ausência de histórias publicadas não significa que elas não existam. Alguém que reúne narrativas deve suspeitar que algo exista e interessar-se por isso antes que seja plausível achá-lo, e mesmo então, se as histórias são sagradas, podem ser vedadas, ou ser vedadas a determinadas pessoas. Quando mulheres antropólogas foram para as Ilhas Trobriand, ouviram muitas histórias que Malinowski nunca ouviu.

TRICKSTER E GÊNERO

Quanto ao porquê de as histórias de Coiotes fêmeas aparecerem nesses contextos, Ballinger sugere que é uma consequência de como poder e gênero estão conectados na vida hopi e tewa.

> O fato mais óbvio que deveríamos apontar sobre histórias com tricksters fêmeas é que são *todas* de tribos que eram ou ainda são matrilineares e/ou matrilocais. Na maioria das tribos que citei, talvez em todas, as mulheres tinham significativa autoridade ou poder oficial *de facto*. Por exemplo, entre os tewa do oeste e os hopi, as mulheres tradicionalmente controlam o sistema econômico e o lar, que é o coração desse sistema. As mulheres são proprietárias das casas, dos campos e dos frutos cultivados por seus clãs, com as mães do clã tendo a palavra final em questões de distribuição. Além disso, laços fortes entre mães-filhas-irmãs criam uma solidariedade de opinião, que por sua vez carrega muita autoridade. Entre os tewa, é a mulher quem tradicionalmente cuida das posses rituais da família...[19]

Em resumo, encontramos essa trickster fêmea no contexto de poder feminino, fato que, no fim, corrobora a ideia de que os tricksters canônicos são masculinos porque fazem parte de uma mitologia patriarcal.

Nesse ponto poderíamos perguntar por que, se os tricksters são disruptivos e opositivos, não seriam fêmeas *especialmente* no patriarcado. A resposta pode ser uma versão do argumento de Sacvan Bercovitch (elaborado nas notas do capítulo 9) sobre como as ideologias restringem o dissenso. Qualquer sistema se beneficia ao representar seus problemas em termos das próprias presunções. Se o poder é masculino, é melhor que a oposição também seja masculina. Na história da religião grega, houve certa vez uma deusa astuta chamada Metis. Zeus a devorou. E lá se foi a oposição realmente ameaçadora. Mais tarde, Zeus gerou Hermes e, em uma leitura do *Hino*, como vimos, ele se torna seu servo fiel-infiel, não um oponente. Essa maneira de conter o dissenso não

A ASTÚCIA CRIA O MUNDO

pertence, em si, ao patriarcado; certamente em um matriarcado aconteceria a mesma coisa. O fato de haver um Coiote fêmea na tradição hopi pode ser uma boa maneira de proteger os poderes das mulheres de uma mudança fundamental.

Seja como for, depois de analisar as histórias dos Coiotes fêmeas, deve-se registrar que elas não são exatamente uma entrada para um território ignorado, mas uma exceção que prova a regra. A não ser que o problema resida em histórias não registradas, mesmo entre os hopi e os tewa o Coiote macho é o trickster primário. Além disso, se na América do Norte há menos de duas dúzias de histórias de tricksters fêmeas, então os tricksters dos nativos norte-americanos são primariamente masculinos. Por fim, essas histórias vêm de grupos nos quais formas significativas de poder pertencem às mulheres, mas nesse caso, também, elas são uma exceção. Há muitos grupos matrilineares de nativos norte-americanos – os tsimshian e os tlingit na costa do Pacífico Norte, por exemplo – e em todos eles o trickster é masculino.[20] De fato temos dois casos claros nos quais uma trickster fêmea está associada a uma descendência matrilinear, mas o segundo caso não é necessariamente uma causa do primeiro. Na América do Norte, onde formas significativas de poder pertencem às mulheres, o trickster ainda é geralmente masculino.

O que nos traz à última linha de investigação das raízes dessa questão de gênero. Talvez alguma parte desse mito seja sobre homens, como os mitos de Ísis, Gaia ou Deméter tratam de mulheres. Talvez o gênero do trickster derive de diferenças sexuais.

Há várias maneiras pelas quais esse pode ser o caso. Em primeiro lugar, pelo menos antes do surgimento da tecnologia de contracepção, as consequências do tipo de sexualidade oportunista e errante que o trickster demonstra eram claramente mais sérias para o sexo que deve gestar, parir e amamentar os bebês (faz sentido que os hopi silenciem a sexualidade do trickster para

TRICKSTER E GÊNERO

adotar a figura feminina). Em segundo lugar, essas podem ser histórias sobre criatividade não procriativa que, portanto, ficam associadas ao sexo que não dá à luz. Deve-se levar em conta que o lendário apetite sexual do trickster raramente resulta em um rebento. Tricksters não geram uma nova vida, eles rearranjam o que já está à mão.

Por fim, essa mitologia pode apresentar uma narrativa (não edipiana) sobre como os meninos se separam das mães. As observações de John Stratton Hawley sobre Krishna e a mãe me fazem pensar nesse sentido. Hawley argumenta que na cultura hindu que deu origem às histórias do ladrão de manteiga, a criação de filhos do sexo masculino envolve uma intimidade entre os sexos que tende a anular a polaridade sexual; essa anulação resulta em um problema para os rapazes mais tarde, quando chega a época de reivindicar sua identidade sexual.[21] Por um lado, há uma forte ligação entre Krishna e sua mãe, Yasoda. "Seu desejo inabalável é o de que Krishna permaneça em seu mundo, permaneça uma criança"[22] e, em um sentido mais amplo, ele o faz. Por outro lado, ele quer se libertar dela. Como salientei anteriormente, as histórias do ladrão da manteiga representam a dubiedade, a ambiguidade, dessa dependência e independência simultâneas. "Embora seu apetite seja grande o bastante para torná-lo totalmente dependente de todas as mulheres que o cercam, ele permanece independente. Em nenhum momento ele se deixa restringir pela obrigação."[23] Hawley em certo momento contrasta Krishna com Shiva, uma deidade masculina que evita a dependência por meio da continência e do autocontrole. Krishna, por outro lado, segue por ambos os caminhos, o que requer trapaça. "O método de Shiva envolve uma redução radical da atividade – estase ascética –, ao passo que Krishna é um produto de seu movimento constante, flexível, até mesmo tortuoso. É essa atividade irreprimível de corpo e alma, mais do que uma concentração interior, que o torna invulnerável às pretensões das mulheres que gostariam de domesticá-lo."[24]

A ASTÚCIA CRIA O MUNDO

Invulnerável, mas não distanciado. Sua astúcia permite que ele esteja conectado/não conectado à esfera feminina.

Essa parte do mito de fato parece tratar da psicologia masculina, daquele cativante tipo masculino que pode enlouquecedoramente estar e não estar presente para as mulheres.* É um tipo não restrito à Índia, também. A formulação de Hawley é ainda mais impressionante porque algo similar aparece em outros contextos. Lembremo-nos de que um dos primeiros problemas de Legba é manter a mãe, Mawu, a distância, e ele faz isso criando uma separação para a qual depois passa a servir de ponte. A história do *Signifying Monkey*, também, especialmente a parte na qual o macaco joga *dozens*, envolve atingir um entendimento equilibrado ou balanceado sobre a "mamãezinha", um entendimento que ao mesmo tempo a leve a sério e não a leve a sério. Hermes pode roubar o gado de Apolo, mas é a mãe, Maia, quem primeiro descobre o que ele fez e tenta discipliná-lo. Ele se recusa a demonstrar qualquer necessidade dela, mas promete levá-la junto quando se tornar o Príncipe dos Ladrões. (Um dos objetivos do "Interlúdio" entre as partes I e II, a propósito, era descrever um aspecto das histórias de trickster que me toca pessoalmente, um aspecto que reside exatamente nessa área da dependência e da independência maternas.)

Resumindo, há pelo menos um lugar onde o material trickster trata de questões particulares aos homens jovens, e nesse caso não deveria haver mistério no fato de o protagonista ser homem. Mesmo em situações nas quais mulheres detêm poder significativo,

---

* O trickster é um macho não heroico, a propósito. Se por "herói" queremos nos referir a alguém que abre caminho à força através das fileiras de seus inimigos, alguém cuja resistência e cuja coragem superam todas as desvantagens, que persevera, sofre e vence, então o trickster não é um macho heroico. Tampouco é aquele macho ascético, o que desenvolve os músculos do autocontrole, tornando-se senhor de si, e não dos outros. Escapista flexível e de tamanho pequeno, não vence do mesmo modo que os grandes vencem, mas também não sofre como eles e desfruta de prazeres que eles consideram muito arriscados.

TRICKSTER E GÊNERO

uma história sobre homens negociando sua ligação com mulheres será uma história com um protagonista masculino. Dito isso, não está claro por que o oposto não se verifica também: as mulheres podem ter o mesmo sexo das mães, mas, por tudo o que vimos, relacionamentos mãe-filha são igualmente carregados de ambiguidade e tensões a respeito de conexão e não conexão. O fato de que essa tensão não tenha encontrado elaboração mítica nos contos de trickster provavelmente nos leva de volta ao argumento anterior de que a maioria dessas histórias pertence a religiões patriarcais.

Notas

1. Turner, *Myth and Symbol*, p. 580.
2. Radin, pp. 21-24.
3. Young, pp. 66-68; Hollander, p. 62.
4. Bellows, p. 231; Hollander, p. 139.
5. Radin, p. 24.
6. Lubell, *passim*.
7. *Hino a Deméter*, linhas 200-41 (por exemplo, *Hesiod, The Homeric Hymns and Homerica*, p. 303).
8. Chan, pp. 232-33; Stone II, p. 129.
9. Allen; Halliday; Sykes, pp. 150-51.
10. *Clement of Alexandria*, tradução para o inglês de G.W. Butterworth, Loeb Classical Library (Cambridge: Harvard University Press, 1919), p. 41.
11. Spretnak *in* Judith Paskow e Carol P. Christ (orgs.), *Weaving the Visions: New Patterns in Feminist Spirituality* (San Francisco: Harper & Row, 1989), pp. 72-73.
12. Gênese 29:31.
13. Gênese 31:35.
14. Steinberg *in* Exum, p. 7.
15. Levine, p. 110.
16. Fontaine *in* Exum.

A ASTÚCIA CRIA O MUNDO

17. Sullivan, p. 51, citando Eva Hunt, *The Transformation of the Hummingbird: Cultural Roots of a Zinacantecan Mythical Poem* (Ithaca: Cornell University Press, 1977).
18. Ballinger.
19. Ballinger.
20. William C. Sturtevant (org.), *Handbook of North American Indians* 7 (Washington: Smithsonian Institution, 1978), pp. 212, 274.
21. Hawley, *Krishna, the Butter Thief*, cap. 9.
22. Hawley, *Krishna, the Butter Thief*, p. 128.
23. Hawley, *Krishna, the Butter Thief*, p. 295.
24. Hawley, *Krishna, the Butter Thief*, p. 296.

APÊNDICE III **O Macaco e os Pêssegos da Imortalidade**

Em suas meditações sobre a não violência, Mahatma Gandhi considera várias vezes o problema de exterminar as pragas agrícolas.[1] É certo dizimar insetos que devoram a lavoura? Pode um homem não violento atirar no cervo que come seus cereais? Macacos são um problema particularmente nocivo nos pomares da Índia. É quase impossível impedir que um macaco roube frutos, e por isso Gandhi abre com relutância uma exceção aos seus princípios gerais e admite que os fazendeiros possam atacar os macacos para proteger a colheita.

A compreensão de que a fome de um macaco jamais respeitará as fronteiras que os seres humanos constroem em torno de seus pomares sem dúvida está por trás da antiga narrativa trickster chinesa sobre o Rei Macaco que rouba e come os Pêssegos da Imortalidade, os frutos sagrados que os deuses taoistas devem consumir se quiserem preservar a imortalidade. Essa história é contada em detalhes na *Jornada para o oeste*,* um imenso – são quase duas mil páginas na tradução para língua inglesa – romance

---

* No Brasil, a editora Odysseus publicou em 2003 a versão em inglês, intitulada *Macaco: uma jornada para o oeste*, de David Kherdian. Entre 2008 e 2010, foi publicada pela editora Conrad dois volumes da adaptação em quadrinhos do texto chinês, com o título *Jornada ao oeste*. (N. do T.)

A ASTÚCIA CRIA O MUNDO

popular chinês do século XVI.* Livremente baseado na verdadeira história da peregrinação de um monge, no século VII, da China até a Índia (daí a jornada "para o oeste") em busca de textos sagrados budistas, o romance em si é um grande misto de contos populares, poemas e matéria religiosa, misturando budismo, confucionismo, taoismo e tradição alquímica, sem um enredo muito consistente. O principal fator de coesão é a personalidade do Rei Macaco, cuja história é contada nos primeiros capítulos e que acaba acompanhando o peregrino dos textos sagrados em sua jornada de quatorze anos para a Índia.

O que me interessa na história é o episódio do roubo dos frutos. Como pano de fundo, é necessário saber, antes de mais nada, que muitas centenas de anos depois do seu nascimento o Rei Macaco "ficou subitamente triste", tendo por alguma razão se dado conta da própria mortalidade. "Embora esteja muito feliz no momento, estou um pouco preocupado quanto ao futuro (...) A velhice e a decadência física (...) revelarão a soberania secreta de Yama, Rei do Submundo."[2] Assim começa sua busca pela imortalidade, no decorrer da qual se mete em um bom número de encrencas, roubando armas de dragões no fundo do oceano e invadindo o submundo para apagar seu nome do Livro dos Mortos. Queixas sobre essas disrupções acabam chegando aos ouvidos do Imperador de Jade, que convoca o Macaco ao céu e, na esperança de fazê-lo se acalmar, incumbe-o de uma série de tarefas, a última das quais é guardar o Jardim dos Pêssegos Imortais.

Esse bosque sagrado lembra os pastos não ceifados onde pastava o gado de Apolo. Não há estações nesse pomar; as árvores estão sempre em flor e sempre gerando frutos. Quando os pêssegos estão quase maduros, suas peles verdes parecem envoltas em fumaça e

---

* A tradução de Arthur Waley, *Monkey* [Macaco], é uma versão reduzida desse clássico. Uma versão completa foi recentemente traduzida por Anthony Yu. Não se sabe quem escreveu o original, mas é muito provável que tenha sido Wu Cheng'en, que morreu em 1582.[3]

O MACACO E OS PÊSSEGOS DA IMORTALIDADE

quando a luz solar incide sobre ele, brilham como cinábrio; quando estão completamente maduros, ficam corados como faces ruborizadas pelo vinho.[4] Os melhores dentre esses pêssegos amadurecem a cada nove mil anos, e aquele que os comer viverá tanto quanto o céu e a terra, o sol e lua. Periodicamente, a Rainha Mãe, a quem pertence esse pomar de pêssegos, realiza um Grande Festival dos Pêssegos Imortais no Palácio da Piscina de Jaspe, e é então que os imortais se reúnem para consumir o alimento que mantém a velhice e a morte afastadas.[5]

Aconteceu que um dia, porém, enquanto o Rei Macaco inspecionava as árvores que era sua incumbência vigiar, notou que mais da metade dos melhores pêssegos havia amadurecido. Ansiava por comê-los, conhecer seu sabor secreto. Dispensando seus ajudantes no pomar, tirou o gorro, subiu em uma árvore e banqueteou-se, para deleite do coração – ou melhor, do estômago. Esse, então, tornou-se seu hábito: de tempos em tempos se alimentava no pomar, depois do quê, encolhido, escondia-se entre as folhas de pessegueiro e tirava um cochilo.

Pouco tempo depois, a Rainha Mãe decidiu oferecer um de seus banquetes. Quando os serviçais foram colher os pêssegos, encontraram as folhas dispersas e os frutos escassos. Restavam apenas alguns pêssegos com pedúnculos pilosos e as cascas verdes, pois o Macaco havia comido todos os maduros. Sem se envergonhar, o Macaco enfrentou os perplexos serviçais e assim descobriu, para sua consternação, que nem mesmo havia sido convidado para o banquete. Em um arroubo de despeito, dirigiu-se ao Palácio da Piscina de Jaspe, mas chegou cedo, enquanto a refeição estava sendo preparada. Depois de colocar os empregados para dormir, fartou-se de vinho e iguarias (tutano de fênix, garras de urso, essa espécie de coisas).

Não demorou para que estivesse completamente bêbado. Cambaleando de volta para casa, viu-se parado diante do Palácio Tushita, lar do imortal Lao Tsé. Invadiu o palácio e encontrou o

A ASTÚCIA CRIA O MUNDO

tesouro do grande taoista, o Elixir das Nove Voltas, um destilado alquímico tão poderoso que aqueles que o ingerem podem se tornar imortais em um fim de semana.[6] Despejando as pílulas para fora das cabaças, o Macaco engoliu-as como se fossem feijões fritos.[7]

Quando o Imperador de Jade soube de todas essas transgressões, ordenou a prisão do Macaco, o primeiro de uma longa sequência de eventos durante os quais os imortais taoistas tentaram capturar e confinar a peste. Não conseguiram. Tiveram de recorrer a Buda, que prendeu o Macaco sob uma montanha e selou a armadilha com uma oração budista. Quinhentos anos depois, o Buda libertou o Macaco para que ele (e outros três – o Porco, o Cavalo e um monge) pudesse acompanhar o peregrino Tripitaka na viagem até a Índia em busca dos textos sagrados do budismo *mahayanas*.

Toda essa ação ocupa apenas os primeiros sete dos cem capítulos que compõem a *Jornada para o oeste*. O restante do livro é um romance de viagem picaresco; os peregrinos passam por oitenta provações antes de chegar à Índia. Nas últimas páginas, retornam à China com os textos sagrados, e o Buda os eleva à condição de budas. O Macaco se torna "o Buda Vitorioso nas Contendas". Apenas o Porco permanece em uma posição inferior. O Buda faz dele o Zelador dos Altares, explicando que ele ainda é tagarela, preguiçoso e tem "um enorme apetite".[8]

Algumas palavras sobre o Porco são oportunas. Depois do Macaco, ele é o mais plenamente desenvolvido entre os ajudantes de Tripitaka. Ele e o Macaco geralmente agem juntos, um aspecto digno de nota, pois caso contrário o Macaco parece muito menos perturbado pelo apetite do que outros tricksters. O Macaco de fato come os Pêssegos Imortais, bebe o vinho, engole o Elixir e assim por diante, mas uma vez que essas transgressões do apetite põem o enredo em andamento, e depois que Buda o subjuga, ele se torna um personagem muito mais cerebral. E no entanto o

O MACACO E OS PÊSSEGOS DA IMORTALIDADE

Porco está sempre com ele, como se Estômago e Mente tivessem se diferenciado, mas não se desligado um do outro. Além do mais, para fazer a diferenciação, seja lá quem tenha escrito esse romance, esse autor participou da subjugação do Macaco. Como aponta um crítico, o Macaco encontrado em narrativas chinesas anteriores é "governado pela concupiscência carnal, que transcende unicamente pelas mãos melindrosas do romancista do século XVI".[9] Mesmo na *Jornada*, ele é conhecido como o Macaco da Mente, um epíteto que ecoa uma antiga imagem budista para a mente inquieta (saltando de pensamento em pensamento como um macaco saltando de galho em galho), mas também ecoa a expressão coloquial "ter a mente de um macaco", que, na época em que a *Jornada* foi escrita, designava alguém possuído pelo desejo sexual.[10] No romance encontramos principalmente o Porco lidando com o problema do apetite, mas ele nunca se distancia do Macaco, e o Macaco ainda apresenta traços de uma velha besta luxuriosa cuja fome poderia levar o próprio Gandhi a comprar uma arma.

A história contada no capítulo 4, sobre Loki e as Maçãs da Imortalidade, afirma claramente que os imortais nórdicos "ficam velhos e de cabelos grisalhos" como consequência de Loki ter atraído Iddun e suas maçãs para fora do jardim. Na presente história, essa possível consequência não é claramente anunciada, mas, se analisarmos o contexto da narrativa, veremos que a ameaça está presente ainda assim. Na China, há uma tradição de que o budismo, o taoismo e o confucionismo deveriam conviver em harmonia, e às vezes a *Jornada para o oeste* incorpora esse espírito ecumênico. O próprio Macaco diz em dado momento: "Honre a unidade das Três Religiões: reverencie os monges, reverencie também os taoistas e cuide de estimular os talentosos."[11] Mas essa observação vem logo depois de o Macaco ter espancado até a morte dois "perversos" taoistas e declarado que "o verdadeiro caminho

A ASTÚCIA CRIA O MUNDO

é o portão do Zen", ações que refletem de maneira mais adequada o tema do embate entre budismo e taoismo que permeia o livro.

Quem, afinal, o Macaco perturba desde o princípio? Os imortais taoistas.[12] Os Pêssegos da Imortalidade pertencem à Rainha Mãe do Oeste, e ela se revela a deusa suprema do taoismo popular. O outro alimento que o Macaco rouba, o Elixir das Nove Voltas, pertence ao patriarca taoista Lao Tsé. Os imortais taoístas, além disso, são incapazes de controlar o Macaco e acabam tendo de recorrer ao Buda, que não apenas consegue prender o importuno, mas que mais tarde também o liberta *a fim de levar o budismo para a China*. Ademais, depois que a peregrinação para a Índia começa, há um desmesurado número de episódios antitaoistas.*
Ao longo da jornada, as ações do Macaco reforçam a maneira como ele se autodescreve no início do romance: "É o Macaco Velho, que abandonou o errado pelo certo, que deixou os taoistas para seguir os budistas."[13]

O autor da *Jornada* se vale de uma longa tradição folclórica sobre o Rei Macaco e, ao fazê-lo, introduz algumas mudanças estratégica no conteúdo. Já mencionei, por exemplo, que o Macaco da *Jornada* não é tão concupiscente quanto seus antecessores. Mais importante mencionar aqui, a *Jornada* aumenta o poder do Buda.[14] Em versões anteriores (particularmente a versão Közanji do século XIII), a divindade cuja disciplina é capaz de controlar o Macaco é a Rainha Taoista do Oeste. Ao substituir a Rainha do Oeste pelo Buda, e ao tornar o jardim dos pessegueiros tão claramente um domínio taoista, o autor da *Jornada* age como Snorri Sturluson rebaixando os deuses nórdicos em favor dos cristãos. Como a *Edda* em prosa, a *Jornada* dá nova forma a uma

---

* Nos capítulos 24-26, o Macaco destrói uma árvore taoista ao roubar seus frutos; no capítulo 33, os peregrinos derrotam um demônio que finge ser um taoista; no capítulo 37, salvam um reino cujo soberano foi assassinado por um taoista; nos capítulos 44-46, libertam uma comunidade de budistas que haviam sido escravizados por taoistas malignos; e por aí vai.

O MACACO E OS PÊSSEGOS DA IMORTALIDADE

velha história e, ao fazer isso, representa o roubo disruptivo que descreve. No momento em que os peregrinos dos textos sagrados são beatificados, no fim do livro, os imortais taoistas *perderam* os Pêssegos da Imortalidade.

Essas mudanças não são uma questão de capricho artístico; elas refletem ou incorporam circunstâncias históricas instáveis. O pouco enredo existente na *Jornada* registra uma contingência cultural real, a coincidência das religiões chinesas com um novo darma vindo do oeste. Uma vez que o Macaco viaja para a Índia, as velhas verdades taoistas parecem um pouco menos essenciais, um pouco mais com ficções locais e contingentes. Para usar termos budistas, depois da viagem do Macaco, depois que ele come os pêssegos, o que parecia substancial no céu taoista subitamente parece marcado pelo vazio. O nome espiritual do Macaco no romance é Wu-K'ung, que significa Desperto-para-a-Vacuidade ou Consciente-do-Vazio, e refere-se à diretiva budista de que todas as categorias de pensamento, quando observadas atentamente, se revelam ficções e se dissolvem.[15] (Assim, quanto mais "o eu" é perscrutado na meditação, menos substancial ele se torna: o eu é vazio.) Quando Desperto-para-a-Vacuidade invade o pomar e come os pêssegos, as formas do taoismo institucional perdem sua substância. Não que muitas instituições, culturas ou eus recebam bem uma invasão como essa. A maioria lança mão de todos os recursos para preservar suas fronteiras das contingências, de forma que, para que haja uma mudança, um ladrão faminto deve se infiltrar vindo das sombras para pôr as coisas em andamento.

O roubo dos pêssegos ou das maçãs da imortalidade é um tema portátil. Sempre fala de mudança, mas se refere a uma mudança diferente a cada vez que é contado. As evidências indicam que na China do século XVI ele refletia um deslocamento das atenções do taoismo para o budismo, mas certamente significava algo diferente no século XIII, e em épocas mais recentes, quando viajou para

A ASTÚCIA CRIA O MUNDO

a América, significava novamente outra coisa. Por muitos anos a Foreign Languages Press de Pequim exportou para crianças sino-americanas uma série em 34 volumes de uma história em quadrinhos baseada com bastante fidelidade na *Jornada*, e em 1989, uma leitora que conhecia bem essa série, Maxine Hong Kingston, publicou *Tripmaster Monkey* [*O livro apócrifo do macaco chinês*], um romance cujo herói, Wittman Ah Sing, imagina-se "a atual encarnação norte-americana do Rei dos Macacos".

O herói de Kingston é um erudito graduado em Berkeley que quer ser dramaturgo e se apaixonar. A história de Wittman é, na verdade, mais episódica do que a *Jornada*. Ele consegue emprego em uma loja de brinquedos, depois o perde (por ter arrumado um macaco de brinquedo como se estivesse copulando com uma boneca Barbie); faz a viagem obrigatória dos anos 1960 até a agência de emprego; comparece a uma interminável festa dos anos 1960 (música, drogas, luzes estroboscópicas); tem um romance com uma garota branca chamada Taña; e próximo do fim, na Sociedade Beneficente de Chinatown, encena a peça quase interminável que havia escrito.

Wittman é obcecado pela raça. Ou talvez "obcecado" não seja o termo correto: o racismo norte-americano está por toda parte, e ele se descobre incapaz de não o perceber. Como, pergunta-se, são chamados os bebês "mongoloides" na Mongólia? Como são chamados os gêmeos "siameses" no Sião? Como podem vender loção pós-barba Jade East em um frasco no formato de um Buda cuja cabeça é uma tampa de rosquear? Como pode alguém tão descolado quanto Jack Kerouac escrever sobre "chinesinhos brilhantes" sem aparentar constrangimento? Por que um comediante sempre pode contar com uma risada quando conta uma piada que termina com "o china também não curte essa merda"? O livro de Kingston é repleto de centenas desses detalhes, o murmúrio de fundo subliminar por meio do qual os norte-americanos absorvem e mantêm a "verdade" sobre as raças.[16] Aqui recordemos a

O MACACO E OS PÊSSEGOS DA IMORTALIDADE

observação de Nietzsche, de que a verdade é "um exército móvel de metáforas, metonímias e antropomorfismos (...) que (...) depois de longo uso, parecem (...) fixas, canônicas e vinculativas (...) Verdades são ilusões sobre as quais se esqueceu que *são* ilusões".[17] Há aqueles para os quais a rede norte-americana de milhares de nós de significantes raciais é mais ou menos invisível, apenas parte do cenário, parte do modo como as coisas são. Esses são os anfitriões do banquete nos Estados Unidos de hoje, os imortais comedores de pêssegos norte-americanos,[18] e quando contam a piada que termina com "o china também não curte essa merda", Wittman pensa consigo mesmo: "O Rei dos Macacos por meio desta anuncia: vou entrar sem ser convidado nas festas onde quer que essas piadas forem contadas..."[19] Afinal, o Macaco "tem a Consciência do Vazio (...) Comerá tudo que houver no bufê. Virará as mesas. Mijará no vinho."[20]

Não apenas das piadas da festa que o novo Rei Macaco está atrás, tampouco. O romance faz ressoar uma nova mudança no velho tema: para Wittman, dormir com Taña é roubar os pêssegos norte-americanos. Um dos protocolos do racismo norte-americano é a proibição da miscigenação, pois, se as raças se misturam, como podem ser essencialmente diferentes? Na verdade, se as raças se misturam, a ideia de "raça" em si pode se revelar vazia. Portanto, é em torno do pomar onde o racismo cultiva seus frutos sagrados que a regra contra os casos amorosos inter-raciais foi erigida. Wittman, pelo menos, está hiperconsciente dessa proibição no que diz respeito a Taña. Quando ambos vão para o apartamento dela pela primeira vez, não fazem amor; ela pega no sono, e Wittman mergulha em uma de suas fantasias de Macaco: "A cortina se abre (...) o grande macaco assassino acorrentado vê a plateia (...) As correntes se partem (...) Com a desmaiada Fay Wray no poderoso braço, ele e ela se balançam de um lado para o outro no teto da Ópera de San Francisco (...) O macaco está solto na América."[21] A bravata exagerada nos mostra como Wittman é inseguro de si.

A ASTÚCIA CRIA O MUNDO

Atraído por Taña, ele se sente como o macaco de brinquedo com a boneca Barbie, e em sua imaginação o orgulhoso Rei Macaco chinês se torna o acossado King Kong, a besta fora da lei do cinema norte-americano. Estamos em um romance moderno, não em uma velha lenda chinesa; o que Wittman quer chega-lhe de maneira lenta e imperfeita. Por mais que queira, não consegue escapar rapidamente das ilusões de raça. (Para começar, não apenas estão por toda a sua volta, elas estão *dentro* dele – quando beija Taña pela primeira vez, deixa escapar a pergunta: "Você é uma garota branca promíscua?")[22]

E no entanto, por mais imperfeita que seja a concretização deles, Wittman ainda preserva os antigos objetivos: entrar na festa sem ter sido convidado, roubar os pêssegos. A encarnação moderna do Macaco nos Estados Unidos quer que a "América" perfeita sinta o gosto do que acontece no *seu* fuso horário. Se os filmes evocam uma "América pura", Wittman quer fazer um teste para representar o papel. Não quer ser um acidental excluído e ressentido. Seu objetivo, porém, não é ser norte-americano nos termos da América, mas mudar esses termos. Quer juntar-se à festa e ser ele mesmo, o que significa que a festa tem de mudar, e não o convidado. Espera, por exemplo, escrever uma peça diferente de todas as peças norte-americanas anteriores. No teatro chinês tradicional, uma peça não começa e termina em uma única noite. "Vou trazer de volta ao teatro as longas e contínuas peças que duram uma semana, sem se repetir", declara Wittman, "porque a vida é longa e contínua..."[23] Se Wittman conseguir o que pretende, um novo e original teatro norte-americano logo surgirá. Nas mãos desse Macaco, a arte norte-americana terá todo um novo sentido de representação do tempo.

Wittman cita James Baldwin em dado momento: "As pessoas estão presas na história e a história está presa nelas (...) e por esse motivo todo negro tem para com todo branco uma atitude que se destina, na verdade, a roubar do branco a joia de sua ingenuidade,

O MACACO E OS PÊSSEGOS DA IMORTALIDADE

ou então a fazer com que ela lhe custe caro."[24] Para Baldwin, o "branco" (ou qualquer um que não tenha consciência da história e dos artifícios humanos) toma o local e o contingente por universal e essencial, "fixo, canônico e vinculativo" (para recordar as palavras de Nietzsche no fim da Parte I). Qualquer um que tenha esperança de afrouxar esses "vínculos" e remodelar as essências terá de "roubar a joia da ingenuidade", o que significa engajar-se em transgressões suficientemente espantosas de forma que a ilusão precise reemergir do inconsciente, onde jaz esquecida. Desse modo o roubo promete modificar a mente e a contingência, gerar consciência. Se o Macaco/Wittman pudesse pegar os pêssegos e tomar parte na festa, se pudesse amar Taña e escrever uma peça norte-americana com raízes chinesas, se o acidental pudesse se tornar parte do ideal, então a América "ressurgiria novamente verde", um Novo Mundo renovado.

Notas

1. Mohandas K. Gandhi, *All Men Are Brothers*, organização de Krishna Kripalani (Nova York: Continuum, 1982), pp. 33, 91.
2. *Journey* I, pp. 72-73.
3. Ver a introdução de Anthony Yu a *Journey* I, p. 21.
4. *Journey* I, pp. 131-49.
5. *Journey* I, pp. 135-36, 509; Nienhauser, p. 145.
6. *Journey* I, p. 510.
7. *Journey* I, p. 141.
8. *Journey* IV, p. 425.
9. Dudbridge, p. 126.
10. Dudbridge, pp. 168, 170, 175.
11. *Journey* III, p. 354.
12. *Journey* I, p. 509; Nienhauser, p. 145.
13. *Journey* I, p. 387; ver também I, p. 56, e II, p. 3.
14. Dudbridge, pp. 164, 112.

A ASTÚCIA CRIA O MUNDO

15. *Journey* I, p. 82.
16. Kingston, *Tripmaster Monkey*, pp. 27, 69, 316; ver especialmente pp. 310 e segs.
17. Nietzsche, p. 250.
18. Kingston, *Tripmaster Monkey*, p. 33.
19. Kingston, *Tripmaster Monkey*, p. 317.
20. Kingston, *Tripmaster Monkey*, pp. 137.
21. Kingston, *Tripmaster Monkey*, p. 221-22.
22. Kingston, *Tripmaster Monkey*, p. 151.
23. Kingston, *Tripmaster Monkey*, p. 149; ver também pp. 141, 250.
24. Baldwin *in* Kingston, *Tripmaster Monkey*, p. 310.

Bibliografia

Abimbola, Wande; Hallen, Barry. "Secrecy and Objectivity in the Methodology and Literature of Ifa Divination". *In* Nooter, Mary H. (org.). *Secrecy: African Art That Conceals and Reveals*. Nova York: Museum for African Art, 1993, pp. 210-20.

Abrahams, Roger D. *Deep Down in the Jungle: Negro Narrative Folklore from the Streets of Philadelphia*. Chicago: Aldine Publishing, 1970.

_____."Playing the Dozens". *In* Dundes, Alan. *Mother Wit from the Laughing Barrel*. Englewood Cliffs, NJ: Prentice-Hall, 1973, pp. 295-309.

Aeschylus [Ésquilo]. *Prometheus Bound*. Tradução de para o inglês de Warren D. Anderson. Nova York: Bobbs-Merrill, 1963. [Ed. bras.: *Prometeu acorrentado, Ájax, Alceste*. Rio de Janeiro: Zahar, 1993.]

Allen, T.W.; Halliday, W.R.; Sikes, E.E. *The Homeric Hymns*. 2ª ed. Oxford: Clarendon Press, 1936.

Aristotle [Aristóteles]. *The Physics*, 2 v. Tradução para o inglês de Philip Wicksteed e Francis Comford. Loeb Classical Library. Cambridge: Harvard University Press, 1929.

_____.*Historia Animalium*, 2 v. Tradução para o inglês de A.L. Peck. Loeb Classical Library. Cambridge: Harvard University Press, 1965.

Arnheim, Rudolf. "Accident and the Necessity of Art". *Toward a Psychology of Art*. Berkeley: University of California Press, 1966, pp. 162-80.

Austin, M.M.; Vidal-Naquet, P. *Economic and Social History of Ancient Greece*. Berkeley: University of California Press, 1977.

Austin, James H. *Chase, Chance, and Creativity*. Nova York: Columbia University Press, 1978.

Bakhtin, Mikhail. *Rabelais and His World*. Tradução para o inglês de Helene Iswolsky. Cambridge: MIT Press, 1968.

———. *Problems of Dostoevsky's Poetics*. Minneapolis: University of Minnesota Press, 1984. [Ed. bras.: *Problemas da poética de Dostoiévski*. Rio de Janeiro: Forense, 2010.]

Baillinger, Franchot. "Coyote, She Was Going There: Prowling for Hypotheses about the Female Native American Trickster". Palestra não publicada apresentada durante o encontro da Modern Languages Association of America. Dezembro, 1988.

Barlow, William. *"Looking Up and Down": The Emergence of Blues Culture in Philadelphia*. Filadélfia: Temple University Press, 1989.

Barnhart, Robert K. (org.). *The Barnhart Dictionary of Etymology*. Nova York: H. W. Wilson Company, 1988.

Barthes, Roland. *The Grain of the Voice*. Nova York: Hill and Wang, 1985.

Bascom, William. *Ifa Divination: Communication Between Gods and Men in West Africa*. Midland Book Series. Bloomington: Indiana University Press, 1991.

Basso, Ellen B. *In Favor of Deceit: A Study of Tricksters in an Amazonian Society*. Tucson: University of Arizona Press, 1987.

Beck, Mary L. "Raven". *The Indian Historian*, 12:2 (verão, 1979), pp. 50-53.

Beginnings of Monkey, The. Adaptado do romance *Journey to the West*, de Gao Mingyou. Pequim: Foreign Languages Press, 1985. [Esse é o primeiro dos 34 volumes da Série do Macaco, da Foreign Languages Press.]

Bellows, Henry Adams (trad.). *The Poetic Edda*. Nova York.: American-Scandinavian Foundation, 1923.

Benedict, Ruth. *The Chrysanthemum and the Sword: Patterns of Japanese Culture*. Boston: Houghton Mifflin, 1946. [Ed. bras.: *O crisântemo e a espada*. São Paulo: Perspectiva, 2014.]

Bercovitch, Sacvan. "The Problem of Ideology in American Literary History." *Critical Inquiry* 12 (verão de 1986), pp. 631-53.

Bernstein, Charles. *Artifice of Absorption*. Filadélfia: Singing Horse Press, 1987.

Bingham, Caleb. *The Columbian Orator*. Boston: J.H.A. Frost, Lincoln and Edmands, 1832.

Blyth, R.H. *Haiku*, 4 v. Tóquio: Hokuseido, 1966.

BIBLIOGRAFIA

Boas, Franz. Introdução a *Traditions of the Thompson River Indians*, de James Teit. Memoirs of the American Folklore Society, v. 6. Nova York: Houghton Mifflin, 1898, pp. 1-18.

————. "Tsimshian Mythology". *Report of the Bureau of American Ethnology*, v. XXXI. Washington, D.C.: Government Printing Office, 1916, pp. 30-1037.

Boelaars, J.H.M.C. *Headhunters about Themselves: An Ethnographic Report from Irian Jaya, Indonesia*. Haia: Martinus Nijoff, 1981.

Boethius [Boécio]. *The Consolation of Philosophy*. Arundel: Centaur Press, 1963. [Ed. bras.: *A consolação da filosofia*. São Paulo: WMF Martins Fontes, 2012.]

Bright, William. *A Coyote Reader*. Berkeley: University of California Press, 1993.

Brinton, Daniel G. *The Myths of the New World: A Treatise on the Symbolism and Mythology of the Red Race of America*. 1ª ed. Nova York: Leypoldt & Holt, 1868.

Brodeur, Arthur Gilchrist (trad.). *The Prose Edda*. Nova York: The American-Scandinavian Foundation, 1929.

Brown, Karen McCarthy. *Mama Lola: A Vodou Priestess in Brooklyn*. Berkeley: University of California Press, 1991.

Brown, Norman O. *Hermes the Thief*. Madison: University of Wisconsin Press, 1947.

————. *Love's Body*. Nova York: Vintage, 1966.

————. *Apocalypse and/or Metamorphosis*. Berkeley: University of California Press, 1991.

Burkert, Walter. *Homo Necans: The Anthropology of Ancient Greek Sacrificial Ritual and Myth*. Berkeley: University of California Press, 1983.

————. "Sacrificio-sacrilego: il trickster fondatore". *Studi Storici*, v. 4 (1984), pp. 835-45.

————. *Greek Religion*. Tradução para o inglês de John Raffan. Cambridge: Harvard University Press, 1985.

Cabanne, Pierre. *Dialogues with Marcel Duchamp*. Tradução para o inglês de Ron Padgett. Nova York: Da Capo Press, 1987. [Ed. bras.: *Marcel Duchamp: engenheiro do tempo perdido*. São Paulo: Perspectiva, 2012.]

Cabrera, Lydia. *El Monte*. Havana: Ediciones CR, 1954.

Cage, John. *Silence*. Middletown: Wesleyan University Press, 1961.

A ASTÚCIA CRIA O MUNDO

_____. *For the Birds*. Boston: Marion Boyars, 1981.

_____. *Themes and Variations*. Barrytown: Station Hill Press, 1982.

Cairns, Douglas L. *Aidos: The Psychology and Ethics of Honour and Shame in Ancient Greek Literature*. Oxford: Clarendon Press, 1993.

Callaway, Canon. *Nursery Tales, Traditions and Histories of the Zulus*, v. 1. Londres: Trübner and Co., 1868.

Camp, John M. *The Athenian Agora*. Nova York: Thames & Hudson, 1986.

Carroll, Michael P. "Lévi-Strauss, Freud, and the Trickster." *American Ethnologist*, v. 8 (1981), pp. 301-13.

Chamberlin, J. Edward. "Telling Tales". *Connotations*, 1:1 (1993), pp. 13-19.

Chan, Wing-Tsit (org.). *The Great Asian Religions: An Anthology*. Nova York: Macmillan, 1969.

Clay, Jenny Strauss. *The Politics of Olympus*. Princeton: Princeton University Press, 1989.

Cleckley, H. *The Mask of Sanity*. Ed. rev. St. Louis: Mosby, 1982.

Cooper, Alan. "Imagining Prophecy". *In* Kugel, James L. *Poetry and Prophecy*. Ithaca: Cornell University Press, 1990, pp. 26-44.

Copeland, Roger. "Against Instinct: The Denatured Dances of Merce Cunningham". *Working Papers* [Londres] (outono de, 1990), pp. 41-57.

Corbin, Henry. *Creative Imagination in the Sufism of Ibn Arabi*. Tradução para o inglês de Ralph Manheim. Princeton: Princeton University Press, 1969.

Cosentino, Donald. "Who Is That Fellow in the Many-colored Cap? Transformations of Eshu in Old and New World Mythologies". *Journal of American Folklore*, v. 100 (1987), pp. 261-75.

Courlander, Harold. *Tales of Yoruba Gods and Heroes*. Nova York: Crown, 1973.

Cunliffe, Richard John. *A Lexicon of the Homeric Dialect*. Norman: University of Oklahoma Press, 1963.

Dance, Daryl Cumber. *Shuckin' and Jivin'*. Bloomington: University of Indiana Press, 1978.

Davis, Natalie Zemon. *Society and Culture in Early Modern France*. Stanford: Stanford University Press, 1975.

Dawkins, Richard. *The Blind Watchmaker*. Nova York: W. W. Norton, 1987. [Ed. bras.: *O relojoeiro cego*. São Paulo: Companhia das Letras, 2001.]

BIBLIOGRAFIA

Detienne, Marcel; Vernant, Jean-Pierre. *Cunning Intelligence in Greek Culture and Society*. Tradução para o inglês de Janet Lloyd. Chicago: University of Chicago Press, 1991.

————. *et al*. *The Cuisine of Sacrifice Among the Greeks*. Tradução para o inglês de Paula Wissing. Chicago: University of Chicago Press, 1989.

De Vries, Ad. *Dictionary of Symbols and Imagery*. Nova York: Elsevier, 1984.

Diamond, Stanley. "Job and the Trickster". *In* Radin, Paul. *The Trickster: A Study in American Indian Mythology*. Nova York: Schocken Books, 1972, pp. xi-xxii.

Dimmitt, Cornelia; Van Buitenen, J.A.B. (orgs.). *Classical Hindu Mythology*. Filadélfia: Temple University Press, 1978.

Doan, James E. "Cearbhall Ó Dálaigh as Craftsman and Trickster". *Bealoideas: The Journal of the Folklore of Ireland Society*, v. 50 (1982), pp. 54-89.

Dodds, E.R. *The Greeks and the Irrational*. Berkeley: University of California Press, 1951. [Ed. bras.: *Os gregos e o irracional*. São Paulo: Escuta, 2002.]

Dollard, John. "The Dozens: Dialect of Insult". *In* Dundes, Allan. *Mother Wit from the Laughing Barrel*. Englewood Cliff: Prentice-Hall, 1973, pp. 277-94.

Dostoiévski, F.M. *The Diary of a Writer*, 2 v. Tradução para o inglês de Boris Brasol. N.Y.: Octagon Books, 1973. [Ed. bras.: *Diário de um escritor (1873)*. São Paulo: Hedra, 2016.]

Douglas, Mary. *Purity and Danger*. Londres: Routledge & Kegan Paul, 1978. [Ed. bras.: *Pureza e perigo*. São Paulo: Perspectiva, 2014.]

Douglass, Frederick. *The Life and Times of Frederick Douglass, from 1817 to 1882, Written by Himself*. Londres: Christian Age Office, 1882.

————. *Narrative of the Life of Frederick Douglass, an American Slave, Written by Himself*. Organização de Houston A. Baker, Jr. Nova York/Londres: Penguin Books, 1982 [1ª ed.: Boston: Anti-Slavery Office, 1845].

————. *My Bondage and My Freedom*. Organização de William L. Andrews. Chicago: University of Illinois Press, 1987 [1ª ed.: Nova York: Miller, Orton and Mulligan, 1855].

Dronke, Ursula. *The Heroic Poems*. Vol. 1 of *The Poetic Edda*. Oxford: Clarendon Press, 1969.

A ASTÚCIA CRIA O MUNDO

Duchamp, Marcel. *Notes and Projects for the Large Glass*. Tradução para o inglês de George H. Hamilton *et al*. Londres: Thames and Hudson, 1969.

———.*Salt Seller: The Writings of Marcel Duchamp*. Nova York: Oxford University Press, 1973.

———. *The Bride Stripped Bare by Her Bachelors, Even. A typographic version by Richard Hamilton of Marcel Duchamp's Green Box*. Tradução para o inglês de George Heard Hamilton. Stuttgart: Edition Hansjörg Mayer, 1976.

Dudbridge, Glen. *The Hsi-yu chi: A Study of the Antecedents to the Sixteenth-Century Chinese Novel*. Cambridge: Cambridge University Press, 1970.

Dumézil, Georges. *Gods of the Ancient Northmen*. Berkeley: University of California Press, 1973.

———.*Loki*. Paris: Flammarion, 1986.

Dundes, Alan. "African Tales Among the North American Indians". *Southern Folklore Quarterly*, v. 29 (1965), pp. 207-19.

———.(org.). *Mother Wit from the Laughing Barrel*. Englewood Cliffs: Prentice-Hall, 1973.

Eco, Umberto. *A Theory of Semiotics*. Bloomington: Indiana University Press, 1976. [Ed. bras.: *Tratado geral de semiótica*. São Paulo: Perspectiva, 2000.]

Ellison, Ralph. "Change the Joke and Slip the Yoke". *Shadow and Act*. Nova York: Random House, 1964, p. 45-59.

———. *Invisible Man*. Nova York: Modern Library, 1992. [Ed. bras.: *Homem invisível*. Rio de Janeiro: José Olympio, 2013.]

Ellwood, Robert S. "A Japanese Mythic Trickster Figure: Susa-nö-o". *In* Hynes, William J.; Doty, William G. (orgs.). *Mythical Trickster Figures*. Tuscaloosa: University of Alabama Press, 1993, pp. 141-58.

Exum, J. Cheryl; Bos, Johanna W.H. (orgs.). *Reasoning with the Foxes: Female Wit in a World of Male Power*. Atlanta: Scholars Press, 1988.

Farnell, Lewis Richard. *The Cults of the Greek States*, 5 v. Oxford: Clarendon Press, 1910.

Faulkes, Anthony. *Snorri Sturluson, Edda*. Tradução para o inglês e introdução de Anthony Faulkes. Londres: Charles E. Tuttle Co., J. M. Dent & Sons, 1987.

Fischer, N.R.E. *Hybris: A Study in the Values of Honour and Shame in Ancient Greece*. Warminster: Aris & Phillips, 1992.

BIBLIOGRAFIA

Flaceliere, Robert. *Greek Oracles*. Tradução para o inglês de Douglas Garman. Nova York: W. W. Norton, 1965.

Fontaine, Carole. "The Deceptive Goddess in Ancient Near Eastern Myth: Inanna and Inaras". *In* Exum, Cheryl J.; Bos, Johanna W.H (orgs.). *Reasoning with the Foxes: Female Wit in a World of Male Power*. Atlanta: Scholars Press, 1998, pp. 84-102.

Forster, E. M. *Aspects of the Novel*. Nova York: Harcourt, Brace, 1927. [Ed. bras.: *Aspectos do romance*. São Paulo: Editora Globo, 2005.]

Foster, George. "Peasant Society and the Image of Limited Good". *American Anthropologist*, v. 67 (1965), pp. 293-315.

Fox, Nicols. "NEA Under Siege". *New Art Examiner* (Chicago), 16: 11 (1989), pp. 18-23.

Frazer, James George. *The Illustrated Golden Bough*. Nova York: Doubleday, 1978.

Freud, Sigmund. *A General Introduction to Psychoanalysis*. Garden City: Garden City Publishing Company, 1943.

Frobenius, Leo. *The Voice of Africa,* 2 v. Tradução para o inglês de Rudolf Blind. Nova York: Benjamin Blom, 1913.

Gates, Henry Louis, Jr. *Figures in Black: Words, Signs, and the "Racial" Self*. Nova York: Oxford University Press, 1987.

————. *The Signifying Monkey*. Nova York: Oxford University Press, 1988.

————. "White Like Me". *The New Yorker*, 17 de junho de 1996, pp. 66-81.

Ginsberg, Allen. *Collected Poems*. Nova York: Harper & Row, 1984.

Glare, P.G.W. (org.). *The Oxford Latin Dictionary*. Oxford: Clarendon Press, 1982.

Gleick, James. *Chaos: Making a New Science*. Nova York: Penguin Books, 1988.

Graves, Robert. *The Greek Myths*, 2 v. Nova York: George Braziller, 1957.

Greenblatt, Stephen. "Filthy Rites". *Daedalus*, v. 3, n. 3 (verão de 1982), pp. 1-16.

Hacking, Ian. *The Taming of Chance*. Cambridge: Cambridge University Press, 1990.

Halttunen, Karen. *Confidence Men and Painted Women*. New Haven: Yale University Press, 1982.

Hampton, Bill R. "On Identification and Negro Tricksters". *Southern Folklore Quarterly*, v. 31, n. 1 (março de 1967), pp. 55-65.

Harris, Joel Chandler. *Uncle Remus, His Songs, and His Sayings*. New York: Penguin Books, 1982.

Harris, Neil. *Humbug: The Art of P. T. Barnum*. Boston: Little, Brown, 1973.

Harris, Marvin. *Cultural Materialism*. Nova York: Random House, 1979.

Harrison, Alan. *The Irish Trickster*. Sheffield: Sheffield Academic Press, 1989.

Hawley, John Stratton. "Thief of Butter, Thief of Love". *History of Religions*, v. XVIII, n. 3 (1979), pp. 203-20.

_____.*Krishna, the Butter Thief*. Princeton: Princeton University Press, 1983.

_____. *At Play with Krishna: Pilgrimage Dramas from Brindavan*. Princeton: Princeton University Press, 1983.

_____.*"The Thief in Krishna"*. *Parabola*, v. 9, n. 2 (1984), pp. 6-13.

Hemenway, Robert. Introdução a *Uncle Remus, His Songs and His Sayings*, de Joel Chandier Harris. Nova York: Penguin Books, 1982, pp. 7-31.

Herbert, Jean. *Shinto; at the Fountain-head of Japan*. Nova York: Stein and Day, 1967.

Herskovits, Melville J. *Dahomey: An Ancient West African Kingdom*. 2ª ed., 2 v. Evanston: Northwestern University Press, 1958.

_____; Herskovits, Frances S. "Tales in Pidgin English from Nigeria". *Journal of American Folklore*, v. XLIV (1931), pp. 448-66.

_____. *Dahomean Narrative: A Cross-cultural Narrative*. Evanston: Northwestern University Press, 1958.

Hesiod, The Homeric Hymns and Homerica. Tradução para o inglês de Hugh G. Evelyn-White. Loeb Classical Library. Cambridge: Harvard University Press, 1914.

Hill, Douglas. "Trickster". *Man, Mythic and Magic: An Illustrated Encyclopedia of the Supernatural*. V. 21. Organização de Richard Cavendish. Nova York: Marshall Cavendish, 1970, pp. 2881-85.

Hillman, James. *Puer Papers*. Dallas: Spring Publications, 1979.

Hollander, Lee M. (trad.). *The Poetic Edda*. 2ª ed. rev. Austin: University of Texas Press, 1962.

BIBLIOGRAFIA

Hurston, Zora Neale. "High John de Conquer". *In* Dundes, Allan. *Mother Wit from the Laughing Barrel*. Englewood Cliffs: Prentice-Hall, 1973, pp. 541-48.

Hyde, Lewis. *The Gift*. Nova York: Random House, 1983. [Ed. bras.: *A dádiva*. Rio de Janeiro: Civilização Brasileira, 2010.]

———. (ed.). *On the Poetry of Allen Ginsberg*. Ann Arbor: University of Michigan Press, 1984.

Hymn to Demeter. Ver *Hesiod, The Homeric Hymns and Homerica*.

Hymn to Hermes. Ver Apêndice I e *Hesiod, The Homeric Hymns and Homerica*.

Hynes, William J.; Doty, William G. (orgs.). *Mythical Trickster Figures*. Tuscaloosa: University of Alabama Press, 1993.

———. "Mapping the Characteristics of Mythic Tricksters: A Heuristic Guide". *In* Hynes, William J.; Doty, William G. (orgs.). *Mythical Trickster Figures*. Tuscaloosa: University of Alabama Press, 1993, pp. 33-45.

The I Ching. 3ª ed. Princeton: Princeton University Press, 1967.

Idewu, Olawale; Adu, Omotayo (orgs.). *Nigerian Folk Tales*. New Brunswick: Rutgers University Press, 1961.

Jackson, Bruce. *Get Your Ass in the Water and Swim Like Me: Narrative Poetry from the Black Oral Tradition*. Cambridge: Harvard University Press, 1974.

Janko, Richard. *Homer, Hesiod and the Hymns*. Londres: Cambridge University Press, 1982.

Jerison, Harry J. *Evolution of the Brain and Intelligence*. Nova York: Academic Press, 1973.

Jetté, J. "On Ten'a Folk-Lore". *The Journal of the Royal Anthropological Institute of Great Britain and Ireland*, v. 38 (1908), pp. 298-367.

Johnson, Barbara. "A Hound, a Bay Horse, and a Turtle Dove: Obscurity in *Walden*". *A World of Difference*. Baltimore: Johns Hopkins University Press, 1987, p.49-56.

The Journey to the West. Tradução para o inglês de Anthony C. Yu. 4 vol. Chicago: University of Chicago Press, 1977-83.

Joyce, James. *Selected Letters of James Joyce*. Organização de Richard Ellmann. Nova York: Viking Press, 1975.

Jung, Carl. *Alchemical Studies. The Collected Works, v. 13*. Princeton: Princeton University Press, 1966. [Ed. bras.: *Estudos alquímicos*, v. 13. Petrópolis: Vozes, 2013.]

A ASTÚCIA CRIA O MUNDO

_____.Posfácio a *The I Ching*, 3ª ed. Tradução para o inglês de Richard Wilhelm e Cary F. Baynes. Bollingen Series XIX. Princeton: Princeton University Press, 1967, pp. xxi-xxxix.

_____. *Memories, Dreams and Reflections*. Aniela Jaffé (org.). Nova York: Pantheon, 1973. [Ed. bras.: *Memórias, sonhos e reflexões*. Rio de Janeiro: Nova Fronteira, 2015.]

Kafka, Franz. *The Trial*. Nova York: Schocken Books, 1995. [Ed. bras.: *O processo*. São Paulo: Companhia das Letras, 1977.]

Kahn, Laurence. *Hermès passe, ou les ambiquïtés de la communication*. Paris: François Maspero, 1978.

Kerényi, Carl. "The Primordial Child in Primordial Times". *In* Jung, Carl; Kerényi, Carl. *Essays on a Science of Mythology*. Princeton: Princeton University Press, 1969, pp. 25-69. [Ed. bras.: *A criança divina. Uma introdução à essência da mitologia*. Petrópolis: Vozes, 2011.]

_____. *Hermes, Guide of Souls*. Dallas: Spring Publications, 1986.

Kermode, Frank. *The Genesis of Secrecy: On the Interpretation of Narrative*. Cambridge: Harvard University Press, 1979.

Keys, Kerry Shawn. *Seams*. San Francisco: Formant Press, 1985.

Kingston, Maxine Hong. *The Woman Warrior*. Nova York: Vintage International, 1989.

_____. *Tripmaster Monkey: His Fake Book*. Nova York: Alfred A. Knopf, 1989.

Klein, Ernest. *A Comprehensive Etymological Dictionary of the English Language*. Nova York: Elsevier, 1966.

Kojiki. Tradução para o inglês de Donald L. Philippi. Princeton: Princeton University Press, 1969.

Kostelanetz, Richard. *Conversing with Cage*. Nova York: Limelight Editions, 1991.

Kroeber, A. L. "Cheyenne Tales". *Journal of American Folklore*, v. XIII, n. 1 (julho-setembro de 1900), pp. 161-90.

Kugel, James L. (org.). *Poetry and Prophecy*. Ithaca: Cornell University Press, 1990.

Kundera, Milan. *The Unbearable Lightness of Being*. Nova York: Harper and Row, 1984. [Ed. bras.: *A insustentável leveza do ser*. São Paulo: Companhia de Bolso, 2008.]

Levine, Lawrence. *Black Culture and Black Consciousness*. Nova York: Oxford University Press, 1977.

BIBLIOGRAFIA

Lévi-Strauss, Claude. *Structural Anthropology*. 2 v. Tradução para o inglês de Claire Jacobson. Nova York: Basic Books, 1963. [Ed. bras.: *Antropologia estrutural*, v. I e II. São Paulo: Cosac Naify, 2014 e 2013.] Leydet, François. *The Coyote*. Ed. rev. Norman: University of Oklahoma Press, 1988.

Liddell, Henry George; Scott, Robert. *A Greek-English Lexicon*. 9ª ed. Oxford: Clarendon Press, 1989.

Lincoln, Bruce. *Death, War, and Sacrifice*. Chicago: University of Chicago Press, 1991.

Lindberg, Gary. *The Confidence Man in American Literature*. Nova York: Oxford University Press, 1982.

Lopez, Barry. *Giving Birth to Thunder, Sleeping with His Daughter: Coyote Builds North America*. Nova York: Avon Books, 1990.

López-Pedraza, Rafael. *Hermes and His Children*. Einsiedeln, Suíça: Daimon Verlag, 1989.

Lubell, Winifred Milius. *The Metamorphosis of Baubo*. Nashville: Vanderbilt University Press, 1994.

Luckert, Karl W. *Coyoteway: A Navajo Holyway Healing Ceremonial*. Tucson: University of Arizona Press, 1979.

Luomala, Katharine. *Maui-of-a-Thousand-Tricks*. Bishop Museum Bulletin Series. Honolulu: Bernice P. Bishop Museum, 1949.

Lynd, Helen Merrell. *On Shame and the Search for Identity*. Nova York: Harcourt, Brace, 1958.

McKenna, George L. *Art by Chance: Fortuitous Impressions*. Kansas City: Nelson-Atkins Museum of Art, 1989.

Makarius, Laura. "The Myth of the Trickster: The Necessary Breaker of Taboos". *In* Hynes, William J.; Doty, William G. *Mythical Trickster Figures*. Tuscaloosa: University of Alabama Press, 1993, pp. 66-86.

Malotki, Ekkehart; Lomatuway'ma, Michael. *Hopi Coyote Tales: Istutuwutsi*. American Tribal Religion Series 9. Lincoln: University of Nebraska Press, 1984.

Mann, Stuart E. *An Indo-European Comparative Dictionary*. Hamburgo: H. Buske, 1984-1987.

Masayevsa, Victor. *Ritual Clowns*. Videoteipe. Hotevilla, Arizona: IS Productions, 1988.

Melville, Herman. *The Confidence-Man: His Masquerade*. Organização de Hershel Parker. Nova York: W. W. Norton, 1971.

A ASTÚCIA CRIA O MUNDO

Merrill, Walter M. (org.). *No Union with Slave Holders, 1841-1849. The Letters of William Lloyd Garrison*, v. 3. Cambridge: Harvard University Press, 1973.

Milosz, Czeslaw. *Emperor of the Earth*. Berkeley: University of California Press, 1977.

Mingyou, Gao. Ver *The Beginnings of Monkey*.

Monod, Jacques. *Chance and Necessity*. Tradução para o inglês de Austryn Wainhouse. Nova York: Vintage, 1972.

Moure, Gloria. *Marcel Duchamp*. Londres: Thames and Hudson, 1988.

Mourning Dove. *Coyote Stories*. Lincoln: University of Nebraska Press, 1990.

Moyers, Bill. "An Interview with Maxine Hong Kingston. The Stories of Maxine Hong Kingston". Videoteipe. Public Affairs Television, Inc., Judith D. Moyers e Bill Moyers. *A World of Ideas* Series, 1990.

Nachmanovitch, Stephen. *Free Play: The Power of Improvisation in Life and the Arts*. Los Angeles: Jeremy P. Tarcher, 1990.

Nagy, Gregory. "Ancient Greek Poetry, Prophecy, and Concepts of Theory". *In* Kugel, James L. *Poetry and Prophecy*. Ithaca: Cornell University Press, 1990, pp. 56-64.

———. *Greek Mythology and Poetics*. Ithaca: Cornell University Press, 1990.

Naumann, Francis. "The Bachelor's Quest". *Art in America*, setembro de 1993, p. 73.

Nelson, Richard. *Make Prayers to the Raven: A Koyukon View of the Northern Forest*. Chicago: University of Chicago Press, 1983.

Nienhauser, William (org.). *The Indiana Companion to Traditional Chinese Literature*. Bloomington: Indiana University Press, 1986.

Nietzsche, Friedrich. "On Truth and Lying in an Extra-Moral Sense". *Friedrich Nietzsche on Rhetoric and Language*. Nova York: Oxford University Press, 1989, pp. 246-57.

Nihongi. Ver Herbert, Jean. *Shinto*.

Norman, Howard. "Wesucechak Becomes a Deer and Steals Language". *In* Swann, Brian; Krupat, Arnold (orgs.). *Recovering the Word: Essays on Native American Literature*. Berkeley: University of California Press, 1987, pp. 402-21.

Nussbaum, Martha. *The Fragility of Goodness*. Nova York: Cambridge University Press, 1986. [Ed. bras.: *A fragilidade da bondade*. São Paulo: WMF Martins Fontes, 2009.]

BIBLIOGRAFIA

Ogundipe, Ayodele. "Esu Elegbara, the Yoruba God of Chance and Uncertainty: A Study in Yoruba Mythology". 2 v. Tese de doutorado. Universidade de Indiana, 1978.

Onians, R.B. *The Origins of European Thought*. Cambridge: Cambridge University Press, 1951.

Oppenheimer, Paul (org.). *A Pleasant Vintage of Till Eulenspiegel*. Middletown: Wesleyan University Press, 1972.

Otto, Walter F. *The Homeric Gods*. Nova York: Pantheon, 1954.

Ouwehand, Cornelius. "Some Notes on the God Susa-nö-o". *Monumenta Nipponica*, v. 14 N. 3 (1958), pp. 138-61.

Ovídio. *Metamorphoses*, 2 v. Tradução para o inglês de Frank Justus Miller. Loeb Classical Library. Cambridge: Harvard University Press, 1976-77.

Oxford English Dictionary, 20 v. Oxford: Clarendon Press, 1989.

Page, R.I. *Norse Myths*. Londres: British Museum Press, 1990.

Parsons, Elsie Clews. *Tewa Tales*. Nova York: American Folklore Society Memoirs, 1926.

Paz, Octavio. *Marcel Duchamp, Appearance Stripped Bare*. Nova York: Arcade Publishing (Little, Brown), 1978.

Pelton, Robert. *The Trickster in West Africa*. Berkeley: University of California Press, 1980.

Pendlesonn, K.R.G. *The Vikings*. Nova York: Windward Books, 1980.

Philippi, Donald l. Ver *Kojiki*.

Phillips, Adam. *Winnicott*. Cambridge: Harvard University Press, 1988.

Phinney, Archie. *Nez Percé Texts*. V. XXV. Columbia University Contributions to Anthropology. Nova York: Columbia University Press, 1934.

Picasso, Pablo. *Picasso on Art*. Organização de Dore Ashton. Nova York: Da Capo Press, 1972.

Plato [Platão]. *The Dialogues of Plato*. 2 v. Tradução para o inglês de B. Jowett. Nova York: Random House, 1937.

_____. *The Collected Dialogues*. Organização de Edith Hamilton e Huntington Cairns. Princeton: Princeton University Press, 1961.

The Poetic Edda. Ver Bellows, Henry Adams e Hollander, Lee.

Pokorny, Julius. *Indogermanisches Etymologisches Wörterbuch*. Berna: Francke, 1989.

Polomé, Edgar C. "Loki". *The Encyclopedia of Religion*. Organização de Mircea Eliade. 16 v. Nova York: Macmillan, 1987.

Preston, Dickson J. *Young Frederick Douglass: The Maryland Years*. Baltimore: Johns Hopkins University Press, 1980.

Propp, Vladímir. *Morphology of the Folktale*. Austin: University of Texas Press, 1968.

The Prose Edda. Ver Young, Jean I. e Faulkes, Anthony.

Pucci, Pietro. *Odysseus Polutropos*. Ithaca: Cornell University Press, 1987.

Radin, Paul. *The Trickster: A Study in American Indian Mythology*. Nova York: Schocken Books, 1972.

Ramsey, Jarold (org.). *Coyote Was Going There: Indian Literature of the Oregon Country*. Seattle: University of Washington Press, 1977.

Reed, Ishmael. *Conjure*. Amherst: University of Massachusetts Press, 1972.

Revill, David. *The Roaring Silence. John Cage: A Life*. Nova York: Arcade Publishing, 1992.

Richardson, John. *A Life of Picasso 1881-1906*. Nova York: Random House, 1991.

Ricketts, Mac Linscott. "The Structure and Religious Significance of the Trickster-Transformer-Culture Hero in the Mythology of the North American Indians". Tese de doutorado. Universidade de Chicago, 1964.

_____. "The North American Indian Trickster". *History of Religions*, v. 5, n. 2 (1966), pp. 327-50.

_____. "The Shaman and the Trickster". *In* Hynes, William J.; Doty, William G. *Mythical Trickster Figures*. Tuscaloosa: University of Alabama Press, 1993, pp. 87-105.

Roberts, Royston M. *Serendipity: Accidental Discoveries in Science*. Nova York: Wiley & Sons, 1989.

Rodriguez, Richard. *Hunger of Memory: The Education of Richard Rodriguez*. Nova York: Bantam Books, 1983.

Rorty, Richard. *Contingency, Irony, and Solidarity*. Nova York: Cambridge University Press, 1989. [Ed. bras.: *Contingência, ironia e solidariedade*. São Paulo: Martins Fontes, 2007.] Ryden, Hope. *God's Dog*. Nova York: Penguin, 1975.

Scheinberg, Susan. "The Bee Maidens of the Homeric Hymn to Hermes". *Harvard Studies in Classical Philology*, v. 83 (1979), pp. 1-28.

Schröder, Franz Rolf. "Das Symposium der Lokasenna". *Arkiv for nordisk filologi*, v. 67 (1952), pp. 1-29.

BIBLIOGRAFIA

Sealey, Raphael. *Women and Law in Classical Greece*. Chapel Hill: University of North Carolina Press, 1990.

Seigel, Jerrold. *The Private Worlds of Marcel Duchamp*. Berkeley: University of California Press, 1995.

Serres, Michel. *Hermes: Literature, Science, Philosophy*. Baltimore: Johns Hopkins University Press, 1983.

Smith, Jonathan Z. *Map Is Not Territory: Studies in the History of Religions*. Berkeley: University of California Press, 1993.

Smith, Valerie. *Self-Discovery and Authority in Afro-American Narrative*. Cambridge: Harvard University Press, 1987.

Snyder, Gary. "The Incredible Survival of Coyote". *The Old Ways*. San Francisco: City Lights Books, 1977, pp. 67-93.

Stallybrass, Peter; White, Allen. *The Politics and Poetics of Transgression*. Ithaca: Cornell University Press, 1986.

Steinberg, Naomi. "Israelite Tricksters, Their Analogies and Cross-Cultural Study". *In* Exum, J. Cheryl *et al.* (orgs.). *Reasoning with the Foxes: Female Wit in a World of Male Power*. Atlanta: Scholars Press, 1998, pp. 1-13.

Steiner, George. *After Babel*. Londres: Oxford University Press, 1975.

Stone, Merlin. *Ancient Mirrors of Womanhood*, 2 v. Nova York: New Sibylline Books, 1979.

Strathern, Andrew. "Why Is Shame on the Skin?". Blacking, John (org.). *The Anthropology of the Body*. Londres: Academic Press, 1977, pp. 99-110.

Sturluson, Snorri. Ver Young, Jean; *The Prose Edda*; Hollander, Lee. *The Poetic Edda*; Bellows, Henry Adams. *The Poetic Edda*; FAULKES, Anthony, *Snorri Sturluson, Edda*.

Sullivan, Lawrence E.; Peiton, Robert D.; Ricketts, Mac Linscott. "Tricksters". *The Encyclopedia of Religion*. Organização de Mircea Eliade. Nova York: Macmillan, 1987, pp. 45-53.

Swanton, John R. *Tlingit Myths and Texts*. Washington, DC.: Smithsonian Institution Bureau of American Ethnology, 1909.

Thompson, Stith. *Tales of the North American Indians*. Bloomington: Indiana University Press, 1929.

Thorsen, Karen; Dempsey, Douglas K. *James Baldwin: The Price of the Ticket*. Videoteipe. San Francisco: California Newsreel, 1989.

Thwaites, Reuben Gold. *The Jesuit Relations and Allied Documents*, 73 v. Cleveland, Ohio: Burrows Brothers Company, 1896-1901.

Toelken, J. Barre. "The 'Pretty Languages' of Yellowman: Genre, Mode, and Texture in Navajo Coyote Narratives". *In* Ben-Amos, Dan (org.). *Folklore Genres*. Austin: University of Texas Press, 1976, pp. 145-70.

_____. "Life and Death in the Navajo Coyote Tales". *In* Swann, Brian; Krupat, Arnold (orgs.). *Recovering the Word: Essays on Native American Literature*. Berkeley: University of California Press, 1987, p. 388-401.

Tomkins, Calvin. *The Bride & The Bachelors* Nova York: Viking Press, 1965.

Tompson, Robert Farris. *Black Gods and Kings: Yoruba Art at Ucla*. Bloomington: Indiana University Press, 1976.

Turner, Victor. "Myth and Symbol". *International Encyclopedia of the Social Sciences*. Organização de David Sills. Nova York: Macmillan & The Free Press, 1972, pp. 580-81.

_____. *The Ritual Process*. Ithaca: Cornell University Press, 1977. [Ed. bras.: *O processo ritual*. Petrópolis: Vozes, 2013.]

Vigfusson, Gudbrand; Powell, F. York (trads.). *Corpus Poeticum Boreale*, 2 v. Londres: Oxford University Press, 1883.

Vizenor, Gerald. *Griever, An American Monkey King in China*. Normal: Illinois State University, 1987.

_____. *The Trickster of Liberty: Tribal Heirs to a Wild Baronage*. Minneapolis: University of Minnesota Press, 1988.

von Franz, Marie-Louise. *On Divination and Synchronicity: The Psychology of Meaningful Chance*. Toronto: Inner City Books, 1980.

Wadlington, Warwick. *The Confidence Game in American Literature*. Princeton: Princeton University Press, 1975.

Walker, Barbara K.; Walker, Warren S. (orgs.). *Nigerian Folk Tales*. Contados por Olawale Idewu and Omotayo Adu. New Brunswick: Rutgers University Press, 1961.

Walker, Peter F. *Moral Choices: Memory, Desire, and Imagination in Nineteenth-Century American Abolition*. Baton Rouge: Louisiana State University Press, 1978.

Watts, Harriett Ann. *Chance: A Perspective on Dada*. Ann Arbor, Michigan: University Microfilms International Research Press, 1980.

Wescott, Joan. "The Sculpture and Myths of Eshu-Elegba, the Yoruba Trickster". *Africa* [Journal of the International African Institute, London], v. 32 (1962), pp. 336-53.

BIBLIOGRAFIA

Wilde, Oscar. "The Decay of Lying". *Selected Writings*. Londres: Oxford University Press, 1961.

Wilson, Elizabeth. *Nez Percé Stories*. Audiotape. San Francisco, Califórnia: Wild Sanctuary Communications, 1991.

Wurmser, Leon. *The Mask of Shame*. Baltimore: Johns Hopkins University Press, 1981.

Young, Jean I. *The Prose Edda of Snorri Sturluson*. Berkeley: University of California Press, 1966.

Yu, Anthony C. Ver *The Journey to the West*.

Agradecimentos

Sou grato à comunidade do Kenyon College por me convidar a lecionar e me apoiar na condição de professor da cátedra Henry Luce de Arte e Política durante a maior parte dos anos necessários para escrever este livro. Sou igualmente grato à Fundação Luce, que custeia o Programa de Docentes Luce. No Kenyon, participantes do Seminário Kenyon fizeram considerações sobre muitos capítulos do trabalho em andamento. Obrigado especialmente a Jennifer Clarvoe, Lori Lefkovitz e Peter Rutkoff. Ron Sharp esteve sempre disposto a fazer anotações nas minhas páginas e conversar até muito depois do horário do expediente. David Lynn me ajudou a preparar várias seleções para publicação na *Kenyon Review*. Também sou grato a Harry Brod, Wendy MacLeod e Gregory Spaid. Diversos estudantes me ajudaram em minha pesquisa ao longo dos anos, entre eles Heather Clausen, Justin Richland e Michael O'Leary. Jerry Kelly dedicou tempo e atenção à bibliografia e às notas.

Antes de me mudar para Kenyon, o Departamento de Língua Inglesa de Harvard custeou minha tradução do *Hino homérico a Hermes*. A classicista Danielle Arnold me conduziu lentamente através do texto grego e me apresentou à literatura secundária. Outros colegas em Harvard estiveram sempre prontos a ajudar,

A ASTÚCIA CRIA O MUNDO

especialmente Michael Martone, Michael Blumenthal, Lucie Brock-Broido, Susan Dodd, Monroe Engel e Sacvan Bercovitch.

Uma bolsa para escritores do Fundo Nacional para as Artes possibilitou-me, pela primeira vez, parar de lecionar por um tempo, reunir minhas anotações e escrever um projeto de livro. Depois disso, foram-me concedidos locais maravilhosamente hospitaleiros para trabalhar. A Fundação Centrum em Port Townsend, Washington, me acomodou na casa 255 por seis semanas durante um verão. Em outro verão, o Centro Headlands para as Artes, no condado de Marin, na Califórnia, disponibilizou para mim uma sala amarela com pé-direito de quatro metros em um antigo quartel. Por diversas vezes a Colônia McDowell me alimentou e me abrigou. Escrevi o rascunho inicial da primeira seção do livro no Centro de Estudos Bellagio, da Fundação Rockefeller. Escrevi a quarta seção durante um ano, no Instituto de Pesquisas Getty, em Santa Monica, na Califórnia. (No Getty, tive a sorte de contar com a assistência de pesquisa de Melissa Schons.) Finalmente, agradeço por uma bolsa da Fundação MacArthur.

Um livro como este é mais bem escrito em meio a conversas, e muitos amigos merecem ser mencionados nesse aspecto. Norman Fischer e eu fizemos várias caminhadas pelos promontórios de Marin, durante as quais as obscuridades do meu projeto sempre pareciam se dispersar conforme a neblina costeira se dissipava. Taylor Stoehr levou o livro a sério durante muitos almoços à base de anchovas. Max Gimblett dava sua opinião enquanto eu lia em voz alta no estúdio de pintura. Steve Krugman ouviu com destreza e apontou padrões que eu não conseguia ver. Depois de examinar o livro inteiro, Mona Simpson sugeriu vários ajustes perspicazes.

Obrigado também a Linda Bamber, Robert Bly, Graeme Gibson, Tom Hart, Jack Hawley, Michael Ortiz Hill, Jane Hirshfield, Wes Jackson, Barry Lopez, Winnie Lubell, Tom Reese, Wendy Salinger,

AGRADECIMENTOS

Marc Shell, Gary Snyder, Lee Swenson e Gioia Timpanelli. Nos meses finais, Kim Cooper releu todo o manuscrito com um cuidado espantoso. Na editora Farrar, Straus and Giroux, eu sempre pude contar com a paciência e o entusiasmo de Jonathan Galassi; Ethan Nosowsky conduziu o manuscrito até a impressão.

Devo minha mais profunda gratidão a Patsy Vigderman.

Índice

35 Up (Apted), 158
4'33" (Cage), 214
abolicionistas, 298, 347, 348, 349, 352, 356, 357
acaso e a necessidade, O (Monod), 170
acaso, 77, 137, 140, 142, 154, 183n, 193n, 194, 198, 199, 201, 202, 204, 205, 206, 207, 209, 211, 212, 213, 214, 215, 217n, 283, 296, 309, 310, 316, 388, 428, 436, 441; na arte, 143, 175, 176, 177, 179, 181, 196; divinação e, 157, 159, 160, 168, 169, 170, 171, 172, 173, 174; destino em, 157, 158, 159; dádivas do, 185, 186, 187, 188, 190, 191; proteção contra o, 153, 155; puro, 170, 175, 211, 212, 213
acidente, *ver* acaso
Adão, 20n, 243, 244, 250n
Addison, Joseph, 347
Aegir, 151, 318
afro-americanos, 28, 142, 162n, 227n, 297, 406n, 483; *trickster* feminina dos, 483; humor dos, 390, 398; histórias improvisadas dos, 117; categorias raciais e, 142, 143; *ver também* escravidão
Afrodite, 461n, 479
Agamêmnon, 249n
Agência Federal de Narcóticos, 395
aids, 283, 284, 286
Ajaolele, 165, 166, 168, 169, 170, 176, 178, 186
alanos, 402n
Alcibíades, 80, 81, 87, 457n
algonquins, 28, 103
Allen, T. W., 54n, 505b
alquimia, 263, 264, 265, 267
Ama No Uzume, 481n
Amaterasu, 258, 259, 260, 481n
"América" (Ginsberg), 395
americanos de origem mexicana, 232
Amish, 194
amoralidade sagrada, 20, 21
Ananse, 28, 122n, 288n, 327, 483

anatomia da melancolia, A (Burton), 194

Andre, Carl, 441

Anthony, Aaron, 298, 345, 360

Antínoo, 109

antropemia, 322, 355

apache, 36

apetite, 18, 33, 35, 39, 40, 44, 46, 51, 54, 55, 56, 57, 58, 59, 70, 72, 83, 87, 93, 99, 100, 111, 113, 117, 119, 139, 161, 163, 412, 418, 420, 421, 487, 496, 497; gênese do imaginação e, 47, 48, 49; indulgência diante do, 95, 96; para apaziguar o dissenso, 338, 339, 340, 341; mentira e, 101, 104, 112, 114; profecia e, 411, 413, 414; contenção do, 90, 319, 341; sacrifício e, 60; armadilhas e, 33, 41, 60, 94, 437

Apolo, 24, 97, 98, 107, 110, 112, 115, 116, 119, 120n, 130, 132, 134, 168, 200, 201, 258n, 295, 299, 300, 301, 304, 307, 308, 313, 323n, 376, 382, 383, 384, 386, 396, 411, 418, 419, 420, 429, 445, 446, 457, 458, 459, 460, 461n, 462n, 463, 464, 465, 467, 471, 475n, 476, 488, 494; discussão perante Zeus, 468, 469, 470; gado de, roubado por Hermes, 25, 52, 76, 77, 78, 89, 91, 92, 95; encantado pela mentira de Hermes, 105, 106, 114, 117, 380, 381, 469; Hermes canta para, 200, 314, 315, 319, 320, 321, 380, 381, 435; faz as pazes com Hermes, 109, 172, 266, 316, 353, 377, 378, 472, 473, 474; voz zombeteira de, 130, 132; dons proféticos de, 411, 419

Aporia, 75, 77, 108

Apted, Michael, 158

Aquiles, 249, 302, 319

Aranha, 36

Ares, 461n

Argos, 156n, 234, 239, 240, 241, 258, 301, 308, 320, 459, 460, 467, 470, 471

Aristófanes, 306n

Aristóteles, 33, 61n, 117, 122n, 142, 171, 172, 183, 187, 368, 369, 371n, 403n, 404n, 429, 451n, 505b

armadilhas, 33, 34, 35, 36, 37, 38, 39, 41, 297; da perplexidade, 75; da cultura, fuga da, 328, 365, 367, 390, 394; (*ver também* obra-*artus*), como frustração da oportunidade, 74, 75, 76

arquétipos, 25, 26, 268

arte, 16, 19, 25, 26, 33, 54, 60, 95, 119, 132, 133, 136, 143, 151, 153, 160, 161, 163, 164, 166, 178, 181, 192, 195, 196, 206, 207, 209, 211, 212, 214, 215, 224, 236, 243, 248, 277, 279, 280, 281, 282, 283, 284, 285, 320, 365, 368, 372, 374, 379, 380, 382, 385, 395, 399, 402, 415, 434, 435, 436, 439, 441, 442, 443, 449, 461, 472,

474, 502; acaso na, 175, 176, 177; mentira e, 117, 118; como profecia, 295, 315, 475; vergonha e, 238, 239, 240, 241, 242; transgressiva, 276

Ártemis, 250n, 461n

árthron, 368

articulações, vulnerabilidade nas, 365, 366, 367, 368, 369, 370, 371, *ver também* obra-artus

articulus, 367, 368

Ashanti, 483

Assembleia dos deuses (Luciano), 151n

atabascas, índios, 46, 453

Atena, 81, 108, 109, 396, 461n

Audubon, John James, 236, 251n

Auld, Hugh, 298, 331, 334

Auld, Sophia, 298, 329, 331

Auld, Thomas, 358, 359

Austin, James, 201

Autólico, 33, 61n

Azur, Hananias ben, 425

Baas, Jacquelynn, 282

Babylon, O (Walcott), 404n

Bailey, Harriet, 345, 346, 349, 352

Baker, Houston, 361n, 405n

Bakhtin, Mikhail, 280, 290n, 291n, 506b

Balder, 147, 148, 149, 150, 151, 152, 154, 156n, 160, 163, 188, 259, 366, 367

Baldwin, James, 342, 361n, 502, 503, 504n, 519b

Ballinger, Franchot, 27n, 484, 485, 490n, 506b

Balzac, Honoré de, 117, 118

Barnum, P. T., 327, 328, 387, 388, 426, 427, 451n, 512b

Barthes, Roland, 365, 402n, 506b

Bascom, William, 158, 168, 182n, 183n, 184n, 216n, 217n, 361n, 506b

Bashô, 33, 60n

Batus, 460n

Baubo, 480, 481, 482, 515b

Beethoven, Ludwig van, 235

bella coola, 430

Bercovitch, Sacvan, 325n, 485, 506b, 524

Berkeley Zen Center, 208

Bíblia, 20n, 150, 330, 345, 346, 356, 414, 425, 432, 483; *ver também* Novo Testamento; Velho Testamento

Bingham, Caleb, 329, 334n, 347, 355, 506b

Black Mountain College, 212

Blake, William, 238

blues, 20, 136, 239, 241, 382, 396, 444, 446

Boas, Franz, 27n, 83n, 507b

Boca de Cada Lado, 41, 43, 44

Boécio, 217n, 507b

Boîte en Valise (Duchamp), 443

Botticelli, Sandro, 175

brâmane, 256

Breton, André, 437

Brinton, Daniel, 27n, 507b

Brook, Peter, 210

Brown, Earle, 214

Brown, Norman O., 61n, 62n, 120n, 155n, 298, 300, 303, 305, 311, 321, 323n, 324n, 325n, 448n, 449n, 451n, 507b

Broyard, Anatole, 435
budismo, 204, 494, 496, 497, 498, 499
Búfalo, 12, 47, 70, 120n
Burkert, Walter, 54n, 62n, 156n, 507b
Burton, Robert, 194

cabala (tradição), 432
Cabeça de touro (Picasso), 186, 210, 216n
Cabrera, Lydia, 218n, 344, 361n, 507b
caça, 20, 34, 36, 37, 39; comedores de corpos em putrefação e, 47
Cage, John, 25, 143, 144, 156n, 203, 204, 205, 206, 207, 208, 209, 210, 211, 212, 213, 214, 215, 218n, 219n, 435, 442, 507b, 514b, 518b
Cairns, Douglas, 217n, 225n, 249n, 250n, 508b, 517b
Cálicles, 193
Calipso, 446
Calvino, Italo, 14, 27n
Cam, 330, 402
caminhada a esmo, 63, 64, 65; acaso e, 140 ; estrutura narrativa e, 275
canibalismo, 322, 355
Carlisle Indian Institute, 360
Carnaval, 269, 271, 272, 273, 276, 279, 280, 284, 290n, 433
Castor, 306n
Catão, 347
Categorias (Aristóteles), 142
categorias raciais, 142

Centro de Arte Contemporânea de Cincinnati, 281
Chamberlin, Edward, 404n, 508b
cheyenne, índios, 23, 27n, 30n, 514b
chineses, 224, 231; racismo americano contra os, 501; budismo dos, 497, 498, 499; sistema divinatório dos, 159, 160; imigrantes, 231, 234, 444, 445; teatro dos, 20, 502; sociedade nas vilas, 226, 233, 401; *ver também* Rei Macaco
Christy, James, 145
Chuang Tzu, 453, 454n
CIA (Central Intelligence Agency), 395
Cícero, 347
Címon, 323n
Circe, 202, 302
Citas, 402n
Clay, Jenny Strauss, 54n, 306n, 372, 404n, 508b
Clemente de Alexandria, 482
Coelho Quincas, 72, 290n, 398
Coelho, 28, 29, 102, 119, 448
Coffin, William C., 333, 352
coincidência, *ver* acaso
Coiote, 13, 15, 23, 24, 25, 28, 30n, 34, 52, 54, 56, 60, 63, 64, 65, 66, 67, 68, 70, 71, 75, 87, 102, 103, 119, 120n, 122n, 130, 139, 223, 227n, 228, 249, 168n, 290n, 317, 319, 334, 382, 384, 385, 386, 388, 396, 398, 402, 428, 433, 445, 448; apetite do, 46, 47, 48, 59; volta à vida, 119; e a criação da linguagem, 121n, 430, 431, 432;

ÍNDICE

domesticação ou exílio do atirador de olhos, 318; história do, 11, 12, 18, 19; fêmea, 18, 484, 485, 486; na Terra dos Mortos, 125, 126, 127, 128, 129, 133, 135, 188; mentiras contadas pelo, 106; a Via Láctea criada pelo, 428; xamanismo parodiado pelo, 423, 424, 425, 427; na cabana do Sol, 223, 228; e armadilhas, 35, 36, 37, 38, 39, 41

Coleridge, Samuel Taylor, 199n

Collodi, Carlo, 317

Colombo, Cristóvão, 194

comedores de carne apodrecida, 46, 385, 386, *ver também* Coiote; Corvo

comer carne, 19, 35; comer corpos em putrefação e, 45, 384; inteligência e, 59, 385; sacrifício e, 51, 52, 53, 54, 55, 56, 57, 58

comunismo, 287, 395; colapso do, 287

Concerto para piano e orquestra (Cage), 186, 206

conflito de classes, 300

confucionismo, 494, 497

conhecimento das espécies, 65, 67

consolação da filosofia, A (Boécio), 27n, 507b

Constituição dos Estados Unidos, 108n, 287, 356, 357, 358, 436

contingência, 146, 152, 153, 154, 155, 171, 174, 178, 179, 180, 181, 188, 194, 198, 203, 215, 216, 243, 245, 283, 287, 311, 312, 355, 431, 499, 503, 518b;

tentativa de supressão da, 140, 141, 142; como profecia, 410

contos populares russos, 316

contradição, 17, 75, 163, 164, 196, 309, 327, 328, 334, 335, 336, 386, 390, 393, 396, 441; humor e, 394, 395; incontida, 341

Cooper, Alan, 425, 450n, 508b

Corbin, Henry, 414, 449n, 508b

corpo, 373; inscrição da vergonha no, 243, 244, 245, 246, 247, 248, 249, 340

Corvo, 16, 28, 34, 47, 48, 57, 59, 60, 72, 73, 81, 82, 102, 103, 111, 114, 153, 275, 287, 379, 385, 403n, 430, 454; morte e ressurreição do, 318, 319; linguagem criada pelo, 121n; mentiras contadas pelo, 106; roubo da luz pelo, 72, 73, 379; mudança de pele do, 83, 87, 94; e armadilhas, 38, 39, 40; voracidade do, 41, 42, 43, 44, 45, 46, 51, 54; roubo da água pelo, 274

Courbet, Gustave, 439

Covey, Edward, 390

Crátilo (Platão), 112, 121n

Criador da Terra, 71

cristianismo, 150, 151, 266, 267, 286, 322, 356, 388, 389; o diabo no, 20; de Douglass, 355, 356, 397; Jung sobre o, 262, 263, 264, 289n; mitos nórdicos e, 146, 147, 148, 322; de Serrano, 278, 279, 280; *ver também* Igreja Católica; protestantismo

Cronos, 457, 459, 465, 468, 469, 470, 476

crow, índios, 35

culpa, vergonha distinguida da, 225n, 244

dadaísmo, 175, 394

dádiva, A (Hyde), 193n, 199n

dádivas: do acaso, 328, 329, 330, 331, 332, 333, 334, 335, 336, 337, 338, 339, 340; troca de, 316; oposição entre roubo e, 296, 297, 305, 309

Dalí, Salvador, 253

dama do lago, A (Scott), 347

Dárdano, 306n

Davis, Natalie Zemon, 273, 508b

Dawkins, Richard, 172n, 183n, 184n, 219n, 508b

Defoe, Daniel, 117

Deméter, 24, 52n, 103, 226, 250n, 320, 324n, 461n, 480, 481, 482, 486, 489n, 513b

democracia: americana, 357; ateniense, 298, 299, 300, 311

Demócrito, 181

Detienne, Marcel, 61n, 62n, 84n, 120n, 121n, 379, 403n, 404n, 451n, 509b

diabo cristão, 20, 82, 151

Dioniso, 52n

divinação, 158, 160, 161, 163, 164, 166, 167, 178, 181, 194, 195, 198, 168n, 374, 375, 377, 379, 380, 381, 416, 426; como obra-*artus*, 379, 380

DNA, 215, 417

Dodds, E. R., 217n, 225n, 249n, 251n, 509b

doença do sono, 79, 131

Dom Quixote (Cervantes), 117

Domesticação, 318n, 323, 336, 358

donzelas-abelhas, 381, 419, 420, 475n

Dostoiévski, Fiódor, 117, 122n, 506b, 509b

Douglas, Mary, 256, 269, 275, 450n, 451n

Douglass, Frederick, 25, 298, 307, 309, 310, 312, 324n, 327, 333, 334, 335, 345, 346, 355, 358, 359, 360, 361n, 362n, 363n, 365, 366, 380, 386, 390, 394, 397, 402, 405n, 406n, 436, 509b, 518b; análise da violação periódica das regras por, 336, 337, 338, 339, 340, 341, 342; obra-*artus* de, 387, 388, 389; cristianismo de, 356, 357, 389; educação de, 311, 328, 329, 330, 331; Garrison e, 347, 348, 349, 350, 351, 352, 353, 354; ancestralidade nativo--americana de, 359; paternidade de, 306, 336, 342, 345; discursos aos brancos, 331, 332; roubos de 304, 329, 330

dozens (jogo), 151n, 391, 392, 393, 488, 505b, 509b

Dreyfus, Hubert, 448n

Drumvoices (Redmond), 406n

Duchamp, Marcel, 25, 143, 175, 176, 177, 178, 184n, 206, 253, 328, 365, 388, 394, 395, 396,

ÍNDICE

402n, 436, 437, 438, 439, 440, 441, 442, 443, 451n, 452n, 507b, 510b, 516b, 517b, 519b
Dumézil, Georges, 154, 156n, 366, 402n, 510b
Durand, Jean-Louis, 371n

Eckhart, Mestre, 205
Eco, Umberto, 91, 97, 510b
Edda, 140, 149, 150, 151, 152, 154, 155n, 498, 506b, 507b, 509b, 510b, 512b, 517b, 518b, 519b
Édipo, 202, 303
Elefante, 391, 399
Ellison, Ralph, 25, 26, 30n, 117, 122n, 324n, 397, 510b
Emerson, Ralph Waldo, 13, 207
Epimeteu, 29n
escravidão, 272, 298, 308, 309, 310, 312, 329, 330, 331, 334, 336, 339, 340, 352, 354, 357, 358, 388, 390, 402, ; obra-artus contra a, 386, 387, 389; linha de cor e, 333, 342, 346, 348, 349, 350, 353, 355; limiares da vergonha e, 305, 307, 330; roubo e, 304, 305, 306, 331, 332, 333
Ésquilo, 29n, 62n, 505b
Esubunmi, Baderinwa, 361n
Eulenspiegel, Till, 28, 517b
Eumeu, 100
Eurídice, 133
Eurípides, 250n
Eva, 20n, 243, 244, 250n
Evangelho de Tomé, 410
Evolution of the Brain and Intelligence (Jerison), 37, 513b

Exu, 28, 30n, 169, 172, 175, 177, 181, 186, 187, 188, 193n, 194, 195, 197, 198, 203, 266, 318, 327, 352, 359, 372, 377n, 380, 394, 410,, 426, 428; como agente da sorte, 174, 191; como o diabo cristão, 20n; e a divinação, 160, 161, 162, 163, 164, 165, 166, 167, 168, 374, 375, 449n; no umbral entre o céu e a terra, 178, 179, 180; domesticação de, 318; e discórdias entre amigos, 342, 343, 344, 354, 355, 421n; como ponto focal da coincidência, 170; e a linguagem, 381, 430, 431; no Novo Mundo, 20, 182n, 345; sacrifício e, 55
eyak, índios, 103

Fa Mu Lan, 483
fala: humor na, 391, 392, 393, 394; injunção contra a, *ver* silêncio: regra do; articulada, 369, 370; contra a escravidão, 331, 332, 333, 334, 335, 336, 350, 351, 352
FBI (*Federal Bureau of Investigation*), 236, 395
Fedro (Sócrates), 371n, 403n
Festa dos Bobos, 270, 271
Filo, 347
Física (Aristóteles), 171
Flint, 28, 103
fome, *ver* apetite
fon, 168n, 253, 374, 376
For the Birds (Cage), 209, 219n, 508b

A ASTÚCIA CRIA O MUNDO

Foreign Language Press (Pequim), 500, 506b
Foster, George, 190, 191, 192, 193n, 217n, 511b
Foucault, Michel, 409, 448n
Fox, Charles, 347
fragilidade da bondade, A (Nussbaum), 153, 216n, 452n, 516b
Francisco, São, 157, 410
Franklin, Benjamin, 347
Frazier, George, 154
Freeland, William, 338, 339
Freud, Sigmund, 193, 195, 196, 197, 217n, 218n, 268n, 289n, 303, 508b, 511b
Frigga, 147, 152, 153, 154, 155
Frobenius, Leo, 29n, 182n, 183n, 361n, 404n, 511b
Fundo Nacional para as Artes (Estados Unidos), 277, 524

Gaia, 482, 486
gaio-azul, 28, 102
Gandhi, Mohandas K., 503n
Garfield, James A., 358
Garrison, William Lloyd, 347, 348, 350, 352, 353, 355, 361n, 362n, 516b
garrisonianos, 347, 348, 349, 350
Gates Jr., Henry Louis, 162n, 182n, 183n, 324n, 330, 331, 334, 335, 336, 360n, 361n, 362n, 405n, 451n, 511b
Genesis of Secrecy, The (Kermode), 415, 514b
Ginsberg, Allen, 25, 236, 237, 238, 239, 241, 242, 248, 252n, 328, 395, 396, 405n, 432, 433, 434,
436, 440, 441, 451n, 452n, 511b, 513b
Glooscap, 28, 103
gnósticos, 410
Górgias (Platão), 193, 217n
Götterdämmerung [O crepúsculo dos deuses] (Wagner), 148n
Govinda, A., 139, 155n
grande vidro, O (Duchamp), 143, 176, 437, 438, 439
gregos, 58, 59, 75, 102, 192, 194, 339, 347, 368, 377, 419, 509b; democracia dos, 298, 299, 311; alimentação dos deuses pelos, 161, 180; história da trapaça entre os, 34; Islândia e a religião dos, 152; religião de mistérios dos, 481, 482, 483; filosofia dos, 108; profecia entre os, 193, 414; ascensão do pan-helenismo entre os, 101; sacrifício praticado pelos, 44, 53, 54, 55, 56, 57, 58, 59, 295; cultura da vergonha dos, 225n, 226, 237, 331; troca de pele e os, 79, 80; riqueza dos, 309; *ver também* Hermes; Hinos homéricos; Odisseu; Prometeu
gros ventre, índios, 83n
Grundberg, Andy, 285
Gylfaninning (Sturluson), 150

haitianos, 20, 375
Hampton, 227n, 250n, 512b
happening, 212, 213
harmós, 368, 369

ÍNDICE

Hawley, John Stratton, 121n, 400, 406n, 413, 421, 449n, 450n, 487, 488, 490n, 512b

Hefesto, 461

Hegel, Georg Wilhelm Friedrich, 330, 331

Heimdall, 148, 156n

Heitor, 319

Helena, 306n

Hélio, 301, 459, 470

Helms, Jesse, 279, 280

Hemenway, Robert, 398, 406n, 512b

Hera, 239, 240, 320, 457, 461n, 482

Héracles, 306n

Hércules, 199

Hermes, 78, 84n, 88, 89, 90, 91, 97, 107, 111, 112, 120n, 121n, 130, 134, 135, 136, 156n, 168, 172, 176, 180n, 184n, 185, 187, 188, 189, 195, 199, 216n, 217n, 218n, 223, 241, 249n, 258n, 266, 288n, 296, 297, 298, 299, 300, 302, 304, 305, 306, 310, 311, 312, 313, 316, 319, 320, 321, 322, 323, 324n, 325n, 327, 331, 341, 347, 353, 356, 357, 358, 365, 366, 370, 371, 374, 375, 377, 379, 380, 382, 383, 384, 386, 387, 389, 396, 404n, 405n, 410, 411, 416, 417, 428, 435, 439, 441, 443, 445, 450n, 455, 458, 463, 471; como agente da sorte, 174, 186, 191, 192, 193, 194, 197, 198; contenção do apetite por carne por, 52, 53, 54, 93, 94, 337, 338, 339; discussão perante Zeus, 468, 469, 470; Argos abatido por, 239, 240; nascimento de, 52; Calvino sobre, 14; gado roubado por, 24, 52, 60, 76, 77, 92, 93, 95, 97, 98, 99, 105, 106, 109, 110, 115, 116, 119, 200, 295, 301, 303, 308, 315, 328, 334, 376, 421, 446, 457, 459, 460, 461, 462, 464, 465, 466, 467, 468, 469, 470, 472, 473; Jung sobre, 264; linguagem inventada por, 113, 114, 430; mentiras contadas por, 113, 114; lira feita de uma carapaça de tartaruga por, 307, 309, 314, 315, 381, 418; faz as pazes com Apolo, 109, 172, 266, 316, 320, 353, 377, 378, 472, 473, 474; Odisseu e, 201, 202; Ordenado Guardião dos Rebanhos, 110, 111; natureza politrópica de, 80; e profecia, 418, 419, 420; rearticulação do cosmos por, 372, 373; e sacrifício, 54, 57, 58, 59; canta para Apolo, 116, 200, 314, 315, 319, 320, 321, 380, 381, 435; união entre Afrodite e, 479

Hermes, the Thief (Brown), 298

Herskovits, Melville, 29n, 30n, 168n, 183n, 288n, 361n, 404n, 512b

Hesíodo, 55, 56, 62n, 99, 100, 102, 103, 104, 110, 120n, 305, 306, 324n, 419, 420, 445

A ASTÚCIA CRIA O MUNDO

Héstia, 461n

High John de Conquer, 398, 513b

Hillman, James, 198, 217n, 218n, 512b

hindus, 20, 413, 487, 509b; *ver também* Krishna

Hinos homéricos, 52n, 372, 404n, 471n; a *Deméter*, 250n, 324n, 482, 489n ; a *Hermes*, 27n, 52n, 59, 62n, 78, 84n, 88, 105, 109, 120n, 121n, 130, 135, 216n, 217n, 218n, 249n, 288n, 323n, 324n, 372, 404n, 405n, 450n

histórias de origem, 174, 255 ; nativos americanos, 18, 19, 20, 21, 22, 28n, 34, 35, 47, 63

Hitler, Adolf, 289n

Holbein, Hans, 118

Homem invisível (Ellison), 26, 117, 324n, 510b

Homer, Hesiod, and the Hymns (Janko), 323n

Homero, 33, 61n, 103, 109, 117, 119, 302, 429

Homossexualidade, 236, 286

hopi, índios, 18, 226, 270, 276, 484, 485, 486, 515b

Horácio, 191, 199

Hume, David, 330

Humor, 390, 391, 392, 393, 394, 395, 396, 397, 398, 399, 400, 401, 402

Hunger of Memory (Rodriguez), 232, 518b

Hurston, Zora Neale, 398, 406n, 513b

Hyman, Stanley Edgar, 324n

I Ching, 159, 160, 182n, 195, 205, 210, 217n, 513b, 514b

Iambe, 481, 482

Iddun, 140, 141, 147, 151, 155n, 497

Ifá, 159, 160, 165, 166, 167, 168, 169, 182n, 194, 197, 266, 318, 377n, 426, 505b, 506b

Igreja Católica, 270, 276, 279

Ilíada (Homero), 52n, 249n, 303, 319, 324n

Iluminismo, 347

imaginação: criação da, 87, 88, 95, 97; profecia e, 425, 426; ver também mentira

imigrantes, 22, 224, 231, 232, 236, 248, 251n, 402, 446; língua e, 429, 430; relação com a vergonha, 231, 232, 233, 234, 235, 236, 237, 238, 239, 240

Inana, 483

Indonésia, 234

ingalik, índios, 103

inteligência, evolução da, 37, 59

Iorubá, 20, 40, 55, 158, 159, 160, 162n, 163, 166, 168, 169, 171, 172, 174, 179, 186, 194, 197, 342, 374, 375, 377n, 380, 426, 430

iorubás cubanos, 158, 159, 160, 163, 166, 168, 169, 171, 179, 186, 194, 374, 380

iroqueses, índios, 28, 103

Ísis, 482, 486

Islã, 414

Jacó, 483

Janko, Richard, 323n, 513b

ÍNDICE

japoneses, 16, 235, 237, 258, 259, 403n, 481n

Jefferson, Thomas, 330

Jeremias, 425

Jerison, Harry, 37, 61n, 513b

jesuítas, 453

Jesus, 277, 410

Jetté, padre J., 453, 454, 513b

Johns, Jasper, 207

Jornada para o oeste (romance popular chinês), 223, 249, 443, 493, 496, 497

Joyce, James, 202, 218n, 513b

judaísmo, 289n, 432, ver também Velho Testamento

Jung Cult, The (Noll), 289n

Jung, Carl, 49n, 61n, 67n, 80n, 84n, 121n, 157, 158, 182n, 195, 197, 217n, 262, 263, 264, 265, 266, 267, 268, 275, 276, 289n, 290n, 358, 513b, 514b

Kaddish (Ginsberg), 238, 242, 433n, 440

Kafka, Franz, 415, 416, 417, 418, 449n, 514b

kairós, 192

Kant, Immanuel, 330

Kardon, Janet, 282

Keats, John, 241

Kerényi, Carl, 180, 184n, 187, 198, 199, 216n, 218n, 306n, 324n, 514b

Kermode, Frank, 11, 27n, 415, 416, 417, 449n, 450n, 514b

Kerouac, Jack, 14, 500

Kingston, Maxine Hong, 25, 429, 436, 483, 500, 514b, 516b;

como artista imigrante, 236, 345; e o espírito do Macaco, 224, 443; e a regra do silêncio materna, 224, 225, 226, 227, 228, 231; suicídio da tia, 225, 237, 246

Kojiki (texto xintoísta), 288n, 514b, 517b

Közanji, 498

Krishna, 20, 28, 106, 107, 108, 110, 112, 121n, 135, 384, 386, 396, 400, 401, 410, 411, 412, 413, 414, 415, 417, 418, 420, 421, 422, 428, 449n, 450n, 487, 490n, 503n, 512b,

Kuan Yin, 443

Kundera, Milan, 157, 182n, 185, 216n, 514b

kwakiutl, 403n

Labão, 483

Lao Tsé, 495, 498

Leão, 391, 392, 393, 396, 397, 398, 399

Lebre, 385

Legba, 16n, 20n, 28, 107, 121n, 168n, 182n, 253, 254, 266, 275, 287, 376, 377, 378, 382, 404n, 430, 488, 517b, 520b; como o diabo cristão, 20n; e a linguagem, 374, 375, 380; mentiras contadas por, 420; emprego estratégico da sujeira por, 255, 256, 257, 258, 260, 261

leis dietéticas, 257

lele, 281, 450n

Leonardo da Vinci, 175

A ASTÚCIA CRIA O MUNDO

Lévi-Strauss, Claude, 322, 325n, 385, 397, 405n, 508b, 515b
Leydet, François, 61n, 68, 84n, 121n, 406n, 451n, 515b
Liberator, 347
libertação contida, ritual de, 271, 272, 336, 337, 338, 339
Lincoln, Abraham, 340
Lincoln, Bruce, 314n, 515b
Lindberg, Gary, 30n, 426, 451n, 515b
linguagem, 429, 430, 431, 432; invenção da, 114, 139; articulações na, 369; *ver também* fala; tradução
livro apócrifo do macaco chinês, O (Kingston), 444, 500
Lloyd, Edward, 298, 304, 308, 327, 336, 345
Lokasenna (poema nórdico), 151, 518b
Loki, 20n, 28, 34, 36, 141, 152, 153, 154, 155, 160, 163, 198, 215, 223, 249, 259, 303, 322, 356, 369, 372, 378, 387, 389, 402n, 510b, 517b; e as Maçãs da Imortalidade, 140, 146, 497, 499; imobilização de, 148, 156n, 318, 319; e o cristianismo, 20n; e a morte de Balder, 147, 148, 149, 150, 151, 366, 367; transformações femininas de, 479, 480; mudança de pele de, 81
Luciano, 151n

Maia, 52, 258, 295, 306, 307, 308, 321, 381, 457, 459, 460, 463, 465, 467, 471, 472, 473, 474, 475, 476, 488
maidu, índios, 71
Makarius, Laura, 365, 402n, 515b
Malinowski, Bronislaw, 484
Manabozho, 27n, 28, 103, 121n
Mandelbrot, Benoit, 210
Mantor, George, 144
Mapplethorpe, Robert, 281, 282, 283, 284, 285, 286
Mardi Gras, 271
Marta, 28, 102
Martim-pescador, 65, 66, 67, 70, 424
marxismo, 300
Masson, Jeffrey Moussaieff, 268
Matisse, Henri, 210
Matlacihuatl, 483
Maui, 28, 365, 515b
Mawu, 253, 254, 255, 257, 488
Melville, Herman, 82, 83, 84n, 327, 328, 346, 515b
mentira, 33, 96, 97, 98, 99, 100; por animais, 69, 70; apetite e, 99, 100, 104, 111, 113, 114, 117; arte e, 117, 118, 119 ; fronteiras entre verdade e, 105, 106, 107, 109, 118, 308
Mercier, Paul, 168n
Mercúrio (Mercurius), 14, 15, 28, 80n, 121n, 199, 263, 264, 265, 266, 267, 268, 275, 189n
metis, 485
Milosz, Czeslaw, 117, 122n, 243, 252n, 516b
Milton, John, 347
Minos, 306n

ÍNDICE

mitologia nórdica, 140, 141, 151, 217n; cristianismo e, 20n, 149, 150, 151, 152, 322; *ver também* Loki

Mnemósine, 471

Moisés, 303, 425

Monod, Jacques, 170, 171, 172, 173, 174, 183n, 184n, 210, 211, 212, 215, 219n, 516b

Montanha Dourada, 235, 236, 238

Moral Choices (Walker), 347, 361n, 362n, 363n, 520b

Mozart, Wolfgang Amadeus, 186, 216n

Musas, 99, 100, 101, 102, 103, 104, 130, 134, 471, 472

Museu de Arte da Filadélfia, 177

Myths of the New World, The (Brinton), 27n, 507b

Nabokov, Vladimir, 303

Nagy, Gregory, 62n, 84n, 101, 102, 103, 120n, 121n, 122n, 250n, 325n, 404n, 419, 449n, 450n, 452n, 516b

Nancy, Tia, 483

narrativa picaresca, 317

narts, 402

nativos americanos, 21, 22, 28, 35, 37, 47, 63, 65, 103, 256, 270, 382; e a chegada dos europeus, 23; histórias de origem dos, 19, 20, 34; Douglass como descendente dos, 360; *tricksters* femininas dos, 18, 484, 486; xamanismo dos, 423; narrativas de inverno dos, 20,

271; *ver também* Coiote; Corvo; *tribos específicas*

Naumann, Francis, 405n, 451n, 516b

navajos, índios, 11, 23, 30n, 424

neotenia, 68

New York Times, The, 84n, 219n, 251n, 284, 289n, 291n

nez percé, 35, 125, 188, 217n, 517b, 521b

Nietzsche, Friedrich, 115, 116, 122n, 501, 503, 504n, 516b

Nihon shoki (texto xintoísta), 288n

Noé, 330

noiva despida por seus celibatários mesmo, A, ver grande vidro, O

Noll, Richard, 289n

nóos (mente), 90, 93, 94, 109, 439

nornas, 141, 217n

Novo Testamento, 266

Nussbaum, Martha, 153, 156n, 216n, 217n, 404n, 452n, 516b

Nyame, 288n

O Sábio, 319

O'Connor, Flannery, 132, 276

Obatalá, 197, 198

obra-*artus*, 365, 368, 369, 372, 375, 376, 377, 378, 401, 420, 435, 441, 445, 447; de Douglass, 386, 387, 388, 389, 390; de Hermes, 380, 381, 382, 383, 384; humor como, 390, 393, 394, 395, 396; profecia e, 435

Obscenidade, 229, 271, 281, 283, 285, 286, 287, 336, 432, 433

Odin, 148

Odisseia (Homero), 52n, 56, 61n, 62n, 80, 84n, 97, 100, 101, 120n, 121n, 150, 320, 324n

Odisseu, 28n, 56, 94, 97, 98, 100, 101, 102, 108, 109, 119, 278, 330, 409, 419, 429, 446, 447, 448, 452n; Hermes e, 202, 302; mentiras contadas por, 33, 82, 95, 396; natureza politrópica de, 80, 81, 457n

Ogunda-Iwori, 165

Ogundipe, Ayodele, 29n, 158, 168, 182n, 183n, 184n, 217n, 218n, 361n, 517b

okanagon, índios, 27n, 40, 65

Oklahoma, atentado a bomba na cidade de, 143

Onians, Richard, 62n, 71, 84n, 217n, 517b

oportunidade, exploração e frustração da, 71, 72, 73, 74, 106

Oran, 165

Orfeu, 133

Origins of European Thought, The (Onians), 71, 517b

Orungan, 162

Osíris, 21

ossetas, 366, 402n

Otto, Walter, 54n, 62n, 517b

Ovídio, 239, 240, 252n, 517b

Pã, 240

Page, R. I., 148n, 517b

paiute, índios, 430

Pandora, 56

Parmênides, 108

Pasteur, Louis, 201, 202

patriarcado, 18, 320, 485, 486

Pausânias, 195

"Peasant Society and the Image of Limited Good" (Foster), 190, 511b

Peirce, C. S., 186

Pelton, Robert, 27n, 28, 29n, 121n, 122n, 183n, 184n, 288n, 327, 360n, 361n, 376, 377, 404n, 517b

Péricles, 306n

Perséfone, 302, 320, 373, 480, 482

Perseu, 306n

Petrel, 274

Philippi, Donald, 288n, 514b, 517b

Phillips, Adam, 425n, 510b, 517b

Phinney, Archie, 125, 136n, 517b

Picabia, Francis, 394, 442

Picasso, Pablo, 25, 118, 122n, 185, 186, 188, 189, 196, 197, 210, 211, 213, 216n, 217n, 218, 219n, 283, 303, 517b, 518b

Pinóquio (Collodi), 317

Piss Christ (Serrano), 277, 278, 279, 280

Pitt, William, 347

Platão, 112, 113, 116, 121n, 191, 192, 193, 216n, 217, 371n, 198, 403n, 414, 430, 449n, 517b

plenitude, revelação da, 413, 414, 417, 418, 421, 422, 425

Plutarco, 80

polaridade, confusão da, 78, 93

polinésios, 365

politeísmo, 20, 21, 24

ÍNDICE

politropismo, 80, 81, 83, 94, 95, 98, 353, 367, 384, 395, 457n; humor e, 391, 392

Pollock, Jackson, 206

Pólux, 306n

Porco, 496, 497

Porta-garrafas (Duchamp), 177

Poseidon, 461n, 464n

Pound, Ezra, 21, 29n

Príamo, 150, 319

processo ritual, O (Turner), 188, 520b

processo, O (Kafka), 415, 514b

Proclamação de Emancipação, 340

profano: distinção entre sagrado e, 227, 228; contato ritual com o, 269

profecia, 148, 149, 194, 295, 315, 409, 410n, 411, 418, 420, 426, 431, 432, 433, 448n, 449n, 475; apetite e, 412, 413; arte como, 441, 442, 443; múltiplos significados da, 414, 415; revelação da plenitude na, 413, 414, 417, 421, 422, 425; xamanismo e, 422, 423, 424, 425; *ver também* divinação

Prometeu acorrentado (Ésquilo), 29, 62n, 505b

Prometeu, 16, 28, 29, 55, 56, 57, 58, 59, 62n, 164, 339, 370, 379, 389

Propp, Vladimir, 316, 324n, 518b

protestantismo, 280

psicopatas, 229, 238, 251n

Pucci, Pietro, 82, 84n, 518b

pueblos, índios, 18, 484

Pureza e perigo (Douglas), 256, 509b

Quaresma, 271, 272

Radin, Paul, 11, 20n, 21, 27n, 29n, 48n, 61n, 83n, 84n, 86, 120n, 227, 230, 250n, 251n, 270, 290n, 317, 324n, 480, 489n, 509b, 518b

Rainha Mãe do Oeste, 498

Raposa, 36, 451n

Raquel, 483

rastros, eliminando, 76, 77, 78, 93

Rauschenberg, Robert, 212

razão cérebro-corpo, 37

readymade, 176, 177, 447

Redmond, Eugene, 398, 406n

Reed, Ishmael, 397, 406n, 518b

Reforma, 273, 290n

Rei Macaco, 28, 63, 483, 493, 494, 495, 498, 501, 502; e o budismo, 317, 318; e os Pêssegos da Imortalidade, 149n, 491, 493, 498, 499; falta de pudor do, 402, 411; Tripitaka e, 223, 224, 243, 409, 443, 444, 496

religião dos mistérios de Elêusis, 226, 281, 480

Renascimento, 280

Rexroth, Kenneth, 432, 433, 451n

Richardson, John, 219n, 518b

Ricketts, Mac Linscott, 27n, 28, 61n, 83n, 121n, 324n, 403n, 422, 423, 424, 425, 450n, 451n, 518b, 519b

rituais de cura, 23, 423

A ASTÚCIA CRIA O MUNDO

Rodriguez, Richard, 232, 245, 246, 247, 248, 251n, 252n, 518b

Roethke, Theodore, 112

romanos, 72, 279, 347

Rorty, Richard, 121n, 409, 448n, 518b

roubo, 29n, 380; apetite e, 53, 54, 119, 139; obra-artus do, 375, 376; da isca, 38, 39, 40, 60, 112, 385; eliminando rastros do, 76, 77; como desencantamento, 303; golpe de sorte e, 188; mentira e, 95, 96, 97, 98, 99, 100, 101, 104, 105; sentido modificado pelo, 90, 91, 92, 94; na estrutura narrativa, 317; oportunista, 71, 72; oposição entre dádiva e, 297, 309, 315; resposta paterna ao, 133, 295; profecia e, 410, 411, 413, 414, 415; falta de pudor e, 303, 316; escravidão e, 308, 309, 310, 312, 329; status e, 313; troféu do, 462

Rubempré, Lucien de, 118

sacrifício, 44, 53, 54, 55, 56, 57, 58, 59, 60, 62n, 88, 89, 90, 91, 93, 101, 104, 108, 112, 114, 162, 163, 164, 165, 166, 169, 179, 180, 182n, 191, 295, 314n, 315, 319, 320, 370, 372, 375, 376, 379, 403n, 404n, 461, 463; e *artus*, acaso e, 377, 378, 380; ordens de articulação no, 370

sagrado, distinção entre profano e, 227

salish, 223

Sapling, 28, 103

sármatas, 402n

saturnália, 272, 337, 338, 341, 387

Saturno, 14, 337

Schöenberg, Arnold, 211n

Scott, Walter, 347, 348

Sears, Thomas, 358

Segundos analíticos (Aristóteles), 371n

Seigel, Jerrold, 436, 438, 439, 440, 451n, 519b

Selene, 460

Sem destino (Dennis Hopper), 318

semiótica, 91

Serrano, Andres, 277, 278, 279, 280, 281, 285, 286, 291n

Serres, Michel, 198, 218n, 519b

sexualidade, 18, 249, 284, 434, 479, 486; apetite e, 51; comércio e, 438; vergonha e, 225, 226, 233, 234; roubo e, 412; *ver também* homossexualidade

Shakespeare, William, 105, 121n, 451n

Sheela-na-gig, 482

Shelley, Percy Bysshe, 241

Sheridan, Richard, 347

Shiva, 487

significação, redes de, 111, 112, 114, 115, 297

significados: multiplicidade de, 121n, 429, 430; mudanças nos, 91, 92, 97, 98

Signifying Monkey, 182n, 183n, 361n, 391, 392, 393, 396, 397, 398, 399, 402, 405n, 437, 488, 511b

ÍNDICE

Sigyn, 148

Silence (Cage), 144, 156n, 218n, 219n, 507b, 518b

silêncio, regra do, 223, 224, 225, 226, 227, 228, 231, 232, 233, 236, 237, 241, 242, 243, 244, 245; escravidão e, 332, 333, 342

Silko, Leslie Marmon, 145, 156n

símbolos, domínio dos, 91

Smith, Valerie, 405n, 519b

Sobieszek, Robert, 282

Sócrates, 191, 192, 193, 347, 371n, 403n

Soslan, 366

Spretnak, Charlene, 482, 489n

Stallybrass, Peter, 290n, 519b

Stradivari, Antonio, 186

Strathern, Andrew, 250n, 519b

Stravinsky, Igor, 206

Sturluson, Snorri, 140, 141, 150, 151, 152, 156n, 188, 498, 510b, 519b, 521b

sujeira, 18, 255, 263, 268, 274, 275, 276, 288n, 336, 403n, 428, 450n; arte e, 277, 278, 279, 280, 281, 282, 283, 284, 285, 286, 287; crianças comendo, 422; cristianismo e, 264, 265, 266, 267, 277; limite entre pureza e, 256, 257, 258; revivificação por meio da, 258, 259, 260, 261; contato ritual com a, 270, 271, 272; exclusão violenta da, 269, 270, 271, 272, 273

sumérios, 483

Sun Wu-K'ung, 402

surrealismo, 175, 394, 395, 396, 443

Susa-nö-o, 28, 258, 259, 260, 262, 265, 266, 274, 275, 279, 287, 403n, 428, 481n, 510b, 517b

Suzuki, D. T., 203

Syrdon, 366, 367, 369, 372, 380, 387

taoismo, 494, 497, 498, 499

Teit, James, 27n, 507b

Temenos, 227, 244, 282

Temístocles, 323n

ten'a, índios, 453, 454, 513b

Teógnis, 80, 84n

Teogonia (Hesíodo), 62n, 99, 102

teoria evolucionista, 37, 172

teto todo seu, Um (Woolf), 117, 122n

tewa, índios, 18, 484, 485, 486, 517b

Themis, 299

Thlókunyana, 38, 39, 74, 75, 112

Thor, 148

Thoreau, Henry David, 13, 207, 415, 418

Three Standard Stoppages (Duchamp), 175

tlingit, índios, 38, 486, 519b

Tobey, Mark, 207

Toelken, Barre, 23, 30n, 424, 450n, 520b

Torre de Babel, 431

Toupeira, 65, 66

Traditions of the Thompson River Indians (Teit), 27n, 507b

tradução, 379, 380, 431

transcendentalismo, 13

A ASTÚCIA CRIA O MUNDO

Tratado geral de semiótica (Eco), 91, 510b
travessura, 378
tribos matrilineares e matrilocais, 18, 485, 486
tricksters femininas, 18, 479, 480, 481n, 483
Tripitaka, 223, 224, 243, 409, 443, 444, 496
Trobriand, ilhas, 484n
troca de pele, 79, 80, 81, 83, 94
tropismo, 80
Trow, George W. S., 63
Trungpa, Chugyam, 209
Trypanosoma brucei, 79, 83
tsimshian, índios, 40, 44, 61n, 72, 73, 89n, 84n, 111, 486, 507b
Turner, Victor, 27n, 188, 217n, 479, 489n, 520b, 542b
Twain, Mark, 214n

Uivo e outros poemas (Ginsberg), 432
Universidade Columbia, 48n, 203, 236, 312, 505b, 506b, 517b
Universidade de Harvard, 27n, 84n, 214, 489n, 505b, 507b, 512b, 513b, 514b, 516b, 517b, 518b, 519b; Conferências Norton, 207

vagina dentata, representação da, 50
Valéry, Paul, 185, 203
Vargas Llosa, Mario, 117, 122n
Variegado, 428, 451n
Velho Testamento, 227, 243, 256, 257; Gênese, 330, 489n; Jó, 266

verdade, fronteira entre mentira e, 105, 106, 107, 108, 109, 110
vergonha, 18, 229, 231, 232, 233, 242, 243, 245, 246, 247, 248, 249; inscrita no corpo, 244, 245, 246, 247, 248, 249, 340; profecia e, 410; deslocamento das barreiras da, 234, 235, 236, 237, 238, 239, 240, 306; silêncio e, 223, 224, 225, 226, 227, 228, 241; escravidão e, 308, 331, 333
Vernant, Jean-Pierre, 54n, 62n, 92, 451n, 509b
vigarista, 22, 30n, 37, 73, 79, 82, 327, 328, 426
vigarista, O (Melville), 82, 83
vikings, *ver* mitologia nórdica, 140, 141, 151, 217n, 517b
vodu, 20, 375
Voluspá (poema nórdico), 149, 156n
von Franz, Marie Louise, 195, 520b

Wagner, Richard, 148n, 214n
Wakdjunkaga, 16n, 20n, 28, 318, 479, 480
Walcott, Derek, 380, 404n
Walden, ou a vida nos bosques (Thoreau), 13, 415, 449n
Waley, Arthur, 494n
Walker, Peter F., 342, 347, 348, 349, 352, 354, 355, 520b
Wall Street Journal, The, 207
Washington, George, 111
Wayílatpu, 125
Weil, Simone, 396, 405n

Wescott, Joan, 182n, 183n, 421n, 450n, 520b
White, Allen, 290n, 519b
Wilde, Oscar, 118, 122n, 521b
winnebago, índios, 16n, 20n, 28, 48, 51, 64, 85, 86, 227, 270, 317, 479, 480
Winnicott, D. W., 444, 452n
Wiskajak, 28, 103
Wolfe, Bernard, 290n
Wolff, Tobias, 95, 120n
Woman Warrior, The (Kingston), 224, 249n, 250n, 251n, 444, 445, 451n, 452n, 514b
Woolf, Virginia, 117, 122n
Wu Ch'êng-ên, 494n

Xamanismo, 422, 423, 427
Xangô, 197
xintoísmo, 258, 288n

Yama, Rei do Submundo, 494
Yasoda, 107, 108, 109, 112, 384, 396, 411, 412, 421, 487
Young, Jean I., 518b, 519b, 521b
Yu, Anthony, 494n, 503n, 513b, 521b

zen budismo, 204
Zeus, 29, 57, 164, 239, 240, 301, 311n, 319, 325n, 353, 357, 378, 411, 459, 460, 461n, 462, 463, 467, 468, 469, 470, 471, 472, 473, 474, 475, 476, 482, 485; e os poderes proféticos de Apolo, 78, 411; e Deméter, 103, 482; Hermes concebido por, 52, 110, 306, 313, 320, 321, 322, 347, 381, 457, 465; casos amorosos de 55, 56; Prometeu e, 55
zulu, 38, 39, 74, 508b
zuñi, índios, 270

O texto deste livro foi composto em Sabon,
desenho tipográfico de Jan Tschichold de 1964
baseado nos estudos de Claude Garamond e
Jacques Sabon no século XVI, em corpo 11/15.
Para títulos e destaques, foi utilizada a tipografia
Frutiger, desenhada por Adrian Frutiger em 1975.

A impressão se deu sobre papel off-white
pelo Sistema Cameron da Divisão Gráfica
da Distribuidora Record.